역대시화 3

歷代詩話

육일시화 외

A Talk on Poetry of Chronicle

엮은이 하문환(何文煥 : 청(淸) ?~?)은 자가 소미(少眉), 호가 야부(也夫)이며 가선(嘉善) 사람이다. 주로 건륭 연간에 활동하였다. 관직을 갖지 못한 제생(諸生)으로서 구체적인 생애는 잘 알려져 있지 않다. 저서로 『무보집(無補集)』이 있고 『역대시화』를 편찬하였다.

옮긴이 김규선(金奎璇)은 선문대학교 교수이다. 한국외국어대학교 중국어과 학사 및 동대학원 석 · 박사 학위를 받았다. 논문으로 「陸游의 憂國意識과 시적 형상화 고찰」, 「황상의 산거 생활과 시적 형상화 연구」 등과 역주서로 『추사 김정희 연구』(원서 : 淸朝文化 東傳 硏究), 『국역 의암집』, 『日省錄 정조 62(정조 10년 11월)』 등이 있으며, 조선시대 한 · 중 교류 자료의 발굴과 연구에 많은 노력을 기울이고 있다.

역대시화歷代詩話 3 – 육일시화 외

1판 1쇄 인쇄 2013년 11월 20일 **1판 1쇄 발행** 2013년 11월 30일

엮은이 하문환 **옮긴이** 김규선 **펴낸이** 박성모 **펴낸곳** 소명출판
등록 제13-522호 **주소** 137-878 서울시 서초구 서초동 1621-18 (란빌딩 1층)
대표전화 (02) 585-7840 **팩시밀리** (02) 585-7848
이메일 somyong@korea.com **홈페이지** www.somyong.co.kr

ISBN 978-89-5626-933-7 94820 값 30,000원
ISBN 978-89-5626-930-6 (전 6권)

이 번역도서는 2009년 정부재원(교육인적자원부 학술연구조성사업비)으로 한국연구재단의 지원에 의하여 연구되었음.

역대시화 3

육일시화 외

歷代詩話

하문환 엮음 | 김규선 옮김

소명출판

◆ **일러두기**

1. 본서의 저본은 『歷代詩話』(中華書局, 1981)이다.
2. 본서의 원주는 중화서국본을 그대로 따랐다.
3. 자字와 호號, 기타 별칭에 대해서는 괄호 안에 본래 성명을 밝혔다.
4. 원문에 작품만 인용되었을 경우, 해당 작품의 작가와 작품명 등을 주석에 밝혔다.
5. 최근의 편집 추세에 맞춰, 한자 병기 시에 괄호를 쓰지 않았으며, 기타 표기는 일반적인 예를 따랐다.

차례

육일시화

9 해제_구양수, 『육일시화』
13 육일시화

온공속시화

41 해제_사마광, 『온공속시화』
44 온공속시화

중산시화

69 해제_유반, 『중산시화』
72 중산시화

후산시화

123 해제_진사도, 『후산시화』
127 후산시화

임한은거시화

171 해제_위태, 『임한은거시화』
175 임한은거시화

죽파시화

235 해제_주자지, 『죽파시화』
239 죽파시화

자미시화

301 해제_여본중, 『자미시화』
304 자미시화

355 인명 찾아보기

역대시화 전체 차례

역대시화 1
역대시화
역대시화 범례
역대시화 목록
시품
시식
이십사시품

역대시화 2
전당시화

역대시화 3
육일시화
온공속시화
중산시화
후산시화
임한은거시화
죽파시화
자미시화

역대시화 4
언주시화
석림시화
당자서문록
산호구시화

역대시화 5
운어양추

역대시화 6

이로당시화
백석도인시설
창랑시화
산방수필
시법가수
목천금어
시학금련
담예록
예포힐여
존여당시화
이백재시화
역대시화고색

『육일시화六一詩話』

송宋 구양수歐陽修

구양수歐陽脩, 『육일시화六一詩話』 해제

구양수(1007~1072)는 자가 영숙永叔, 호는 취옹醉翁, 만년에는 육일거사六一居士였으며 고주古州 영풍永豊 사람이다. 북송 인종仁宗 8년(1030)에 진사가 되었다. 처음에는 서경유수西京留守 추관推官을 제수 받았고 나중에 관각교감館閣校勘과 우정언右正言이 되었지만 직언으로 인해 강등되어 이릉夷陵을 다스렸다. 그 후 경력慶歷 연간에 간관諫官이 되었고 또 범중엄范仲淹의 개혁을 지지했다는 이유로 정적에게 무고를 당해 저주滁州의 지방관으로 좌천되기도 했다. 나중에 한림학사, 추밀부사樞密副使, 참지정사參知政事에 이르렀고 시호는 문충文忠이다. 시, 문, 사에 모두 뛰어나 다방면에서 성취를 얻은 작가로서 북송 시문 개혁운동의 창도자이자 북송 문단의 영수였다. 그의 문풍은 평이하고 활달하며 시풍은 자연스럽고 힘차다. 또 사풍은 부드럽고 아름답다. 시문의 평론에서는 명도明道와 치용致用을 주장하여 문학의 사회적 기능을 강조하고 유미

주의적 시풍과 공허한 문풍에 반대했다. 특히 '궁이후공窮而後工'의 시론이 유명하다. 그의 『육일시화』는 '시화'라는 이름을 확립했으며 그 스스로 "거사가 여음汝陰으로 물러나 지내면서 이야기들을 모아 한담의 자료로 삼는다[居士退居汝陰, 而集以資閒談也]"라고 하여 풍부한 내용과 재미를 갖춘 '한담'의 형식이 시화의 주요 속성이 되게 하였다. 이로써 송나라 문인들 사이에서 시화 창작이 하나의 기풍이 되었다. 그의 저서로는 『구양문충공집』, 『시본의詩本義』, 『귀전록歸田錄』, 『신오대사新五代史』 등이 있고 송기宋祈와 함께 편찬한 『신당서新唐書』도 송대와 후대 문학에 중요한 영향을 끼쳤다.

『육일시화』는 한담식의 수필체로 시를 논한 최초의 저작이다. 북송 신종神宗 희녕熙寧 4년, 구양수는 영주潁州 여음汝陰으로 물러나 원고를 정리하던 중에 『시화詩話』를 집필했다. 최초의 시화였으므로 책 이름은 그냥 『시화』로 불렸다. 그 후 구양수를 추종하는 이들의 노력으로 시화의 창작이 유행하여, 명칭상 혼동을 막기 위해 후인들이 따로 『육일시화』라고 개칭했다. 이 밖에 '육일거사시화', '구공시화', '구양영숙시화', '구양문충공시화'라는 명칭도 있었다. 청대에 와서 조익趙翼이 구양수의 『귀전록』에 시를 논한 내용이 있음에 근거, 『귀전시화』라고 부르기도 했다. 이처럼 명칭이 번잡하기는 하지만 중국문학사에서는 보통 『육일시화』라고 통칭한다.

구양수의 만년의 작품인 『육일시화』는 한 권 28조로서 대체로 세 가지 내용으로 나뉜다. 첫 번째, 사상적 내용의 예술적 표현력을 강조하여 "두보는 필력이 호방하고 굳세서 초월과 횡절橫絶을 앞세웠지만, 매요신은 생각이 정밀하고 미묘해서 심원深遠과 한담閒淡을 중심으로 삼았다[子美筆力豪雋, 以超邁橫絶爲奇. 聖俞覃思精微, 以深遠閒淡爲意]"라고 찬미했다. 또 매요신의 말을 끌어들여 "시인이 생각을 맘껏 펼친다 해도 시어를 만들기는 역시 어렵다. 의미가 참신하고 시어가 뛰어나서 이전 사람이 말하지 못한 것을 만들어내야만 훌륭한 시가 될 수 있다. 반드시 묘사하기 어려운 외경을 그려내어 눈앞에 보이는 듯하고 무궁한 의미를 함유하여 언어 밖에 나타내야만 최고가 된다[詩家雖率意, 而造語亦難. 若意新語工, 得前人所未道者, 斯爲善也. 必能狀難寫之景, 如在目前, 含不盡之意, 見於言外, 然後爲至矣]"라고 했다. 여기에서 구양수는 시 감상의 중요한 견해를 제시한다. 먼저 의미가 참신하고 형상이 선명하며 언어가 정교해야 한다. 그리고 사물의 묘사가 눈에 보이는 듯 생생하면서도 언어 밖에서 무궁한 의미를 함유해야 한다. 다음 두 번째는 시인의 삶의 이력이다. 그는 시가 사회 현실의 진실한 묘사여야 한다고 생각해 시인이 시 속에서 재현해내는 정경이 현실감이 있어야 한다고 주장했다. 예를 들어 맹교의 「사인혜탄謝人惠炭」에 나오는 "따뜻해서 굽은 몸이 반듯한 몸이 되었다[暖得曲身成直身]"라는 구절에 대하여 "직접 겪어보지 않으면 이런 시를 지을 수 없다[非其身備嘗之不能道此句也]"고 생각했다. 마지막 세 번째로, 제재의 다양화를 주장하고 자연스럽게 글을 쓸 것을 권했다. 그는 매요신이 "평생 시 읊기를 고심하여 한적함과 유원함, 예스러움과 담백함을 주된 의의로 삼았으므로 시의 구사가 지극히 어려웠다[平生苦於吟詠, 以閒遠古淡爲意, 故其構思極艱]"고 하면서 오히려 범중엄이 연 술자리에서 매요신이 쓴 「복어(河豚魚)」가 "필력이 웅건하고 넉넉하며, 짧은 시간에 완성됐지만 절창이 되었다[筆力雄贍, 頃刻而成, 遂爲絶唱]"라고 평했다.

중국 고대의 문학비평에서 문학평론의 형식은 각양각색이다. 모든 것을 아우르는 『문심조룡文心雕龍』처럼 체계적이고 면밀한 전문 저작도 있고 단편적인 메모 형식의 서발序跋 등도 있으며 『시품』 같은 전문 시론집도 있다. 이 밖에 '논시절구論詩絶句', '논시시論詩詩' 유의 시로써 시를 논하는 형식도 있다. 그런데 구양수의 『육일시화』가 세상에 나옴으로써 융통성 있는 체제와 짧고 간명한 수필체로 시를 논하는 새롭고 편리한 길이 열렸다. 이후 수많은 문인들이 그를 본받아 시화를 양산하면서 시화는 점차 중국 고대 시 평론의 주된 형식이 되었다. 또한 구양수는 『육일시화』의 서문에서 그저 은퇴해 지내면서 여러 이야기들을 모아 한담의 자료로 삼는다고 이야기했는데, 송대의 시화는 거의 이처럼 자유롭고 편안하며 형식에 구애받지 않는 정신을 기반으로 창작되었다. 그러므로 『육일시화』는 형식과 정신에서 모두 중국 시화 발전에 중요한 기초를 제공했다고 볼 수 있다.

『육일시화』는 『군재독서지郡齋讀書志』에서는 자부子部 소설류로, 『직재서록해제直齋書錄解題』에서는 집부集部 문사류文史類로, 『사고전서』에서는 집부 시문평류詩文評類로 분류되었다. 또 판본은 『역대시화』본 외에 『전집』본, 『백천학해百川學海』본, 『설부說郛』본, 명각明刻 『송시화오종본宋詩話五種』본, 『진체津逮』본, 『형설헌螢雪軒』본이 있다.

육일시화六一詩話

송宋 **구양수**歐陽修

居士退居汝陰, 而集以資閒談也.

거사(居士: 구양수)가 여음汝陰으로 물러나 지내면서 이야기들을 모아 한담閒談의 자료로 삼는다.

李文正公進「永昌陵挽歌詞」云: "奠玉五回朝上帝, 御樓三度納降王." 當時羣臣皆進, 而公詩最爲首出. 所謂三降王者, 廣南劉鋹·西蜀孟昶及江南李後主是也. 若五朝上帝則誤矣. 太祖建隆盡四年, 明年初郊, 改元乾德. 至六年再郊, 改元開寶. 開寶五年又郊, 而不改元. 九年已平江南, 四月大雩, 告謝于西京. 蓋執玉祀天者, 實四也. 李公當時人, 必不繆, 乃傳者誤云五耳.

이문정공(李文正公 : 이방李昉)이 올린 「영창릉만가사永昌陵挽歌詞」에서 "옥을 바치며 다섯 차례 상제께 조회하고, 어루御樓에서는 세 번 항복한 왕을 받아들였네[奠玉五回朝上帝, 御樓三度納降王]"라고 했다. 당시 뭇 신하들이 모두 글을 지어 올렸지만, 공의 시가 으뜸이었다. 이른바 세 번 항복한 왕은 광남廣南의 유창劉鋹 · 서촉西蜀의 맹창孟昶 · 강남江南의 이후주(李後主 : 이욱李煜)다. 그런데 다섯 차례 상제께 조회했다는 말은 오류이다. 태조太祖는 사 년간의 건륭(建隆 : 960~962) 기간을 보내고 이듬해 처음 교천郊天[1]을 거행한 뒤 건덕(乾德 : 963~967)으로 개원改元했다. 그리고 육 년이 지나 다시 교천을 지내고 나서 개보(開寶 : 963~975)로 개원했다. 개보 5년(972)에 다시 교천을 지내기는 했지만 개원하지는 않았다. 개보 9년(976)에는 강남을 평정한 뒤 4월에 큰 우박이 내리자 서경(西京 : 낙양)에서 하늘에 죄를 청하였다. 따라서 옥을 들고 하늘에 제사를 지낸 것은 실제로는 네 번이다. 이방은 당시 사람이어서 오류가 있었을 리 없기 때문에 아마도 전달하는 사람이 다섯 차례라고 잘못 말했을 것이다.

仁宗朝, 有數達官, 以詩知名. 常慕'白樂天體', 故其語多得於容易. 嘗有一聯云 : "有祿肥妻子, 無恩及吏民." 有戲之者云 : "昨日通衢遇一輜軿車, 載極重, 而羸牛甚苦, 豈非足下'肥妻子'乎." 聞者傳以爲笑.

인종仁宗시대에 여러 고관들이 시인의 명성을 갖고 있었다. 그들은 모두 '백거이체白居易體'를 사모했으므로 그들의 시어는 대부분 평이한 데에서 얻어졌다. 일찍이 어떤 이가 "처자를 살찌울 녹봉은 있지만, 아전과 백성에게 미칠 은혜가 없구나[有祿肥妻子, 無恩及吏民]"라고 하자, 누가 농담으로 "어제 저잣거리에서 짐 실은 수레를 보았는데, 짐이 너

1 교천(郊天) : 교(郊)는 교제(郊祭)를 이르며, 곧 하늘에 제사 올리는 것을 의미한다.

무 무거워 소가 매우 힘들어 했으니 이것이 귀하의 '처자를 살찌움(肥妻子)'이 아니겠소?"라고 했다. 들은 이들이 이를 웃음거리로 전하였다.

京師輦轂之下, 風物繁富, 而士大夫牽於事役, 良辰美景, 罕獲宴遊之樂. 其詩至有"賣花擔上看桃李, 拍酒樓頭聽管絃"之句. 西京應天禪院有祖宗神御殿, 蓋在水北, 去河南府十餘里. 歲時朝拜官吏, 常苦晨興, 而留守達官簡貴, 每朝罷, 公酒三行, 不交一言而退. 故其詩曰: "正夢寐中行十里, 不言語處喫三杯." 其語雖淺近, 皆兩京之實事也.

황궁이 있는 서울은 풍물이 번화하지만, 일에 얽매인 사대부는 좋은 계절에 아름다운 풍경에서 잔치를 열고 노니는 즐거움을 얻기가 흔치 않다. 그래서 "꽃을 파는 짐 위에서 복사꽃과 오얏꽃을 보고, 술 마시는 누대에서 음악소리를 듣는다[賣花擔上看桃李, 拍酒樓頭聽管絃]"라는 구절까지 있다. 서경西京 응천선원應天禪院에 조종신어전祖宗神御殿이 있는데, 물 북쪽에 자리하고 있고 하남부河南府와 십여 리 정도 떨어져 있다. 관리들은 새해 아침이면 그곳에 찾아가 절을 올려야 했는데, 이른 새벽에 일어나는 것을 항시 괴로워했다. 유수留守와 고관과 귀인들은 조회가 끝나고 공주公酒[2]가 세 번 돌면 한마디도 안 나누고 물러갔다. 그래서 그 시에서 "꿈속을 헤매며 십 리를 걷고, 아무 말 없이 술 석 잔을 마신다[正夢寐中行十里, 不言語處喫三杯]"라고 했으니 시어가 쉽고 일상적이긴 하지만, 모두 두 서울의 실제 이야기다.

梅聖俞嘗於范希文席上賦「河豚魚」詩云: "春洲生荻芽, 春岸飛楊花.

2 공주(公酒): 공적인 행사에 쓰이는 술.

河豚當是時, 貴不數魚蝦." 河豚常出於春暮, 羣遊水上, 食絮而肥. 南人多與荻芽爲羹, 云最美. 故知詩者謂祇破題兩句, 已道盡河豚好處. 聖兪平生苦於吟詠, 以閒遠古淡爲意, 故其構思極艱. 此詩作於樽俎之間, 筆力雄贍, 頃刻而成, 遂爲絶唱.

매요신梅堯臣은 일찍이 범중엄范仲淹이 마련한 연회에서 지은 「복어」(河豚魚)에서 "봄 물가에는 갈대싹이 자라고, 봄 언덕에는 버들꽃이 난다. 이때의 복어는 귀하기가 물고기, 새우에 비할 수 없다[春洲生荻芽, 春岸飛楊花. 河豚當是時, 貴不數魚蝦]"라고 했다. 복어는 일반적으로 늦은 봄에 나타나 물위에서 무리지어 노닐며 버들개지를 먹고 살이 잔뜩 오른다. 남방 사람들은 대부분 갈대싹과 함께 국을 끓이고 가장 맛이 좋다고들 한다. 그래서 시를 아는 사람은 시작부의 두 구절이 이미 복어의 핵심을 다 이야기했다고 평한다. 매요신은 평생 시 읊기를 고심하여 한적함과 유원함, 예스러움과 담백함을 주된 의의로 삼았으므로 시의 구사가 지극히 어렵다. 연회석에서 지어진 이 시는 필력이 웅건하고 넉넉하며 짧은 시간에 완성되었지만 절창이 되었다.

蘇子瞻學士, 蜀人也. 嘗於淯井監得西南夷人所賣蠻布弓衣, 其文織成梅聖兪「春雪」詩. 此詩在聖兪集中, 未爲絶唱. 蓋其名重天下, 一篇一詠, 傳落夷狄, 而異域之人貴重之如此耳. 子瞻以余尤知聖兪者, 得之, 因以見遺. 余家舊蓄琴一張, 乃寶曆三年雷會所斲, 距今二百五十年矣. 其聲淸越如擊金石, 遂以此布更爲琴囊, 二物眞余家之寶玩也.

소자첨(蘇子瞻 : 소식蘇軾) 학사學士는 촉蜀 사람이다. 그는 일찍이 육정감淯井監에서 서남 오랑캐 사람이 파는, 만포蠻布로 만든 활집 옷을 얻었다. 그런데 거기에 매요신의 「춘설春雪」이 문양으로 짜여 있었다. 이 시는 매요신의 시집에 수록되어 있으며 절창은 아니다. 하지만 그의 명성이 세상의 중시를 얻어, 한 작품이 오랑캐 땅에까지 전해져 이역 사람들에게도 중시되었던 것이다. 소식은 내가 매요신을 더 잘 안다고 하여 그것을 내게 주었다. 나는 오래전부터 집안에 금琴 하나를 소장하고 있었다. 그것은 보력寶曆 3년(827)에 뇌회雷會가 만든 것으로서 지금으로부터 이백오십 년 전의 물건이며 소리가 마치 금석金石을 치는 것처럼 맑고 곱다. 결국 그 활집 옷으로 금낭琴囊을 만들었으니, 이 두 물건은 참으로 우리 집의 귀한 보물이다.

吳僧贊寧, 國初爲僧錄. 頗讀儒書, 博覽强記, 亦自能撰述, 而辭辯縱橫, 人莫能屈. 時有安鴻漸者, 文詞儁敏, 尤好嘲詠. 嘗街行遇贊寧與數僧相隨, 鴻漸指而嘲曰 : "鄭都官不愛之徒, 時時作隊." 贊寧應聲答曰 : "秦始皇未坑之輩, 往往成羣." 時皆善其捷對. 鴻漸所道, 乃鄭谷詩云 : "愛僧不愛紫衣僧"也.

오吳의 승려 찬영贊寧은 국초國初에 승록僧錄[3]이었다. 유가의 서적을 많이 읽고 많은 것들을 섭렵하고 기억했으며 저술에 능했다. 문장과 논변도 거침이 없어 다른 사람이 꺾을 수가 없었다. 당시 안홍점安鴻漸이란 사람이 문장이 빼어나고 민첩했는데 조롱 섞인 글을 특히 좋아했다. 일찍이 거리에서 여러 승려들과 찬영이 걸어가는 것을 보고 안홍점은 그들을 가리키며 "정도관(鄭都官 : 정곡鄭谷)이 안 좋아한 자들이 이따금 무리를 짓는군"이라고 조롱했다. 이에 찬영은 바로 "진시황이 파묻지 않은 자들이 종종 무리를 이루는군"이라고 대꾸했다. 사람들이 다 그 첩대捷對[4]가 훌륭하다고 했다. 안홍점은 바로 정곡의 시에서 "승

3 승록(僧錄) : 승려들에 관한 사무를 관장하는 승관(僧官)의 명칭이다.

4 첩대(捷對) : 제시된 글에 맞춰 바로 지은 글을 가리킨다.

려는 좋아하지만 자줏빛 옷[5] 입은 승려는 좋아하지 않네[愛僧不愛紫衣僧]"를 두고 그렇게 말한 것이다.

鄭谷詩名盛於唐末, 號『雲臺編』, 而世俗但稱其官, 爲'鄭都官詩.' 其詩極有意思, 亦多佳句, 但其格不甚高. 以其易曉, 人家多以教小兒, 余爲兒時猶誦之, 今其集不行於世矣. 梅聖俞晚年, 官亦至都官, 一日會飮余家, 劉原父戲之曰: "聖俞官必止于此." 坐客皆驚. 原父曰: "昔有鄭都官, 今有梅都官也." 聖俞頗不樂. 未幾, 聖俞病卒. 余爲序其詩爲『宛陵集』, 而今人但謂之"梅都官詩." 一言之謔, 後遂果然, 斯可歎也.

정곡의 시는 당나라 말기에 명성이 자자했으며 시집을 『운대편雲臺編』이라 한다. 세상에서는 그의 관직을 따서 '정도관시鄭都官詩'라고도 한다. 그의 시에는 생각이 가득 담겨 있으며 아름다운 구절도 많다. 하지만 격은 그리 높지 않다. 이해하기 쉬운 탓에 사람들은 대부분 아이들을 가르치는 데에 사용했으며 나도 어렸을 때 그 시를 외웠다. 지금 그 시집은 세상에 유포되지 않는다. 매요신도 만년에 관직이 도관都官에 이르렀는데, 어느 날 내 집에서 연회를 가질 때 유원보(劉原父)가 장난삼아 "매요신의 관직은 틀림없이 여기에서 그칠 것이다"라고 했다. 이에 좌객들이 모두 깜짝 놀랐다. 유원보는 또 "지난날에는 정도관이 있었고, 지금은 매도관梅都官이 있다"라고 하였다. 매요신은 이를 퍽 달가워하지 않았고 얼마 안 있어 병으로 세상을 떠났다. 나는 그를 위해 그의 시집에 서문을 쓰며 『완릉집宛陵集』이라 하였고 지금 사람들은

5 자줏빛 옷: 황제가 고승(高僧)에게 하사하는 자색(紫色)의 가사(袈裟). 승려는 원래 색깔 있는 옷을 입지 않으나 당(唐)나라 복제(服制)에 고관은 자색 조복(朝服)을 착용하였으므로, 무측천(武則天)이 재초(載初) 원년(690)에 법랑(法朗) 등 9인에게 자의와 은어대(銀魚袋)를 하사한 것을 시초로 하여 고승에게 자의를 하사하는 것이 관례가 되었다.

'매도관시梅都官詩'라고 부른다. 한마디 농담이 뒤에 정말 사실이 되었으니 안타까운 일이다.

陳舍人從易, 當時文方盛之際, 獨以醇儒古學見稱, 其詩多類白樂天. 蓋自楊·劉唱和, 『西崑集』行, 後進學者爭效之, 風雅一變, 謂'西崑體.' 由是唐賢諸詩集幾廢而不行. 陳公時偶得杜集舊本, 文多脫誤, 至「送蔡都尉」詩云 : '身輕一鳥', 其下脫一字. 陳公因與數客各用一字補之. 或云'疾', 或云'落', 或云'起', 或云'下', 莫能定. 其後得一善本, 乃是'身輕一鳥過.' 陳公歎服, 以爲雖一字, 諸君亦不能到也.

사인舍人 진종이陳從易는 당시 바야흐로 문학이 융성하던 때에 홀로 순박한 유생의 풍모와 옛 학문으로 평가를 받았다. 그의 시는 대부분 백거이를 닮았다. 당시에 양억楊億과 유균劉均이 시를 주고받고 『서곤집西崑集』이 유행하면서 후진 학자들이 앞다퉈 이를 본받아 시풍이 변하였다. 이를 '서곤체西崑體'라 부른다. 이로 인해 당나라 시인들의 시집이 거의 사라지고 유행하지 않았다. 진종이가 우연히 구본舊本 두보 시집을 얻었지만 글에 탈락과 오류가 많았다. 「송체도위送蔡都尉」를 보니 '신경일조身輕一鳥'라고만 하고 그 아래 한 글자가 빠져 있었다. 진종이가 여러 손님들과 함께 한 자리에서 각기 그 한 글자를 넣어보라고 하자, 혹자는 '질疾', 혹자는 '락落', 혹자는 '기起', 혹자는 '하下'라고 하여 확정할 수가 없었다. 그 후에 이 시집의 선본善本을 얻었는데 거기에는 '신경일조과身輕一鳥過'라고 되어 있었다. 이에 진종이가 탄복하여 "비록 한 글자지만 제군들이 따라갈 수 없구나"라고 하였다.

國朝浮圖, 以詩名於世者九人, 故時有集號『九僧詩』, 今不復傳矣.

余少時聞人多稱之. 其一曰惠崇, 餘八人者, 忘其名字也. 余亦畧記其詩, 有云:"馬放降來地, 鵰盤戰後雲." 又云:"春生桂嶺外, 人在海門西." 其佳句多類此. 其集已亡, 今人多不知有所謂九僧者矣, 是可歎也. 當時有進士許洞者, 善爲詞章, 俊逸之士也. 因會諸詩僧分題, 出一紙, 約曰:"不得犯此一字." 其字乃山·水·風·雲·竹·石·花·草·雪·霜·星·月·禽·鳥之類, 于是諸僧皆閣筆. 洞咸平三年進士及第, 時無名子嘲曰"張康渾裹馬, 許洞鬧裝妻"者是也.

본 왕조의 부도(浮圖: 승려) 가운데 시로 세상에 이름을 떨친 사람은 아홉이다. 그래서 당시 이들의 시 모음집을 『구승시九僧詩』라 했지만 지금은 전하지 않는다. 내가 어렸을 때 많은 사람들이 그 시집을 거론하였다. 그 가운데 한사람은 혜숭惠崇이며 나머지 여덟 명은 기억나지 않는다. 또한 나는 그 시집의 시를 몇 편 기억하고 있다. "말은 항복받은 곳에 풀어 키우고, 독수리는 전쟁 치른 구름을 빙 돈다[馬放降來地, 鵰盤戰後雲]", "봄은 계령桂嶺 밖에서 생겨나거늘, 사람은 해문海門 서쪽에 있다[春生桂嶺外, 人在海門西]" 등으로 대부분 이토록 아름다운 구절들이다. 시집이 이미 없어져서 지금 사람들은 이른바 그 아홉 승려가 누구인지도 대부분 모르고 있어 매우 안타깝다. 당시 진사進士 허동許洞이라는 사람은 글을 잘 짓는 빼어난 인물이었다. 여러 시승들과 모여 시를 지을 때, 그는 종이 한 장을 내놓고서 "이 글자들은 사용하면 안 된다"라고 약속을 받았다. 그 글자들은 산山·수水·풍風·운雲·죽竹·석石·화花·초草·설雪·상霜·성星·월月·금禽·조鳥 등이어서 시승들은 모두 포기하고 말았다. 허동은 함평咸平 3년(1000)에 진사에 급제했는데, 당시 무명 시인이 "장강張康은 온통 말을 감싸 꾸미고, 허동은 요란스레 아내를 치장한다[張康渾裹馬, 許洞鬧裝妻]"라고 한 것은 바로 그 일을 조롱한 것이다.

孟郊·賈島皆以詩窮至死, 而平生尤自喜爲窮苦之句. 孟有「移居詩」云 : "借車載家具, 家具少於車." 乃是都無一物耳. 又「謝人惠炭」云 : "暖得曲身成直身." 人謂非其身備嘗之不能道此句也. 賈云 : "鬢邊雖有絲, 不堪織寒衣." 就令織得, 能得幾何. 又其「朝飢」詩云 : "坐聞西床琴, 凍折兩三絃." 人謂其不止忍饑而已, 其寒亦何可忍也.

맹교孟郊와 가도賈島는 모두 죽을 때까지 시로 인해 불우했지만 평생 궁하고 고단한 시를 짓기를 아주 좋아했다. 맹교는 「이거시移居詩」에서 "수레를 빌려 가재도구를 실었지만 가재도구가 수레보다 적다[借車載家具, 家具少於車]"라고 했다. 이는 아무 것도 가진 것이 없다는 뜻이다. 또 「사인혜탄謝人惠炭」에서는 "따뜻해서 굽은 몸이 반듯한 몸이 되었다[暖得曲身成直身]"라고 했다. 직접 겪어보지 않으면 이런 시를 지을 수 없다고 사람들이 말했다. 가도는 "구레나룻에 실이 있지만, 겨울옷을 짤 수는 없다[鬢邊雖有絲, 不堪織寒衣]"라고 했는데, 설령 짠다고 하더라도 얼마만큼이나 얻을 수 있겠는가. 또 「조기朝飢」에서는 "가만히 들으니 서쪽 상 위의 금琴이, 꽁꽁 얼어 두세 줄 현이 끊어졌다[坐聞西床琴, 凍折兩三絃]"라고 했다. 굶주림뿐만 아니라 그 추위를 어떻게 참을 수 있었겠느냐고 사람들이 말했다.

唐之晚年, 詩人無復李·杜豪放之格, 然亦務以精意相高. 如周朴者, 構思尤艱, 每有所得, 必極其雕琢, 故時人稱朴詩"月鍛季鍊, 未及成篇, 以播人口." 其名重當時如此, 而今不復傳矣. 余少時猶見其集, 其句有云 : "風暖鳥聲碎, 日高花影重." 又云 : "曉來山鳥鬧, 雨過杏花稀." 誠佳句也.

당나라 말기 시인들에게서는 더 이상 이백과 두보의 호방한 품격이 보이지 않았다. 하지만 정밀한 생각으로 서로 겨루기를 힘썼다. 예컨대 주박周朴은 시를 구상할 때 보다 어려운 것을 추구하고, 얻은 것이 있으면 반드시 끝까지 다듬었다. 그래서 당시 사람들은 주박의 시를 일컬어 "달마다 단련하고 계절마다 다듬어서 문장이 채 완성되기도 전에 사람들의 입에 전해진다"라고 했다. 그 명성이 당시에 이렇게 중시되었지만 지금은 더 이상 전해져오지 않는다. 내가 어렸을 때 그의 시집을 보았는데, 그중에서 "바람 따스하며 새소리 부서지고, 태양이 드높아 꽃 그림자 무겁다[風暖鳥聲碎, 日高花影重]", "새벽이 오자 산새가 요란하고, 비가 내리고 나자 살구꽃 드물다[曉來山鳥鬧, 雨過杏花稀]" 등은 정말 좋은 구절이다.

聖俞嘗語余曰:"詩家雖率意, 而造語亦難. 若意新語工, 得前人所未道者, 斯爲善也. 必能狀難寫之景, 如在目前, 含不盡之意, 見於言外, 然後爲至矣. 賈島云:'竹籠拾山果, 瓦瓶擔石泉.' 姚合云:'馬隨山鹿放, 雞逐野禽栖.'等是山邑荒僻, 官況蕭條, 不如'縣古槐根出, 官清馬骨高'爲工也." 余曰:"語之工者固如是. 狀難寫之景, 含不盡之意, 何詩爲然." 聖俞曰:"作者得於心, 覽者會以意, 殆難指陳以言也. 雖然, 亦可略道其髣髴. 若嚴維'柳塘春水漫, 花塢夕陽遲', 則天容時態, 融和駘蕩, 豈不如在目前乎. 又若溫庭筠'雞聲茅店月, 人跡板橋霜', 賈島'怪禽啼曠野, 落日恐行人', 則道路辛苦, 羈愁旅思, 豈不見於言外乎."

매요신이 일찍이 내게 이르기를 "시인이 생각을 맘껏 펼치더라도 시어를 만들기는 역시 어렵다. 의미가 참신하고 시어가 뛰어나서 이전 사람이 말하지 못한 것을 만들어내야만 훌륭한 시가 될 수 있다. 묘사하기 어려운 외경을 그려내어 눈앞에 보이는 듯하고 무궁한 의미를 함유하여 언어 밖에 나타내야만 최고가 된다. 가도의 '대나무 소쿠리에

산열매를 줍고, 토기병에 바위 샘물을 담는다[竹籠拾山果, 瓦瓶擔石泉]'와 묘합姚合의 '말은 산사슴을 따라 놀고, 닭은 들새를 쫓아 깃든다[馬隨山鹿放, 雞逐野禽栖]' 등은 외진 산골 마을의 쓸쓸한 관가의 정황을 묘사한 것이다. 이는 '고을이 오래되어 회화나무 뿌리 튀어나오고, 관청이 맑아 말의 골격이 드높다[縣古槐根出, 官淸馬骨高]'라는 구절보다 빼어나지 않다"라고 했다. 내가 "빼어난 시어란 본디 이러하다. 묘사하기 어려운 외경을 그려내고 무궁한 의미를 함유한 것은 어떤 시인가?"라고 묻자 매요신은 이르기를 "작가가 마음에서 얻는 것이고 보는 사람은 의미로 받아들이는 것이어서 구체적으로 지칭해 말하기는 어렵다. 하지만 그와 유사한 것을 대략 말할 수는 있다. 예컨대 엄유嚴維의 '버들 연못에 봄물이 넘실대고, 꽃 섬에 석양이 그득하다[柳塘春水漫, 花塢夕陽遲]'는 천연의 모습과 제때의 형상이 하나로 융화되어 살아 움직이고 있으니 어찌 눈앞에 보이는 듯하지 않겠는가. 또 온정균溫庭筠의 '초가집 점포 달 아래 닭이 울고, 판자다리 서리 위에 사람 발자국 남았다[雞聲茅店月, 人跡板橋霜]'와 가도의 '괴이한 새는 휑한 들판에서 지저귀고, 지는 해는 길 가는 사람을 두렵게 한다[怪禽啼曠野, 落日恐行人]'는 심란한 길에서의 나그네의 시름이 담겨 있으니, 어찌 언어 밖에 나타낸 것이 아니겠는가"라고 했다.

聖兪・子美齊名於一時, 而二家詩體特異. 子美筆力豪雋, 以超邁橫絶爲奇. 聖兪覃思精微, 以深遠閑淡爲意. 各極其長, 雖善論者不能優劣也. 余嘗於「水谷夜行」詩, 略道其一二云 : "子美氣尤雄, 萬竅號一噫. 有時肆顚狂, 醉墨灑滂霈. 譬如千里馬, 已發不可殺. 盈前盡珠璣, 一一難揀汰. 梅翁事淸切, 石齒漱寒瀨. 作詩三十年, 視我猶後輩. 文詞愈精新, 心意雖老大. 有如妖韶女, 老自有餘態. 近詩尤古硬, 咀嚼苦難嘬. 又如食橄欖, 眞味久愈在. 蘇豪以氣轢, 擧世徒驚駭. 梅窮獨我知, 古貨今難賣.” 語雖非工, 謂粗得其彷彿, 然不能優劣之也.

매요신과 두보는 같은 시대에 명성을 떨쳤지만 두 시인의 문체는 아주 다르다. 두보는 필력이 호방하고 굳세서 초월과 횡절橫絶을 앞세웠지만, 매요신은 생각이 정밀하고 미묘해서 심원深遠과 한담閒淡을 중심으로 삼았다. 각기 그 장점을 최대한 발휘해서 훌륭한 평론가도 그 우열을 논하지 못한다. 나는 일찍이 「수곡야행水谷夜行」에서 대략 몇 가지를 논하여 “두보의 기개는 더욱 웅건하여, 수많은 구멍들이 한 번의 숨에 소리를 낸다. 이따금 광기를 발하면, 취한 먹이 거침없이 뿌려진다. 견주자면 천리마가 출발하고 나서는 속도를 못 줄이는 것과 같다. 눈앞에 보물들이 가득해서 하나하나 추려낼 수가 없다. 매요신은 맑음과 간절함을 일삼아서 돌 이빨을 차가운 여울에 씻는다. 삼십 년 동안 시를 지어서 나를 후배처럼 본다. 글이 더욱더 정밀하고 참신하여 마음이 늙어가도 아랑곳없다. 마치 예쁘고 새침한 여인이 늙어서도 자태를 풍기는 것 같다. 근래의 시는 더욱더 예스럽고 강고해서 씹어도 잘 씹히지 않는다. 그러면서도 감람橄欖을 먹을 때 오래 씹을수록 진미가 우러나오는 듯하다. 소식의 호탕한 기운은 기개가 훤칠하여 세상이 그저 깜짝 놀란다. 매요신의 곤궁함은 나만 홀로 알아, 옛 재화를 지금 사기는 어렵다[子美氣尤雄, 萬竅號一噫. 有時肆顚狂, 醉墨洒滂霈. 譬如千里馬, 已發不可殺. 盈前盡珠璣, 一一難揀汰. 梅翁事淸切, 石齒漱寒瀨. 作詩三十年, 視我猶後輩. 文詞愈精新, 心意雖老大. 有如妖韶女, 老自有餘態. 近詩尤古硬, 咀嚼苦難嘬. 又如食橄欖, 眞味久愈在. 蘇豪以氣轢, 擧世徒驚駭. 梅窮獨我知, 古貨今難賣]”라고 했다. 이 시는 비록 뛰어나지는 않아도 대략 유사하게 논했다고 할 수 있지만, 그래도 우열을 논하지는 못했다.

呂文穆公未第時, 薄遊一縣, 胡大監旦方隨其父宰是邑, 遇呂甚薄. 客有譽呂曰:"呂君工於詩, 宜少加禮." 胡問詩之警句. 客擧一篇, 其卒章云:"挑盡寒燈夢不成." 胡笑曰:"乃是一渴睡漢耳." 呂聞之, 甚恨而去. 明年, 首中甲科, 使人寄聲語胡曰:"渴睡漢狀元及第矣." 胡答曰:"待我明年第二人及第, 輸君一籌." 旣而次榜亦中首選.

여몽정呂蒙正이 급제하기 전에 잠시 어느 고을을 찾았다. 그때 그 고을을 다스리던 자기 아버지를 따라온, 태감大監 호단胡旦이 그를 매우 박대했다. 주변에 있던 사람이 여몽정을 칭찬하며 "여군呂君은 시에 뛰어나니 마땅히 조금은 예를 표해야 한다"라고 하자, 호단은 빼어난 구절이 어떤 것이냐고 물었다. 그 사람이 한 편을 거론했는데 그 마지막 장이 "차가운 등불이 타도록 꿈을 이루지 못하네[挑盡寒燈夢不成]"라고 하였다. 이에 호단이 비웃으며 "목말라 조는 놈일 뿐이다"라고 했다. 여몽정이 이 이야기를 듣고 매우 한스러워하며 그곳을 떠났다. 이듬해 갑과甲科에 일등으로 급제한 뒤, 여몽정은 사람을 시켜 호단에게 "목말라 조는 놈이 장원에 급제했다"라고 전했다. 이에 호단은 "내가 내년에 두 번째로 급제해서 그대에게 패배를 안기겠다"라고 답했다. 그는 정말로 그다음 과거에서 일등으로 뽑혔다.

聖兪嘗云:"詩句義理雖通, 語涉淺俗而可笑者, 亦其病也. 如有「贈漁夫」一聯云:'眼前不見市朝事, 耳畔惟聞風水聲.' 說者云:'患肝腎風.' 又有「詠詩者」云:'盡日覓不得, 有時還自來.' 本謂詩之好句難得耳, 而說者云:'此是人家失却貓兒詩.' 人皆以爲笑也."

매요신이 일찍이 이르기를 "시가 의미는 통해도 시어가 속되어서 웃음을 자아내는 것도 병폐이다. 예컨대 「증어부贈漁夫」 제1연의 '눈앞의 저잣거리 모습은 보이지 않고, 귓전에 바람 소리 물소리만 맴돈다

[眼前不見市朝事, 耳畔惟聞風水聲]'를, 논자가 '간과 허파에 바람이 든 것이다'라고 했고, 또 「영시자詠詩者」의 '하루 내내 찾아도 못 찾았는데, 이따금 저절로 찾아 들어온다[盡日覓不得, 有時還自來]'는 본디 좋은 시구를 찾기 어려움을 이야기한 것인데, 논자가 '이것은 사람이 고양이를 잃어버려 지은 시이다'라고 하여 사람들에게 웃음을 자아냈다"라고 하였다.

王建「宮詞」一百首, 多言唐宮禁中事, 皆史傳小說所不載者, 往往見于其詩, 如"內中數日無呼喚, 傳得滕王「蛺蝶圖」." 滕王元嬰, 高祖子, 『新·舊唐書』皆不著其所能, 惟『名畫錄』略言其善畫, 亦不云其工蛺蝶也. 又『畫斷』云: 工於蛺蝶." 及見於建詩爾. 或聞今人家亦有得其圖者. 唐世一藝之善, 如公孫大娘舞劍器, 曹剛彈琵琶, 米嘉榮歌, 皆見于唐賢詩句, 遂知名於後世. 當時山林田畝, 潛德隱行君子, 不聞於世者多矣, 而賤工末藝得所附託, 乃垂於不朽, 蓋其各有幸不幸也.

왕건王建의 「궁사宮詞」 일백 수는 당나라 궁 안의 일을 이야기했다. 역사서나 소설 따위에도 실리지 않은 것들이 이따금 이 시에 보인다. 예컨대 "궁 안에서 며칠 동안 부르는 일 없더니, 등왕滕王의 「호접도蛺蝶圖」를 전하였네[內中數日無呼喚, 傳得滕王「蛺蝶圖」]"라고 했는데, 등왕 원영元嬰은 당 고조의 아들로서 『신당서』·『구당서』에서는 모두 그의 장기가 무엇인지 기록하지 않았다. 오직 『명화록名畫錄』에서만 대략 그림을 잘 그렸다고 언급했지만 「호접도」를 잘 그린다고까지는 말하지 않았다. 『화단畫斷』에서 "나비그림에 뛰어났다"라고 했고 왕건의 이 시에 같은 내용이 보일 뿐이다. 지금 누가 그의 그림을 얻었다는 말이 들리기도 한다. 당나라 때 빼어난 기예로서 공손태랑公孫大娘의 검무, 조강曹剛의 비파, 미가영米嘉榮의 노래 등이 있었는데, 모두 당시 시인들의 시에 등장함으로써 후대에 명성이 알려졌다. 당시 산림과 시골에서 조용히 덕을 닦고 지내던 군자들 중에도 세상에 알려지지 않은 이들이 많다. 그런데 하찮은 공예와 기예를 가졌던 이들이 시를 통해 훗날까지 이름이 전해졌으니, 이는 저마다 행운과 불행이 있는 것이다.

李白「戱杜甫」云:"借問別來太瘦生, 總爲從前作詩苦." '太瘦生', 唐人語也, 至今猶以'生'爲語助, 如'作麼生'·'何似生'之類是也. 陶尙書穀嘗曰:"尖簷帽子卑凡厮, 短靿靴兒末厥兵." '末厥', 亦當時語. 余天聖景祐間已聞此句, 時去陶公尙未遠, 人皆莫曉其義. 王原叔博學多聞, 見稱于世, 最爲多識前言者, 亦云不知爲何說也. 第記之, 必有知者耳.

이백의 「희두보戱杜甫」에서 "묻노니 거기 너무 마른 친구여, 그동안 시를 짓느라 너무 고생한 탓이라네[借問別來太瘦生, 總爲從前作詩苦]"라고 했다. '태수생太瘦生'은 당나라시대의 언어이다. 지금도 '생生'을 조사로 쓰고 있는데 예컨대 '작마생作麼生'·'하사생何似生' 등이 있다. 상서尙書 도곡陶穀은 일찍이 "처마 꼭지 모자는 미천한 녀석이고, 짧은 가죽 신발은 말궐의 병사이다[尖簷帽子卑凡厮, 短靿靴兒末厥兵]"라고 했다. 여기서 '말궐末厥'도 당시의 언어이다. 내가 천성(天聖 : 1023~1031)·경우(景祐 : 1034~1037) 연간에 이미 이 구절을 들었는데, 당시는 도곡이 살던 시대와 그다지 멀지 않았는데도 사람들이 그 뜻을 몰랐다. 왕원숙王原叔은 학문이 넓고 들은 것이 많은 것으로 유명하고 옛날 고사를 가장 많이 아는 사람이었지만 역시 무슨 말인지 모른다고 했다. 우선 여기에 기록해두면 훗날 반드시 아는 사람이 있을 것이다.

詩人貪求好句, 而理有不通, 亦語病也. 如"袖中諫草朝天去, 頭上宮花侍宴歸", 誠爲佳句矣, 但進諫必以章疏, 無直用稿草之理. 唐人有云: "姑蘇臺下寒山寺, 半夜鍾聲到客船." 說者亦云, 句則佳矣, 其如三更不是打鍾時. 如賈島「哭僧」云: "寫留行道影, 焚却坐禪身." 時謂燒殺活和尙, 此尤可笑也. 若"步隨靑山影, 坐學白塔骨", 又"獨行潭底影, 數息樹邊身", 皆島詩, 何精粗頓異也.

시인들이 좋은 구절 찾기에만 매달려 의미가 안 통하는 것도 병폐이다. 예컨대 "소매에 간언할 초고를 넣어 궁을 향해 가고, 머리에 궁화를 꽂고 시연에서 돌아온다[袖中諫草朝天去, 頭上宮花侍宴歸]"는 참으로 좋은 구절이지만, 간언을 올릴 때에는 반드시 장소章疏[6]를 사용하지 바로 초고를 사용하는 경우는 없다. 당나라 시인의 시에 "고소대 아래 한산사에서, 한밤 종소리가 객선까지 들린다[姑蘇臺下寒山寺, 半夜鍾聲到客船]"라는 구절이 있는데, 논자들은 "시구는 아름답지만 삼경三更은 종을 치는 때가 아니지 않는가?"라고 문제 삼는다. 가도의 「곡승哭僧」에서 "도 수행의 진영을 그려두고, 좌선의 몸을 불태운다[寫留行道影, 焚却坐禪身]"라고 한 것을 두고 당시에 "살아있는 화상和尙을 불태운 것"이라고 한 것은 더더욱 우스꽝스럽다. 또 "걸음은 청산의 그림자를 따르고, 앉음은 백탑의 뼈를 배운다[步隨靑山影, 坐學白塔骨]", "홀로 걷는 호수 아래의 그림자요, 자주 쉬는 나무 가의 몸이다[獨行潭底影, 數息樹邊身]"는 다 가도의 시인데, 어찌하여 이처럼 수준이 크게 차이가 난단 말인가.

松江新作長橋, 制度宏麗, 前世所未有. 蘇子美「新橋對月」詩所謂"雲頭灩灩開金餠, 水面沉沉臥彩虹"者是也. 時謂此橋非此句雄偉不能稱

---

6 장소(章疏) : 임금에게 올리는 공식 문서. 상소문.

也. 子美兄舜元, 字才翁, 詩亦遒勁多佳句, 而世獨罕傳. 其與子美紫閣寺聯句, 無媿韓・孟也, 恨不得盡見之耳.

송강松江에 새로 만든 긴 다리는 규모가 크고 화려해서 일찍이 볼 수 없는 것이었다. 소순흠蘇舜欽의 「신교대월新橋對月」에서 "구름머리 화려함에는 황금 병餠이 열렸고, 수면 위 넘실댐에는 오색 무지개가 누웠다[雲頭豔豔開金餠, 水面沉沉臥彩虹]"라고 한 것은 이를 두고 말한 것이다. 당시 그 다리는 이 구절처럼 웅장하고 장쾌하게밖에 묘사할 수 없다고들 했다. 소순흠의 형 소순원蘇舜元은 자가 재옹才翁인데, 역시 시도 굳건해서 좋은 구절이 많은데도 세상에 전하는 것이 유독 드물다. 그가 소순흠과 함께 지은 자각사紫閣寺 연구聯句는 한유・맹호연에 전혀 뒤지지 않는데, 다 볼 수 없는 것이 아쉽다.

晏元獻公文章擅天下, 尤善爲詩, 而多稱引後進, 一時名士往往出其門. 聖俞平生所作詩多矣, 然公獨愛其兩聯, 云: "寒魚猶著底, 白鷺已飛前." 又"絮暖鮆魚繁, 露添蓴菜紫." 余嘗于聖俞家見公自書手簡, 再三稱賞此二聯. 余疑而問之, 聖俞曰: "此非我之極致, 豈公偶自得意於其間乎." 乃知自古文士不獨知己難得, 而知人亦難也.

안수晏殊는 문장으로 세상에 이름을 떨쳤고 특히 시를 잘 지었다. 그는 후학들을 많이 이끌어주어 당대의 명사들이 그의 문하에서 배출되곤 했다. 매요신이 평생 지은 시가 많지만 안수는 그 가운데 두 연만을 사랑했다. 그것은 "차가운 물고기는 아직도 땅 밑에 붙어있고, 백로는 이미 앞을 날아간다[寒魚猶著底, 白鷺已飛前]"와 "버들개지 따스해지자 갈치가 번성하고, 이슬이 더해지자 순채가 붉다[絮暖鮆魚繁, 露添蓴菜紫]"이다. 나는 일찍이 매요신의 집에서 안수가 손수 쓴 편지를 보았는데, 이 두 연을 재삼 칭찬하는 내용이 있었다. 내가 의문스러워 묻자 매요신은 "이 구절은 내 것들 중에 최고가 아닌데, 혹시 안공이 우연히 이 구절에 마음이 부합되신 것이 아닐까?"라고 했다. 여기에서 예로부터 문사文士는 자신을 알아주는 사람을 얻기 어려울 뿐만 아니라, 남을 아는 것도 어렵다는 사실을 알 수 있다.

楊大年與錢・劉數公唱和, 自『西崑集』出, 時人爭效之, 詩體一變. 而先生老輩患其多用故事, 至於語僻難曉, 殊不知自是學者之弊. 如子儀「新蟬」云: "風來玉宇烏先轉, 露下金莖鶴未知." 雖用故事, 何害爲佳句也. 又如"峭帆橫渡官橋柳, 疊鼓驚飛海岸鷗." 其不用故事, 又豈不佳乎. 蓋其雄文博學, 筆力有餘, 故無施而不可, 非如前世號詩人者, 區區於風雲草木之類, 爲許洞所困者也.

양억이 전유연錢惟演・유균 등과 주고받은 시를 모은 『서곤집』이 나온 뒤부터 사람들이 앞다퉈 이를 본받음으로써 시풍이 크게 변했다. 그런데 스승과 원로들이 시에 고사를 많이 인용하는 것을 문제시했고 시어가 까다로워져 내용을 이해하기 어려운 지경에 이르렀지만 그것이 학자의 병폐임은 전혀 몰랐다. 예컨대 유균의 「신선新蟬」에서 "바람이 옥우玉宇[7]에 불자 까마귀가 먼저 움직이거늘, 이슬이 금경金莖[8]에 내려도 학은 알지 못하네[風來玉宇烏先轉, 露下金莖鶴未知]"는 비록 고사를 인용했지만 아름다운 구절이 되는데 무슨 문제가 있는가. 또 "드높은 돛은 관교官橋의 버들을 가로 건너고, 겹겹의 북소리는 바닷가 갈매기

7 옥우(玉宇): 옥으로 장식한 궁전. 선인(仙人)이 살고 있다는 달 속의 옥우경루(玉宇瓊樓)를 말하기도 하고, 천제(天帝)가 있는 하늘을 가리키기도 한다.

8 금경(金莖): 승로반(承露盤)을 받쳐 세우고 있는 구리 기둥을 말한다. 한 무제가 백양대(柏梁臺)를 쌓고 이십 장(丈) 높이의 동주(銅柱)를 세워 이슬을 받는 선인장을 그 위에 설치했다는 고사가 전한다.

를 놀라 날아가게 한다[峭帆橫渡官橋柳, 疊鼓驚飛海岸鷗]"는 고사를 인용하지 않았지만 어찌 훌륭하지 않은가. 웅장한 문장력과 광범위한 학문은 필력에 여유가 있어 무엇이든 안 될 것이 없다. 지난 시대 시인이라 불린 이들이 바람과 구름과 풀과 나무 따위에 얽매여 허동許洞에 의해 궁지에 몰린 경우[9]와는 다른 것이다.

西洛故都, 荒臺廢沼, 遺跡依然, 見于詩者多矣. 惟錢文僖公一聯最爲警絶, 云:"日上故陵烟漠漠, 春歸空苑水潺潺." 裴晉公綠野堂在午橋南, 往時嘗屬張僕射齊賢家, 僕射罷相歸洛, 日與賓客吟宴於其間, 惟鄭工部文寶一聯最爲警絶, 云:"水暖鳧鷺行哺子, 溪深桃李臥開花." 人謂不減王維・杜甫也. 錢詩好句尤多, 而鄭句不惟當時人莫及, 雖其集中自及此者亦少.

고도인 서경西京 낙양에는 헌 누대와 망가진 연못 등의 유적들이 여전히 남아있어 시에 등장하는 경우가 많다. 그 가운데 전유연의 "해 떠오르는 옛 능은 안개가 자욱하고, 봄 지난 텅 빈 궁원에는 물이 잔잔하다[日上故陵烟漠漠, 春歸空苑水潺潺]"가 가장 뛰어나다. 또 오교午橋 남쪽에 있는 배도裵度의 녹야당綠野堂은 일찍이 복야僕射 장제현張齊賢의 집이 되었다. 장제현은 정승에서 물러난 뒤 낙양으로 돌아와, 날마다 이곳에 손님을 초청해 연회를 베풀고 시를 읊었다. 그 가운데 공부工部 정문보鄭文寶의 한 연이 가장 뛰어나 "물 따스한 곳에서 오리와 갈매기가 움직이며 새끼를 먹이고, 시내 깊은 곳에서는 복사꽃 오얏꽃이 누워 꽃을

9 허동(許洞) …… 경우: 허동은 송나라 때의 시인. 송나라 때의 은사(隱士)로, 고산에 은거하여 이십 년 동안 성시(城市)에 발을 들여놓지 않았다고 하는 임포가 허동을 오만하게 보자, 허동이 시를 지어 조소하기를 "세도가가 물건을 보내면 거위처럼 목을 빼고, 좋은 손님이 찾아오면 자라처럼 머리 움츠리네[豪民送物鵝伸頸, 好客臨門鱉縮頭]"라고 하였다.

피운다[水暖鳧鷺行哺子, 溪深桃李臥開花]"라고 했다. 사람들은 이 시구가 왕유王維나 두보에 뒤지지 않는다고 했다. 전유연의 시에도 좋은 구절이 많지만, 정문보의 이 시구는 당시 사람들이 미칠 수 없었을 뿐만 아니라 그의 시집 안에서도 미치는 것이 적다.

閩人有謝伯初者, 字景山, 當天聖·景祐之間, 以詩知名. 余謫夷陵時, 景山方爲許州法曹, 以長韻見寄, 頗多佳句, 有云: "長官衫色江波綠, 學士文華蜀錦張." 余答云: "參軍春思亂如雲, 白髮題詩愁送春." 蓋景山詩有"多情未老已白髮, 野思到春如亂雲"之句, 故余以此戲之也. 景山詩頗多, 如"自種黃花添野景, 旋移高竹聽秋聲", "園林換葉梅初熟, 池館無人燕學飛"之類, 皆無愧於唐諸賢, 而仕宦不偶, 終以困窮而卒. 其詩今已不見於世, 其家亦流落不知所在. 其寄余詩, 逮今三十五年矣, 余猶能誦之. 蓋其人不幸旣可哀, 其詩淪棄亦可惜, 因錄于此. 詩曰: "江流無險似瞿塘, 滿峽猿聲斷旅腸. 萬里可堪人謫宦, 經年應合鬢成霜. 長官衫色江波綠, 學士文華蜀錦張. 異域化爲儒雅俗, 遠民爭識校讎郎. 才如夢得多爲累, 情似安仁久悼亡. 下國難留金馬客, 新詩傳與竹枝娘. 典詞懸待修青史, 諫草當來集皂囊. 莫謂明時暫遷謫,① 便將纓足濯滄浪."

① '明', 『歐陽文忠公文集』作'平.'

민閩 출신 사백초謝伯初는 자가 경산景山으로, 천성·경우 연간에 시인으로 이름을 날렸다. 내가 이릉夷陵에 좌천되어 있을 때 사백초는 허주법조許州法曹로 있었다. 그가 부친 장편의 시에 좋은 구절이 퍽 많았다. 그 가운데 "장관의 소매 색은 강물처럼 푸르고, 학사의 빛나는 문양은 촉나라 비단을 펼쳤다[長官衫色江波綠, 學士文華蜀錦張]"가 있다. 나는 화답으로 보낸 시에서 "참군의 봄날 시름은 구름처럼 어지럽고, 백발에 시를 지으며 시름겹게 봄을 보낸다[參軍春思亂如雲, 白髮題詩愁送春]"라고 했다. 사백초의 시에 "정이 많아 늙지도 않았는데 벌써 머리가 희고, 시골이 그리워 봄이 오자 구름처럼 정신이 어지럽다[多情未老已白髮, 野思到春如亂雲]"라는 구절이 있어서 이렇게 농 삼아 답한 것이다. 사백초는 작품이 퍽 많다. 예컨대 "스스로 국화를 심어 시골 풍경을 보태고, 키 큰 대나무를 옮겨 가을 소리를 듣는다[自種黃花添野景, 旋移高竹聽秋聲]", "동산은 잎이 바뀌며 매실이 막 익고, 집안에는 인적 없는데 제비가 날갯짓을 배운다[園林換葉梅初熟, 池館無人燕學飛]" 등은 당나라 시인들에 비해 전혀 손색이 없다. 하지만 벼슬길은 불우해서 결국 곤궁한 삶을 살다 세상을 떠났다. 그의 시는 지금 이미 세상에 보이지 않고 그의 집안도 몰락해서 소재를 알 수 없다. 그가 내게 시를 부친 지 삼십오 년이 흘렀지만 나는 아직도 그의 시를 외우고 있다. 그가 불행했던 것도 슬픈데 그의 시까지 사라진 것이 애석하여 여기에 그 내용을 적는다. "강물 줄기는 구당협瞿塘峽[10]처럼 험난하지 않고, 골짜기 가득한 원숭이 소리는 나그네의 애를 끊는다. 만 리 길 좌천은 견딜 만하지만, 해가 지나면 살쩍이 서릿발이 되리라. 장관의 소매 색은 강물처럼 푸르고, 학사의 화려한 문양은 촉나라 비단처럼 펼쳤다. 이역은 유자의 고아한 풍속으로 변하고, 외진 곳 백성은 앞다퉈 교수랑校讎郎을 알고자 한다. 재능은 유몽득(劉夢得 : 유우석劉禹錫)과 같아서 얽매인 일이 많고, 정은 안인(安仁 : 반악潘岳)과 같아서 오랫동안 망자를 애도한다. 하등의 나라에서 금마객金馬客[11]을 붙들기 어려울 터, 새로 지은 시를 죽지랑竹枝娘[12]에게 전한다. 전아한 글은 청사靑史에 기록되기를 기다리고,

---

10 구당협(瞿塘峽) : 중국 사천성 봉절현(奉節縣)과 호북성(湖北省) 의창현(宜昌縣) 사이에 있는 협곡. 이 협곡과 무협(巫峽), 서릉협(西陵峽)을 일컬어 '삼협(三峽)'이라 한다. 전장 이백사 킬로미터이며 양쪽 언덕이 절벽이고 강의 흐름이 급하다.

11 금마객(金馬客) : '금마(金馬)'는 학사(學士)들이 대조(待詔)하는 금마문(金馬門) 혹은 금마옥당(金馬玉堂)의 약칭으로, 한림원을 가리킨다. 따라서 금마객은 한림원의 직책을 뜻한다.

간언은 조낭皂囊[13]에 들어갈 것이다. 태평시대에 잠시 좌천된 것이라 말하지 말라, 갓끈과 발을 창랑滄浪에 씻으면 그뿐이다.[江流無險似瞿塘, 滿峽猿聲斷旅腸. 萬里可堪人謫宦, 經年應合鬢成霜. 長官衫色江波綠, 學士文華蜀錦張. 異域化爲儒雅俗, 遠民爭識校讎郎. 才如夢得多爲累, 情似安仁久悼亡. 下國難留金馬客, 新詩傳與竹枝娘. 典詞懸待修青史, 諫草當來集皂囊. 莫謂明時暫遷謫, 便將纓足濯滄浪.]"

① '明'은 『구양문충공문집歐陽文忠公文集』에 '平'으로 돼 있다.

石曼卿自少以詩酒豪放自得, 其氣貌偉然, 詩格奇峭, 又工於書, 筆畫遒勁, 體兼顏・柳, 爲世所珍. 余家嘗得南唐後主澄心堂紙, 曼卿爲余以此紙書其「籌筆驛」詩, 詩, 曼卿平生所自愛者, 至今藏之, 號爲三絕, 眞余家寶也. 曼卿卒後, 其故人有見之者, 云: "恍惚如夢中, 言'我今爲鬼仙也, 所主芙蓉城, 欲呼故人往遊, 不得.' 忿然騎一素騾去如飛." 其後又云: "降於亳州一舉子家, 又呼舉子去, 不得. 因留詩一篇與之." 余亦略記其一聯云: "鶯聲不逐春光老, 花影長隨日脚流." 神仙事怪不可知, 其詩頗類曼卿平生, 舉子不能道也.

석만경石曼卿은 어려서부터 시와 술을 즐기며 호방한 삶을 즐겼다. 기개와 모습이 훤칠하고 시격詩格이 기괴하고 특출했으며 글씨에도 능하여 굳건한 필획이 안진경顏眞卿・유공권柳公權의 서체를 겸해서 세상 사람들로부터 중시를 받았다. 내 집에 일찍이 남당南唐 이욱의 징심당지澄心堂紙[14]가 있었는데, 석만경이 나를 위해 이 종이에 「주필역籌筆驛」

12 죽지랑(竹枝娘) : 「죽지사(竹枝詞)」를 부르는 여가수.

13 조낭(皂囊) : 검은 비단으로 만든 자루. 한나라 제도를 보면 신하들이 장주(章奏)를 올릴 때 비밀스런 일인 경우에 조낭에 봉하여 올렸다고 한다.

14 징심당지(澄心堂紙) : 오대(五代) 남당(南唐) 후주(後主) 때에 만든 종이로, 품질이 좋은 고급 종이이다. 징심당은 후주가 연거(燕居)하던 당(堂)의 이름이다. 『촉전지보(蜀牋紙譜)』.

을 써서 주었다. 이 시는 석만경이 일생 동안 애호했던 것인데 지금도 잘 소장해서 삼절三絶이라 불리고 있다. 참으로 우리 집의 보물이다. 석만경이 세상을 떠난 후 그의 친구가 그를 만났다고 하면서 "꿈을 꾸듯 황홀했는데 그가 이르기를 '나는 지금 귀선鬼仙이 되었으며 주인으로 있는 부용성芙蓉城에 친구를 불러 함께 놀러가고 싶었으나 뜻대로 되지 않았다'라고 하고는 분노를 남긴 채 흰 나귀를 타고 날듯이 떠나가 버렸다"라고 했다. 그 후에 또 이르기를 "박주亳州의 한 거자擧子의 집에 내려와서 또다시 그 거자를 불러 가려고 했으나 뜻대로 되지 않았다면서 시 한 편을 남겨주었다"라고 했다. 나는 그 시의 한 연을 대략 기억하고 있다. "꾀꼬리 소리는 봄빛을 따라 늙지 않고, 꽃 그림자는 해를 따라 흐른다[鶯聲不逐春光老, 花影長隨日脚流]"이다. 신선의 이야기는 기괴하여 알 수 없지만 그 시는 석만경의 시풍을 퍽 닮았다. 그 거자에 대해서는 뭐라고 말할 수 없다.

王建「霓裳詞」云: "弟子部中留一色, 聽風聽水作「霓裳」." 「霓裳曲」, 今教坊尙能作其聲, 其舞則廢而不傳矣. 人間又有「望瀛洲」·「獻仙音」二曲, 云此其遺聲也. 「霓裳曲」, 前世傳記論說頗詳, 不知"聽風聽水"爲何事也. 白樂天有「霓裳歌」甚詳, 亦無"風水"之說, 第記之, 或有遺亡者爾.

왕건의 「예상사霓裳詞」에서 "제자부弟子部 안에 담당자가 하나 남아, 바람 소리 듣고 물소리 들으며 「예상霓裳」을 짓는다[弟子部中留一色, 聽風聽水作「霓裳」]"라고 했다. 「예상곡」은 지금 교방教坊에서도 그 소리를 지을 수 있지만 춤은 사라지고 전하지 않는다. 세상에 또 「망영주望瀛洲」·「헌선음獻仙音」이라는 두 곡이 전하는데, 「예상곡」이 전해져 만들어진 것이라고 한다. 「예상곡」은 전대의 전기傳記에서 비교적 상세하게 거론된다. 하지만 '청풍청수聽風聽水'가 무엇을 말하는 것인지는 알 수 없다.

백거이가 「예상가霓裳歌」를 매우 상세히 알고 있었지만 '청풍청수'에 관한 이야기는 없다. 혹시 잃어버릴지 몰라 우선 여기에 기록한다.

龍圖學士趙師民, 以醇儒碩學名重當時. 爲人沈厚端默, 羣居終日, 似不能言, 而於文章之外, 詩思尤精, 如 "麥天晨氣潤, 槐夏午陰淸." 前世名流, 皆所未到也. 又如 "曉鶯林外千聲囀, 芳草階前一尺長", 殆不類其爲人矣.

용두학사龍圖學士 조사민趙師民은 순박한 유가의 풍모와 박식한 학문으로 당대에 명성이 대단했다. 사람됨이 침착하고 온후하며 단정하고 묵직해서 사람들과 하루 종일 같이 지내도 말을 잘 못하는 사람 같았으며, 문장 이외에 시상은 더욱 정밀했다. 예컨대 "보리 철에 새벽 기운이 윤택하고, 괴화나무 여름에 한낮 그림자가 맑다[麥天晨氣潤, 槐夏午陰淸]"가 있다. 이는 지난 시절 명사들도 도달할 수 없는 부분이다. 또 "새벽 꾀꼬리 숲 밖에서 수없이 지저귀고, 아름다운 풀은 섬돌 앞에 한 자나 길다[曉鶯林外千聲囀, 芳草階前一尺長]"라고 했으니 그 사람과 사뭇 다르다.

退之筆力, 無施不可, 而嘗以詩爲文章末事, 故其詩曰 : "多情懷酒伴, 餘事作詩人"也. 然其資談笑, 助諧謔, 敍人情, 狀物態, 一寓於詩, 而曲盡其妙. 此在雄文大手, 固不足論, 而余獨愛其工於用韻也. 蓋其得韻寬, 則波瀾橫溢, 泛入傍韻, 乍還乍離, 出入迴合, 殆不可拘以常格, 如「此日足可惜」之類是也. 得韻窄, 則不復傍出, 而因難見巧, 愈險愈奇, 如「病中贈張十八」之類是也. 余嘗與聖兪論此, 以謂譬如善馭良馬者, 通衢廣陌, 縱橫馳逐, 惟意所之. 至於水曲蟻封, 疾徐中節, 而不少蹉跌,乃天下之至工也. 聖兪戲曰 : “前史言退之爲人木强, 若寬韻可自足而輒傍出, 窄韻難獨用而反不出, 豈非其拗强而然與.” 坐客皆爲之笑也.

한퇴지(韓退之 : 한유)의 필력은 적용하지 못할 곳이 없지만, 일찍이 시를 문장의 말단이라 여겨 시에서 “정이 많아 술친구 생각하고, 여유 있을 때 시인이 된다[多情懷酒伴, 餘事作詩人]”라고 했다. 하지만 담소의 자료로 삼고, 웃음거리에 보태고, 인정을 서술하고, 사물의 형상을 묘사함에 있어 모두 시에 기탁하여 그 오묘함을 극진히 나타냈다. 이것은 웅장한 글 솜씨를 가진 이에게 본디 논할 것이 못되지만, 나는 홀로 그가 운韻 사용에 뛰어났던 것을 좋아한다. 그는 넉넉한 운을 얻게 되면 물결이 넘실대듯 주변의 운을 자유로이 왕래하며 들고 나는 것이 자연스레 부합되어 상격常格으로 얽맬 수 없었다. 「차일족가석此日足可惜」 등이 그것이다. 비좁은 운을 얻게 되면 더 이상 주변 운으로 나가지 않고 어려움을 통해 교묘함을 보이고 험난할수록 기묘했다. 「병중증장십팔病中贈張十八」 등이 그것이다. 나는 일찍이 매요신과 이에 대해 논하였다. 비유하자면 훌륭한 말을 잘 다루는 자가 트인 거리와 넓은 길을 종횡으로 내달리며 마음대로 가다가 물굽이와 언덕에 이르면 속도를 잘 맞춰서 조금도 차질이 없는 것과 같으니, 세상에서 지극히 뛰어난 사람이었다고 내가 말했다. 그러자 매요신이 장난삼아 이르기를 “역사의 기록에서 한퇴지는 사람됨이 질박하고 강고하다 했네. 넉넉한 운일 때는 스스로 만족할 만한데 이내 주변 운으로 나가고, 비좁은 운일 때는 그것만 쓰기는 어려운데도 도리어 주변 운으로 나가지 않았으니, 이 어찌 강고해서 억지를 부린 것이 아니겠는가”라고 하였다. 이에 좌객들이 모두 껄껄대며 웃었다.

自科場用賦取人, 進士不復留意於詩, 故絶無可稱者. 惟天聖二年省試「采侯」詩, 宋尙書祁最擅場, 其句有"色映堋雲爛, 聲迎羽月遲【一作馳】①", 尤爲京師傳誦, 當時擧子目公爲"宋采侯."

① '一作馳'三字原缺, 據『叢書集成』本補.

과거시험에서 부賦를 통해 인재를 선발하면서부터 진사進士들이 더 이상 시에 관심을 기울이지 않음으로써 전혀 일컬을 만한 시인이 없게 되었다. 오직 천성 2년(1024) 성시省試의 「채후采侯」에서 상서尙書 송기宋祁가 가장 두각을 나타냈다. 그의 시구 가운데 "색은 둑 구름(과녁)을 찬란하게 비추고, 소리는 깃 달(화살)을 맞아 더디다[色映堋雲爛, 聲迎羽月遲【'치馳'로도 쓰인다】"는 서울에 널리 회자돼 당시의 거자들은 공을 '송채후宋采侯'라 불렀다.

① '一作馳' 세 글자는 원래 없었는데 『총서집성叢書集成』본에 의거하여 보충하였다.

『온공속시화溫公續詩話』

송宋 사마광司馬光

사마광司馬光, 『온공속시화温公續詩話』 해제

작자인 사마광(1019~1086)은 자가 군실君實이며 협주陜州 하현夏縣 속수향涑水鄕 사람으로서 세칭 '속수 선생'이라 불린다. 북송 인종仁宗 보원寶元 시기에 진사가 되었고 천장각대제天章閣待制 겸 시강侍講, 지간원知諫院을 역임했다. 그가 신종神宗 때 완성한 『자치통감資治通鑑』은 사마천의 『사기』에 비견되는 역사 저작으로 평가된다. 정치에 있어서 그는 왕안석王安石의 변법變法과 신정新政에 반대했고 문학에서는 구양수와 관점이 비슷했다. 명도치용明道治用을 주장했고 시문詩文은 내용이 맑고 통달했다. 시호는 문정文正이며 온국공溫國公에 봉해졌다. 저서로 『사마문정공집』, 『속수기문涑水紀聞』, 『온공속시화』, 『계고록稽古錄』 등이 있다.

사마광의 『온공속시화』는 한 권이며 『사마온공시화』 혹은 『속시화』라고도 한다. 판본은 『역대시화』본 외에 『백천학해百川學海』본, 『설부說郛』본, 『총서집성초편叢書集成初編』본, 『사고전서』본이 있고 조공무晁公武의 『군재독서지郡齋讀書志』에서는 자부子部 소설류로, 진진손陳振孫

의 『직재서록해제直齋書錄解題』에서는 집부集部 문사류文史類로, 그리고 『사고전서』에서는 집부 시문평류詩文評類로 분류되었다.

작자가 소인小引에서 "시화에 아직 기록하지 않은 것이 있으니, 구양공(구양수)의 문장의 명성에는 미칠 수 없지만 이야기를 기록하는 것은 같은 것이기에 감히 이어서 쓴다"라고 밝혔듯이 이 시론의 관점은 구양수의 『육일시화』와 가깝다. 비록 시인이 아니라 사학자로 유명했지만 그의 가구佳句를 뽑는 안목과 시평은 세상의 인정을 받았다.

예를 들어 『사고전서총목제요四庫全書總目提要』에서는 그가 "시들의 우열을 대단히 정밀하게 구분한다[品第諸詩, 乃極精密]"고 하였다. 또 시의 평가와 분석에서 뛰어난 견해가 적잖이 발견되는데, 두보의 「춘망春望」을 두고 "근세의 시인 가운데 두보만이 옛 시인의 본지를 터득했으니, 예컨대 '나라는 무너져도 산하는 남아, 옛 성에 봄 깃들어 초목이 무성하다. 시절에 감응해 꽃을 보고 눈물 뿌리고, 이별이 한스러워 새소리에 깜짝 놀란다[國破山河在, 城春草木深. 感時花濺淚, 恨別鳥驚心]'라고 했는데, '산하재山河在'는 아무것도 없는 것을 나타낸 것이고, '초목심草木深'은 누구도 없는 것을 나타낸 것이다. 그리고 꽃과 새는 평상시에는 즐기고 감상하는 대상인데 그것을 보고 눈물을 흘리고 그 소리를 듣고 슬퍼했다면 그 당시 상황을 알 수 있는 것이다"라고 한 것이 대표적이다. 시구를 파고들어 작은 것까지 파헤쳐 깊은 뜻을 발견해내는 솜씨가 비범하다. 또 후인이 위야魏野의 시구, "잎사귀를 태운 화로에는 묵은 불꽃이 없고[燒葉爐中無宿火]"의 '葉'을 '藥'으로 고친 것에 대해 "이는 이 글자 한 자만 망가뜨린 것이 아니라 그 구절 전체를 아무 맛이 없게 만들어버렸으니, 이른바 보태려다 오히려 덜어낸 격이다"라고 한 말에서도 시의 함축적 의미에 대한 파악과 자구에 대한 분석이 모두 날카롭다는 것을 알 수 있다. 이를 두고 『사고전서총목제요』에서는 "오묘함에 대한 이해가 다른 시화들보다 뛰어나다[妙中理解, 爲他詩話所不及]"라고 하였다.

이 시화는 시가 "귀한 것은 의미가 시어 밖에 있어서 읽는 이로 하여금 곰곰이 생각해서 내용을 이해하게 하는 것이므로, 시를 지은 사람은 죄가 없고 그것을 읽는 사람은 충분히 경계로 삼는다"라고 주장한다. 시의 의미가 심원하고 함축적이어야 하지만 너무 어렵거나 생경해서 사람들이 이해할 수 없어서는 안 된다는 것이다. 아울러 시에는 반드시 세상을 향한 교훈의 기풍도 있어야 한다고 주장했다.

본래 이 시화는 작자가 『육일시화』가 빠뜨린 것을 보충한다는 취지에서 지었기 때문에 많은 내용이 『육일시화』와 상호관련이 있다. 예를 들어 『육일시화』의 '의재언외意在言外'설과 관련하여 사마광은 『시경』의 "암양의 머리 커다랗고, 삼성이 통발에 있다[牂羊墳首, 三星在罶]"는 시구를 끌어들여 "고인이 시를 지을 때는, 의미가 시어 밖에 있어서 읽는 이로 하여금 곰곰이 생각해서 내용을 이해하게 했다"고 설명한다. 또 그가 문덕전文德殿에 조회하는 관리의 해학시, 왕신王紳의 궁사宮詞, 진아陳亞의 첩대捷對, 포당鮑當의 「고안孤雁」, 한흠성韓欽聖의 죽음에 대해 논한 것은 각기 『육일시화』의 두 도읍 사대부들의 기실시紀實詩, 왕건의 궁사, 찬녕贊寧의 첩대, 매요신의 「하돈河豚」, 매요신의 죽음에 대응된다. 송초 아홉 시승詩僧들의 이름과 시집 역시, 구양수가 『구승시九僧詩』의 실전失傳과 아홉 시승 중 여덟 시승의 이름을 잊었다고 말한 것에 대한 보충이다.

체제 면에서 볼 때, 이 시화는 31칙 중 20여 칙이 인물별로 나열되어 혜종惠宗, 정문보鄭文寶, 포당, 임포林逋, 위야 등의 시를 품평했고 대체로 한 칙마다 한 명을 다루었다. 이런 형식은 후대 시화들의 본보기가 되었다. 『온공속시화』는 구양수의 『육일시화』, 유반의 『중산시화』와 함께 북송 초기 시화의 대표작으로서 주로 사적의 기록이긴 하지만 품평, 고증, 의론도 겸비했다. 이런 구성 요소들의 결합이 시화의 기본 골격과 체제가 되어 중국 시화사에서 중요한 역할을 했다.

온공속시화溫公續詩話

송宋 사마광司馬光

詩話尚有遺者, 歐陽公文章名聲雖不可及, 然記事一也, 故敢續書之.

시화에 아직 기록되지 않은 것이 있다. 구양수의 문장의 명성에는 미칠 수 없지만, 이야기를 기록하는 것은 같은 것이기에 감히 이어서 쓴다.

文德殿, 百官常朝之所也. 宰相奏事畢, 乃來押班, 常至日旰, 守堂卒好以厚朴湯飮朝士. 朝士有久無差遣, 厭苦常朝者, 戲爲詩曰 : "立殘階下梧桐影, 喫盡街頭厚朴湯." 亦朝中之實事也.

문덕전文德殿은 백관이 언제나 조회를 갖는 곳이다. 재상이 상주上奏를 마치고나면 압반押班[1]을 하는데, 그러면 언제나 정오경이 된다. 이

때 수당졸守堂卒이 후박탕厚朴湯[2]을 갖고 와 조정 관리들에게 음료로 제공한다. 조정 관리들 중에서 오랫동안 외지로 파견되지 못하고 늘 조회만 하는 것에 염증이 나서 괴로워하는 이가 장난삼아 시를 지었다. "섬돌 아래 오동나무 그림자에 축 늘어져서, 길머리의 후박탕을 후루룩 마신다[立殘階下梧桐影, 喫盡街頭厚朴湯]"라고 했다. 이 또한 조정의 실제 모습이다.

惠崇詩有"劍靜龍歸匣, 旗閒虎繞竿." 其尤自負者, 有"河分岡勢斷, 春入燒痕青." 時人或有譏其犯古者, 嘲之: "河分岡勢司空曙, 春入燒痕劉長卿. 不是師兄多犯古, 古人詩句犯師兄." 進士潘閬嘗謔之曰: "崇師, 爾當憂獄事, 吾去夜夢爾拜我, 爾豈當歸俗邪." 惠崇曰: "此乃秀才憂獄事爾. 惠崇, 沙門也, 惠崇拜, 沙門倒也, 秀才得毋詣沙門島邪."

혜숭이 지은 시에 "검이 조용할 때 용이 갑으로 돌아가고, 깃발이 한가할 때 호랑이가 깃대를 두른다[劍靜龍歸匣, 旗閒虎繞竿]"가 있다. 그가 더욱 자부하는 시로 또 "강물은 언덕 깎인 곳에서 나뉘고, 봄은 불 탄 흔적이 푸른 곳에 찾아든다[河分岡勢斷, 春入燒痕青]"가 있다. 당시 어떤 사람이 옛사람의 것을 침범했다고 비판하자, 그는 조롱하기를 "강물이 언덕에서 나뉨은 사공서司空曙요, 봄이 불탄 흔적으로 찾아듦은 유장경劉長卿이다. 사형師兄이 옛사람의 것을 침범한 것이 아니라, 옛사람의 시가 사형을 범한 것이라네[河分岡勢司空曙, 春入燒痕劉長卿. 不是師兄多犯古, 古人詩句犯師兄]"라고 했다. 진사進士 반랑潘閬이 일찍이 농담 삼

---

1 압반(押班): 조회 때 백관의 위차(位次)와 질서를 유지하는 관원, 혹은 그가 상좌에서 반열을 지휘하여 거느리는 행위를 말한다.

2 후박탕(厚朴湯): 후박으로 만든 탕을 말한다. 후박은 녹나무과에 딸린 상록수로, 구토, 곽란(癨亂), 복통, 설사 등에 약으로 쓴다.

아 "혜숭 스님, 당신은 옥사獄事를 걱정해야겠소! 내 지난밤에 꿈을 꾸었는데 당신이 내게 절을 했으니, 속세로 돌아가려는 것이 아니겠소!"라고 하자, 혜숭은 "이는 곧 수재秀才가 옥사獄事를 걱정해야 할 일이오. 혜숭은 사문沙門인데, 혜숭이 절을 하면 사문이 거꾸러질 터이니 수재가 사문도沙門島[3]로 나아가지 않을 수 있겠소!"라고 했다.

梅聖兪之卒也, 余與宋子才選① · 韓欽聖宗彦 · 沈文通遘, 俱爲三司僚屬, 共痛惜之. 子才曰 : "比見聖兪面光澤特甚, 意爲充盛, 不知乃爲不祥也." 時欽聖面亦光澤, 文通指之曰 : "次及欽聖矣." 衆皆尤其暴謔. 不數日, 欽聖抱疾而卒. 余謂文通曰 : "君雖不爲咒咀, 亦戲殺耳." 此雖無預時事, 然以其與聖兪同時, 事又相類, 故附之.

① '子', 原作'之', 據『百川學海』本改.

매요신이 세상을 떠났을 때, 나는 자재子才 송선宋選 · 흠성欽聖 한종언韓宗彦 · 문통文通 심구沈遘와 함께 모두 삼사三司의 관료여서 함께 애통하고 애석해했다. 송선이 이르기를 "얼마 전에 매요신을 보았는데 얼굴에 아주 광택이 나서 참 건강하다고 생각했는데 이런 불상사를 당할 줄 미처 몰랐소"라고 했다. 당시 한종언의 얼굴도 광택이 났는데, 심구가 이를 가리키며 "그다음엔 한종언의 차례겠네"라고 했다. 이에 사람들이 모두 과격한 농담이라고 나무랐다. 그런데 며칠 뒤에 한종언이 병으로 세상을 떠났다. 나는 심구에게 "그대가 비록 저주를 한 것은 아니지만, 또한 장난으로 사람을 죽인 것이오"라고 했다. 이것은 비록

3 사문도(沙門島) : 현재 묘도군도(廟島群島) 중의 묘도(廟島)를 말한다. 옛날에 이 섬은 죄수를 유배 · 방축하고 가두는 곳이었는데, 대체로 당말, 오대 역사에서 보이기 시작한다. 또 옛날에 이곳은 교동(膠東)으로부터 해로로 달려 요동에 이르는 필수 경로였기에 북송 때 비교적 중요한 위치를 점하고 있었다.

시사時事와 관련은 없지만 매요신과 같은 시점이었고 내용 또한 유사하므로 덧붙여 적는다.

① '子'는 본래 '之'로 돼 있었는데 『백천학해百川學海』본에 의거하여 고쳤다.

鄭工部詩有"杜曲花香醲似酒, 灞陵春色老於人", 亦爲時人所傳誦, 誠難得之句也.

정문보의 시에 "두곡杜曲의 꽃향기는 술처럼 진하고, 패릉灞陵의 봄은 사람보다 늙었다[杜曲花香醲似酒, 灞陵春色老於人]"가 있다. 당시 사람들의 입에 회자됐던 시로서 참으로 얻기 어려운 구절이다.

科場程試詩, 國初以來, 難得佳者. 天聖中, 梓州進士楊諤, 始以詩著. 其天聖八年省試「蒲車」詩云: "草不驚皇轍, 山能護帝輿." 是歲, 以策用清問字下第. 景祐元年, 省試「宣室受釐」詩云: "願前明主席, 一問洛陽人." 諤是年及第, 未幾卒. 慶曆二年, 韓欽聖試「動門賜立戟」詩云: "凝峰畫旛轉, 交綴彩支繁." 范景仁云, 曾見眞本如此. 傳欽聖作"迎風畫旛轉, 映日彩支繁", 故兩存之. 蘇州進士丁偃, 試「通英延講藝」詩云: "白虎前芳掩, 金華舊事輕. 天心非不寤, 垂意在蒼生." 有古詩諷諫之體. 偃是歲奏名甚高, 御前下第. 自是二十年始及第, 尋卒. 滕元發甫, 皇祐五年御試「律聽軍聲」詩云: "萬國休兵外, 羣生奏凱中." 以是得第三人, 最爲場屋所稱.

과거장에서 정식으로 치른 시험에서 지은 시 중에서는 국초國初 이래로 좋은 구절을 찾기 어렵다. 천성 연간에 재주梓州 진사 양악楊諤이 처음 시로 명성을 드날렸는데, 천성 8년(1030) 성시省試에서 지은 「포거

蒲車」에서 "풀은 황제의 수레바퀴에 놀라지 않고, 산은 황제의 수레를 보호한다[草不驚皇轍, 山能護帝輿]"라고 했다. 그런데 이해에 책문策問에서 '청문淸問'이란 글자를 사용한 일로 낙제했다. 경우 원년(1034)에 성시에서 지은 「선실수리宣室受釐」에서는 "명주明主 앞에 나아가, 낙양 사람을 물어달라고 싶다[願前明主席, 一問洛陽人]"라고 했다. 이해에 양악은 급제를 했고 얼마 되지 않아 세상을 떠났다. 경력(慶曆 : 1041~1048) 2년(1042)에 한종언은 시험에서 지은 「훈문사입극勳門賜立戟」에서 "산봉우리 엉킨 그림 깃발 펄럭이고, 창끝 교차한 채색 창대 번화하다[凝峰畫旛轉, 交鍛彩支繁]"라고 했는데, 범진范鎭이 일찍이 그것이 쓰인 진본을 보았다고 했다. 그런데 역시 한종언의 작품으로 "바람 맞아 그림 깃발 펄럭이고, 햇빛 받아 채색 지창 번화하다[迎風畫旛轉, 映日彩支繁]"가 전해오므로 두 내용을 모두 적어둔다. 또 소주 진사 정언丁偃이 시험에서 지은 「이영연강예邇英延講藝」에서 "백호白虎의 지난 미담은 가려지고, 금화金華의 옛일은 가볍다. 천심을 모르는 것은 아니지만, 관심은 창생에 있어야 하리[白虎前芳掩, 金華舊事輕. 天心非不寤, 垂意在蒼生]"라고 했는데, 고시古詩에 대한 풍자와 간언이 담겨 있다. 정언은 이해에 임금에게 올린 상주로 명성이 대단했지만 어전御前시험에서 낙제했다. 이로부터 이십 년이 지나 비로소 급제했지만 머지않아 세상을 떠났다. 원발元發 등보滕甫가 황우皇祐 5년(1053) 어전시험에서 지은 「율청군성律聽軍聲」에서는 "온 나라가 전쟁을 멈추고, 뭇 백성들이 개선을 노래한다[萬國休兵外, 羣生奏凱中]"라고 했다. 그는 제3등으로 급제했고 과장에서 가장 많이 거론되었다.

鮑當善爲詩, 景德二年進士及第, 爲河南府法曹. 薛尚書映知府, 當失其意, 初甚怒之, 當獻「孤雁」詩云 : "天寒稻粱少, 萬里孤難進. 不惜充軍庖, 爲帶邊城信." 薛大嗟賞, 自是游宴無不預焉, 不復以掾屬待之. 時人謂之"鮑孤雁." 薛嘗暑月詣其廨舍, 當方露頂, 狼狽入, 易服, 把板而出, 忘其幞頭. 薛嚴重, 左右莫敢言者. 坐久之, 月上, 當顧見髮影, 大慚, 以公服袖掩頭而走.

포당鮑當은 시를 잘 지었고 경덕景德 2년(1005)에 진사에 급제하여 하남부河南府 법조法曹가 되었다. 하남부를 다스리던 상서尙書 설영薛映이 포당에게 실망하여 처음엔 매우 화를 냈다. 이에 포당이 「고안孤雁」을 올려 "날씨 차가워 벼 이삭 드물거늘, 만 리 길을 홀로 나서기 어렵다. 님의 포주 간에 사용되는 건 아깝지 않지만 변방의 서신을 갖고 있다오[天寒稻粱少, 萬里孤難進. 不惜充軍庖, 爲帶邊城信]"라고 했다. 설영은 이를 크게 찬양하여 이후 연회가 있을 때면 그를 참여시켰고 다시는 아전 따위로 대접하지 않았다. 당시 사람들은 그를 '포고안鮑孤雁'이라 했다. 설영이 한여름 달밤에 그의 관사로 찾아갔는데, 마침 머리를 드러내고 있던 포당이 허둥지둥 방안으로 들어가 옷을 바꿔 입고 사판仕板[4]을 들고 나오느라 미처 모자 쓰는 것을 잊어버렸다. 하지만 설영이 그를 매우 중히 여기므로 좌우에서 감히 말하는 자가 없었다. 한참 앉아 있다가 때마침 달이 떠올랐다. 포당은 그림자에 비친 자기 머리를 보고 매우 창피해하며 공복公服 소매로 머리를 감싼 채 총총히 사라졌다.

林逋處士, 錢塘人, 家于西湖之上, 有詩名. 人稱其「梅花」詩云"疏影橫斜水清淺, 暗香浮動月黃昏", 曲盡梅之體態.

처사處士 임포林逋는 전당錢塘 사람이며 서호西湖에 집이 있고 시인의 명성을 갖고 있었다. 사람들은 그의 「매화梅花」의 "성긴 그림자는 맑고

4 사판(仕板) : 관리의 명단 등을 적은 장부.

얕은 물에 가로 비추고, 그윽한 향기가 달빛 황혼에 흐른다[疏影橫斜水淸淺, 暗香浮動月黃昏]"를 거론하며 매화의 모습을 극진하게 표현했다고 했다.

魏野處士, 陝人, 字仲先, 少時未知名. 嘗題河上寺柱云: "數聲離岸櫓, 幾點別州山." 時有幕僚, 本江南文士也, 見之大驚, 邀與相見, 贈詩曰: "怪得名稱野, 元來性不羣. 借冠來謁我, 倒屣起迎君." 仍爲延譽, 由是人始重之. 其詩效白樂天體. 眞宗西祀, 聞其名, 遣中使招之, 野閉戶踰垣而遁. 王太尉相旦從車駕過陝, 野貽詩曰: "昔年宰相年年替,① 君在中書十一秋. 西祀東封俱已了, 如今好逐赤松遊." 王袖其詩以呈上, 累表請退, 上不許. 野又嘗上寇萊公準詩云: "好去上天辭將相, 却來平地作神仙." 又有「啄木鳥」詩云: "千林蠹如盡, 一腹餒何妨." 又「竹杯珓」詩云: "吉凶終在我, 反覆謾勞君." 有詩人規戒之風. 卒, 贈著作郎, 乃詔子孫租稅外, 其餘科役, 皆無所預. 仲先詩有"妻喜栽花活, 童誇鬪草贏." 眞得野人之趣, 以其皆非急務也. 仲先詩有"燒葉爐中無宿火, 讀書窗下有殘燈." 仲先旣沒, 集其詩者嫌"燒葉"貧寒太甚, 故改"葉"爲"藥", 不惟壞此一字, 乃倂一句亦無氣味, 所謂求益反損也. 仲先贈先公詩, 有"文雖如貌古, 道不似家貧." 先公監安豐酒稅, 赴官, 嘗有「行色」詩云: "冷于陂水淡于秋, 遠陌初窮見渡頭. 猶賴丹青無處畫, 畫成應遣一生愁." 豈非狀難寫之景也.

① '昔年', 『學海類編』本作'昔時.'

처사 위야魏野는 섬陝 사람이며 자는 중선仲先이다. 젊어서는 이름이 알려지지 않았다. 일찍이 하상河上의 절에서 주련에 쓴 시에서 "강 언덕 떠나는 노 소리 들려오고, 주州와 떨어진 산들이 몇몇 펼쳤다[數聲離岸櫓, 幾點別州山]"라고 했다. 당시 강남의 문사였던 어느 막료幕僚가 이 주련을 보고 깜짝 놀라 그를 초청해 만난 뒤 시를 지어 전하기를 "기이하게도 이름을 야野라 했지만 본성이 뭇사람들과 어울리지 않는다. 관을 빌려 나를 배알하러 왔지만 신발을 거꾸로 신고 서둘러 나가서 그대를 맞이한다[怪得名稱野, 元來性不羣. 借冠來謁我, 倒屣起迎君]"라고 했다. 이를 계기로 그의 명성이 널리 알려져 사람들이 그를 중시하기 시작했다. 그의 시는 백거이체를 본받았다. 진종眞宗이 서쪽으로 교제郊祭를 거행하러 갈 때, 그의 명성을 듣고 중사中使를 보내 불렀지만 그는 문을 걸어 잠그고 담장을 넘어 달아났다. 정승인 태위太尉 왕단王旦이 어가를 따라 섬陝을 지날 때, 위야는 시를 지어 전하기를 "지난날에는 재상이 해마다 바뀌었는데, 그대만 중서에서 십일 년을 지내셨구려. 서쪽 제사 동쪽 봉천封天을 모두 마쳤으니, 이제는 적송자赤松子[5] 따라 노는 것이 좋겠네[昔年宰相年年替, 君在中書十一秋. 西祀東封俱已了, 如今好逐赤松遊]"라고 했다. 왕단이 그 시를 갖고 있다가 황제에게 올리고 여러 번 표문表文을 올려 퇴직을 청했으나 윤허되지 않았다. 위야는 또 내공萊公 구준寇準에게 올린 시에서 "하늘로 가며 장상將相을 사양해야 하거늘, 평지에 와서 신선이 되셨네[好去上天辭將相, 却來平地作神仙]"라고 했고, 또 「탁목조啄木鳥」에서는 "온 숲에 벌레들이 사라진다면, 이 배 하나 굶주린들 무슨 문제 있으랴[千林蠹如盡, 一腹餒何妨]"라고 했고, 또 「죽배교竹杯珓」[6]에서는 "길흉은 결국 내게 있거늘, 반복해서 그대만 힘들게 하는구나[吉凶終在我, 反覆謾勞君]"라고 했다. 위 시들에는 시인의 경계와 규찰의 기풍이 담겨있다. 그는 세상을 떠난 뒤 저작랑著作郎에 추증되었고, 조서가 내려져 그의 자손은 세금은 물론 여타 부역도 모두 면제

5 적송자(赤松子) : 고대 전설상의 선인(仙人)을 말한다. 장량(張良)이 유방을 도와 한나라를 세운 뒤에 권세에 미련을 두지 않고 적송자와 노닐기 위해 신선술을 닦았다는 고사가 전한다.

6 죽배교(竹杯珓) : 배교(杯珓)는 점을 치는 도구이다. 두 개의 방각(蚌殼)을 많이 사용했으며, 혹은 방각을 본뜬 대나무와 나무 조각을 만들어서 땅 위에 던져 그것의 부앙(俯仰)을 보고 길흉을 점쳤다.

되었다. 위야는 자신의 시에서 "아내는 심은 꽃이 살아난 것을 기뻐하고, 아이는 풀싸움에서 이긴 것을 자랑한다[妻喜栽花活, 童誇鬪草贏]"라고 했다. 이는 참으로 시골의 정취를 터득한 것인데, 모두 서둘 일이 없기 때문이다. 또 다른 시에서는 "잎사귀를 태운 화로에는 묵은 불꽃이 없고, 글 읽는 창 아래에는 가물거리는 등불만 있다[燒葉爐中無宿火, 讀書窗下有殘燈]"라고 했는데, 위야가 세상을 떠난 뒤 그의 시를 모아 편집한 자가 '소엽燒葉'이 너무 의미가 빈한하다고 문제 삼아 '엽葉'을 '약藥'으로 바꿔버렸다. 이는 글자 한 자만 망가뜨린 것이 아니라 그 구절 전체를 아무 맛이 없게 만들어버렸다. 이른바 보태려다 오히려 덜어낸 격이다. 위야는 나의 선공先公께 보낸 시에서 "글은 비록 모습처럼 예스러우나, 도는 집안처럼 가난하지 않다[文雖如貌古, 道不似家貧]"라고 했다. 선공이 안풍安豐의 주세酒稅를 감찰하실 때, 관청에 도착해서 지으신 「행색行色」에서 "언덕 아래 물보다 차갑고 가을보다 담백하여, 먼 언덕 막 끝나는 곳에서 나루터를 본다. 그릴 곳 없는 단청을 빌려, 그림으로 그려서 일생의 시름을 덜어야겠구나[冷于陂水淡于秋, 遠陌初窮見渡頭. 猶賴丹靑無處畫, 畫成應遣一生愁]"라고 했다. 이것은 어찌 묘사하기 어려운 외경을 나타낸 것이 아니겠는가.

① '昔年'은 『학해유편學海類編』에 '昔時'로 돼 있다.

丁相謂善爲詩, 在珠崖猶有詩近百篇, 號『知命集』, 其警句有"草解忘憂憂底事, 花能含笑笑何人." 少時好蹴踘, 長韻其二聯云: "鷹鶻騰雙眼, 龍蛇繞四肢. 躡來行數步, 蹺後立多時."

정승 정위丁謂는 시를 잘 지었다. 주애珠崖에 있을 때 백 편에 가까운 시를 지어 『지명집知命集』이라 명명했다. 그 경구警句에 "풀이 걱정을 잊게 해준다는데 무엇을 걱정하는 것이며, 꽃이 웃음을 머금는다는데 누구를 보고 웃는 것인가[草解忘憂憂底事, 花能含笑笑何人]"가 있다. 그는 어렸을 때 축국蹴踘을 좋아했는데, 이를 묘사한 장편의 글 중의 두 연에서 "송골매가 두 눈에서 날아오르고, 용과 뱀이 네 다리를 둘렀다. 밟으며 몇 걸음을 걷고, 뒤에서 발돋움하며 한참을 서 있다[鷹鶻騰雙眼, 龍蛇繞四肢. 躡來行數步, 蹺後立多時]"라고 했다.

寇萊公詩, 才思融遠. 年十九進士及第, 初知巴東縣, 有詩云: "野水無人渡, 孤舟盡日橫." 又嘗爲「江南春」云: "波渺渺, 柳依依, 孤村芳草遠, 斜日杏花飛. 江南春盡離腸斷, 蘋滿汀洲人未歸." 爲人膾炙.

구준의 시는 재기와 사유가 원만하고 심원하다. 십구 세에 진사에 급제하고 처음 파동현巴東縣 현감에 임명될 때 지은 시에서 "들판 물 위에는 건너는 사람 없고, 한 척 배만 하루 내내 가로 놓였다[野水無人渡, 孤舟盡日橫]"라고 했다. 또 일찍이 지은 「강남춘江南春」에서는 "물결 아득하고, 버들 늘어져 있거늘, 외딴 시골 풀들은 저만치 자라고, 석양에 살구꽃이 날아간다. 강남에 봄이 지나 이별의 애 끊어지거늘, 마름이 물에 가득한데 사람은 돌아오지 않는구나[波渺渺, 柳依依, 孤村芳草遠, 斜日杏花飛. 江南春盡離腸斷, 蘋滿汀洲人未歸]"가 인구에 회자되었다.

陳文惠公堯佐能爲詩. 世稱其「吳江」詩云: "平波渺渺烟蒼蒼, 菰蒲纔熟楊柳黃. 扁舟繫岸不忍去, 秋風斜日鱸魚香." 又嘗有詩云: "雨網蛛絲斷, 風枝鳥夢搖. 詩家零落景, 采拾合如樵."

문혜공文惠公 진요좌陳堯佐는 시를 잘 지었다. 그의 「오강吳江」에서 "물결 아득하고 안개 푸르거늘, 부들이 익자 버들은 노랗게 변한다. 돛단배 언덕에 묶인 채 차마 떠나지 못하고, 석양 가을바람에 노어가 향기롭다[平波渺渺烟蒼蒼, 菰蒲纔熟楊柳黃. 扁舟繫岸不忍去, 秋風斜日鱸魚香]"가 널리 알려졌다. 또 일찍이 지은 작품에 "그물에 비가 내려 거미줄 끊기고, 가지에 바람 불어 새의 꿈 흔들린다. 시인의 영락한 풍경을, 주워 담는 것이 나무꾼을 닮았다[雨網蛛絲斷, 風枝鳥夢搖. 詩家零落景, 采拾合如樵]"가 있다.

龐穎公籍喜爲詩, 雖臨邊典藩, 文案委積, 日不廢三兩篇, 以此爲適. 及疾亟, 余時爲諫官, 以十餘篇相示, 手批其後曰 : "欲令吾弟知老夫病中嘗有此思耳." 字已慘淡難識, 後數日而薨.

영공穎公 방적龐籍은 시를 즐겨 지었다. 변방에 있거나 외진 고을을 다스리며 공문서가 쌓이는 상황에서도 매일 두세 편의 작품을 짓는 것으로 낙을 삼았다. 병세가 위독할 때 내가 마침 간관諫官으로 있었는데, 그는 십여 편을 보여주고 손수 그 뒤에 "내 아우로 하여금 늙은이가 병중에도 이런 생각을 갖고 있음을 알려주고 싶은 것이다"라고 했다. 하지만 글씨가 이미 흐려서 알아보기 어려웠다. 그로부터 며칠이 지나 그는 세상을 떠났다.

韓退處士, 絳州人, 放誕不拘, 浪跡秦·晉間, 以詩自名. 嘗跨一白驢, 自有詩云 : "山人跨雪精, 上便不論程. 嗅地打不動, 笑天休始行." 爲人所稱. 好著寬袖鶴氅, 醉則鶴舞, 石曼卿贈詩曰 : "醉狂玄鶴舞, 閑臥白驢號."

처사 한퇴韓退는 강주絳州 사람이며 거침이 없고 얽매이지 않았다. 진

秦·진晉 등지를 방랑하며 시인으로 자처했다. 일찍이 흰 나귀를 타고 지은 "산사람 설정雪精[7]을 타고, 떠날 때는 노정을 논하지 않는다. 땅을 향해 숨을 쉴 때는 때려도 움직이지 않고, 하늘 향해 웃을 때는 가만히 있어도 길을 나선다[山人跨雪精, 上便不論程. 嗅地打不動, 笑天休始行]"가 사람들의 입에 회자되었다. 넓은 소매의 학창의鶴氅衣를 즐겨 입고 술에 취하면 학춤을 추었다. 그래서 석만경이 시를 지어 "술에 취하면 학춤을 추고, 한적해 누우면 흰 나귀를 부른다[醉狂玄鶴舞, 閒臥白驢號]"라고 했다.

章獻太后上仙, 羣臣進挽歌數百首, 惟曼卿一聯首出, 曰: "震出坤柔變, 乾成太極虛." 太后稱制日, 仁宗端拱, 至是始親萬幾, 曼卿詩切合時宜, 又不卑長樂也.

장헌태후章獻太后가 세상을 떠난 뒤, 군신들이 수백 편의 만가挽歌를 올렸는데 오직 석만경의 한 연이 가장 뛰어났다. "진震이 나오자 곤의 부드러움이 변하고, 건乾이 완성되자 태극이 텅 비었다[震出坤柔變, 乾成太極虛]"라고 했다. 태후가 칭제稱制[8]할 때 인종이 조용히 지켜보고 있었는데, 이때 비로소 모든 일을 지휘했다. 석만경의 시는 시의에 절실하게 부합되고 또 장락長樂[9]을 비하하지도 않았다.

李長吉歌"天若有情天亦老", 人以爲奇絶無對. 曼卿對"月如無恨月常圓", 人以爲勍敵.

---

7 설정(雪精): 흰 나귀의 별칭이다.

8 칭제(稱制): 임금을 대신하여 정치하는 것을 말한다.

9 장락(長樂): 한나라 때 천자의 모친이 거처했던 궁궐 이름으로, 태후를 뜻하는 말이다.

이하李賀가 노래한, "하늘이 정이 있다면 하늘 또한 늙을 것이다[天若有情天亦老]"는 기이하고 절묘해서 대구가 없을 것이라고들 했다. 그런데, 석만경이 "달이 만일 한이 없다면 달은 영원히 둥글 것이다[月如無恨月常圓]"라고 대응하자 다들 강적이라고 했다.

『詩』云: "牂羊墳首, 三星在罶." 言不可久. 古人爲詩, 貴于意在言外, 使人思而得之, 故言之者無罪, 聞之者足以戒也. 近世詩人, 爲杜子美最得詩人之體, 如"國破山河在, 城春草木深. 感時花濺淚, 恨別鳥驚心." 山河在, 明無餘物矣, 草木深, 明無人矣, 花鳥, 平時可娛之物, 見之而泣, 聞之而悲, 則時可知矣. 他皆類此, 不可遍擧.

『시경』에서 "암양의 머리 커다랗고, 삼성三星이 통발에 있다[牂羊墳首, 三星在罶]"라고 한 것은 오래갈 수 없음을 말한 것이다. 고인은 시를 지을 때, 의미가 시어 밖에 있어서 읽는 이로 하여금 곰곰이 생각해서 내용을 이해하게 했다. 그래서 시를 지은 사람은 죄가 없고 그것을 읽는 사람은 충분히 경계로 삼았다. 근세의 시인 가운데 두보만이 옛 시인의 본지를 터득했다. 예컨대 "나라는 무너져도 산하는 남아, 옛 성에 봄 깃들어 초목이 무성하다. 시절에 감응해 꽃 보고 눈물 뿌리고, 이별이 한스러워 새 소리에 깜짝 놀란다[國破山河在, 城春草木深. 感時花濺淚, 恨別鳥驚心]"라고 했는데, '산하재山河在'는 아무것도 없는 것을 나타낸 것이고 '초목심草木深'은 누구도 없는 것을 나타낸 것이다. 그리고 꽃과 새는 평상시에는 즐기고 감상하는 대상인데 그것을 보고 눈물을 흘리고 그 소리를 듣고 슬퍼했다면 당시 상황을 알 수 있는 것이다. 여타의 것도 모두 이와 유사해서 이루 다 들 수가 없다.

劉概字孟節, 靑州人. 喜爲詩, 慷慨有氣節. 擧進士及第, 爲幕僚. 一任不得志, 棄官隱居冶原山,① 去人境四十里. 好遊山, 常獨挈飯一甖, 窮探幽險, 無所不至, 夜則宿于巖石之下, 或累日乃返, 不畏虎豹蛇虺. 富丞相甚禮重之, 嘗在府舍西軒有詩云 : "昔年曾作瀟湘客, 憔悴東秦歸未得. 西軒忽見好溪山, 如何尙有楚鄕憶. 讀書誤人四十年, 有時醉把闌干拍."

① '冶原'原作'野原', 據『澠水燕談錄』改.

유개劉概는 자가 맹절孟節이며 청주靑州 사람이다. 시를 즐겨 지었는데 강개와 절의가 있었다. 진사에 급제하고 막료가 되었지만 관직이 뜻에 맞지 않자 관직을 버리고 야원산冶原山에 은거하였다. 그곳은 인가와 사십 리나 떨어져 있었다. 산 유람을 즐겨 홀로 밥 한 그릇을 싸들고 그윽하고 험난한 곳을 두루 찾아다녔으며 밤이면 바위 아래에서 잠을 자기도 했다. 어떤 때는 며칠이 지나서야 집에 돌아오기도 했고 호랑이, 표범, 뱀 따위를 두려워하지 않았다. 승상 부필富弼이 그를 매우 예우하여 일찍이 부府의 관사 서쪽 누각에서 지은 시에서 "지난날 일찍이 소상瀟湘의 객이 돼, 삶에 지쳐 동진東秦에서 돌아가지 못했다. 서쪽 누대에서 문득 아름다운 산하를 바라보나니, 어찌하여 아직도 초나라의 향수가 남아있단 말인가. 글공부가 사람을 사십 년 동안 그르치게 해, 술에 취해 난간을 치곤 한다[昔年曾作瀟湘客, 憔悴東秦歸未得. 西軒忽見好溪山, 如何尙有楚鄕憶. 讀書誤人四十年, 有時醉把闌干拍]"라고 했다.

① '冶原'은 본래 '野原'으로 돼 있었는데,『민수연담록澠水燕談錄』에 의거하여 고쳤다.

唐之中葉, 文章特盛, 其姓名湮沒不傳于世者甚衆. 如河中府鸛雀樓有王之渙・暢諸【一云暢當】詩,① 暢詩曰 : "迥臨飛鳥上, 高謝世人間. 天勢圍平野, 河流入斷山." 王詩曰 : "白日依山盡, 黃河徹海流. 欲窮千里目, 更上一層樓." 二人者, 皆當時賢士所不數, 如後人擅詩名者, 豈能及之哉.

① '渙'原作'美', 據『全唐詩』改.

당나라 중엽에 문장이 특히 융성했는데, 그중에는 인멸돼 세상에 전하지 않는 시인들이 매우 많다. 예컨대 하중부河中府 관작루鸛雀樓에 왕지환王之渙·창제暢諸【창당暢當이라고도 한다】의 시가 있는데, 창제의 시에서 "나는 새 위를 멀리서 굽어보고, 인간 세상을 높은 곳에서 사절한다. 하늘은 평야를 빙 두르고, 황하는 끊어진 산으로 흘러든다[迥臨飛鳥上, 高謝世人間. 天勢圍平野, 河流入斷山]"라고 하고, 왕지환의 시에서는 "태양은 산을 따라 지고, 황하는 바다와 통하였다. 천 리의 안목을 다 가지려면, 누대 한 층을 더 올라가야 한다[白日依山盡, 黃河徹海流. 欲窮千里目, 更上一層樓]"라고 했다. 두 사람은 모두 당시의 명사들이 거론하지 않은 이들이지만 시인의 명성을 뽐내는 후인들이 어찌 미칠 수 있겠는가.

① '渙'은 본래 '美'로 돼 있었는데 『전당시』에 의거하여 고쳤다.

陳亞郎中性滑稽, 嘗爲藥名詩百首. 其美者有"風雨前湖夜, 軒窗半夏凉", 不失詩家之體. 其鄙者有「贈乞雨自曝僧」云: "不雨若令過半夏, 定應曬作胡蘆巴." 又詠「上元夜遊人」云: "但看車前牛領上, 十家皮沒五家皮." 蔡君謨嘗嘲之曰: "陳亞有心終是惡." 亞應聲曰: "蔡襄除口便成衰."

낭중郎中 진아陳亞는 골계滑稽를 좋아하여 일찍이 약명藥名을 활용한 시 백 수를 지었다. 그 가운데 좋은 것으로 "비바람 부는 전호前湖[10]의 밤, 누대 창가에 반하半夏[11]가 시원하다[風雨前湖夜, 軒窗半夏凉]"가 있는

10 전호(前湖) : 뒤 구의 '반하(半夏)'와 관련지으면 '전호(前胡)'를 뜻하는 듯하다. 전호는 바다나물의 뿌리로 두통, 해수(咳嗽), 담(痰) 등을 제거하는 데 쓰이는 한방 약재다.

데, 시인의 본지를 잃지 않았다. 비속한 것으로 「증걸우자폭승贈乞雨自曝僧」이 있는데 "비가 내리지 않아 절반 여름(半夏)을 지나게 되면, 응당 메말라 호로파胡蘆巴[12]가 되리라[不雨若令過半夏, 定應曬作胡蘆巴]"라고 했다. 또 「상원야유인上元夜遊人」에서는 "보게나 '수레 앞(車前)' '소 목(牛領)' 위를, 십가十家의 가죽 가운데에 '오가五家의 가죽(五家皮)'이 사라졌다네[但看車前牛領上, 十家皮沒五家皮]"[13]라고 했다. 채양蔡襄이 일찍이 "진아의 마음씨는 결국 조악하다[陳亞有心終是惡]"라고 조롱하자, 진아는 "채양은 입만 없으면 이내 노쇠한다[蔡襄除口便成衰]"라고 했다.

楊朴, 字契玄, 鄭州人, 善爲詩, 不仕. 少時嘗與畢相同學, 畢薦之, 太宗召見, 面賦「蓑衣」詩云: "狂脫酒家春醉後, 亂堆漁舍晚晴時." 除官不受, 聽歸山, 以其子從政爲長水尉. 朴嘗爲「七夕」詩云: "年年乞與人間巧, 不道人間巧已多."

양박楊朴은 자가 계현契玄이고 정주鄭州 사람이며 시를 잘 지었으나 벼슬을 하지는 않았다. 어렸을 때 필사안畢士安과 함께 공부를 했는데, 필사안이 그를 추천해 태종이 불렀다. 태종의 면전에서 지은 「사의蓑衣」에서 그는 "술집에서 아무렇게나 벗은 것은 봄날 술에 취한 뒤이고, 어가漁家에 어지러이 쌓인 것은 석양 비 개인 때이다[狂脫酒家春醉後, 亂

11 반하(半夏) : 끼무릇의 뿌리. 독이 있으며 담, 구토, 습증, 기침 따위에 약재로 쓰인다.

12 호로파(胡蘆巴) : 콩과에 속하는 일년생 초본. 안휘성, 사천성, 하남성 등에서 주로 생산되며 맛이 쓰고 성질이 따뜻하다.

13 보게나 …… 사라졌다네 : 진아가 처음에 상부현(祥符縣) 지현(知縣)에 임명되자 친한 벗들이 계속 그에게 수레 모는 소를 빌렸다. 진아는 그 소란스러움을 못 이겨했지만 면전에서 거절하는 것은 마음에 걸렸다. 이에 그는 곧 약명(藥名)을 내포한 시를 한 수 지었다. '오가피(五家皮)'란 약명을 통해 모두에게 알리기를, 본인의 집 소의 머리가죽이 이미 벗겨져서 다시는 외부에 빌려줄 수 없다고 했다. 사람들이 모두 이 시로 인해 크게 웃었다. 그 시가 바로 본문에 실린 내용이다.

堆漁舍晩晴時]"라고 했다. 관직을 주었으나 받아들이지 않고 고향으로 돌아가는 것을 허락받았고 그의 아들 종정從政이 장수위長水尉에 임명되었다. 일찍이 지은 「칠석七夕」에서 "해마다 인간에게 뛰어난 솜씨를 내어주지만, 인간의 기교가 이미 넘친다는 걸 모르는가[年年乞與人間巧, 不道人間巧已多]"[14]라고 했다.

劉子儀與夏英公同在翰林, 子儀素爲先達. 章獻臨朝時, 子儀主文, 在貢院, 聞英公爲樞密副使, 意頗不平, 作「堠子」詩云: "空呈厚貌臨官道, 大有人從捷徑過." 先朝春月, 多召兩府・兩制・三館于後苑賞花・釣魚・賦詩. 自趙元昊背誕, 西陲用兵, 廢缺甚久. 嘉祐末, 仁宗始復修故事, 羣臣和御製詩. 是日, 微陰寒, 韓魏公時爲首相, 詩卒章云: "輕雲閣雨迎天仗, 寒色留春入壽杯. 二十年前曾侍宴, 台司今日喜重陪." 時內侍都知任守忠, 嘗以滑稽侍上, 從容言曰: "韓琦詩譏陛下." 上愕然, 問其故. 守忠曰: "譏陛下游宴太頻." 上爲之笑.

유균이 하송夏竦과 함께 한림翰林에 있었는데, 평소 유균이 권력에서 앞서 있었다. 장헌章獻 태후가 조정에 임할 때 유균이 문한文翰을 주관했는데, 공원貢院에 있을 때 하송이 추밀부사樞密副使가 되었다는 이야기를 들었다. 이에 그는 매우 불평하며 「후자堠子」를 지어 "공연히 후한 얼굴 바치며 관직 길에 나섰더니, 대담하게 지름길로 가는 사람이 있구나[空呈厚貌臨官道, 大有人從捷徑過]"라고 했다. 선조先朝 때는 봄철 달이 밝을 때면 양부(兩府: 중서성中書省・추밀원樞密院)와 양제(兩制: 한림학사・중서사인中書舍人)와 삼관(三館: 소문관昭文館・집현원集賢院・사관史館)을 후원에

---

14 해마다 …… 모르는가: 칠월 칠석날 밤에 부녀자들이 과일과 떡을 차려 놓고 직녀와 견우에게 길쌈과 바느질 솜씨가 좋아지게 해 달라고 비는 '칠석걸교(七夕乞巧)'를 인용한 것. 인간세상의 기풍이 기교만 일삼아 날로 추락해간다는 것을 풍자한 것이다.

불러 꽃을 감상하고 낚시를 하고 시를 지었다. 이는 조원호趙元昊가 반란을 일으켜 서쪽 지역 병력을 사용하면서부터 오랫동안 폐지되었다. 가우(嘉祐 : 1056~1063) 말에 인종이 다시 이 행사를 복원해서 군신들이 어제시御製詩에 화답하는 자리가 마련됐다. 이날, 약간 흐리고 한기가 감돌았는데 당시 수상首相이던 한기韓琦가 시를 지어 그 마지막 장에서 "가벼운 구름은 비를 물리치며 천자의 의장을 맞이하고, 차가운 기운은 봄을 만류하며 헌수의 술잔으로 들어가네. 이십 년 전 일찍이 모셨던 연회였거늘, 오늘 대신들이 다시 모시는 기쁨을 맞이하네[輕雲閣雨迎天仗, 寒色留春入壽杯. 二十年前曾侍宴, 台司今日喜重陪]"라고 했다. 당시 내시도지內侍都知 임수충任守忠이 우스갯소리로 황제를 즐겁게 해드리다가 "한기의 시가 폐하를 비난했습니다"라고 했다. 황제가 깜짝 놀라 이유를 묻자 "폐하의 유람과 연회가 너무 잦다고 비판한 것입니다"라고 했다. 이에 황제가 껄껄 웃었다.

熙寧初, 魏公罷相, 留守北京, 新進多陵慢之. 魏公鬱鬱不得志, 嘗爲詩云 : "花去曉叢蜂蝶亂, 雨匀春圃桔槔閒." 時人稱其微婉.

희녕(熙寧 : 1068~1077) 초에 한기가 재상을 그만두고 북경을 맡아 다스릴 때, 신진들이 다들 그를 무시하고 소홀히 대했다. 이를 매우 답답해한 한기는 시에서 "꽃은 새벽 꽃무더기 벌과 나비 혼란스러운 곳을 떠나고, 비는 봄날 농원 두레박 사이에 두루 내린다[花去曉叢蜂蝶亂, 雨匀春圃桔槔閒]"라고 했다. 당시 사람들은 이를 미묘하며 완곡하다고 평했다.

元豐初, 宦者王紳, 效王建作宮詞百首, 獻之, 頗有意思. 其「太皇太后生日」詩云 : "太皇生日最尊榮, 獻壽宮中未五更. 天子捧觴仍再拜, 寶慈侍立到天明.” 寶慈, 皇太后宮名也. 太后幸景靈宮, 「駕前露面雙童女」詩曰 : “平明彩仗幸琳宮, 紫府仙童下九重. 整頓瓏璁時駐馬, 畫工暗地貌眞容.”

원풍(元豐 : 1078~1085) 초에 환관 왕신王紳이 왕건을 본받아 백 편의 궁사宮詞를 지어 황제에게 올렸다. 그 속에는 남다른 의미가 들어있었다. 「태황태후생일太皇太后生日」에서 “태황태후께서 태어나신 날은 가장 영광스러워, 수연의 잔 올리는 궁 안은 아직 오경이 되지 않았다. 천자께서 잔을 올린 뒤 재배를 하고, 보자궁寶慈宮에서 동이 틀 때까지 모시고 계셨다(太皇生日最尊榮, 獻壽宮中未五更. 天子捧觴仍再拜, 寶慈侍立到天明)”라고 했는데, 보자궁은 황태후의 궁이다. 태후가 경영궁景靈宮에 행차했을 때 지은 「가전노면쌍동녀駕前露面雙童女」에서는 “이른 아침 화려한 의장이 임궁琳宮에 행행하니, 자부紫府의 선동들이 구중九重에서 내려왔네. 금옥金玉 소리 정돈하며 말을 주둔시키니, 화공이 조용히 그 모습을 그린다(平明彩仗幸琳宮, 紫府仙童下九重. 整頓瓏璁時駐馬, 畫工暗地貌眞容)”라고 했다.

歐陽公云, 『九僧詩集』已亡. 元豐元年秋, 余遊萬安山玉泉寺, 于進士閔交如舍得之. 所謂九詩僧者 : 劍南希晝·金華保暹·南越文兆·天台行肇·沃州簡長·貴城惟鳳·淮南惠崇·江南宇昭·峨眉懷古也. 直昭文館陳充集而序之. 其美者亦止于世人所稱數聯耳. 交如好治經, 所爲奇僻, 自謂得聖人微旨, 先儒所不能到. 貧無妻兒, 不應擧, 常寄食僧舍, 僧亦不厭苦之. 始居龍門山, 猶苦遊人往來多, 徙居萬安山, 屛絶人事, 專以治經爲事, 凡數十年, 用心益苦, 而去人情益遠, 衆非笑之, 交如不變益堅. 雖非中行, 其志亦可憐也.

구양수는 『구승시집九僧詩集』이 이미 망실되었다고 했다. 그런데 원풍 원년(1078) 가을에 내가 만안산萬安山 옥천사玉泉寺를 유람할 때, 진사 민교여閔交如의 집에서 이 책을 발견했다. 이른바 아홉 사람의 시승이란 검남劍南 희주希晝 · 금화金華 보섬保暹 · 남월南越 문조文兆 · 천태天台 행조行肇 · 옥주沃州 간장簡長 · 귀성貴城 유봉惟鳳 · 회남淮南 혜숭惠崇 · 강남江南 우소宇昭 · 아미峨眉 회고懷古이다. 직소문관直昭文館 진충陳充이 시를 모으고 서문을 썼다. 그러나 그 가운데 좋은 작품은 세상 사람들이 일컫는 몇 연에 그칠 뿐이다. 민교여는 경전 연구를 좋아했으나 행동이 기괴하고 편벽되어서 자기가 선유先儒들이 도달 못한 성인의 미묘한 뜻을 터득했다고 했다. 가난하고 처자가 없었으며 과거에 응시하지 않고 언제나 절집에서 더부살이를 했는데, 승려들도 그를 싫어하지 않았다. 처음에는 용문산龍門山에 기거하다가 오가는 사람이 많은 것을 싫어하여 만안산萬安山으로 거처를 옮겼고 사람들과 단절한 채 오로지 경전 연구만 일삼았다. 수십 년 동안 여기에만 더욱 몰두하면서 세상사와 거리가 더욱 멀어져 사람들이 비웃었다. 그럼에도 민교여는 변하지 않고 더욱 견고했다. 비록 중도에 맞는 행동은 아니지만 그 의지만큼은 가상했다.

范景仁鎭喜爲詩, 年六十三致仕. 一朝思鄕里, 遂逕行入蜀. 故人李才元大臨知梓州, 景仁枉道過之. 歸至成都, 日與鄕人樂飮, 散財于親舊之貧者, 遂遊峨眉青城山, 下巫峽, 出荊門, 凡朞歲乃還京師. 在道作詩凡二百五篇, 其一聯云 : "不學鄕人誇駟馬, 未饒吾祖泛扁舟." 此二事他人所不能用也.

시 짓기를 즐겼던 범진은 육십삼 세에 관직에서 물러났다. 그는 어느 고향이 생각나, 바로 길을 떠나 촉으로 들어갔다. 친구인 재원才元 이대림李大臨이 재주梓州를 다스리고 있어서 길을 우회하여 찾아갔고, 성도成

都에 돌아와서는 날마다 고향 사람들과 즐겁게 술을 마시고 가난한 친구들에게 재물을 모두 나누어주었다. 그런 다음 아미산峨眉山과 청성산青城山를 유람하고 무협巫峽을 내려오고 형문荊門을 나서다가 일 년 만에 비로소 서울에 돌아왔다. 도중에 지은 시가 모두 이백오 편이었는데 그 가운데 한 연에서 "배우지 않은 시골 사람들에게는 사마駟馬를 자랑했지만 넉넉하지 않은 나의 선조는 조각배를 띄우셨었네[不學鄉人誇駟馬, 未饒吾祖泛扁舟]"라고 했다. 이 두 가지는 다른 사람들이 쓸 수 없는 것이다.

嘉祐中, 有劉諷都官, 簡州人, 亦年六十三致仕, 夫婦徙居賴山. 景仁有詩送之云:"移家尚恐青山淺, 隱几惟知白日長." 時有朱公綽送諷詩云:"疏草焚來應見史, 橐金散盡只留書." 皆爲時人所傳誦.

가우 연간에 도관都官 유풍劉諷이 살았다. 그는 간주簡州 사람이며 육십삼 세에 벼슬을 그만두고 부부가 뇌산賴山으로 옮겨 살았다. 범진이 전송하며 지은 시에서 "집을 옮기면서도 청산이 깊지 않을까 걱정하고, 의자에 기대어 해가 긴 줄만 안다[移家尚恐青山淺, 隱几惟知白日長]"라고 했다. 당시 주공작朱公綽도 유풍을 전송하며 시에서 "상소의 초草를 태운 것이 응당 사서에 보일 테고, 전대 안의 돈이 흩어지고 나면 책만 남으리라[疏草焚來應見史, 橐金散盡只留書]"라고 했다. 두 작품 모두 당시에 널리 읽혔다.

大名進士耿仙芝, 以詩著, 其一聯云:"淺水短蕪調馬地, 淡雲微雨養花天." 爲人所稱.

대명大名 출신 진사 경선지耿仙芝는 시인으로 유명했다. 그의 시의 한

연, "얕은 물 짧은 풀에 말을 조련하는 땅이요, 옅은 구름 가랑비에 꽃을 기르는 하늘이다[淺水短蕪調馬地, 淡雲微雨養花天]"가 인구에 회자되었다.

唐明皇以諸王從學, 命集賢院學士徐堅等討集故事, 兼前世文詞, 撰『初學記』. 劉中山子儀愛其書, 曰 : "非止初學, 可爲終身記."

당나라 현종이 제왕諸王 시절 학문을 할 때, 집현전 학사 서견徐堅 등에게 명하여 고사를 모으고 전대의 문장을 함께 포함시켜서 『초학기初學記』를 짓도록 했다. 중산中山 유균은 그 책을 사랑하여 "초학에만 그치는 것이 아니라 일생 동안 가슴에 담을 만하다"라고 했다.

宗袞嘗曰 : "殘人矜才, 逆詐恃明, 吾終身不爲也." 猶唐相崔渙曰 : "抑人以遠謗, 吾所不爲."

종곤宗袞은 일찍이 말하기를 "남에게 잔혹하면서 재능을 자랑하고 거역과 속임수로 현명하다고 믿는 짓은 나는 일생 동안 하지 않겠다"라고 했다. 이는 당나라 재상 최환崔渙이 "사람을 억눌러 비방을 멀리하는 짓은 나는 하지 않겠다"라고 한 것과 비슷하다.

杜甫終于耒陽, 藁葬之. 至元和中, 其孫始改葬于鞏縣, 元微之爲誌. 而鄭刑部文寶謫官衡州, 有「經耒陽子美墓」詩, 豈但爲誌而不克遷, 或已遷而故塚尚存邪.

두보가 뇌양耒陽에서 생을 마쳤을 때 고장藁葬[15]을 했다. 원화(元和 :

806~820) 연간이 되어서야 그의 손자가 비로소 공현鞏縣에 개장改葬했고 원진元稹이 묘지명을 썼다. 그런데 형부刑部 정문보가 형주자사로 좌천됐을 때 「경뇌양자미묘經耒陽子美墓」란 시를 남겼으니, 당시에 묘지명만 짓고 아직 옮기지 못한 것인지, 이미 옮기고 옛 무덤만 남은 것인지 모르겠다.

北都使宅, 舊有過馬廳. 按唐韓偓詩云 : "外使進鷹初得按, 中官過馬不教嘶." 注云 : "乘馬必中官馭以進, 謂之過馬. 旣乘之, 然後碟躞嘶鳴也." 蓋唐時方鎭亦倣之, 因而名廳事也.

북도北都의 사택使宅에는 옛날부터 과마청過馬廳이 있었다. 당나라 한옥韓偓의 "외사外使가 매를 진상할 때는 처음 팔에 안착을 하고, 중관中官이 과마過馬를 할 때는 소리 내지 못하도록 한다(外使進鷹初得按, 中官過馬不教嘶)"라고 한 시의 주석에서 "말을 탈 때는 반드시 중관이 말을 인도해 나오니 이를 '과마'라고 하며, 말을 타고 나서야 말은 발을 내딛으며 울음을 운다"라고 했다. 당나라 때 방진方鎭 역시 이를 모방했으므로 관청의 이름을 그렇게 지은 것이다.

15 고장(藁葬) : 시체를 짚이나 거적에 싸서 장사지내는 것으로, 초라한 장례를 의미한다.

『중산시화中山詩話』

송宋 유반劉攽

유반劉攽, 『중산시화中山詩話』 해제

유반(1022~1088)은 자가 공보貢父이고 임강臨江 신유新喩 사람이다. 인종 경력慶歷 6년(1046)에 진사가 되었다. 왕안석의 신법에 반대해 한때 고초를 겪었지만 철종哲宗 때 비서소감秘書少監이 되고 이어서 지방관이 되어 채주蔡州를 다스렸다. 나중에 손각孫覺, 호종유胡宗愈, 소식, 범백록范百祿 등이 그가 박학하고 다재다능하며 도道를 엄밀히 지킨다고 조정에 추천하여 중서사인中書舍人에 임명되었다. 그는 뛰어난 학문으로 명성을 얻었고 특히 사학에 정통했다. 그래서 『자치통감』의 편찬에 참여해 한나라 부분을 책임졌다. 저서로 『중산시화』 한 권을 비롯해 『팽성집彭城集』 40권이 있다.

유반의 『중산시화』는 『유공보시화』라고도 하며 1권 66칙이다. 희녕 시기에 창작되었고 『육일시화』, 『온공속시화』를 이은, 비교적 이른 시기의 시화 저작으로서 시론의 종지宗旨도 위의 두 시화와 거의 같다. 내용은 주로 사실의 기록과 한담인데 곽소우郭紹虞는 『송시화고宋詩話

考』에서 "유반은 박식함과 재치로 유명했다. 그래서 그의 시화에는 고증이 많고 해학이 잡다한 반면 이론과 관련된 것은 적다"라고 하였다.

유반의 시론을 보면 첫째, 시는 의미 위주라고 주장했다. 그는 말하길 "시는 의미를 위주로 하며 문사(文詞 : 시어)는 그다음이다. 의미가 깊고 의의가 고상하면 문사가 평이해도 빼어난 작품이다[詩以意爲主, 文詞次之, 或意深義高, 雖文詞平易, 自是奇作]"라고 했다. 시의 내용과 형식에서 내용을 더 중시하는 입장이다. 둘째, 시를 잘 쓰려면 전문적으로 배우고 장기간 노력을 기울여야 한다고 주장했다. 그래서 "관자는 '일을 할 때 시작만 있고 끝이 없다면 많은 일을 하려 해서는 안 된다'라고 했는데, 학자는 성취를 중시해야 한다는 말이다. 당나라 시인들은 시를 지을 때 역량이 닿는 대로 공부에 열중해서 수십 년 동안 생각을 집중하고 나서야 명가名家가 되었다. 두보가 '훌륭한 화공은 참 고단했겠다는 생각이 새삼 든다'라고 했지만 어찌 화공만 고달프겠는가[管子曰 : "事無終始, 無務多業." 此言學者貴能成就也. 唐人爲詩, 量力致功, 精思數十年, 然後名家. 杜工部云: "更覺良工用心苦." 然豈獨畫手心苦耶!]"라고 했다. 셋째, 용사用事가 자연스러워야 한다고 주장했다. 즉, 용사가 "자신에게서 나온 것처럼 흐름이 자연스러워야 시를 말할 수 있다[能令事如己出, 天然渾厚, 乃可言詩]"라고 했다. 모두 높은 식견에서 나온 주장들이다.

이 시화의 기록은 매우 해학적이고 풍취가 있다. "상부, 천희 연간에 양억, 전유연, 안수, 유균이 문장으로 조정에 나갔는데, 시를 지을 때 모두 이상은을 종주로 삼아 이를 '서곤체西崑體'라 했으며 후학들이 이상은의 시구를 훔치는 일이 많았다. 임금이 하사한 연회에서 이상은으로 분장한 배우가 남루한 복장을 하고 나타나 '여러 관직에 계신 분들은 내 글을 절취해 여기에 온 것이오'라고 하니 모두 껄껄 웃었다[祥符・天禧中, 楊大年・錢文僖・晏元獻・劉子儀以文章立朝, 爲詩皆宗尙李義山, 號"西崑體", 後進多竊義山語句. 賜宴, 優人有爲義山者, 衣服敗敝, 告人曰 : "我爲諸館職撏撦至此." 聞者懽笑]" 같은 이야기가 대표적이다. 해학 속에서도 서곤체에 대한 불만이 분명하게 드러난다. 한편 고금의 악부의 성률상의 변천과, 만당과 서곤체의 사승師承 관계에 대해서도 언급했다.

유반은 박학으로 이름난 인물이기는 하지만 이 시화에는 일부 오류가 발견된다. 예를 들어 『논어』의 "師也辟"을 "師也達"로, 두보 시의 "功曹非復漢蕭何"를 "功曹非復嘆蕭何"로 오기하여 후인들에게 비난을 받았다. 그래서 『사고전서총목제요』에서는 "산만하여 정확성이 없다[漫無駁正]"이라고 평하였다.

이 책의 판본에 대해서는 곽소우가 『송시화고』에서 상세하게 설명한 바 있다. 『군재독서지』, 『통고通考』에서는 세 권, 『송사고궐서목宋四庫闕書目』에서는 두 권, 『직재서록해제』, 『통지通志』에서는 또 한 권이라고 하였지만 현재 남아 있는 전집본, 『백천百川』본, 『설부』본, 명각 『송시화오종본』본, 『진체』본, 『역대시화본』, 『형설헌』본은 모두 한 권이며 오직 전증錢曾의 『술고당장서목述古堂藏書目』에만 세 권짜리 판본이 있다고 하였다. 각 판본들 사이에는 분량과 내용의 차이가 존재한다.

중산시화中山詩話

송宋 유반劉攽

太宗好文, 每進士及第, 賜聞喜宴, 常作詩賜之, 累朝以爲故事. 仁宗在位四十二年, 賜詩尤多, 然不必盡上所自作. 景祐初, 賜詩落句云: "寒儒逢景運, 報德合如何."論者謂質厚宏壯, 眞詔旨也.

태종(송나라 조경趙炅)이 문文을 중시하여 진사시 급제자에게는 언제나 문희연聞喜宴[1]과 함께 시를 지어 하사했다. 이것은 역대에 걸쳐 하나의 고사故事가 되었다. 인종이 재위한 사십이 년 동안 하사한 시가 더욱 많은데, 물론 인종이 모두 직접 지은 것은 아니다. 경우 초에 하사한 시의 낙구落句에서는 "한미한 선비가 대운을 만났으니, 은덕에 대한 보답을 어떻게 할 건가[寒儒逢景運, 報德合如何]"라고 했다. 논자들은 이것이 질박하고 후덕하며 위대하고 장엄하여 참다운 조칙이라고 평했다.

1 문희연(聞喜宴) : 과거에 급제한 사람이 가까운 친구와 친척을 불러 베푸는 자축연을 말한다.

劉子儀贈人詩云："惠和官尚小, 師達祿須干." 取柳下惠聖之和, 師也達, 而子張學干祿之事. 或有除去官字示人曰："此必番僧也, 其名達祿須干." 聞者大笑. 詩有詩病俗忌, 當避之. 此偶自諧合, 無若輕薄子何, 非筆力過也.

유균은 「증인贈人」에서 "조화로운 유하혜柳下惠는 관직이 아직 낮고, 통달한 사(師 : 자장子張)는 녹을 반드시 구하리라[惠和官尙小, 師達祿須干]"라고 했다. '유하혜는 성인 가운데 조화로운 이다'(『맹자』 「만장하萬章下」)와 '사師는 통달한 이다'(『논어』 「안연顔淵」), '자장이 녹을 구하는 것을 배우려 한다'(『논어』 「위정爲政」)는 고사를 취한 것이다. 어떤 사람이 관官자를 없애고 사람들에게 보이기를 "이는 틀림없이 번방(番邦 : 藩邦)의 승려로서 이름이 달록수간達祿須干이다"라고 하자 듣는 이들이 한바탕 크게 웃었다. 시에는 시병詩病과 속기俗忌가 있는데 마땅히 피해야 한다. 하지만 이것은 우연스레 합치된 것으로, 경박한 사람에게 어쩔 수 없이 놀림을 당한 것이지 작가의 오류가 아니다.

景祐中, 宋宣獻上「楊太妃挽」詩云："神歸梁小廟, 禮祔漢餘陵." 文士稱其用事精當. 梅昌言詩曰："先帝遺弓劍, 排雲上紫清. 同時受顧託, 今日見升平." 雖不用事, 意思宏深, 足爲警語.

경우 연간에 송선헌宋宣獻이 지어 올린 「양태비만楊太妃挽」에서 "신께서는 양梁의 작은 사당으로 돌아가시고, 예절은 한漢의 나머지 능에 합사合祀 되셨네[神歸梁小廟, 禮祔漢餘陵]"[2]라고 했다. 문사文士들은 고사의

2 신께서는 …… 되셨네 : 『수서(隋書)』 「예의지(禮儀志)」에서 "양나라엔 소묘가 있는데, 태조 태부인의 사당이다. 적통이 아니기에 별도로 사당을 만들었다. 황제가 매번 태묘에서 제사를 지내고나서 소묘에 이르러 또한 태뢰를 가지고 태묘의 예처럼 했다[梁又有

인용이 정밀하고 합당하다고 했다. 매순梅詢의 시에서는 "선제께서 활과 검을 남기신 채, 구름을 밀치고 자청궁紫淸宮에 오르셨네. 함께 부탁의 유언을 받았는데, 오늘 평화의 세계를 만나고 있네[先帝遺弓劍, 排雲上紫淸. 同時受顧託, 今日見升平]"라고 했다. 비록 고사를 인용하지는 않았으나 의미가 깊고 넓어 놀랄 만한 말이 되기에 충분하다.

景祐末, 元昊叛, 夏鄭公出鎭長安, 梅送詩曰:"亞夫金鼓從天落, 韓信旌旗背水陳." 時獨刻公詩於石.

경우 말기에 원호元昊가 반란을 일으켜 하정공夏鄭公이 장안으로 출진出鎭할 때 매순이 전송하며 지은 시에서 "아보(亞夫: 주아보周亞父)[3]의 쇠북은 하늘에서 떨어지고, 한신韓信의 깃발은 물을 등지고 펼쳐지리라[亞夫金鼓從天落, 韓信旌旗背水陳]"라고 했다. 당시 매순의 시만 돌에 새겨졌다.

僧惠崇詩云:"河分岡勢斷, 春入燒痕青." 然唐人舊句. 而崇之弟子吟贈其師詩曰:"河分岡勢司空曙, 春入燒痕劉長卿. 不是師偸古人句, 古人詩句似師兄." 杜工部有"峽束蒼江起, 巖排石樹圓", 頃蘇子美遂用"峽束蒼江, 巖排石樹"作七言句. 子美豈竊詩者, 大抵諷古人詩多, 則往往爲己得也.

小廟, 太祖太夫人廟也. 非嫡, 故別立廟. 皇帝每祭太廟訖, 詣小廟, 亦以一太牢, 如太廟禮" 라고 하였다.

3 주아보[周亞父]: 한(漢)나라 문제(文帝)·경제(景帝) 때의 장수. 군율이 매우 엄격하기로 유명했으며, 후에 재상에 임명되었다. 『사기(史記)』 권57.

승려 혜숭의 시에 "하수河水가 나뉘며 언덕의 형세 끊기고, 봄이 오자 탄 흔적 푸르다[河分岡勢斷, 春入燒痕青]"라는 구절이 있다. 이것은 사실 당나라 시인의 글이다. 그런데 혜숭의 제자가 그 스승에게 지어 올린 시에서 "'하수가 나눈 언덕의 형세'는 사공서司空曙이고, '봄이 오자 탄 흔적'은 유장경이다. 사형이 옛것을 많이 침범한 것이 아니라, 옛사람의 시구가 사형을 침범한 것이다[河分岡勢司空曙, 春入燒痕劉長卿. 不是師偷古人句, 古人詩句似師兄]"라고 하였다. 두보의 시에 "골짜기는 일렁이는 푸른 강을 묶고, 바위는 둥근 돌 사이의 나무를 밀친다[峽束蒼江起, 巖排石樹圓]"가 있는데, 요사이 소순흠이 마침내 "골짜기는 푸른 강을 묶고, 바위가 돌 사이 나무를 밀친다[峽束蒼江, 巖排石樹]"를 활용해 칠언구로 만들었다. 소순흠이 어찌 시를 훔치는 사람이겠는가. 고인의 시를 많이 외우다보면 이따금 그것을 자기 것으로 만들기도 하는 것이다.

王元之「謫黃州」詩曰 : "又爲太守黃州去, 依舊郎官白髮生." 在朝與執政不相能, 作「江豚」詩以譏之曰 : "江雲漠漠江雨來, 天意爲霖不干汝."【俗云, 豚出則有風雨】又曰 : "餐啗蝦魚頗肥腯."【譏其肥大】

왕원지王元之가 「적황주謫黃州」에서 "또다시 태수 되어 황주黃州로 가니, 여전한 낭관郎官은 백발만 자랐다[又爲太守黃州去, 依舊郎官白髮生]"라고 했다. 조정에 있을 때는 권력자와 서로 가깝지 않아 「강돈江豚」을 지어 비난하기를 "강물 구름 아득하고 강물에 비 내리니, 하늘이 장마를 내린 뜻은 그대와 상관없네[江雲漠漠江雨來, 天意爲霖不干汝]"라고 했고【민간에서는 복어가 출현하면 비바람이 분다고 한다】, 또 "새우와 물고기를 먹어 퍽 살이 쪘다[餐啗蝦魚頗肥腯]"라고 했다【그들의 살찐 모습을 비판한 것이다】.

人多取佳句爲句圖, 特小巧美麗可喜, 皆指詠風景, 影似百物者爾, 不得見雄材遠思之人也. 梅聖兪愛嚴維詩曰: "柳塘春水漫, 花塢夕陽遲." 固善矣, 細較之, 夕陽遲則繫花, 春水漫何須柳也. 工部詩云: "深山催短景, 喬木易高風." 此可無瑕纇. 又曰: "蕭條九州內, 人少豺虎多. 人少愼莫投, 虎多信所過.① 飢有易子食, 獸猶畏虞羅." 若此等句, 其含蓄深遠, 殆不可模倣.

① '多虎', 原作'虎多', 據『百川學海』本改.

사람들이 좋은 구절을 많이 취하여 구도句圖[4]를 만드는데, 귀엽고 아기자기한 것이 볼만하긴 하지만 모두 풍경을 읊은 것을 선택해 갖가지 사물을 닮았을 뿐이다. 웅대한 재능과 심원한 생각을 가진 사람은 볼 수 없다. 매요신이 좋아한 엄유嚴維의 시, "버들 연못에 봄물 넘실대고, 꽃 섬에 석양이 더디다[柳塘春水漫, 花塢夕陽遲]"는 참으로 좋지만, 세심히 살펴보면 '석양이 저물다'는 꽃과 연계되어 있지만 '봄물이 넘실대'는 데에 버들이 무슨 필요가 있겠는가. 두보의 시에서 "깊은 산은 짧은 해를 재촉하고, 키 큰 나무에 세찬 바람 불기 쉽다[深山催短景, 喬木易高風]"라고 했으니 이 구절만이 빈틈이 없다. 또 "스산한 구주九州 안에, 사람은 적고 승냥이와 범들만 많다. 사람이 적으니 삼가 내던지지 말라, 많은 호랑이들이 참으로 겪었던 바다. 굶주리면 자식을 바꿔 먹기도 하니, 짐승은 그래도 사냥꾼의 그물을 두려워한다[蕭條九州內, 人少豺虎多. 少人愼莫投, 多虎信所過. 飢有易子食, 獸猶畏虞羅]"라고 했다. 이런 구절은 매우 심원한 뜻을 함축하고 있어 거의 모방할 수 없다.

① '多虎'는 본래 '虎多'로 돼 있었는데 『백천학해』본에 의거하여 고쳤다.

4 구도(句圖) : 시구를 사용해서 만든 그림이다.

詩以意爲主, 文詞次之, 或意深義高, 雖文詞平易, 自是奇作. 世效古人平易句, 而不得其意義, 翻成鄙野可笑. 盧仝云 "不卽溜鈍漢", 非其意義, 自可掩口, 寧可效之邪. 韓吏部古詩高卓, 至律詩雖稱善, 要有不工者, 而好韓之人, 句句稱述, 未可謂然也. 韓云 : "老公眞箇似童兒, 汲水埋盆作小池." 直諧戲語耳. 歐陽永叔·江鄰幾論韓「雪」詩, 以"隨車翻縞帶, 逐馬散銀杯"爲不工, 謂"坳中初蓋底, 凸處遂成堆"爲勝, 未知眞得韓意否也. 永叔云 : "知聖兪詩者莫如某, 然聖兪平生所自負者, 皆某所不好, 聖兪所卑下者, 皆某所稱賞." 知心賞音之難如是, 其評古人之詩, 得毋似之乎.

시는 의미를 위주로 하며 문사(文詞 : 시어)는 그다음이다. 의미가 깊고 의의가 고상하면 문사가 평이하더라도 빼어난 작품이다. 사람들이 고인의 평이한 구절을 본받으면서 그 의미와 의의는 터득하지 못한 채 조악한 것을 만들어버리고 마는 것이 가소롭다. 노동盧仝의 시에서 "지혜롭지 못한 바보[不卽溜[5]鈍漢]"는 의미와 의의가 담기지 않은 것으로서 웃음을 자아낸다. 그러니 어떻게 본받을 만하겠는가. 한유의 고시는 고상하고 탁월하며 율시도 훌륭하다고 일컬어지지만 뛰어나지 않은 것도 있다. 한유를 좋아하는 사람들이 구절구절마다 훌륭하다고 일컫는 것은 옳다고 할 수 없다. 한유의 시, "노인은 참으로 어린아이 같아서, 물을 길고 동이를 묻어 작은 연못을 만든다[老公眞箇似童兒, 汲水埋盆作小池]"는 그저 농담 삼아 지은 것이다. 구양수와 강휴복江休復은 한유의 「설雪」을 논하면서 "수레를 뒤따르며 흰 띠를 번쩍이고, 말을 뒤쫓

5 지혜(卽溜, 鯽溜) : '卽溜'는 분음사(分音詞)로서 절각어(切脚語) 또는 반절어(反切語)라고도 한다. '卽溜'의 본자는 바로 '就'이며, '不鯽溜'는 '不慧' 곧 총명하지 못하다는 의미이므로 '鯽溜'는 총명하다는 뜻이 된다. 송나라 송기(宋祁)의 『송경문공필기(宋景文公筆記)』「석속(釋俗)」에서 "삼국시대 위의 손염(孫炎)이 반절어를 만들었는데, 이는 세속의 일상어에서 나온 것으로 수백 종에 달한다"라고 했다. 그래서 '就'를 '鯽溜'라 하는데 지혜롭지 못한 사람을 바로 '不鯽溜'라 한다.

으며 은 술잔을 떨어뜨린다[隨車翻縞帶, 逐馬散銀杯]"를 좋지 않다고 보고 "움푹 패인 곳에 처음 밑을 덮고, 우뚝 오른 곳은 결국 언덕을 이루었다[坳中初蓋底, 凸處遂成堆]"를 좋다고 보았는데, 진정 한유의 본의를 터득한 것인지 모르겠다. 구양수가 이르기를 "매요신의 시를 아는 사람들 가운데 나만한 사람이 없다. 하지만 매요신이 평생 자부한 것은 모두 내가 안 좋아하는 것이고, 매요신이 평생 비하한 것은 내가 높이 평가하는 것이다"라고 했다. 이처럼 마음을 알고 음을 감상할 줄 아는 사람을 찾기란 매우 어렵다. 옛사람의 시를 논평하는 것도 이와 비슷하지 않겠는가.

潘閬字逍遙, 詩有唐人風格. 有云: "久客見華髮, 孤棹桐廬歸. 新月無朗照, 落日有餘暉. 魚浦風水急, 龍山烟火微. 時聞沙上雁, 一一皆南飛."【「歲暮自桐廬歸錢塘」】僕以爲不減劉長卿.

반랑潘閬의 자는 소요逍遙이며 그의 시에는 당나라 시인의 풍격이 들어있다. 그의 작품 가운데 "오랫동안 나그네로 지내며 하얗게 변한 머리를 보고, 한 척 돛단배 타고 동려桐廬로 돌아간다. 새 달은 밝게 비추지 않고, 지는 해는 남은 빛만 있다. 고기잡이 포구에는 바람과 물이 세차고, 용산龍山에는 안개 불꽃이 희미하다. 때맞춰 들려오는 백사장 기러기, 모두 열을 지어 남쪽으로 날아간다[久客見華髮, 孤棹桐廬歸. 新月無朗照, 落日有餘暉. 魚浦風水急, 龍山烟火微. 時聞沙上雁, 一一皆南飛]"【「세모자동려귀전당歲暮自桐廬歸錢塘」】가 있다. 나는 이 시가 유장경에 못지않다고 생각한다.

太宗晩年, 燒錬丹藥, 潘閬嘗獻方書. 及帝升遐, 懼誅, 匿舒州潛山寺爲行者, 題詩於鍾樓云 : "繞寺千千萬萬峰, 【忘第二句】 頑童趁暖貪春睡, 忘却登樓打曉鍾." 孫僅爲郡官, 見詩曰 : "此潘逍遙也." 告寺僧呼行者, 潘已亡去.

태종이 만년에 단약丹藥을 음용해서 반랑이 방서(方書: 방술서)를 헌상했다. 태종이 승하하자 반랑은 처벌을 받을까 두려워 서주舒州 잠산사潛山寺로 숨어 들어가 행자行者가 되었다. 그는 그곳 종루에 시를 쓰기를 "절을 두른 수천 수만의 봉우리들,【두 번째 구절은 잊었다】어리숙한 아이는 따뜻함을 찾아 봄잠을 탐하느라, 종루에 올라 새벽 종 치는 것을 잊었다[繞寺千千萬萬峰, 【忘第二句】 頑童趁暖貪春睡, 忘却登樓打曉鍾]"라고 했다. 군郡의 관리였던 손근孫僅이 이 시를 보고 "이 작품은 반랑이 지은 것이다"라고 하며 절 승려에게 그를 불러달라고 했으나 이미 달아난 뒤였다.

王益柔勝之爲館職, 年少亦頡頏. 張揆叔文亦新貼職, 年長而官已高, 每羣聚輒居上座. 王密于屛風題云 : "四十餘年老健兒."【此唐徐州節度王智興「自詠」詩句】翼日會食, 張正坐詩下, 衆無不哂.

익유益柔 왕승지王勝之가 관직館職에 있을 때, 나이는 어렸지만 기세가 있었다. 숙문叔文 장염張揆 역시 새로 관직을 임명받았는데, 나이가 많고 직위도 높아서 여러 사람들이 모이면 상좌를 차지했다. 왕승지가 몰래 병풍에 쓰기를 "사십여 년 늙은 건아여[四十餘年老健兒]"【이는 당나라 서주徐州 절도사 왕지흥王智興의 「자영自詠」에 있는 구절이다】라고 했다. 이튿날 회식을 할 때, 장염이 마침 그 시를 써놓은 병풍 아래에 앉아서 사람들이 모두 웃었다.

李絢公素有詩贈同姓人曰：“吾宗天下著.” 王勝之輒取注之曰：“居甘泉者以謳著,【京師名倡李氏居甘泉坊, 善謳】賣藥者以木牛著,【京師李家賣藥, 以木牛自表, 人呼爲李木牛】圍棋者以憨著,【李乃國手, 而神思昏濁, 人呼爲李憨子】裁幞頭者以拗著,【李家幞頭, 天下稱善, 而必與人乖刺, 歲久自以拗李呼】作詩者以豁達著.【豁達老人喜爲詩, 所至輒自題寫, 詩句鄙下而自稱豁達李老. 嘗書人新素牆壁, 主人憾怒, 訴官杖之, 拘執使市石灰更杇漫訖, 告官乃得縱舍, 聞者哂之】” 此數人因勝之有云, 遂自託不朽.

공소公素 이현李絢이 동성同姓들에게 지어준 시에서 “우리 종친은 천하에 명성을 드날렸다[吾宗天下著]”라고 했다. 왕승지가 이 구절에 주석을 달기를 “감천甘泉에 사는 사람은 노래로 저명하고【경사京師의 명창 이씨李氏가 감천방甘泉坊에 사는데 노래를 잘 불렀다】, 약을 파는 사람은 목우木牛로 저명하고【경사의 다른 이씨가 약을 팔며 자신을 목우라 표명해서 사람들이 이목우李木牛라 불렀다】, 바둑을 두는 사람은 감憨으로 저명하고【이씨는 국수國手지만 정신이 혼탁해서 사람들이 이감자李憨子라 불렀다】, 복두(幞頭 : 두건)를 만드는 사람은 요拗로 저명하고【이가李家가 만든 복두가 세상에 유명했는데, 사람들과 괴리가 있어서 세월이 흐르며 스스로 요이拗李라 불렀다】, 시를 짓는 사람은 활달豁達로 저명했다【활달노인豁達老人은 시 짓기를 좋아하여 발길 닿는 곳마다 시를 지었지만, 격이 낮아 스스로 활달이로豁達李老이라 불렀다. 일찍이 새로 칠한 남의 집 담벼락에 글씨를 써놓자, 화가 난 주인이 관청에 고소해 곤장을 맞고 구금되게 만들었다. 그는 저자에서 석회를 사서 다시 벽을 바른 뒤 관청에 사실을 알리고 나서야 풀려났다. 이 이야기를 듣고 사람들이 다 비웃었다】”라고 했다. 이들은 왕승지의 글로 인해 마침내 세상에 이름을 전하게 되었다.

梅昌言出鎭太原, 黃覺送詩曰:"五馬雍容出鎭時, 都人爭看好風儀. 文章一代喧高價, 忠直三朝受聖知. 帳下軍容森劍戟, 門前行色擁旌旗. 雲籠古戍黃楡暗, 雪滿長郊白草衰. 出去暫開貔虎幕, 歸來須占鳳凰池. 鬢間未有一莖白, 陶鑄蒼生固不遲." 梅雅自修飾, 容狀偉如, 大喜之.

매순이 태원太原 태수로 나갈 때, 황각黃覺은 그를 전송하는 시에서 "다섯 필 말이 여유롭게 태수로 나갈 때, 도성 사람들이 앞다퉈 훤칠한 풍모를 구경한다. 문장은 한 시대에 높은 성가를 올리고, 충직함은 세 조정에서 성상의 인지를 얻었다. 깃발 아래 군사의 위용은 창과 칼이 나열하고, 문 앞의 행색은 깃발들로 둘렀다. 구름 두른 옛 수자리는 누런 누릅나무 어둡고, 눈 가득한 넓은 교외에는 흰 풀이 시들었다. 외지로 나가 잠시 비호貔虎의 장막을 펼치고 나면, 돌아와 반드시 봉황지鳳凰池를 차지하리라. 살쩍 사이에 한 올 흰 털도 없으니, 창생蒼生를 인도하는 일이 본디 늦지 않았다[五馬雍容出鎭時, 都人爭看好風儀. 文章一代喧高價, 忠直三朝受聖知. 帳下軍容森劍戟, 門前行色擁旌旗. 雲籠古戍黃楡暗, 雪滿長郊白草衰. 出去暫開貔虎幕, 歸來須占鳳凰池. 鬢間未有一莖白, 陶鑄蒼生固不遲]" 라고 했다. 평소 잘 꾸미고 모습도 훤칠했던 매순은 이 글을 대단히 좋아했다.

黃覺仕宦不遂, 嘗送客都門外, 不及寓邸舍, 會一道士取所攜酒炙呼飮之, 旣而道士擧杯蘸水寫"呂"字, 覺始悟其爲洞賓也. 又曰:"明年江南見君." 覺果得江南官. 及期見之, 出懷中大錢七, 其次十, 又小錢三, 曰:"數不可益也."① 予藥數寸許, 告覺曰:"一以酒磨服之, 可保一歲無疾." 覺如其言, 至七十餘, 藥亦垂盡, 作詩曰:"床頭曆日無多子, 屈指明年七十三." 果是歲卒.

① '益', 原作'溢', 據『學海』本改.

관직의 뜻을 못 이루고 지내던 황각이, 일찍이 도문都門 밖까지 손님을 전송하고 돌아오다 자신의 집에 못 미친 곳에서 도사 한 사람을 만나 그가 내놓은 술과 안주를 함께 먹었다. 잠시 뒤 도사가 술잔을 들고 물을 찍어 '呂' 자를 쓰자, 황각은 비로소 그가 여동빈呂洞賓[6]임을 알아차렸다. 이어 도사가 "내년 강남江南에서 그대를 볼 것이다"라고 했는데, 황각은 정말로 강남의 관직을 얻었다. 만나기로 한 시기가 되어 도사를 보았을 때, 도사는 품속에서 큰 돈 일곱 개와 다음 크기의 돈 열 개, 작은 크기의 돈 세 개를 꺼내며 "숫자를 더 보탤 수는 없다"라고 했다. 그리고 몇 치 정도 되는 약을 주며 "줄곧 술과 함께 갈아 복용하면 한 해를 병 없이 지낼 수 있을 것이다"라고 했다. 황각이 그 말대로 하여 칠십여 세에 이르렀을 때 약이 거의 닳아지자 시를 짓기를 "평상머리 날짜가 많지 않아서 손꼽아 보니 내년이 일흔셋이다[床頭曆日無多子, 屈指明年七十三]"라고 했다. 그는 정말 그해에 생을 마쳤다.

① '盇'은 본래 '溘'로 돼 있었는데, 『백천학해』본에 의거하여 고쳤다.

李商隱有「錦瑟」詩, 人莫曉其意, 或謂是令狐楚家青衣名也.

이상은李商隱의 작품에 「금슬錦瑟」이 있는데 사람들이 그 의미를 모르고 있다. 혹자는 영호초令狐楚 집안의 청의(青衣 : 종)의 이름이라고 했다.

祥符·天禧中, 楊大年·錢文僖·晏元獻·劉子儀以文章立朝, 爲詩皆宗尚

6 여동빈(呂洞賓) : 당나라 때의 도사 여암(呂巖)의 자. 함통(咸通) 연간에 급제하여 현령을 지냈으나 황소(黃巢)의 난으로 행방이 묘연해졌다. 속칭(俗稱) 팔선(八仙)의 하나로서 관서일인(關西逸人)이라 칭하였으며 백여 살이 됐는데도 동안이었고 짧은 시간에 수백 리를 걸었다는 이야기 등이 전한다.

李義山, 號"西崑體", 後進多竊義山語句. 賜宴, 優人有爲義山者, 衣服敗敝, 告人曰:"我爲諸館職撏撦至此." 聞者懽笑. 大年「漢武」詩曰:"力通青海求龍種, 死諱文成食馬肝. 待詔先生齒編貝, 忍令索米向長安." 義山不能過也. 元獻「王文通」詩曰:"甘泉柳苑秋風急, 却爲流螢下詔書." 子儀畫義山像, 寫其詩句列左右, 貴重之如此.

성부(祥符: 1008~1016)·천희(天禧: 1017~1021) 연간에 양억·전유연·안수·유균이 문장으로 조정에 나갔다. 그들은 시를 지을 때 모두 이상은을 종주로 삼아 이를 '서곤체'라 했으며, 후학들이 이상은의 시구를 훔치는 일이 많아졌다. 임금이 하사한 연회에서 이상은으로 분장한 배우가 남루한 복장을 하고 나타나 "여러 관직에 계신 분들이 내 글을 절취해서 여기에 온 것이오"라고 하니 모두들 껄껄 웃었다. 양억이 「한무漢武」에서 "힘은 청해青海에 통하여 명마名馬를 구하고, 문성文成의 죽음은 말의 간을 먹은 것으로 우회됐다.[7] 대조待詔 선생은 치아가 고르신데, 차마 양식을 구하러 장안을 향하게 하라[力通青海求龍種, 死諱文成食馬肝. 待詔先生齒編貝, 忍令索米向長安]"[8]라고 했는데, 이상은도 이를 앞

7 문성(文成) …… 우회됐다: 문성은 서한의 방사(方士)이다. 원래 제(齊) 출신으로 이름이 소옹(少翁)인데 한 무제에 의해 문성장군(文成將軍)에 책봉됐다. 처음에 신비한 체험을 통해 한 무제로부터 많은 신임을 얻었지만, 갈수록 체험의 효력이 떨어졌다. 그러자 어떤 내용을 적은 종이를 소에 먹인 뒤, 그 사실을 숨긴 채 소에게 특별한 것이 있다고 이야기했다. 소의 배를 가르자 배 속에서 정말 글씨가 적힌 종이가 나왔는데, 뭔가 석연치 않다고 생각한 한 무제의 지시에 의해 결국 문성의 필체임이 밝혀져 죽임을 당했다. 하지만 한 무제는 사실을 숨긴 채 그가 말의 간을 먹고 죽었다고 했다. 『사기』「봉선서(封禪書)」: "문성이 말의 간을 먹고 죽었다.[文成食馬肝死耳.]"

8 대조 선생 …… 하라: 대조 선생은 동방삭(東方朔)을 가리킨다. 한 무제가 즉위하여 동방삭을 등용했으나 대우가 후하지 않자 그는 자신을 한낱 먹을 것이나 구하는 사람으로 여기지 말라는 말을 남겼다. 『한서(漢書)』「동방삭전「東方朔傳」」: 한 무제가 즉위하자 동방삭이 올린 상서에서 스스로 '눈은 달린 구슬 같고 치아는 엮은 조개 같습니다', '하찮은 사람들은 배가 불러 죽으려 하는데 신 삭(朔)은 굶어 죽으려 합니다. 신의 말이 쓰실 만하면 남다른 예우를 해주시기 바라며, 그렇지 못하면 그만두어서 그저 장안에 쌀을 구하러 온 꼴이 되게 하지 마십시오'라고 하였다.[漢武帝初卽位, 東方朔上書, 自稱"目若

설 수가 없다. 안수는 「왕문통王文通」에서 "감천甘泉의 버들 동산에는 가을바람 세차거늘, 반딧불 빛 만들어 조서를 내리네[甘泉柳苑秋風急, 却爲流螢下詔書]"라고 했다. 유균은 이상은의 상像과 그의 시를 좌우에 배치하였으니 이상은을 중시하는 마음이 그 정도였다.

楊大年不喜杜工部詩, 謂爲村夫子. 鄉人有强大年者, 續杜句曰"江漢思歸客", 楊亦屬對, 鄉人徐擧"乾坤一腐儒", 楊默然若少屈. 歐公亦不甚喜杜詩, 謂韓吏部絶倫. 吏部於唐世文章, 未嘗屈下, 獨稱道李・杜不已. 歐貴韓而不悅子美, 所不可曉. 然于李白而甚賞愛, 將由李白超逴飛揚爲感動也.

양억은 두보의 시를 좋아하지 않아 그를 '시골 선생'이라고 했다. 고을 사람 가운데 양억보다 강한 자가 있어, 두보의 시구 "강한江漢에서 귀향을 생각하는 나그네[江漢思歸客]"에 글귀를 이어 지었고 양억 역시 대구를 지었다. 고을 사람들이 하나둘씩 그를 가리켜 "천지에 진부한 선비다[乾坤一腐儒]"라고 거론하자 양억은 아무 말 없이 약간 굽힌 듯했다. 구양수도 두보의 시를 그다지 좋아하지 않고 한유가 훌륭하다고 했다. 한유는 당대에 문장에서는 자신을 굽히지 않았지만 이백과 두보만은 칭찬해 마지않았다. 구양수가 한유를 중시하고 두보를 좋아하지 않은 것은 이해할 수 없는 일이다. 하지만 이백은 매우 사랑했으니, 이는 이백의 초탈과 비월飛越에서 감동을 얻었기 때문이다.

孟東野詩, 李習之所稱: "食薺腸亦苦, 强歌聲不懽. 出門如有礙, 誰謂

懸珠, 齒若編貝." "侏儒飽欲死, 臣朔饑欲死. 臣言可用, 幸異其禮, 不可用, 罷之, 無令但索長安米.]"

天地寬." 可謂知音. 今世傳『郊集』五卷, 詩百篇. 又有集號『咸池』者, 僅三百篇, 其間語句尤多寒澀, 疑向五卷是名士所删取者. 東野與退之聯句詩, 宏壯博辯, 若不出一手. 王深父云: "退之容有潤色也."

맹교의 시 중에서 이고李翶가 높이 평가한 것으로 "냉이를 먹으면 창자 또한 쓰고, 억지로 노래하면 소리가 즐겁지 않다. 문을 나서면 가로막이 있는 듯한데, 누가 천지가 넓다 하는가[食薺腸亦苦, 强歌聲不懽. 出門如有礙, 誰謂天地寬]"가 있으니, 지음知音이라 할 만하다. 지금 『맹교집』 5권이 전하는데 백 편의 시가 실려 있다. 또 『함지咸池』라는 시집에 삼백여 편이 실려 있지만 시어들이 생소하고 난삽한 것이 많다. 아마 앞선 5권은 명사들이 산정, 취택한 것이 아닌가 싶다. 맹교와 한유의 연구시聯句詩는 장엄하고 달변이어서 한 사람의 손에서 나오지 않은 듯하다. 왕회王回는 "한유가 윤색했을 것이다"라고 했다.

張籍樂府詞, 淸麗深婉, 五言律詩亦平澹可愛, 至七言詩, 則質多文少. 材各有宜, 不可强飾. 文昌有「謝裴司空馬」詩曰: "乍離華廐移蹄澀, 初到貧家擧眼驚." 此馬却是一遲鈍多驚者, 詩詞微而顯, 亦少其比.

장적張籍의 악부사樂府詞는 맑고 아름답고 깊고 곱다. 그의 오언율시도 평탄하고 담백하여 사랑스러우며 칠언시도 질박함이 많고 수식이 적다. 장르마다 알맞게 구성되어서 억지로 수식할 수 없는 내용이다. 장적은 「사배사공마謝裴司空馬」에서 "화려한 마구간 떠날 때 발굽 더듬거리고, 가난한 집에 이르자 눈이 놀라 두리번거린다[乍離華廐移蹄澀, 初到貧家擧眼驚]"라고 했는데, 이 말은 우둔하여 잘 놀라는 말이었던 것이다. 시어가 미묘하게 드러나고 있으니 역시 견줄 자가 드물다.

白樂天詩曰："請錢不早朝." '請'作平聲, 唐人語也. 今人不用厮字, 唐人作斯音, 五代已作入聲, 陶穀云"尖簷帽子卑凡厮"是也. 白曰："金屑琵琶槽, 雪擺胡騰衫." 琵琶與今人同. 杜曰"皂鵰寒始急", 白曰"千呼萬喚始出來", 人皆謂語病. 事之終始, 音上聲, 有所宿留, 今甫然者音去聲. 二公詩自非語病.

백거이의 시에서 "돈을 꾸어 일찍이 조회하지 않았다[請錢不早朝]"에서의 '請'은 평성平聲으로 쓴 것이며 당나라 사람들의 언어이다. 지금 사람들은 '시厮'자를 안 쓰지만 당나라 사람들은 '사斯' 음으로 썼으며 오대五代에는 입성入聲으로 쓰기도 했으니, 도곡의 "모서리 뾰족한 모자는 미천한 녀석이다[尖簷帽子卑凡厮]"가 그것이다. 백거이의 시에서 "비파 홈 안에 금가루 반짝이고, 호등胡騰[9]의 적삼에 눈발 펄럭인다[金屑琵琶槽, 雪擺胡騰衫]"라고 했는데, 비파는 지금 사람들이 쓰는 것과 같다. 두보의 "검은 독수리 추위가 비로소 다그치고[皂鵰寒始急]"와 백거이의 "천번 만번 부르자 비로소 나온다[千呼萬喚始出來]"를 두고 사람들은 모두 어병語病이 있다고 한다. '끝과 시작(終始)'에서의 '始'는 음이 상성上聲이고 그렇게 하고 나서라는 뜻이 있는데, 바로 지금 두보가 사용하고 있는 것으로 음이 거성去聲이다. 두 사람의 시는 어병이 아니다.

唐詩賡和, 有次韻,【先後無易】有依韻,【同在一韻】有用韻,【用彼韻不必次】吏部和皇甫「陸渾山火」是也, 今人多不曉. 劉長卿「餘干旅舍」云："搖落暮天迥, 丹楓霜葉稀. 孤城向水閉, 獨鳥背人飛. 渡口月初上,

---

9 호등(胡騰)：자는 자승(子升)이며 동한(東漢) 계양(桂陽) 사람이다. 한나라 환제(桓帝)와 영제(靈帝) 때 활동했는데, 생몰년은 정확하지 않다. 영제 초에 두무(竇武)가 대장군이 되자 그의 부연(府掾)이 되었으나 당고(黨錮)에 연좌되었다. 나중에 풀려난 후 관직이 상서(尙書)에 이르렀다. 죽음을 무릅쓰고 충의를 지킨 인물로서 후대의 충신들에게 존경을 받았다.

鄰家漁未歸. 鄕心正欲絶, 何處擣征衣." 張籍「宿江上館」云: "楚驛南渡口, 夜深來客稀. 月明見潮上, 江靜覺鷗飛. 旅宿今已遠, 此行殊未歸. 離家久無信, 又聽擣砧衣." 兩詩偶似次韻, 皆奇作也.

당시唐詩의 갱화賡和[10] 중에는 차운次韻도 있고【선후가 바뀌지 않는다】, 의운依韻도 있고【한 운 안에 있다】, 용운用韻도 있다【다른 운을 사용하며 반드시 차운만은 하지 않는다】. 한유가 황보식皇甫湜에게 화답한 운을 차운한 「륙혼산화화황보식용기운陸渾山火和皇甫湜用其韻」가 그것인데, 지금 사람들은 대부분 이해하지 못한다. 유장경의 「여간여사餘干旅舍」에서 "스산한 석양 하늘은 아득하고, 단풍 든 서리 잎은 듬성듬성하다. 성곽은 물을 향해 닫혔고, 새는 사람을 등지고 날아간다. 포구에는 달이 막 떠오르고, 이웃집 어부는 돌아오지 않았다. 고향 그리워 정녕 애가 타는데, 어디서 다듬이질하는 건가[搖落暮天逈, 丹楓霜葉稀. 孤城向水閉, 獨鳥背人飛. 渡口月初上, 鄰家漁未歸. 鄕心正欲絶, 何處擣征衣]"라고 하고, 장적의 「숙강상관宿江上館」에서 "초나라 역 남쪽 포구에, 밤이 깊자 찾아오는 손님 드물다. 달이 밝아 조수 밀려오는 것을 보고, 강물 고요해 갈매기 나는 것을 안다. 나그네 숙소가 이미 멀리 있으니, 이 발길 돌아가지 못하겠다. 고향 떠나 오랫동안 소식이 없는데, 또다시 다듬이 소리를 듣는구나[楚驛南渡口, 夜深來客稀. 月明見潮上, 江靜覺鷗飛. 旅宿今已遠, 此行殊未歸. 離家久無信, 又聽擣砧衣]"라고 하여 두 시가 우연히 차운한 듯하다. 이 두 시는 모두 걸작이다.

管子曰: "事無終始, 無務多業." 此言學者貴能成就也. 唐人爲詩, 量力致功, 精思數十年, 然後名家. 杜工部云: "更覺良工用心苦." 然豈獨

10 갱화(賡和): 다른 사람의 원운(原韻)이나 시제를 이용하여 차운하는 것을 말한다.

畫手心苦耶!

관자管子는 "일을 할 때 시작만 있고 끝이 없다면 많은 일을 하려 해서는 안 된다[事無終始, 無務多業]"라고 했다. 학자는 성취를 중시해야 한다는 말이다. 당나라 시인들은 시를 지을 때, 역량이 닿는 대로 공부에 열중해서 수십 년 동안 생각을 집중하고 나서야 명가名家가 되었다. 두보가 "훌륭한 화공은 참 고단하겠다는 생각이 새삼 든다[更覺良工用心苦]"라고 했지만 어찌 화공만 고달프겠는가.

眞宗問近臣 : "唐酒價幾何?" 莫能對. 丁晉公獨曰 : "斗直三百." 上問何以知之, 曰 : "臣觀杜甫詩 : '速須相就飮一斗, 恰有三百青銅錢.'" 亦一時之善對.

진종眞宗이 근신에게 "당나라의 술값은 얼마였는가?"라고 물었으나 대답하는 이가 없었다. 정진공丁晉公이 홀로 나서 "한 말 값이 삼백이었습니다"라고 하였다. 진종이 어떻게 아느냐고 묻자 대답하기를 "신이 두보의 시를 보니 '속히 나아가 한 말을 마시자꾸나, 마침 청동전 삼백이 있으니[速須相就飮一斗, 恰有三百青銅錢]'라고 했습니다"라고 했다. 훌륭한 대답이라 하겠다.

海陵人王綸女, 輒爲神所凴, 自稱仙人. 字善數品, 形製不相犯. 「吟雪」詩云 : "何事月娥欺不在, 亂飄瑞葉落人間."【說云 : "天上有瑞木, 開花六出."】他詩句詞意飄逸, 類非世俗可較. 「題金山」云 : "濤頭風捲雲, 山脚石蟠虬." 常謂綸爲淸非孺子, 不曉其義. 亦有詩贈曰 : "君爲秋桐, 我爲春風. 春風會使秋桐變, 秋桐不識春風面." 居數歲, 神舍女去, 憎然無知. 嫁爲廣陵呂氏妻.

해릉海陵 사람 왕윤王綸의 딸이 신神에 빙의가 되어 스스로 신선이라 칭했다. 그녀는 여러 가지 서체를 잘 썼는데, 형태와 구조가 서로 침범하지 않았다. 「음설吟雪」에서 “어찌하여 월아月娥는 존재하지 않은 것처럼 속이고, 어지러이 서엽瑞葉을 뿌려 인간 세상에 떨어뜨린 것인가[何事月娥欺不在, 亂飄瑞葉落人間]”라고 했고【일설에 의하면 “하늘에는 서목瑞木이 있는데 육각의 꽃이 핀다”라고 했다】 다른 시들도 시어와 내용이 표일飄逸해서 대체로 여느 세속의 시들이 견줄 수 없었다. 「제금산題金山」에서는 “파도 끝의 바람은 눈을 말아 올리고, 산허리의 바위에는 규룡이 서렸다[濤頭風捲雲, 山脚石蟠虯]”라고 했다. 항상 왕윤을 청비유자淸非孺子라고 불렀는데 그 의미는 알 수 없다. 다른 사람에게 지어 보낸 시에서는 “그대는 가을오동이고, 나는 봄바람이다. 봄바람은 가을오동을 변하게 하지만, 가을오동은 봄바람의 얼굴을 알지 못한다네[君爲秋桐, 我爲春風. 春風會使秋桐變, 秋桐不識春風面]”라고 했다. 그로부터 몇 년이 지난 뒤 신이 떠나자, 왕윤의 딸은 멍하니 아무것도 아는 것이 없게 되었다. 나중에 광릉廣陵 여씨呂氏에게 시집갔다.

鞠, 皮爲之, 實以毛, 蹙蹋而戲.【見「霍去病傳」注 : “穿城蹋鞠.”】 晚唐已不同矣. 歸氏子弟嘲皮日休云 : “八片尖皮砌作毬, 火中燂了水中揉. 一包閒氣如常在, 惹踢招拳卒未休.” 今柳三復能之, 述曰 : “背裝花屈膝,【屈, 口勿反】 白打大廉斯. 進前行兩步, 蹺後立多時.” 柳欲見晉公無由, 會公蹴毬後園, 偶迸出, 柳挾取之, 因懷所業, 戴毬以見公. 出書再拜者三, 每拜, 毬起復于背膂幞頭間, 公乃笑而奇之, 遂延于門下. 然弟子拜師, 常禮也, 獨毬多賤人能之, 每見勞于富貴子弟, 莫不拜謝而去, 此師拜弟子也. 術不可不愼, 此亦可喻大云.

국鞠은 가죽으로 외피를 만들고 털로 속을 채운 것인데, 발로 차는 놀이의 도구이다【「곽거병전霍去病傳」의 주석에 "성 안에 들어가 국을 찬다"라는 말이 보인다】. 만당晩唐에 와서 이미 그 모양이 달라졌다. 귀씨歸氏 자제가 피일휴皮日休를 조롱하기를 "여덟 조각 뾰족한 가죽을 겹쳐 공을 만들어, 불에서 달구고 물에서 바로잡는다. 한 아름 한적한 기운이 늘 들어있는 듯하니, 발로 차고 주먹으로 받기를 끝내 멈추지 않는다[八片尖皮砌作毬, 火中燀了水中揉. 一包閒氣如常在, 惹踢招拳卒未休]"라고 했다. 지금 유삼柳三이 이것을 잘 차서 그것을 묘사하기를 "등에 꽃을 지듯 굽은[屈] 무릎으로【굴屈은 구물口勿의 반절反切이다】, 백타白打[11]로 염사廉斯[12]가 대단하다. 앞으로 나설 때는 두 걸음을 걷고, 뒤에서 발돋움할 때는 한참을 서 있다[背裝花屈膝, 【屈, 口勿反】 白打大廉斯. 進前行兩步, 蹺後立多時]"라고 했다. 유삼이 진공晉公을 보고 싶었으나 계기를 마련할 수가 없었다. 그런데 마침 진공이 후원에서 축구蹴毬를 하다가 우연히 공이 후원을 벗어났다. 이를 줍게 된 유삼이 자기가 공부한 것을 가슴에 넣고 공을 머리에 인 채 진공을 알현했다. 가슴에 넣은 글을 내보이며 재배를 한 것이 세 번이었는데, 재배할 때마다 공이 그의 등과 모자 사이에서 들쭉날쭉했다. 이를 본 진공이 껄껄 웃으며 기특하게 여겨 마침내 그를 문하로 초빙했다. 하지만 제자가 스승에게 절을 하는 것이 일상의 예절인데, 축구의 경우 대부분 미천한 사람들이 하는 것이어서 부귀한 집안의 자제들에게 재능을 보이고는 모두 절을 하고 떠나니, 이는 스승이 제자에게 절을 하는 것이다. "기술은 신중히 하지 않을 수 없다"[13]고 했으니, 이것 역시 작은 것으로 큰 것을 비유하는 데

11 백타(白打) : 고대 축국(蹴踘) 놀이의 일종이다. 명나라 왕지견(王志堅)의 『표이록(表異錄)』「언동(言動)」에서는 "백타는 축국의 놀이다. 두 사람이 마주보고 차는 것을 백타라 하고 세 사람이 각으로 서 차는 것을 관장(官場)이라 한다[白打, 蹴踘戲也. 兩人對踢爲白打, 三人角踢爲官場]"고 했다.

12 염사(廉斯) : 일정한 규율 안에서 가진 재능을 맘껏 펼치는 것을 나타내는 형용사.

13 기술은 …… 없다 : "활 만드는 사람은 사람이 상하지 않을까 두려워하고, 방패를 만드는

에 해당될 것이다.

洪州西山與滕王閣相對, 一僧盡覽詩板, 告郡守曰 : "盡不佳." 因朗吟曰 : "洪州太白方, 積翠倚穹蒼. 萬古遮新月, 半江無夕陽." 守異之, 遣出. 閩僧有朋多詩, 如"虹收千嶂雨, 潮展半江天." 又曰 : "詩因試客分題僻, 棋爲饒人下著低." 亦巧思也.

홍주洪州의 서산西山은 등왕각滕王閣과 마주하고 있는데, 어느 승려가 시판詩板을 모두 본 뒤 군수에게 "모두 좋지 않다"라고 한 뒤 자신의 시를 낭송했다. 그가 "홍주는 태백성太白星에 속한 곳, 푸르름이 창공을 두고 펼쳐졌다. 억만 년 동안 새로 뜬 달을 가리고, 강 절반은 석양이 없다[洪州太白方, 積翠倚穹蒼. 萬古遮新月, 半江無夕陽]"라고 하자, 군수가 남다르게 여기고 내보냈다. 민閩의 승려 유붕有朋은 시가 많은데, "무지개는 수많은 산의 비를 거두고, 조수는 강 절반 하늘에 펼쳐졌다[虹收千嶂雨, 潮展半江天]"라고 하고, 또 "시는 시험 보는 객으로 인해 제목이 편벽되고, 바둑은 넉넉한 사람 탓에 낮게 둔다[詩因試客分題僻, 棋爲饒人下著低]"라고 했다. 역시 기교가 있다.

王丞相嗜諧謔. 一日, 論沙門道, 因曰 : "投老欲依僧." 客遽對曰 : "急則抱佛脚." 王曰 : "'投老欲依僧', 是古詩一句." 客亦曰 : "'急則抱佛脚', 是俗諺全語. 上去投, 下去脚, 豈不的對也." 王大笑.

농담을 좋아하는 왕승상王丞相이 하루는 사문沙門의 도道를 논하며

사람은 사람이 상할까 두려워한다. 따라서 기술을 신중히 선택하지 않으면 안 된다.[矢人惟恐不傷人, 函人惟恐傷人, 巫匠亦然, 故術不可不愼也.]" 『맹자』 「공손추(公孫丑)」 상(上).

"늙은 몸 던져 승려에 의지하고 싶다[投老欲依僧]"라고 했다. 이에 손님이 대구로 답하기를 "급할 때는 부처의 다리를 안는다[急則抱佛脚]"라고 했다. 이에 왕승상이 "'늙은 몸 던져 승려에 의지하고 싶다'는 고시의 한 구절이네"라고 하자, 손님 역시 "'급할 때는 부처의 다리를 안는다'는 속담 그대로이네. 위에서 '투投'를 버리고 아래에서 '각脚'을 버리면 어찌 알맞은 대구가 되지 않겠는가"라고 하였다. 이 말을 듣고 왕승상이 껄껄 웃었다.

孟蜀時, 花蕊夫人號能詩, 而世不傳. 王平父因治館中廢書, 得一軸八九十首, 而存者纔三十餘篇, 大約似王建句. 若"廚船進食簇時新, 列坐無非侍從臣. 日午殿頭宣索鱠, 隔花催喚打魚人." "月頭支給買花錢, 滿殿宮娥近數千. 遇著唱名都不語, 含羞急過御牀前."

맹촉孟蜀[14] 때에 화예부인花蕊夫人이 시에 능했다고 일컬어졌지만 작품은 세상에 전해오지 않는다. 왕평보(王平父)가 관館 안의 해진 책들을 정리하다가 80~90수의 시가 적힌 두루마리를 찾았는데, 남아 있는 것이 삼십여 편이며 대략 왕건의 시 같았다. "주선廚船에서 음식을 올릴 때 제철 음식이 다 모여 있고, 나열해 앉은 이들은 모두 시봉하는 신하들이다. 한낮 전각 위에서 회를 가져오도록 하자, 꽃 너머로 고기 잡는 이를 재촉하며 부른다[廚船進食簇時新, 列坐無非侍從臣. 日午殿頭宣索鱠, 隔花催喚打魚人]", "월초에 꽃 살 돈을 지급하고, 궁전 가득 궁녀들은 수천에 가깝다. 이름을 부를 때면 모두 말이 없이, 수줍은 채 서둘러 어상 앞을 지나간다.[月頭支給買花錢, 滿殿宮娥近數千. 遇著唱名都不語, 含羞急過御牀前.]"

14 맹촉(孟蜀) : 맹씨의 촉나라. 맹창(孟昶 : 919~965)은 초명(初名)은 인찬(仁贊), 자는 보원(保元)으로, 형주(邢州) 용강(龍崗) 사람이다. 오대 후촉(後蜀) 고조(高祖) 맹지상(孟知祥)의 셋째 아들로, 후촉(後蜀) 말에 삼십일 년간 황제의 자리에 올랐다.

山東二經生同官，因擧鄭谷詩曰："任是深山更深處，也應無計避王徭."一生難之曰："野鷹安得王徭."一生解之曰："古人寧有失也. 是年必當索翎毛耳."

산동山東의 두 경생經生[15]이 함께 관직 생활을 하고 있을 때, 정곡의 시, "깊은 산 더 깊은 곳에 머물고 있어도, 왕의 부역을 피할 계책이 또한 없네[任是深山更深處，也應無計避王徭]"를 거론하였다. 한 경생이 "들판의 매가 어떻게 왕의 부역을 할 수 있는가[野鷹安得王徭]"라고 문제 삼자, 다른 경생이 "옛사람이 어찌 실수가 있겠는가. 이해에 반드시 매의 깃털을 찾았을 것이다"라고 했다.

刁景純有見無類，必往復，歸每至三鼓. 宋祁判館，集僚屬，而刁或連日不赴，因邀而誚讓之. 王原叔戲改杜「贈鄭廣文」云："景純過官舍，走馬不曾下. 驀地趁朝歸，便遭官長罵." 李獻臣曰："我爲足之云：'多羅四十年，偶未識摩氈.【時西戎唃氏子名摩氈】近有王宣政，時時與紙錢.【刁嘗爲王宣政作墓銘】'" 以古文篆隸加褾軸，密掛刁聽事. 會一日大雨，不出，周步廳廡間，始見此圖. 問之從者. 曰："挂此已數日矣，先造者往往能通念也."

조경순刁景純은 부류의 구분 없이 보고 한 번 보면 반드시 왕복을 했다. 그래서 집에 돌아올 때는 언제나 삼고(三鼓 : 삼경)가 되었다. 송기가 판관사判館事였을 때 소속 관료들을 불러 모았으나 조경순이 연일 나오지 않자 특별히 불러 꾸짖었다. 왕원숙王原叔이 두보의 「증정관문贈鄭廣文」을 장난삼아 고쳐 짓기를 "조경순이 관사를 지날 때, 말을 타고 가며

15 경생(經生) : 원래는 한나라의 박사(博士)를 뜻하였으나, 후대에는 경학을 공부하는 일반적인 유생을 뜻했다.

내리지 않았다. 갑자기 조정으로 왔다가, 관장官長의 욕을 들었다[景純過官舍, 走馬不曾下. 驀地趁朝歸, 便遭官長罵]"라고 하였다. 이에 이헌신李獻臣이 자기가 그 내용을 풍부하게 하겠다며 "얽매여 산 사십 년 동안, 우연히 마전摩氈을 모르고 지냈네【당시 서융西戎 곡씨唃氏의 아들 이름이 마전摩氈이었다】. 근래 왕선정王宣政이, 수시로 지전紙錢을 주었다네【조경순은 일찍이 왕선정을 위해 묘지명을 지었다】[多羅四十年, 偶未識摩氈.【時西戎唃氏子名摩氈】 近有王宣政, 時時與紙錢.【刁嘗爲王宣政作墓銘】]"라고 하였다. 이 내용을 고문古文의 전예篆隸로 두루마리에 써서 조경순의 집무실에 몰래 걸어두었다. 어느 날 큰 비가 내려 밖에 나가지 않고 관청 주위를 서성이다가 조경순이 이 그림을 보았다. 그래서 시자에게 묻자 그가 대답하기를 "이 그림이 걸린 지 벌써 며칠이 지났고 먼저 본 사람은 외우기도 합니다"라고 했다.

蘇子美魁偉, 與宋中道並立, 下視之, 笑曰 : "交不著."【京師市井語也】號爲"錐宋", 爲其穎利而么麼云. 贈詩曰 : "譬如利錐末, 所到物已破." 後倅洺州. 洺本趙地, 有毛遂塚, 聖兪遂擧處囊事爲送行詩戲之.

소순흠은 몸집이 커서 송중도宋中道와 함께 서 있을 때는 내려다보고 웃으며 "사귈 수 없다"【서울 시정市井에서 하는 말이다】라고 했다. 그를 "추송錐宋"이라 불렀는데, 영리하지만 별 볼 일 없다는 뜻이다. 그에게 지어준 시에서 "비유하자면 날카로운 송곳 끝 같아, 닿는 곳마다 망가진다[譬如利錐末, 所到物已破]"라고 했다. 그는 뒤에 명주洺州 원님이 되었는데, 명주는 본디 조趙 지역이고 모수毛遂의 무덤이 있다. 그래서 매요신이 농담 삼아 주머니에 관한 이야기로[16] 그를 전송하는 시를 지었다.

16 주머니에 …… 이야기로 : 모수가 주머니 속에 든 송곳을 비유로 들어 자신을 추천했다는 '모수자천(毛遂自薦)'의 고사를 가리킨다.

司馬溫公論九旗之名, 旗與旂相近. 『詩』曰:“言觀其旂.” 『左傳』: “龍尾伏辰, 取虢之旂.” 然則此旂當爲芹音. 周人語轉, 亦如關中以中爲蒸, 蟲爲塵, 丹青之青爲萋也. 五方語異, 閩以高爲歌, 荊・楚以南爲難, 荊爲斤. 昔閩士作「淸明象天賦」, 破題云:“天道如何, 仰之彌高.” 會考官同里, 遂中選. 荊・楚士題雪用先字, 後曰“十二峰巒旋旋添.” 反讀添爲天字也. 向敏中鎭長安, 土人不敢賣蒸餠, 恐觸中字諱也.

사마광이 구기九旗의 이름을 거론할 때 ‘旗’와 ‘旂’가 서로 가까웠다. 그런데 『시경』에서 “그 ‘旂’를 본다[言觀其旂]”라고 하고, 『좌전左傳』에서 “미성尾星이 해와 달이 교차하는 곳에 숨어있을 때 괵虢의 ‘旂’를 취한다[龍尾伏辰, 取虢之旂]”라고 했다면 이 ‘旂’은 마땅히 ‘근’ 음이어야 한다. 주나라 사람은 말이 전환되는데, 관중關中 지역에서 ‘중中’을 ‘증蒸’, ‘고蠱’를 ‘진塵’, 단청丹靑의 ‘청靑’을 ‘처萋’라 하는 것과 같다. 지방마다 언어가 각기 달라, 민閩에서는 ‘고高’를 ‘가歌’라 하고, 형荊・초楚에서는 ‘남南’을 ‘난難’, 형荊을 ‘근斤’이라 한다. 옛날 민의 학사가 「청명상천부淸明象天賦」를 지었는데 그 파제(破題: 시작부)에서 “천도는 어떠한가, 우러러볼수록 드높다[天道如何, 仰之彌高]”라고 했는데, 마침 시험관이 동향이어서 결국 합격을 했다. 형・초의 학사가 눈에 대해 글을 쓸 때는 ‘선先’ 운을 사용하여 뒷부분에서 “열두 봉우리에 서서히 더해지네[十二峰巒旋旋添]”라고 했는데, ‘첨添’을 반절反切로 읽으면 ‘천天’이 된다. 또한 향민중向敏中이 장안을 다스릴 때, 지역 사람들이 감히 찐 떡(증병蒸餠)을 팔지 못했는데 민중의 ‘중中’을 저촉할까 우려해서였다.

楊安國判監, 集學官飮, 必誦『詩譜』以侑酒. 擧杯屬客, 曰:“詩之興也, 諒不于上皇之世, 且飮酒.” 裴如晦亦擧盃曰:“古之伏義氏之王天下也, 不能飮矣.” 一座皆笑, 而楊不悟.

판감判監 양안국楊安國이 학관學官들을 모아놓고 술을 마실 때면 반드시 『시보詩譜』[17]를 외우며 술을 권했다. 그가 술잔을 들어 객에게 권하며 "시의 흥성은 참으로 상황上皇의 세대에만 있지 않았으니 술을 들게나"라고 하자 배여회裴如晦도 술잔을 들며 "옛날 복희씨가 천하의 왕이 되었을 때는 마실 수 없었습니다"라고 했다. 이에 자리를 함께한 이들이 모두 웃었지만 양안국만 무슨 말인지 몰랐다.

泗州塔, 人傳下藏眞身, 後閣上碑道興國中塑僧伽像事甚詳. 退之詩曰: "火燒水轉掃地空." 則眞身焚矣. 塔本喻都料造, 極工巧. 俗謂塔頂爲天門, 蘇國老詩曰: "上到天門最高處, 不能容物只容身." 以譏在位者.

사주탑泗州塔 속에는 진신사리가 저장되어 있다고 전해온다. 후각後閣 위에 있는 비문에는 흥국(興國 : 976~983) 연간에 승가대사僧伽大師의 상을 빚은 이야기가 매우 상세히 기록되어 있다. 한유의 시에서 "불에 타고 물에 굴려 땅 위에 텅 비었다[火燒水轉掃地空]"라고 한 것은 진신을 태웠다는 것이다. 탑은 본디 유도료喻都料가 제작했는데 매우 정교하다. 세상에서는 탑 머리를 천문天門이라고 하며 소국노蘇國老의 시에서 "가장 높은 천문에 오르고 나면 다른 것은 수용할 수 없고 몸 하나만 수용한다[上到天門最高處, 不能容物只容身]"라고 하여 고위직에 있는 사람을 비판했다.

古詩云: "袖中有短書, 欲寄雙飛燕." 以燕時物, 故寓言爾. 蜀人自京以鴿寄書, 不浹旬而達船, 船浮海, 亦以鴿通信, 非虛言也. 史以陸機"黃

17 『시보(詩譜)』: 한나라 정현(鄭玄)의 저서. 『시경』의 각 국풍(國風)과 대・소아(大小雅), 송(頌)과 관계가 있는 사실을 차례로 서술한 책이다.

耳"爲犬, 能寄書, 恐不然. 自洛至吳, 更歷江・淮, 殆數千里, 安能諭人而從舟楫乎. 或者爲奴名, 不然, 當爲神犬也.

고시에서 "소매 속에 든 편지를, 한 쌍의 제비에게 부치고 싶네[袖中有短書, 欲寄雙飛燕]"라고 했다. 철새인 제비에게 말을 기탁한 것이다. 촉 지역 사람이 서울에서 비둘기를 통해 편지를 부쳤는데, 열흘이 안 돼 비둘기가 배에 도착했고 배가 바다 위를 운행해 또 비둘기를 통해 서신을 전했다고 한 것은 빈말이 아니다. 사서史書에서 육기陸機의 '황이黃耳'를 개로 보고 개를 통해서도 편지를 부칠 수 있다고 했지만 그건 사실이 아닌 듯하다. 낙양에서 오吳까지는 강수江水와 회수淮水를 경유하는 등 수천 리에 가까운데, 어떻게 사람의 뜻을 알아듣고 개가 배를 따라갈 수 있겠는가. 혹자는 그것이 종의 이름이라고도 한다. 만약 그게 아니라면 아마 그 개는 신견神犬일 것이다.

史著赫連勃勃之暴, 蒸土築城, 意謂釜甑熟之. 然不知北方土工, 用春首聚土, 陽氣蒸發, 用築則堅牢特甚故爾. 近有獻策築吳江爲甕堤, 土人欲以巨甕實土, 稍稍下之. 不思土實則甕重不可致, 虛致水中則泛, 泛曷可止. 雖執政亦惑之. 然治河皆有甕堤, 形似甕耳, 不用陶器也.

사서의 기록에 의하면, 혁연발발赫連勃勃[18]이 폭동을 일으킬 때 흙을 쪄서 성을 쌓았다고 한다. 아마도 흙을 솥에 넣어 익힌 것이 아닐까 추측했다. 하지만 북방의 토목공사는 초봄에 흙을 모아 양기가 증발된 뒤 성을 축조하니, 그러면 매우 견고하다는 것을 모르고서 하는 이야기다. 근래에 오강吳江에 독제방을 축조할 것을 건의해서 그 지역 사람

18 혁연발발(赫連勃勃) : 본래 흉노족인데 진대(晉代)에 통만(統萬)을 점령하고 하(夏)라고 국호를 지었다.

들이 큰 독에 흙을 채워 하나하나 내리려고 했다. 하지만 이들이 몰랐던 것은, 흙을 채우면 독이 무거워 움직일 수가 없으며 빈 채로 물속에 두면 둥둥 뜨니 뜨면 어떻게 멈출 수가 있겠는가. 이러한 건의에 정책을 집행하는 사람도 의아해했다. 하지만 강물을 다스릴 때는 모두 독제방이 있다. 그러나 그 모습이 독을 닮았을 뿐, 실제로 도기를 사용한 것은 아니다.

汪白爲「平糶」詩刺時病云:"穴垣補牆隙, 牆成垣已隳. 斷屨補穿履, 履成屨亦虧."

왕백汪白이 「평조平糶」를 지어 당시의 병폐를 풍자하기를 "원(垣: 짧은 담장)을 구멍 내어 장(墻: 키 큰 담장) 틈을 보완해서, 장이 완성될 때는 원이 이미 무너진다. 구(屨: 칡, 마 등으로 만든 신발)를 끊어 뚫어진 이(履: 가죽 만든 신발)를 보완해서, 이가 완성될 때 구 또한 망가진다[穴垣補牆隙, 牆成垣已隳. 斷屨補穿履, 履成屨亦虧]"라고 했다.

晏元獻尤喜江南馮延巳歌詞. 其所自作, 亦不減延巳. 樂府「木蘭花」皆七言詩, 有云:"重頭歌詠響璁琤, 入破舞腰紅亂旋." 重頭・入破, 皆絃管家語也.

안수는 강남江南 풍연사馮延巳의 가사를 아주 좋아했다. 그가 지은 작품도 풍연사에 뒤지지 않았다. 악부 「목란화」는 모두 칠언시이며 그 가운데 "중두重頭[19]의 노랫소리는 옥처럼 맑고, 입파入破의 춤추는 허리

19 중두(重頭): 사곡(詞曲)의 용어. 사(詞)의 상하 박자가 완전히 동일한 것을 지칭하기도 하고, 산곡(散曲)에서 동일한 곡조를 중복해서 몇 편 또는 몇백 편까지 쓰는 것을 지칭하

는 붉은 빛이 어지럽게 돈다[重頭歌詠響璁琤, 入破舞腰紅亂旋]"라고 했는데, 중두와 입파[20]는 모두 음악 용어다.

歐陽文忠公見張安陸, 迎謂曰 : "好, 雲破月來花弄影."

구양수가 장안륙張安陸을 보고 맞이하며 이르기를 "좋구나, 구름 헤치고 달이 다가오자 꽃이 그림자를 농하는구나[雲破月來花弄影]"라고 했다.

『韓吏部集』有李習之兩句云 : "前之詎灼灼, 此去信悠悠." 若無可取. 鄭州掘一石, 刻刺史李翺詩曰 : "縣君愛磚渠, 繞水恣行遊. 鄙性樂山野, 掘地便池溝. 兩岸植芳草, 中間漾清流. 所向旣不同, 磚鑿名自修. 從他後人見, 景趣誰爲幽." 王深父編次入習之集. 此別一李翺爾, 而習之不能詩也. 吏部讀皇甫湜詩, 亦譏其掎摭糞壤. 梅聖兪謂尹師魯以古文名而不能詩.

한유의 문집에 이고가 지은 두 구절이 있다. 그것은 "지난번 일은 어찌 그리도 분명한가, 이번 길은 참으로 아득하구나[前之詎灼灼, 此去信悠悠]"인데, 별로 취할 것이 없는 듯하다. 그런데 정주鄭州에서 발굴된 돌에 자사刺史 이고의 시가 새겨져 있었다. "현군縣君이 벽돌로 쌓은 도랑을 사랑하여, 물을 둘러 맘껏 유람했다. 시골스런 품성은 산야를 좋아해서, 땅을 파 연못 도랑을 만들었다. 양쪽 언덕에는 아름다운 풀들을

기도 한다.

20 입파(入破) : 당송시대 대곡(大曲)에서 쓰이던 전문 용어. 대곡은 일 투(套)에 십여 편이 있으며 이는 크게 산서(散序) · 중서(中序) · 파(破), 3단원으로 나뉜다. 입파는 바로 파 단원의 제1편이다.

심고, 중간에는 맑은 물이 출렁인다. 취향이 이미 달라, 정원 다듬는 일로 이름을 닦는다. 후인들이 보게 되면, 경취景趣가 어느 곳이 더 그윽할까.[縣君愛磚渠, 繞水恣行遊. 鄙性樂山野, 掘地便池溝. 兩岸植芳草, 中間漾清流. 所向旣不同, 磚鑿名自修. 從他後人見, 景趣誰爲幽.]" 왕심부王深父가 이고의 『이습지집』을 편집할 때 이것을 포함시켰다. 하지만 이것은 이고의 시 중에서 특별한 경우일 뿐이다. 그는 시를 잘 못 지었다. 한유는 황보식의 시를 읽고 똥 무더기에서 주운 것이라고 비난했고, 매요신은 윤사로尹師魯에 대해 고문에는 명성이 있지만 시는 능하지 못하다고 했다.

陳亞以藥名詠白髮云: "若是道人頭不白, 老人當日合烏頭."

진아陳亞가 약 이름으로 백발을 노래하기를 "만일 도인이 머리가 희지 않는다면, 노인이 되었을 때 오두烏頭[21]일 것이다[若是道人頭不白, 老人當日合烏頭]"라고 했다.

員外郞上官佖嘗勸石少傅中立愼緘, 石勃然曰: "上官佖如下官口何."

원외랑員外郞 상관필上官佖은 일찍이 소부少傅 석중립石中立에게 말을 신중히 할 것을 권했다. 이에 석중립이 발끈하며 이르기를 "상관上官 필佖께서 하관下官의 입을 어떻게 하시겠소[上官佖如下官口何]"[22]라고 했다.

21 오두(烏頭): 약초의 하나로 미나리아재비과에 딸린 개싹눈바곳, 이삭바곳, 참줄바곳 따위를 통틀어 일컫는다. 여기서는 중의적으로 검은 머리라는 뜻을 나타낸다.

22 상관(上官) …… 하시겠소: 하관(下官)은 비칭이고 필(佖)은 위엄을 나타낸다. 그리고 상관(上官)은 상급 관원인데, 복성(複姓) 상관(上官)과 동형동음(同形同音)이다. '상관께서 아무리 위엄이 있다고 해도 저의 입을 어떻게 하시겠습니까'라는 말로, 외적 환경에 굽히지 않는 강한 주체성을 비유적으로 표현한 것이다.

韓吏部「贈玉川」詩曰 : "水北山人得聲名, 去年去作幕下士. 水南山人又繼往, 鞍馬僕從塞閭里. 少室山人索價高, 兩以諫官徵不起." 又曰 : "先生抱材須大用, 宰相未許終不仕." 王向子直謂韓與處士作牙人商度物價也. 古稱駔儈, 今謂牙, 非也. 劉道原云 : "本稱互郎, 主互市. 唐人書互爲𠀀, 因訛爲牙." 理或信然. 今言萬爲方, 千爲撇, 非訛也, 若隱語爾.

한유는 「증옥천贈玉川」에서 "물 북쪽 산인이 명성을 얻어 지난해 막하幕下의 인사가 되었다. 물 남쪽 산인이 다시 뒤를 이어서 말을 타고 종들을 데려와 마을이 꽉 찼다. 소실少室 산인은 값을 높게 요구해, 두 번 간관諫官으로 불렀는데도 나아가지 않았다[水北山人得聲名, 去年去作幕下士. 水南山人又繼往, 鞍馬僕從塞閭里. 少室山人索價高, 兩以諫官徵不起]"라고 하고, 또 "선생이 가진 재능은 크게 쓰일 것이어서, 재상 자리를 안 내주면 끝내 벼슬하지 않으리라[先生抱材須大用, 宰相未許終不仕]"라고 했다. 자직子直 왕향王向은, 한유가 처사處士와 함께 아인牙人[23]이 되어 물가를 저울질했다고 했다. 옛날에는 장쾌駔儈라 칭했는데, 지금 아牙라고 하는 것은 잘못이다. 유도원劉道原이 "본디 호랑互郎이라 칭하며 호시互市[24]를 주관했다. 당나라 사람들은 '호互'를 '호𠀀'라 했는데, 이것이 잘못해서 아牙가 된 것이다"라고 했는데 일리가 있는 듯하다. 지금 '만萬'을 '방方', '천千'을 '별撇'이라 하는 것은 오류가 아니라 은어처럼 쓰는 것이다.

陳文惠堯佐以使相致仕, 年八十, 有詩云 : "青雲岐路遊將遍, 白髮光陰得最多." 構亭號佚老, 後歸政者往往多效之. 公喜堆墨書, 遊長安佛寺題名, 從者誤側硯汚鞋, 公性急, 遂窒筆於其鼻, 客笑失聲, 若皇甫湜

23 아인(牙人) : 흥정꾼, 혹은 거간꾼을 가리킨다.
24 호시(互市) : 외국과 교역하는 시장, 혹은 교역하는 행위 자체를 의미한다.

怒其子, 不暇取杖, 遂齕臂血流.

문혜文惠 진효좌陳堯佐는 사상使相[25]으로 관직을 마쳤을 때 나이가 팔십이었다. 그는 시를 짓기를 "청운의 기로에서 두루 유람하려 했고, 백발에 광음을 가장 많이 얻었다[青雲岐路遊將遍, 白髮光陰得最多]"라고 했다. 정자를 지어 일로정佚老亭이라 했는데, 나중에 관직을 그만두고 돌아온 이들이 그를 본받곤 했다. 진효좌는 글씨 쓰기를 좋아했다. 한번은 장안의 절을 찾아가 글씨를 쓰는데 시종이 잘못 벼루를 기울여 신발을 더럽혔다. 성질 급한 진효좌가 붓으로 시종의 코를 막아버리자 지켜보던 사람들이 실소를 금치 못했다. 마치 황보식이 아들에게 화를 표시할 때, 회초리를 찾을 겨를도 없이 팔뚝을 물어뜯어 피를 흘리게 한 것과 같았다.

今人呼禿尾狗爲厥尾, 衣之短後者亦曰厥, 故歐公記陶尚書詩語末厥兵, 則此兵正謂末賊爾.① 世語虛僞爲何樓, 蓋國初京師有何家樓, 其下賣物皆行濫者, 非沽濫稱也. 世語優人爲何市樂, 說者謂南都石駙馬家樂甚盛, 詆誚南市中樂人, 非也. 蓋唐元和時『燕吳行役記』, 其中已有河市字, 大抵不隸名軍籍而在河市者, 散樂名也. 世謂事之陳久爲attle, 蓋五代時有馬攢, 爲府幕, 其人魯憨, 有所聞見, 他人已厭熟, 而乃甫爲新奇道之, 故今多稱攢爲厭熟. 京師人貨香印者, 皆擊鐵盤以示衆人, 父老云, 以國初香印字逼近太祖諱, 故托物默喻.

① '末賊爾'下, 『學海』本有注'末厥對卑凡字'六字.

지금 사람들은 꼬리가 잘록한 개를 '궐미厥尾'라 하고 뒤가 짧은 옷

25 사상(使相) : 당나라와 송나라 때에 재상의 호칭이 추가된 절도사나, 절도사의 호칭이 추가된 은퇴한 재상을 이르던 말이다.

을 '궐厥'이라 한다. 그래서 구양수가 도곡의 시어 '말궐병末厥兵'에 대해 말단의 적이라고 말한 것이다. 또한 세상에서 '허위虛僞'를 '하루何樓'라고 하는데, 이는 국초에 서울에 하가루何家樓가 있고 그 아래에서 팔던 물건이 가짜였던 것에서 유래한 것이지, 가짜를 매입하는 것을 일컫는 말이 아니다. 세상에서 배우를 '하시악何市樂'이라 부르는 것에 대해서는 남도南都 석부마(石駙馬 : 석영石璟) 가문의 음악이 매우 융성했던 것을 빌미삼아 남도 저자의 악인樂人을 비난한 것이라고들 하는데, 이는 잘못된 설명이다. 당 원화 시절에 쓰인 『연오행역기燕吳行役記』에 이미 하시何市라는 글자가 수록돼 있다. 군적軍籍에 속하지 않고 하시河市에 있던 이들을 지칭한 것이므로 산악散樂의 이름인 것이다. 그리고 세상에서 진부한 것을 '찬瓚'이라 하는 것은 오대 시절 부府의 막사幕士였던 마찬馬瓚에게서 연유한다. 그는 아주 어리석어서 새로 들은 이야기가 있으면 다른 사람은 이미 실컷 들은 것인데도 신기한 것인 양 떠벌여댔다. 그래서 지금도 찬을 싫증의 뜻으로 풀이한다. 또한 서울에서 향과 인장을 파는 사람은 모두 쇠쟁반을 쳐서 사람들에게 알렸는데, 이에 대해 원로들은, 국초에 '香'과 '印'이 태조의 휘諱와 가까웠으므로[26] 사물을 기탁하여 넌지시 알린 것이라고 했다.

① 『백천학해』본의 주석에는 '末賊爾' 아래에 '末厥對卑凡字' 여섯 글자가 있다.

梁周翰, 眞宗卽位, 始知誥, 「贈柳開」詩曰 : "九重城闕新天子, 萬卷詩書老舍人." 時楊大年 · 朱昂同在禁掖, 楊未及滿三十, 而二公皆老, 數見靳侮. 梁謂之曰 : "公毋侮我老, 此老亦將留與公爾." 朱昂聞之, 背面搖手掖下, 謂梁曰 : "莫與, 莫與." 大年死不及五十.

26 '香'과 …… 가까웠으므로 : 태조묘(太祖廟)의 휘는 광윤(匡胤)인데, 말이 잘못되면 '향인(香印)'에 가까워지므로 금세(今世)에 '향인'을 읽는 사람들이 감히 마구 못 부르고 '라(鑼)'라고 불렀다. 『청성잡기(靑箱雜記)』.

양주한梁周翰은 진종이 즉위할 때 비로소 지제고知制誥가 되었다. 그는 「증유개贈柳開」에서 "구중궁궐은 새로운 천자이시거늘, 만 권 시서는 늙은 사인舍人들이네[重城闕新天子, 萬卷詩書老舍人]"라고 했다. 당시 양억과 주앙朱昂이 그와 함께 금액(禁掖 : 궁정)에 있었는데 아직 서른 살이 안 된 양억에게 늙은 두 사람이 자주 무시를 당했다. 양주한이 "공은 우리 늙은이들을 무시하지 마오. 이 늙음을 그대에게 남겨줄 것이니"라고 하자, 주앙이 이 말을 듣고 등 뒤에서 겨드랑이 아래로 손을 흔들며 "주지 말게, 주지 말게"라고 했다. 그런데 양억은 오십이 못 되어 죽었다.

余靖兩使契丹, 虜情益親, 能胡語, 作胡語詩. 虜主曰 : "卿能道, 吾爲卿飲." 靖擧曰 : "夜宴設邏【厚盛也】臣拜洗【受賜】, 兩朝闕荷【通好】情感勤【厚重】. 微臣雅魯【拜舞】祝若統【福祐】, 聖壽鐵擺【嵩高】俱可忒【無極】." 主大笑, 遂爲釂觴. 漢史有「槃木白狼」詩, 譯出夷語, 殆不若靖眞胡語也.① 劉沆亦使虜, 使凌壓之, 契丹館客曰 : "有酒如澠, 繫行人而不住." 沆應聲曰 : "在北曰狄, 吹「出塞」以何妨." 仁宗待虜有禮, 不使纖微迕之, 二公俱謫官.

① '胡'原作'夷', 據『學海』改.

두 번 거란에 사신으로 갔던 여정余靖은 그곳의 정서에 친숙해져서 거란 말을 잘하고 거란어로 시도 지었다. 거란의 군주가 "경이 능히 말을 한다면 내 경을 위해 술을 권하겠다"라고 하자, 여정은 술잔을 들며 "한밤 설라設邏【후하고 성대함】 연회를 신이 배세拜洗【하사를 받음】하니, 두 조정의 궐하闕荷【우호를 맺음】에 정이 감근感勤【후중함】하네. 미약한 신이 아로雅魯【절하고 춤을 춤】에 약통若統【복】을 축원하니, 성수聖壽가 철파鐵擺【드높음】하여 가특可忒【끝이 없음】하시리다[夜宴設邏【厚盛也】

臣拜洗【受賜】, 兩朝闕荷【通好】情感勤【厚重】. 微臣雅魯【拜舞】祝若統【福祐】, 聖壽鐵擺【嵩高】俱可忒【無極】]”라고 했다. 이에 군주가 크게 웃으며 마침내 술잔을 권하였다. 한나라 『사기』에 이어夷語를 번역한 시 「반목백랑槃木白狼」이 있는데, 여정의 호어胡語만은 못하다. 유항劉沆 역시 거란으로 사신을 갔지만 그들을 무시하고 억눌렀다. 그래서 거란의 관객館客이 “술이 민수澠水처럼 많아, 길 가는 사람을 붙잡아도 머물지 않네[有酒如澠, 繫行人而不住]”라고 하자, 유항은 바로 대응하여 “북쪽에 있는 것을 적狄이라 하니 「출새出塞」[27]를 부른들 무슨 문제가 있으랴[在北曰狄, 吹「出塞」以何妨]”라고 했다. 인종이 노虜[28]를 정중하게 접대하고 조금도 거슬리는 일이 없도록 했는데, 이를 어긴 두 사람은 모두 좌천이 되었다.

① ‘胡’는 원래 ‘夷’로 돼 있었는데 『백천학해』본에 의거하여 고쳤다.

古人多歌舞飮酒, 唐太宗每舞, 屬羣臣. 長沙王亦小擧袖, 曰: “國小不足以回旋.” 張燕公詩云: “醉後懽更好, 全勝未醉時. 動容皆是舞, 出語總成詩.” 李白云: “要須回舞袖, 拂盡五松山. 醉後涼風起, 吹人舞袖環.” 今時舞者必欲曲盡奇妙, 又恥效樂工藝, 益不復如古人常舞矣. 古人重歌詩, 自隋以前, 南北舊曲頗似古, 如「公莫舞」·「丁督護」, 亦自簡澹. 唐來是等曲又不復入聽矣. 近世樂府爲繁聲加重疊, 謂之纏聲, 促數尤甚, 固不容一倡三歎也. 胡先生許太學諸生鼓琴吹簫, 及以方響代編磬, 所奏惟「采蘋」·「鹿鳴」數章而已, 故稍曼延, 傍適鄭·衛聲. 或問之, 曰: “無他, 直纏聲「鹿鳴」·「采蘋」爾.”

옛사람들은 가무와 음주를 많이 즐겼다. 당 태종은 춤을 출 때면 군

27 「출새」: 국경 요새를 거쳐 외국으로 나갈 때 불렀다는 악부 「횡취곡(橫吹曲)」을 이른다. 한나라 초부터 불렀다고 하며 당나라 때 두보 등 유명한 시인들이 가사를 많이 지었다.
28 노(虜): 북쪽 일대에 사는 이민족을 가리킨다.

신들에게 함께 출 것을 권유했다. 장사왕(長沙王 : 이각李恪)도 소매를 약간 들며 "나라가 작아 돌 수가 없구나[國小不足以回旋]"라고 했고, 장열張說은 "술에 취하니 더욱 기뻐, 취하기 전부 좋다. 움직임이 모두 춤이고, 내놓는 말이 다 시이다[醉後懽更好, 全勝未醉時. 動容皆是舞, 出語總成詩]"라고 했고, 이백은 "휘도는 춤의 소매가, 오송산五松山에 펄럭이게 해야 한다. 술에 취하자 서늘한 바람이 일어, 춤추는 소매를 빙 둘러 불어온다[要須回舞袖, 拂盡五松山. 醉後涼風起, 吹人舞袖環]"라고 했다. 지금 춤추는 사람들은 꼭 기묘한 것을 다 뽐내려 하고, 또 악공의 기예를 본받기를 부끄러워하여 더 이상 옛사람의 일상적인 춤을 닮지 않았다. 옛사람은 시를 중시해서 수隋 이전의 남과 북의 구곡舊曲은 퍽 옛 곡조를 닮았다. 예컨대 「공막무公莫舞」와 「정독호丁督護」 등은 간소하고 담백하다. 당나라 이래로 이런 곡은 더 이상 들을 수 없다. 근세의 악부 가운데 번잡한 소리(繁聲)[29]에 중첩이 가해진 것을 '전성纏聲'이라 하는데, 매우 촉박해서 한 번 부를 때 세 번 감탄하는 것을 용납하지 않는다. 호원胡瑗은 태학太學의 유생들에게 금琴을 연주하고 소簫를 부는 것을 허락했다. 그런데 방향方響[30]으로 편경編磬[31]을 대신하고부터 「채빈采蘋」과 「녹명鹿鳴」 등 몇 장만 연주할 뿐이어서 점차 느려지고 정鄭·위衛[32]의 음악에 가까워졌다. 혹자가 이에 대해 묻자 그는 대답하기를 "다른 것이 아니라, 다만 「녹명」과 「채빈」을 전성[33]한 것뿐이다"라고 했다.

---

29 번잡한 소리[繁聲] : 음조가 복잡한 음악이다.

30 방향(方響) : 악기 이름. 쇠 또는 구리로 만든 쇠판을 가자(架子 : 악기를 걸어 놓는 틀)의 위아래 두 단에 각각 여덟 장씩 열여섯 장을 걸어 놓고 각퇴(角槌)로 친다.

31 편경(編磬) : 아악(雅樂)의 하나. 두 층으로 된 걸이가 있는데, 한 층에 여덟 개씩 매어 단 경쇠이다.

32 정(鄭)·위(衛) : 『시경』「국풍」의 「정풍(鄭風)」과 「위풍(衛風)」을 가리키며, 음탕한 음악의 대표로 간주된다.

33 전성(纏聲) : 음악의 음조에서 중첩되는 화성(和聲)을 가리킨다. 송나라 심괄(沈括)의 『몽계필담(夢溪筆談)』「악률 1(樂律一)」에서 "고악부에는 모두 성(聲)과 위휘가 있는데 연속해서 쓴 것, 예컨대 하하하(賀賀賀), 하하하(何何何) 따위는 모두 화성(和聲)이다. 지금 관현악에서의 전성(纏聲)은 그것이 유전된 법이다[古樂府皆有聲有詞, 連屬書之, 如

梅聖兪幼「戲謝師直」詩曰："古錦裁詩句，斑衣戲坐隅．木奴今正熟，肯效陸郎無．" 師直小名錦衣奴，至十歲讀此，方悟之．

매요신은 어려서 장난삼아 지은 「희사사직戲謝師直」에서 "옛 비단에 시구를 넣은, 알록달록한 옷으로 한쪽에서 놀이를 한다. 목노(木奴 : 감귤)가 마침 알맞게 익었는데, 육랑陸郎[34]을 본받을 수 있겠는가[古錦裁詩句, 斑衣戲坐隅. 木奴今正熟, 肯效陸郎無]"라고 했다. 사경온謝景溫의 아명은 금의노錦衣奴이며, 그는 십 세 때 이 글을 읽고 그 숨은 뜻을 알아차렸다.

石曼卿獨行京師，一豪士揖之而語曰："公幸過我家．" 石許之，同入委巷，抵大第，藻飾宏麗，錦繡珠翠，殆非人間所擬．歌舞歡醉，丐書，爲揮「籌筆」·「驛」詩數篇．以金帛數百千贈之，復使騶從送還，恍然不知其誰．翼日，殆無復省所居矣．他日，遇諸塗，又遺以白金數兩，謂曰："詩中'意中流水遠，愁外舊山青'，最爲佳句．"

석만경이 혼자 서울을 걸어갈 때, 훤칠한 사람 하나가 읍을 하며 "공께서 저의 집을 방문해 주시기 바랍니다"라고 청했다. 그가 응하여 함께 골목 안으로 들어가 대저택에 이르니 장식이 대단히 화려하고 비단이며 비취 등이 사람이 사는 곳이 아닌 듯했다. 노래하고 춤추며 마음껏 술을 마신 뒤 글을 요청받아 「주필籌筆」·「역驛」 등 몇 편을 써주었다. 이에 석만경은 수많은 황금과 비단을 받고 말과 시자까지 붙여져 집까지 왔는데, 황홀해서 그 사람이 누구인지 몰랐다. 이튿날 그가 거

曰賀賀賀·何何何之類, 皆和聲也. 今管弦之中纏聲, 亦其遺法也]"라고 했다.

34 육랑(陸郎) : 삼국시대 오나라 육적이 여섯 살 때 원술을 만났는데, 원술이 귤을 주자 이를 먹지 않고 품에 넣어 갖고 가 어머니에게 드렸다고 한다. 『삼국지』 권12 『오서(吳書)』 「육적전(陸績傳)」.

처하는 곳도 다시 찾을 수 없었다. 훗날 석만경은 길에서 그 사람을 다시 만났다. 그 사람은 또다시 백금 몇 냥을 주며 "써 주신 시에서 '생각 속에 흐르는 물은 멀고, 수심 밖에 옛 산은 푸르다[意中流水遠, 愁外舊山靑]'가 가장 좋은 구절입니다"라고 했다.

趙少師初在漣水守館, 不數年後, 以學士知漣水, 繼來者名其堂爲豹隱. 曼卿有詩曰 : "熊非清渭逢何暮, 龍臥南陽去不還. 年少官游今郡守, 蔚然疑在立談間." 後莫偕者.

조변趙抃은 원래 연수漣水에서 관館을 지키고 있다가 몇 년이 안 돼 학사로서 연수를 맡아 다스리게 되었다. 뒤이어 온 사람은 그의 당堂을 표은豹隱이라 명명했다. 석만경은 자기 시에서 "곰은 맑은 위수渭水가 아닌데[35] 어찌 그토록 늦게 만났던가, 용은 남양南陽에 누워[36] 떠나서 돌아오지 않는다. 어린 나이에 관직에 나가 지금 군수郡守가 되었으니, 잠시 담소 나누는 사이에 벌어진 일인 듯하네[熊非清渭逢何暮, 龍臥南陽去不還. 年少官游今郡守, 蔚然疑在立談間]"라고 했는데, 나중에 그와 어깨를 나란히 할 만한 사람이 없었다.

曹參嘗爲功曹, 而杜詩云"功曹無復歎蕭何", 誤矣.① 按光武嘗謂鄧禹, "何以不掾功曹." 陳子昂云 : "吾聞中山相, 乃屬放麑翁." 放麑, 本秦西巴, 孟孫氏之臣, 謂之中山, 亦誤矣. 唐韓臯鼓「廣陵」散, 其說謂毌丘儉

35 곰은 …… 아닌데 : 주 문왕이 사냥을 나갈 때 비웅(非熊)을 잡으리라는 점사(占辭)를 얻은 뒤, 위수(渭水) 물가에서 낚시질하던 태공망(太公望) 여상(呂尙)을 만났던 고사를 인용한 것이다.

36 용은 …… 누워 : 촉한의 승상 제갈량은 출사하기 전 남양에서 몸소 농사를 지으면서 와룡선생(臥龍先生)이라 불렸다.

·諸葛誕刺揚州, 擧兵討晉, 不成而散于廣陵爾. 劉道原謂漢·魏時揚州刺史治壽春, 儉·誕皆死壽春, 是時廣陵屬徐州, 至隋·唐始爲揚州, 不可不察也.

① 『藏海詩話』稱"'功曹非復漢蕭何'【杜甫『奉寄別馬巴州』】, 不特見『漢書注』, 兼『三國志』云'爲功曹當如蕭何也.'"

조참曹參은 일찍이 공조功曹가 되었는데, 두보의 시에서 "공조가 다시는 소하蕭何를 탄식한 일이 없었네[功曹無復歎蕭何]"라고 한 것은 잘못이다. 광무제는 일찍이 등우鄧禹에게 "어찌하여 공조 관리가 되지 않는가"라고 했다. 또 진자앙陳子昂은 "내 들으니 중산中山 재상은, 사슴 방목하는 늙은이였다 한다[吾聞中山相, 乃屬放麑翁]"라고 했다. 방예옹放麑翁은 본디 진秦 서파西巴 사람으로 맹손씨孟孫氏의 신하였으니 중산中山이라 한 것은 역시 오류이다. 당나라 한고韓皐는 광릉廣陵에서 흩어진 일을 문제 삼았다. 그 내용은 무구검毌丘儉과 제갈탄諸葛誕이 양주揚州자사로 있으며 병사를 동원해 진晉을 토벌하려다 성공하지 못하고 광릉에서 흩어졌다는 것이었다. 하지만 유도원劉道原은 "한·위시대에는 양주자사가 수춘壽春현을 다스렸고 무구검과 제갈탄은 모두 수춘현에서 죽었다"라고 했다. 그 당시 광릉은 서주徐州에 속하였고 수·당 때에 와서 비로소 양주에 예속되었으니 사실을 정확히 살피지 않으면 안 된다.

① 『장회시화藏海詩話』에서 "'공조는 더 이상 한나라 소하가 아닌 것'【두보, 『봉기별마파주奉寄別馬巴州』】은 『한서』의 주에만 보일 뿐 아니라 『삼국지』에서도 '공조가 되려면 마땅히 소하처럼 해야 한다'라고 했다"고 하였다.

景祐中, 羌人叛, 詔遺士獻方略, 率皆得官. 有「題關西驛舍」曰: "弧星熒熒照寒野, 漢馬蕭蕭五陵下. 廟堂不肯用奇謀, 天子徒勞聘賢者. 萬里危機入燕薊, 八方殺氣衝靈夏. 逢時還似不逢時, 已矣吾生眞苟且."

경우 연간에 강인羌人이 반란을 일으키자 유사遺士들에게 방책을 올리라고 조서가 내려졌고 이로 인해 모두 관직을 얻었다. 그 가운데 「제관서역사題關西驛舍」에서 "빛나는 호성弧星이 찬 들녘을 비추고, 한나라 말은 쓸쓸히 오릉五陵을 내려간다. 묘당(廟堂 : 조정)에서 기묘한 계책을 세우려 하지 않아, 천자가 그저 현자를 초빙하신다. 만 리의 위기가 연계(燕薊 : 연경燕京)로 들어가고, 팔방의 살기가 영하(靈夏 : 중국)를 무찌른다. 때를 만난 것이 때를 만나지 않음과 다름없으니, 그만 두어라 내 삶이 참으로 구차하구나弧星熒熒照寒野, 漢馬蕭蕭五陵下. 廟堂不肯用奇謀, 天子徒勞聘賢者. 萬里危機入燕薊, 八方殺氣衝靈夏. 逢時還似不逢時, 已矣吾生眞苟且"라고 했다.

宋次道「次西都」詩, 以野狐落對五鳳樓, 言野狐落, 唐人名宮人所聚也.

송민구宋敏求는 「차서도次西都」에서 '야호락野狐落'을 '오봉루五鳳樓'의 대구로 썼다. 야호락은 당나라 사람들이 궁궐 사는 사람들이 모이던 곳을 지칭한 것이다.

太宗時, 同年數輩取名似姓者爲句云 : "郭鄭鄭東東野絳, 馬張張夏夏侯璘." 熙寧初, 有崔度崔公度, 王韶王子韶, 又有章君陳陳君章, 如以西門豹對東方虬也. 王丞相云 : "馬子山騎山子馬."【馬給事字子山. 穆王八駿有山子馬之名】 久之, 人對曰 : "錢衡水盜水衡錢."【錢某爲衡水令】 人謝之曰 : "正欲作對爾, 實非有盜也."

태종 때 동년배 몇 명이 이름이 성과 유사한 것을 취하여 구절을 만들기를 "곽정郭鄭 정동鄭東 동야강東野絳, 마장馬張 장하張夏 하후린夏侯璘

[郭鄭鄭東東野絳, 馬張張夏夏侯璘]"이라고 했다. 희녕 초에는 최도崔度와 최공도崔公度, 왕소王韶와 왕자소王子韶가 있고 또 장군진章君陳과 진군장陳君章이 있었으니, 서문표西門豹를 동방규東方虯와 대를 이룬 것과 같다. 왕규王珪가 "마자산馬子山이 산자마山子馬를 탄다[馬子山騎山子馬]"【마급사馬給事의 자字는 자산子山이다. 목왕穆王의 여덟 준마 가운데 산자마山子馬가 있었다】라고 했는데, 한참 뒤에 누가 "전형수錢衡水가 수형전水衡錢을 훔쳤다[錢衡水盜水衡錢]"【전錢아무개가 형수衡水의 수령이었다】라고 대구를 지었다. 이 말을 들은 전아무개가 문제를 제기하자, "대구를 지으려 한 것일 뿐이며 실제 훔친 일이 있었다는 것은 아니다"라고 해명했다.

永州何仙姑, 不飮食, 無漏泄, 世傳其神異. 岳州天慶觀柱以震折, 有倒書"謝仙火"字. 仙姑云: "雷部夫婦二人, 長闊各三尺, 銀色." 莫不駭信. 有熟于江湖間事者, 曰: "南方賈人各以火自名, 一火猶一部也. 此賈名仙, 刻木記己物耳." 是亦不可知也. 嘗有道人, 自言隋·唐間人, 談黃巢事甚悉, 因曰: "黃六晚節至此." 張安道尙書云: "巢六兄弟, 而巢最小, 當第六." 由是推之, 則道人之言信然乎.

영주永州의 하선고何仙姑는 음식을 안 먹어서 배설하는 일도 없었다. 이는 세상에 신기한 일로 전해진다. 악주岳州 천경관天慶觀의 기둥이 번개를 맞아 끊어졌는데 '사선화謝仙火'라는 글씨가 거꾸로 쓰여 있었다. 이에 하선고가 이르기를 "뇌부雷部의 부부 두 사람으로 키가 각각 삼척이며 은색이다"라고 하였고 모두들 깜짝 놀라 믿지 않는 사람이 없었다. 강호에 회자되는 이야기를 잘 아는 자가 이르기를 "남방 상인들은 각자 화火를 넣어 자신의 이름을 짓는데 1화火는 1부部와 같다. 이 상인의 이름은 선仙이며 나무에 새겨 자기 물건을 기록한 것일 뿐이다"라고 하였는데, 이 또한 알 수 없는 일이다. 그리고 일찍이 어느 도인道

人이 자신을 수·당시대 사람이라 하며 황소黃巢의 이야기를 매우 상세히 이야기한 뒤, "황육黃六이 만년에 여기에 왔다"라고 했다. 상서尙書 장방평張方平이 "황소는 형제가 여섯인데 그 가운데 황소가 가장 어려 여섯째에 해당되었다"라고 한 것에서 유추하면 도인의 말이 사실인 것인가?

江州琵琶亭, 前臨江, 左枕湓浦, 地尤勝絶. 夏·梅詩最佳.【英公·公儀】夏云 : "年光過眼如車轂, 職事羈人似馬銜. 若遇琵琶應大笑, 何須涕泣滿青衫." 梅云 : "陶令歸來爲逸賦, 樂天謫宦起悲歌. 有絃應被無絃笑, 何況臨絃泣更多." 又有葉氏女【名桂女, 字月流】詩曰 : "樂天當日最多情, 淚滴青衫酒重傾. 明月滿船無處問, 不聞商女琵琶聲."

강주江州 비파정琵琶亭은 앞으로는 강을 굽어보고 왼쪽에는 분포湓浦를 베개 삼고 있어서 지세가 아주 빼어나다. 그리고 그곳에 걸린 시 가운데 하송과 매지梅摯의 시가 가장 좋다【영공英公과 공의公儀이다】. 하송의 시는"세월은 수레바퀴처럼 눈앞을 지나가고, 관직은 사람을 말 재갈처럼 묶는다. 비파를 만난다면 크게 웃을 터, 눈물이 푸른 적삼 가득 적실 일 있으랴[年光過眼如車轂, 職事羈人似馬銜. 若遇琵琶應大笑, 何須涕泣滿青衫]"라고 하고, 매지의 시는 "도령(陶令 : 도연명)이 돌아와 은일의 부賦를 짓고, 낙천이 좌천돼 슬픈 노래를 불렀다. 현絃이 있는 것은 현이 없는 것에 비웃음을 당할 터, 현 앞에서 눈물 흘림이야 더 말할 나위 있으랴[陶令歸來爲逸賦, 樂天謫宦起悲歌. 有絃應被無絃笑, 何況臨絃泣更多]"라고 했다. 또 섭씨葉氏 여인【이름은 계녀桂女이고 자는 월류月流이다】이 지은 시는 "낙천(백거이)은 당시 정이 가장 많아, 눈물로 푸른 적삼 적시며 술잔을 거듭 기울였다. 달빛이 배 안에 가득할 때 물을 곳 없었으니, 술집 여인네의 비파 소리는 들리지 않았다"라고 했다.

詞人以也字作夜音, 杜云 : "靑袍也自公." 白公云 : "也向慈恩寺裏遊." 不可如字讀也.

사인詞人 가운데 '也'를 '夜' 음으로 읽은 경우가 있다. 두보가 "청포靑袍는 스스로 공평하다[靑袍也自公]"라고 하고 백거이는 "자은사慈恩寺로 가서 유람한다"라고 했는데, 여기서는 원래 글자의 음으로 읽으면 안 된다.

張湍爲河南司錄府, 當祭社, 買豬以呈尹, 而豬輒突入湍家, 湍卽捉殺之. 湍對尹云 : "律云, 豬無故夜入人家, 主人登時殺之勿論." 尹笑之, 爲別市豬.

장단張湍이 하남河南 사록부司錄府로 있을 때였다. 사(社 : 토지신)에 제례를 올릴 때 돼지를 사서 하남윤河南尹에게 올렸는데, 돼지가 갑자기 장단의 집으로 돌진했다. 장단은 즉시 돼지를 잡아 죽인 뒤, 하남윤에게 "율법에, '돼지가 까닭 없이 한밤에 인가를 침입할 때 주인이 바로 죽인 것에 대해서는 죄를 논하지 말라'라고 되어있습니다"라고 했다. 하남윤은 웃으며 다시 돼지를 사오도록 했다.

張介以命術游公卿間, 寓居錢塘西湖上. 嘗自京師南歸, 士大夫率爲詩贈之. 呂許公王沂公時方執政, 亦皆有詩. 夏鄭公留守南京, 爲詩寄二公曰 : "上公詩筆千金重, 逋客歸裝一舸輕. 莫到靑山更招隱, 且留賢哲爲蒼生." 鄭公在朝, 數爲御史糾劾, 疑時宰諷旨, 作「靑雀」詩 : "靑雀孤飛毛羽單, 卑栖豈敢礙鵷鸞. 明珠自有千金價, 莫爲他人作彈丸."

장개張介가 운명술로 공경公卿들을 찾아다니다가 전당錢塘 서호변에 우거했다. 일찍이 그가 서울에서 남쪽으로 돌아갈 때 사대부들이 모두 시를 지어 그를 전송했다. 당시 권력을 쥐고 있던 여이간呂夷簡과 왕증王曾도 시를 남겼다. 하송은 남경의 유수留守로 있을 때 시를 지어 위의 두 사람에게 부쳤다. "상공上公의 시는 천 금만큼 중하거늘, 포객逋客[37]의 돌아가는 행장은 배 한 척이 가볍다. 청산에 가 다시 은자를 부르지 말라, 현철들을 붙들어 창생을 위할지어다.[上公詩筆千金重, 逋客歸裝一舸輕. 莫到青山更招隱, 且留賢哲爲蒼生.]" 하송은 조정에 있을 때, 여러 차례 어사로부터 탄핵을 받자 당시 재상의 비판이 있어서 그런 것으로 의심하여 「청작青雀」을 지었다. "청작이 홀로 날아 깃털이 단출하거늘, 낮게 깃들며 사는 것이 어찌 감히 원추와 난새를 막으랴.[38] 빛나는 구슬은 스스로 천 금 값을 지녔으니, 다른 사람을 위해 탄환을 만들지 말지어다[青雀孤飛毛羽單, 卑栖豈敢礙鵷鸞. 明珠自有千金價, 莫爲他人作彈丸]"라고 했다.

自唐以來, 試進士詩, 號省題. 近年能詩者, 亦時有佳句. 蜀人楊諤「宣室受釐」落句云: "願前明主席, 一問洛陽人." 滕甫「西旅來王」云: "寒日邊聲斷, 春風塞草長. 傳聞漢都護, 歸奉萬年觴." 諤有詩名, 「題驪山」詩云: "行人問宮殿, 耕者得珠璣", 最爲警策.

당나라 이후 진사의 시 시험을 성제省題라 한다. 근래에 시에 능한 자

37 포객(逋客): 은사(隱士), 또는 벼슬이 없어 실의에 빠진 사람을 말하는데, 여기서는 장개를 가리킨다.

38 낮게 …… 막으랴: 봉황의 일종인 원추새와 난새는 재능 있는 조관(朝官)을 비유하는 말로 쓰인다. 백거이(白居易)의 「서림사에 묵은 뒤 이른 아침 동림사 만 상인의 법회에 참석하러 가면서 최 십이 원외에게 부치다[宿西林寺 早赴東林滿上人之會 因寄崔十二員外]」에서 "귀양 가며 대궐 떠나니 원난이 멀어지고, 늙어 여산에 들어가니 미록이 따른다[謫辭魏闕鵷鸞隔, 老入廬山麋鹿隨]"라고 하였다.

가 이따금 좋은 구절을 남기기도 했다. 촉 출신 양악楊諤는 「선실수리宣室受釐」 낙구에서 "현명하신 군주 앞에 나아가니, 낙양 사람 물어주시길 바란다[願前明主席, 一問洛陽人]"라고 했고, 등보滕甫는 「서려래왕西旅來王」에서 "차가운 날 변방의 소리 끊기고, 봄바람에 변방 풀이 자란다. 듣자니 한나라 도호都護가, 돌아가서 만년의 술잔(헌수의 잔)을 받든다고 한다[寒日邊聲斷, 春風塞草長. 傳聞漢都護, 歸奉萬年觴]"라고 했다. 양악은 시인으로 유명한데 「제여산題驪山」의 "행인은 궁전 터를 묻고, 밭가는 이는 구슬을 얻었다[行人問宮殿, 耕者得珠璣]"가 가장 뛰어난 구절이다.

唐人飮酒, 以令爲罰, 韓吏部詩云: "令徵前事爲." 白傅詩云: "醉翻襴衫抛小令." 今人以絲管歌謳爲令者, 卽白傅所謂. 大都欲以酒勸, 故始言送, 而繼承者辭之, 搖首挼舞之屬, 皆却之也, 至八遍而窮, 斯可受矣. 其擧故事物色, 則韓詩所謂耳. 近歲有以進士爲擧首者, 其黨人意侮之, 會其人出令, 以字偏傍爲率, 曰: "金銀釵釧鋪." 次一人曰: "絲綿紬絹綱." 至其黨人, 曰: "鬼魅魍魎魁." 俗有謎語曰: "急打急圓, 慢打慢圓, 分爲四段, 送在窰前." 初以陶瓦乃爲令耳.

당나라 사람들은 술을 마실 때 령令[39]으로 벌칙을 삼았다. 한유의 시에서 "령으로 지난 일을 징계한다[令徵前事爲]"라고 했고 백거이의 시에서는 "술에 취해 소맷자락 흔들며 하찮은 령을 내던진다[醉翻襴衫抛小令]"라고 했는데, 지금 사람들이 관·현악기를 곁들여 노래 부르는 것을 령이라 하는 것은 바로 백거이의 시에서 말한 것에 해당한다. 대개 술을 권하고자 한 것이므로 처음엔 보낸다고 하고 이를 받은 자가 사양하게 되는데, 머리를 흔들거나 두 손을 흔드는 것 등은 모두 물리치

39 령(令): 주령(酒令). 술을 마시거나 놀이를 할 때 승부를 가리기 위해 정해놓는 규칙.

는 행위이다. 이것이 여덟 번 반복되면 더 물러설 수 없으므로 그때 비로소 술잔을 받는다. 고사 따위를 거론한 것은 한유의 시에서 말한 것에 해당한다. 근세에 진사를 우두머리로 삼는 경우가 있는데, 그 당인黨人이 그를 뭉개고자 할 때 다음과 같이 한다. 그가 령을 내며 글자의 편방偏傍을 기준으로 삼아 "금은金銀의 비녀(釵)와 팔찌(釧)가 펼쳐지다[金銀釵 釧鋪]"라고 하고 다음 사람이 "사면絲綿의 주紬와 견絹으로 그물을 치다[絲綿紬絹網]"라고 하면 그 당인이 "두억시니(鬼魅)와 도깨비(魍魎)의 우두머리다[鬼魅魍魎魁]"라고 한다. 세속에 전하는 수수께끼에서 "급하게 쳐서 급하게 둥글게 하고, 서서히 쳐서 서서히 둥글게 해 네 단락으로 나누어, 요窯 앞으로 보낸다[急打急圓, 慢打慢圓, 分爲四段, 送在窯前]"라고 하는데, 이는 처음 도와陶瓦를 령으로 삼은 예이다.

陳文惠善爲四句詩, 在江湖有詩云: "平波渺渺烟蒼蒼, 菰蒲纔熟楊柳黃. 扁舟繫岸不忍去, 秋風斜日鱸魚鄉." 文惠年六十餘, 纔爲知制誥, 其後遂至眞宰使相致仕. 文惠喜堆墨書, 深自矜負, 號前無古人, 後無來者. 與石少傅同在政府, 石欲戲之, 政事堂有黑漆大飯牀, 長五六尺許, 石取白堊, 橫畫其中, 可尺餘, 而謂陳曰: "我頗學公堆墨字." 陳聞之歡甚. 石顧小吏二人, 舁飯牀出, 曰: "我已能寫口字." 陳爲悵然.

진요좌陳堯佐는 사구시四句詩를 잘 지었다. 그가 강호에 있을 때 지은 시에서 "잔잔한 물결 아득하고 안개 푸른데, 부들이 익자 버들잎이 누렇다. 조각배 언덕에 매어 둔 채 차마 떠나지 못함은, 석양 가을바람에 노어鱸魚 고을이어서다[平波渺渺烟蒼蒼, 菰蒲纔熟楊柳黃. 扁舟繫岸不忍去, 秋風斜日鱸魚鄉]"라고 했다. 진요좌는 육십여 세 때 지제고知制誥가 되었고 그 뒤에 결국 실제 사상使相에 이른 뒤 퇴직했다. 진요좌는 퇴묵서堆墨書[40]를 좋아하고 또 이를 매우 자부하여 "앞에는 옛사람이 없고 뒤에는 따라 올 자가 없다"라고 했다. 석중립石中立과 함께 정부政府에 있을 때, 석중립이 그를 놀리려고 정사당政事堂에 있는, 길이 5~6척의 검은 칠한 큰 밥상에 백토를 올려놓았다. 그리고 그 중앙에 횡으로 한 자 정도를 그려 놓고서는 "제가 공의 퇴묵서를 배우고 싶습니다"라고 하자, 진요좌가 매우 좋아했다. 하지만 뒤이어 석중립이 아전 두 사람을 불러 밥상을 들고 나가게 하며 "제가 이미 口 자를 썼습니다"라고 하여 진요좌가 아주 서운해 했다.

江鄰幾善爲詩, 清淡有古風. 蘇子美坐進奏院事謫官, 後死吳中. 江作詩云 : 郡邸獄冤誰與辯, 皋橋客死世同悲." 用事甚精當. 嘗有古詩云 : "五十踐衰境, 加我在明年." 論者謂莫不用事, 能令事如己出, 天然渾厚, 乃可言詩, 江得之矣. 江天質淳雅, 喜飲酒・鼓琴・圍棋. 人以酒召之, 未嘗不往, 飲未嘗不醉, 已醉眠, 人强起飲之, 亦不辭也. 或不能歸, 卽留宿人家, 商度風韻, 陶靖節之比. 江嘗通判廬州, 有酒官善琴, 以坐局不得出, 江日就之, 郡中沙門・羽士及里氓能棋者數人, 呼與同往. 郡人見之習熟, 因畫爲圖 : 前列騶導, 有一人騎馬青蓋, 其後沙門・羽士・褐衣數人, 葛巾芒屩累累相尋, 意思蕭散. 惜時無名手, 此畫不足傳後, 何必減嵇阮也.

강휴江休는 시를 잘 지었다. 시가 맑고 담백하여 고풍古風이 있었다. 소순흠이 진주원進奏院 사건[41]에 연좌돼 좌천을 당한 뒤 오중吳中에서 죽었을 때, 강휴는 시를 지어 "군저郡邸에서의 원통한 옥사를 누가 변

40 퇴묵서(堆墨書) : 서체의 하나로, 먹물이 뭉친 상태에서 쓰는 글씨체.

41 진주원(進奏院) 사건 : 송나라 인종 때, 대신 두연(杜衍)의 사위였던 소순흠은 진주원(進奏院)의 관리로 있었다. 당시 그는 반고지(反故紙)를 판 돈으로 신에게 제사지내고, 관청의 손님들을 초대하고 기녀를 불러 성대한 주연을 베풀었다는 죄목으로 어사중승(御史中丞) 왕공진(王拱辰)의 탄핵을 받아 하옥된 바 있다.

론해 주랴, 고교皐橋에서 객사한 것을 세상 모두 슬퍼하네[郡邸獄冤誰與辯, 皐橋客死世同悲]"라고 했다. 그 용사用事가 매우 정밀하고 타당하다. 또 일찍이 지은 고시에서는 "오십에 노쇠한 지경을 만났나니, 내게 명년이 더 있게 해다오[五十踐衰境, 加我在明年]"라고 했다. 논자들은 용사를 쓰더라도 용사가 자신에게서 나온 것처럼 흐름이 자연스러워야 시를 말할 수 있다고 하는데 강휴가 이를 터득한 것이다. 강휴는 타고난 바탕이 순박하고 전아하며 술 마시고 금琴을 연주하고 바둑 두기를 좋아했다. 사람들이 술자리를 준비해서 부르면 가지 않은 적이 없고 마시면 취하지 않은 적이 없으며 취해 잠에 들었다가도 억지로 깨워 마시게 하면 마다하지 않았다. 어쩌다 집에 돌아가지 못할 때는 남의 집에서 묵기도 했다. 이런 그의 기풍과 운치를 떠올리면 도연명에 견줄 수 있다. 강휴가 일찍이 여주廬州에서 통판通判으로 있을 때 금을 잘 타는 주관酒官[42]이 있었다. 하지만 그 주관은 사무에 얽매여 밖에 나갈 수가 없었다. 그래서 강휴가 날마다 찾아갔는데, 군 내 사문(沙門 : 승려)과 우사(羽士 : 도사)와 바둑 잘 두는 백성 등을 불러 함께 갔다. 군 내 사람들이 이 모습을 익히 보고 한 폭의 그림을 그렸다. 그 그림에는 길을 인도하는 기마병을 필두로 하여 푸른 덮개 씌운 말을 탄 사람이 있고, 그 뒤로 사문과 우사와 갈포 옷(평민)을 입은 몇 사람과 갈건葛巾에 풀신 신은 이들이 겹쳐져 있다. 그 내용이 매우 고즈넉했다. 애석하게도 당시에 그림의 명수가 없어 이 그림이 뒤에 전해지지는 못했지만 그 풍경이 어찌 혜강嵇康과 완적阮籍에 뒤지겠는가.

道人張無夢, 在眞宗朝, 以處士見除校書郎. 無夢善攝生. 梅昌言知蘇州, 無夢求見之, 先與詩云 : "壺中一粒長生藥, 待與蘇州太守分." 好

42 주관(酒官) : 술을 관리하던 직책으로, 음주 시에 '령(令)'을 관장하는 사람을 일컫기도 한다.

爲大言, 處之不疑, 自比李少君, 然無夢年九十死. 無夢語人, 少時絶欲, 屛居山中十餘歲, 自以爲不動. 及出見婦人美色, 乃復歘然. 又入山十餘年, 乃始寂定. 勸人飮食毋用鹽醋, 煮餠淡食, 更自有天然味. 無夢老病耳聾, 其死亦無他異.

도인道人 장무몽張無夢은 진종 시절에 처사 신분으로 부름을 받아 교서랑校書郎에 제수되었다. 장무몽은 섭생攝生을 잘하였다. 매순이 소주자사로 있을 때 장무몽이 뵙기를 청하며 먼저 시를 보내 "병 속 한 톨의 장생약長生藥을, 소주태수께 나누어 드리고 싶네[壺中一粒長生藥, 待與蘇州太守分]"라고 했다. 그는 호언장담을 좋아하고 거리낌 없이 지냈으며 스스로를 이소군李少君[43]에 견주었으나 실제로는 구십 세에 죽었다. 그는 사람들에게 "젊었을 때 색욕을 끊고 산속에서 십여 년을 조용히 지낸 뒤 이제 마음이 움직이지 않을 거라 생각했다. 그런데 산을 나와 아름다운 여인을 보자 다시 마음이 동했다. 그래서 다시 산으로 들어가 십여 년을 지내고나서야 비로소 마음이 움직이지 않게 되었다"라고 했다. 사람들에게 음식을 먹을 때 소금과 초를 넣지 말라고 하고 병餠을 삶아 담백하게 먹으면 천연의 맛이 저절로 우러난다고 했다. 장무몽은 늙어서 병으로 귀가 먹었으며 죽음 또한 특별한 것이 없었다.

蜀人李士寧, 好言鬼神詭異事. 爲予言, 嘗泛海値風, 廣利王使存問己. 又嘗一夜, 有人傳相公命己, 及往, 燕設甚盛, 飮食醉飽. 旣寤, 乃在梁門外. 疑所謂相公者, 二相神也. 人皆言士寧能佗心通. 士寧過余, 余故默作念, 侮戱之竟日, 士寧不知, 烏在其通也. 士大夫多遺其金帛錢

43 이소군(李少君) : 한나라 때의 방사로서 문성장군(文成將軍)을 역임했다. 이소군이 조(竈 : 오사(五祀)의 하나)에 제사 지내면 불로장생할 수 있다고 아뢰자 한 무제가 친히 조에 제사를 지냈다고 전해진다.

物, 士寧以是財用常饒足. 人又以爲有術能歸錢, 與李少君類矣.

촉 출신인 이사녕李士寧은 귀신과 관련되거나 괴이한 이야기를 좋아했다. 일찍이 내게 "일찍이 바다에서 배를 타고 가다 바람을 만났는데 광리왕廣利王[44]이 안부를 전해왔네"라고 했다. 또 어느 날 밤 꿈에 어떤 사람이 찾아와 상공相公이 자신을 초청한다고 해서 찾아가보니 성대한 잔치가 열려 있어 실컷 먹고 마셨다 한다. 그리고 잠에서 깨어나 보니 양문梁門 밖이었다고 한다. 이른바 '상공'이란 두 재상의 신이 아닌가 싶다. 사람들은 모두 이사녕이 능히 다른 사람의 마음을 꿰뚫는다고 한다. 하지만 사녕이 나를 찾아왔을 때 내가 일부러 묵념을 하며 하루 종일 그를 놀렸는데도 전혀 알아채지 못했는데 꿰뚫긴 무엇을 꿰뚫는단 말인가. 사대부들이 황금과 비단, 돈 등을 주어서 그는 언제나 살림이 넉넉했다. 사람들은 또 그가 돈이 찾아들게 하는 술법을 갖고 있어서 이소군과 유사하다고 했다.

44 광리왕(廣利王) : 남해 해신(海神)의 봉호(封號). 당(唐)나라 현종(玄宗)은 천보(天寶) 10년(751)에 해신을 왕에 봉했는데, 동해신(東海神)은 광덕왕(廣德王), 남해신(南海神)은 광리왕, 서해신(西海神)은 광윤왕(廣潤王), 북해신(北海神)은 광택왕(廣澤王)에 봉했다.

『후산시화後山詩話』

송宋 진사도陳師道

진사도陳師道, 『후산시화後山詩話』 해제

진사도(1053~1102)는 자가 이상履常, 무기無己이며 호는 후산거사後山居士이다. 서주徐州 팽성彭城 사람이다. 십육 세에 증공曾鞏에게서 배웠다. 벼슬에 뜻이 없어서 평생 과거를 멀리했지만 철종 원우元祐 초년(1086)에 소식 등의 추천으로 서주교수徐州教授가 되었고 나중에 태학박사, 비서성정자秘書省正字 등의 관직을 역임했다. 하지만 소식 당파의 숙청에 연루되어 영주교수穎州教授로 좌천되었고 이어서 과거 출신이 아니라는 이유로 파직을 당했다. 이처럼 벼슬길이 줄곧 순탄치 않아 그의 생활은 늘 빈곤하기 짝이 없었다. 원부元符 3년(1100) 다시 비서성정자로 부름을 받긴 했지만 오래지 않아 세상을 떠났다.

진사도는 황정견과 함께 강서시파江西詩派의 대표 작가로서 시풍이 청기淸奇하고 가파르면서도 생동감이 있었다. 시론에서는 소식과 황정견의 영향을 받아 "옹졸할지언정 기교부리지 말고, 질박할지언정 화려하지 말고, 투박할지언정 나약하지 말고, 편벽될지언정 세속적이지 말아야 한다[寧拙毋巧, 寧樸毋華, 寧粗毋弱, 寧僻毋俗]"고 제창했다. 그리고 두보를 본받을 것을 주장했는데 두보가 "법도가 있어서 배울 수 있을[有規矩, 故可學]" 뿐만 아니라 "두보를 배우면 완성에 이르지 못하더라도 훌륭할 수 있다[學杜不成, 不失爲工]"고 생각했기 때문이다. 그의 시론의 종지는 역시 "출처 없는 글자가 하나도 없어야 한다는[無一字無來處]" 것과 '점철성금點鐵成金' 및 '탈태환골奪胎換骨'이었다. 그러나 소식의 "시로 사를 짓는[以詩爲詞]" 시풍과 황정견 시의 기특함, 왕안석 시의 공교工巧함에 대해 비판하기도 했다. 이러한 그의 시론은 매우 원숙할 뿐만 아니라 개성과 창조성을 갖고 있다. 그의 저서에는 『후산선생집』과 『후산시화』 등이 있다.

진사도의 『후산시화』는 한 권짜리 두 권짜리 판본이 있었지만 현존하는 것은 한 권 칠십여 조다. 『군재독서지』에서는 두 권으로 기록하고 소설류로, 『직재서록제해』에서는 집부 문사류로, 『송사』「예문지」와 『사고전서』에서는 소설가류로 분류하였다. 곽소우는 『송시화고』에서 "이 시화는 수필의 체재이기는 하지만 이전의 시화들과는 조금 다르다. 우선 논의가 시에 국한되지 않고 고문과 변문을 아울러 문학비평의 범위를 넓힘으로써 이후 『성재시화誠齋詩話』 등의 원조가 되었다. 그리고 시에 대한 논의도 사실의 기록이나 시구들의 인용에 그치지 않아서 『창랑시화』, 『대상야화對床夜話』 등의 모범이 되었으며 시화가 단순한 이야기에서 이론 비평으로 진입하게 했다"라고 말했다. 이 내용은 『후산시화』의 체제와 문학비평사에서의 영향을 지적하고 있다.

『후산시화』의 시론은 기본적으로 두보를 높이고 황정견을 근원으로 삼는다. 진사도는 "시를 배우려면 마땅히 두보를 스승으로 삼아야 한다[學詩當以杜子美爲師]"라고 하고 두보를 배우려면 반드시 먼저 황정견을 배워야 한다고 생각했다. 만약 황정견으로부터 두보를 배우지 않으면 "옹졸함과 평이함이라는 문제가 있을 것[則失之拙易矣]"이라고 했다. 그래서 황정견의 '점철성금', '탈태환골' 등의 주장을 강령으로 굳게 고수했다. 또한 시 쓰기의 실제 원칙으로 '사녕사무四寧四毋', 즉 "옹졸할지언정 기교부리지 말고, 질박할지언정 화려하지 말고, 투박할지언정 나약하지 말고, 편벽될지언정 세속적이지 말아야 한다"를 종지로 삼았다.

『후산시화』는 "시문에는 각각의 영역이 있다[詩文各有體]"고 강조하며 "한유가 문으로 시를 짓고 두보가 시로 문을 지어서 뛰어나지 못했다[韓以文爲詩, 杜以詩爲文, 故不工爾]"라고 하였다. 그리고 "한유는 문으로 시를 짓고 소동파는 시로 사를 지었으니, 이것은 교방청教坊廳 뇌대사雷大使의 춤이 천하의 기교를 다 발휘하더라도 그 본색이 아닌 것과 같다[退之以文爲詩, 子瞻以詩爲詞, 如教坊雷大使之舞, 雖極天下之工, 要非本色]"라고 말하기도 했다.

『후산시화』는 구양수, 소식이 시를 논한 말들을 많이 수록해 널리 퍼뜨림으로써 큰 영향을 끼쳤다. 문을 짓는 것에는 세 가지, 즉 많은 것을 보고, 많은 것을 하고, 많은 것을 생각하는 것이 필요하다고 한 구양수의 말이 대표적이며, 소식의 경우는 "두보는 시에, 한유는 문에, 안진경은 글씨에 모두 집대성한 이들이다[子美之詩, 退之之文, 魯公之書, 皆集大成者也]"라고 한 것과, "맹호연은 운韻은 높으나 재능이 부족하니, 마치 내법주內法酒[1]를 만드는 솜씨를 갖추었으나 재료가 없는 것과 같다[孟浩然之詩, 韻高而才短, 如造內法酒手而無材料爾]"라고 한 것을 수록했다. 진사도는 직접 시문을 논하면서도 뛰어난 식견을 보여주었다. 예를 들어 "장자와 순자는 모두 문사文士로서 학문을 겸유한 이들이었으니, 「설검說劍」·「성상成相」·「부편賦篇」은 굴원의 『이소』와 무슨 차이가 있는가! …… 양웅의 글은 기묘함을 좋아해서 결국 기묘하지 못하다[莊荀皆文士而有學者, 其「說劍」, 「成相」, 「賦篇」, 與屈『騷』何異. …… 揚子雲之文, 好奇而卒

1 내법주(內法酒) : 궁정에서 규정한 방법으로 빚은 술을 말한다.

不能奇也" 같은 부분이 그렇다. 그러나 시와 시인에 대한 이해가 다소 임의적인 면도 있었다. 예컨대 구양수가 두보를 좋아하지 않는다고 했지만 구양수는 이미 『육일시화』에서 자기가 두보를 추종한다고 밝힌 바 있다. 이런 점 때문에 『사고전서총목제요』에서는 『후산시화』가 취할 점도 있지만 고증할 점도 있다고 지적하였다.

이 시화는 『역대시화』본 외에 『좌씨백천학해左氏百川學海』본, 『패해稗海』본, 명각 『송시화오종』본, 『진체』본, 『형설헌』본, 『설부』본 등이 있으며 췌문당萃文堂 간행 『적원총서適園叢書 · 후산선생집』본이 가장 좋다.

후산시화後山詩話

송宋 진사도陳師道

王師圍金陵, 唐使徐鉉來朝,① 鉉伐其能, 欲以口舌解圍, 謂太祖不文, 盛稱其主博學多藝, 有聖人之能. 使誦其詩. 曰, 「秋月」之篇, 天下傳誦之, 其句云云. 太祖大笑曰 : "寒士語爾, 我不道也." 鉉內不服, 謂大言無實, 可窮也. 遂以請,② 殿上驚懼相目. 太祖曰 : "吾微時自秦中歸, 道華山下,③ 醉臥田間, 覺而月出, 有句曰 : "未離海底千山黑, 纔到天中萬國明." 鉉大驚, 殿上稱壽.

① '朝'原脫, 據『適園叢書』本補.

② '遂'原脫, 據同上補.

③ '吾''山' 原脫, 據『適園』本補.

왕의 군사가 금릉金陵을 포위하자 남당의 사신 서현徐鉉이 찾아와 태조를 알현했다. 자신감에 찬 서현은 말로써 포위를 풀기 위해, 태조는 글을 모르지만 자신의 군주(이욱)는 학문과 문예가 넓고 깊어 성인의 능력을 갖췄다고 추켜세웠다. 그래서 태조가 그의 군주의 시를 외워보라고 하자, 서현은 "「추월秋月」편이 세상에 널리 알려졌으며 그 구절은 이러이러하다"라고 했다. 태조는 크게 웃으며 "한사寒士의 말에 불과하니 나는 들먹이지 않는다"라고 했다. 서현이 마음속으로 수긍하지 않은 채, 큰 말은 내실이 없으니 확인해야 한다면서 마침내 태조의 글을 보여줄 것을 요청했다. 그러자 궁중에 있던 신하들이 모두 놀라며 서로 얼굴만 쳐다보았다. 태조는 "내가 보통사람으로 있을 때 진중秦中에서 돌아오다가 화산華山 아래쯤에서 술에 취해 밭에 누워 있다 깨어났다. 그때 달이 마침 솟아서 '바다 밑을 떠나기 전에는 모든 산이 검더니, 하늘 위로 솟자 온 나라가 밝구나[未離海底千山黑, 纔到天中萬國明]'라고 읊었다"라고 했다. 이에 서현이 크게 놀라고 궁중 신하들이 모두 만세를 불렀다.

① '朝'는 원래 탈락되어 있었는데 『적원총서適園叢書』본에 근거해 보완했다.

② '遂'는 원래 탈락되어 있었는데 위 책에 근거하여 보완했다.

③ '吾'와 '山'은 원래 탈락되어 있었는데 『적원총서』본에 근거하여 보완했다.

孟嘉落帽, 前世以爲勝絶. 杜子美「九日」詩云 : "羞將短髮還吹帽, 笑倩旁人爲正冠." 其文雅曠達, 不減昔人. 故謂詩非力學可致, 正須胸肚中泄爾.①

① '故', 原脫, '胸肚中泄', 原作'胸中度世', 據『適園』本補改.

맹가孟嘉가 모자를 떨어트린 일[1]은 잘 알려진 이야깃거리다. 두보는 「구일九日」에서 "짧은 머리에 모자에도 바람 부는 것이 부끄러워, 웃으

1 맹가(孟嘉) …… 일 : 진(晉)나라 맹가가 중양절에 환온(桓溫)이 마련한 술자리에 참석했다가 주흥이 도도한 나머지 모자가 바람에 날려 떨어진 것도 알아채지 못했다는 고사가 있다.

면서 옆 사람에게 관을 바로 쓰게 도와 달라 한다[羞將短髮還吹帽, 笑倩旁人爲正冠]"고 했다. 운치 있고 전아하고 드넓은 것이 옛사람에 뒤지지 않는다. 그래서 시는 힘써 배워 이룰 수 있는 것이 아니고 반드시 가슴 속에서 절로 솟구쳐 나와야 한다.

① '故'는 원래 탈락되었고 '胸肚中泄'는 원래 '胸中度世'로 되어 있었는데 『적원총서』본에 근거하여 보완, 개정했다.

望夫石在處有之. 古今詩人, 共用一律, 惟劉夢得云①: "望來已是幾千歲, 只似當年初望時." 語雖拙而意工. 黃叔達,② 魯直之弟也, 以顧況爲第一云: "山頭日日風和雨, 行人歸來石應語." 語意皆工. 江南有望夫石, 每過其下, 不風卽雨, 疑況得句處也.

① "劉", 原脫, 據『適園』本補.

② "達", 原作"度", 據『適園』本改.

망부석은 곳곳에 있다. 고금의 시인들이 모두 천편일률적으로 그것을 읊었는데 오직 유우석만 "바라보면 벌써 몇천 년이 지났거늘, 처음 바라볼 때의 그 모습인 것만 같다"라고 했다. 시어가 옹졸하긴 하지만 시의 의미는 뛰어나다. 황숙달黃叔達은 황정견黃庭堅의 아우인데, 고황顧況을 제일로 치며 "산머리 날마다 비와 바람 어울려, 행인이 돌아갈 때 망부석도 말하리라[山頭日日風和雨, 行人歸來石應語]"를 거론했다. 이 시는 시어와 시의 의미가 모두 훌륭하다. 강남에 망부석이 하나 있는데 그 아래를 지날 때마다 바람 아니면 비가 내리니 아마 고황이 시를 지었던 곳이 아닐까 한다.

① '劉'는 원래 탈락되어 있었는데 『적원총서』본에 근거하여 보충했다.

② '達'은 원래 '度'로 되어 있었는데 『적원총서』본에 근거하여 개정했다.

歐陽永叔不好杜詩, 蘇子瞻不好司馬『史記』, 余每與黃魯直怪嘆, 以爲異事.

구양수는 두보의 시를 좋아하지 않고 소식은 사마천의 『사기』를 좋아하지 않았다. 나는 황정견과 함께 언제나 이를 의아해하고 탄식하며 특이한 일이라 했다.

費氏, 蜀之青城人, 以才色入蜀宮, 後主嬖之, 號花蕊夫人, 效王建作宮詞百首. 國亡, 入備後宮. 太祖聞之, 召使陳詩. 誦其「國亡」詩云: "君王城上豎降旗, 妾在深宮那得知. 十四萬人齊解甲, 更無一個是男兒." 太祖悅. 蓋蜀兵十四萬, 而王師數萬爾.

비씨費氏는 촉蜀의 청성青城 사람이며 재색을 겸비하여 촉궁蜀宮에 들어갔다. 촉 후주後主는 그녀를 사랑하여 화예부인花蕊夫人이라 불렀고 왕건을 본받아 백 수의 궁사宮詞를 지었다. 촉이 망하자 그녀는 본국의 후궁으로 들어왔다. 태조가 그녀에 대한 이야기를 듣고 불러들여 시를 읊어보도록 하자, 그녀는 「국망國亡」이라는 시에서 "군왕이 성 위에서 항복의 깃발을 내걸 때, 깊은 궁궐 안에 있는 첩이야 어찌 알 수 있으리. 십사만 병사가 모두 갑옷을 벗어, 다시는 한 명의 남자도 없었다[君王城上豎降旗, 妾在深宮那得知. 十四萬人齊解甲, 更無一個是男兒]"라고 읊었다. 이를 듣고 태조가 기뻐했다. 당시 촉의 병사는 십사만이었고 본국의 군사는 수만 명뿐이었다.

韓退之「南食」詩云: "鱟實如惠文." 『山海經』云: "鱟如惠文." 惠文, 秦冠也. "蠔相黏爲山." 蠔, 牡蠣也.

한유는 「남식南食」에서 "참게는 실로 혜문惠文와 같네[鱟實如惠文]"라고 하고, 『산해경山海經』에서는 "참게는 혜문과 같다[鱟如惠文]"라고 했다. 혜문은 진秦의 관冠을 뜻한다. 한유는 이어서 또 "호蠔가 서로 달라붙어 산을 이루었네[蠔相黏爲山]"라고 했다. 호는 모려(牡蠣 : 굴)를 말한다.

白樂天云 : "笙歌歸院落, 燈火下樓臺." 又云 : "歸來未放笙歌散, 畫戟門前蠟燭紅." 非富貴語, 看人富貴者也.

백거이는 "생황 노래 들으며 정원으로 돌아가고, 등불 들고 누대를 내려간다[笙歌歸院落, 燈火下樓臺]"라고 하고, "돌아오자 자리 지키던 연주자들 흩어지고, 화극문畫戟門 앞에 밀랍 촛불이 붉다[歸來未放笙歌散, 畫戟門前蠟燭紅]"라고 했다. 이는 부귀를 누린 자의 시어가 아니라 다른 사람의 부귀를 보고 노래한 것이다.

楊蟠「金山」詩云 : "天末樓臺橫北固, 夜深燈火見揚州." 王平甫云 : "莊宅牙人語也, 解量四至." 吳僧「錢塘白塔院」詩曰 : "到江吳地盡, 隔岸越山多." 余謂分界堠子語也.

양반楊蟠은 「금산金山」에서 "하늘 끝 누대는 북고산北固山을 가로지르고, 깊은 밤 등불 아래 양주를 본다[天末樓臺橫北固, 夜深燈火見揚州]"라고 했다. 이에 대해 왕평보王平甫는 "농토와 주택을 사고 파는 사람의 시로서 안목의 폭이 매우 넓다"라고 했다. 오吳 지역 승려가 「전당백탑원錢塘白塔院」에서 "강에 이르자 오나라 땅은 다했고, 언덕 너머로 월나라 산이 많다[到江吳地盡, 隔岸越山多]"라고 했는데 나는 경계 나누는 후자堠子[2]를 두고 말한 것이라 생각한다.

黃魯直云："杜之詩法出審言，句法出庾信，但過之爾．杜之詩法，韓之文法也．詩文各有體，韓以文爲詩，杜以詩爲文，故不工爾．"

황정견이 이르기를 "두보의 시법詩法은 두심언杜審言에게서 나오고 구법句法은 유신庾信에게서 나왔지만 그들보다 앞섰다. 두보는 시의 법칙이고 한유는 문의 법칙이다. 시와 문은 각자의 영역이 있는데, 한유가 문으로 시를 짓고 두보가 시로 문을 지어서 뛰어나지 못한 것이다."

黃魯直謂白樂天云①"笙歌歸院落，燈火下樓臺"，不如杜子美云"落花遊絲白日靜，鳴鳩乳燕青春深"也．孟浩然云"氣蒸雲夢澤，波撼岳陽城"，不如九僧云"雲中下蔡邑，林際春申君"也．②

① '云'原脫，據『適園』本補．

② '不如九僧云……'，『適園』本作"不如'光涵太虛室，波動岳陽樓'爲雄渾也．"

황정견이 이르기를 "백거이의 '생황 노래 들으며 정원으로 돌아가고, 등불 들고 누대를 내려간다[笙歌歸院落，燈火下樓臺]'는 두보의 '지는 꽃 늘어진 버들가지에 한낮은 고요하고, 우는 비둘기 어린 제비에 푸른 봄이 깊다[落花遊絲白日靜，鳴鳩乳燕青春深]'만 못하며, 맹호연의 '기운은 운몽택에 피어오르고, 물결은 악양성을 흔든다[氣蒸雲夢澤，波撼岳陽城]'는 구승九僧의 '구름 속에 채읍蔡邑을 내려가니, 숲 앞에 춘신군春申君이 서있다[雲中下蔡邑，林際春申君]'만 못하다"라고 했다.

① '云'은 본래 탈락되어 있었는데 『적원총서』본에 의거하여 보충했다.

② '구승의 ……만 못하다'는 『적원총서』본에 "'광채는 태허의 방에 가득하고, 물결은 악양루를 흔든다[光涵太虛室，波動岳陽樓]'의 웅혼함만 못하다"로 되어 있다.

---

2 후자(堠子) : 이정(里程)을 표시하기 위하여 높이 쌓은 토석(土石)이다.

蘇子瞻云："子美之詩, 退之之文, 魯公之書, 皆集大成者也."

소식이 이르기를 "두보는 시를, 한유는 문을, 안진경은 글씨를 집대성한 이들이다"라고 했다.

學詩當以子美爲師, 有規矩故可學. 退之於詩, 本無解處, 以才高而好爾. 淵明不爲詩, 寫其胸中之妙爾. 學杜不成, 不失爲工. 無韓之才與陶之妙, 而學其詩, 終爲樂天爾.

시를 배울 때는 두보를 스승으로 삼아야 한다. 법도가 있으므로 배울 수 있기 때문이다. 한유는 본디 시에 조예가 없었다. 재능이 뛰어나서 좋아했을 뿐이다. 도연명은 시를 지은 게 아니라 가슴속 오묘한 것을 묘사했을 뿐이다. 두보를 배우면 완성에 이르지 못하더라도 훌륭해질 수 있지만, 한유의 재능과 도연명의 오묘함이 없이 시를 배운다면 결국 백거이가 될 것이다.

退之詩云："長安衆富兒, 盤饌羅羶葷. 不解文字飮, 惟能醉紅裙." 然此老有二妓, 號絳桃柳枝, 故張文昌云"爲出二侍女, 合彈琵琶箏"也. 又爲李于志敍當世名貴, 服金石藥, 欲生而死者數輩, 著之石, 藏之地下, 豈爲一世戒耶. 而竟以藥死. 故白傅云"退之服硫黃, 一病竟不痊"也. 荊公詩云："力去陳言誇末俗, 可憐無補費精神." 而公平生文體數變, 暮年詩益工, 用意益苦,① 故知言不可不愼也.

① '平生', '工, 用意益', 原脫, 據『適園』本補.

한유의 시에서 "장안의 부잣집 아이들은, 기름진 음식을 밥상 가득

차린다. 품위 있게 술 마시는 법도 모른 채, 붉은 치마 속에 취할 줄만 안다[長安衆富兒, 盤饌羅羶葷. 不解文字飮, 惟能醉紅裙]"라고 했다. 하지만 한유에게는 강도絳桃와 유기柳枝, 두 기생이 있었다. 그래서 장적이 "두 시녀를 나오게 해, 비파와 아쟁을 타게 했다[爲出二侍女, 合彈琵琶箏]"라고 한 것이다. 또 그는 이우李于의 묘지명을 쓰면서 "당대의 명사와 귀인들 가운데 금석약金石藥을 복용하여 오래 살려다가 죽은 이들의 행적을 지석誌石에 새겨 땅 속에 묻는다면 그것이 어찌 한 세대의 경계만 되겠는가"라고 했지만 자기도 금석약을 먹고 죽었다. 그래서 백거이가 "한유가 유황을 복용하고, 병이 들고 나서는 끝내 치유되지 못했다[退之服硫黃, 一病竟不痊]"라고 한 것이다. 왕안석은 시에서 "묵은 말을 힘써 없애며 세상에 자랑했지만, 애처롭게도 아무 보탬 없이 정신만 낭비했다[力去陳言誇末俗, 可憐無補費精神]"라고 했다. 하지만 왕안석은 평생에 걸쳐 문체가 여러 번 변하고 노년에는 시가 더욱 빼어났으며 구상에 더욱 고심했다. 따라서 말을 신중히 하지 않으면 안 된다는 것을 알 수 있다.

① '平生'과 '工, 用意益'은 본래 탈락되어 있었는데 『적원총서』본에 의거하여 보충했다.

子美「懷薛據」云:"獨當省署開文苑, 兼泛滄浪學釣翁." "省署開文苑, 滄浪憶釣翁", 據之詩也.

두보는 「회설거懷薛據」에서 "홀로 성서省署에서 문文의 장을 열고, 창랑滄浪에 배를 띄워 어부를 본받기도 했네[獨當省署開文苑, 兼泛滄浪學釣翁]"라고 했다. 설거薛據의 시에 "성서에서 문의 장을 열고, 창랑에서 어부를 떠올리네[省署開文苑, 滄浪憶釣翁]"가 있다.

王摩詰云:"九天閶闔開宮殿,① 萬國衣冠拜冕旒." 子美取作五字云:

"閶闔開黃道, 衣冠拜紫宸", 而語益工.

① 原作'宮殿開閶闔', 據『適園』本改.

왕유가 "구천의 창합閶闔[3]은 궁전을 열고, 만국의 의관은 면류冕旒에 절을 한다[九天閶闔開宮殿, 萬國衣冠拜冕旒]"라고 한 것을 두보는 다섯 글자로 줄여 "창합이 황도黃道[4]를 열고, 의관이 자신紫宸[5]에 절을 하네[閶闔開黃道, 衣冠拜紫宸]"라고 했는데 시어가 더욱 빼어나다.

① 본래는 '宮殿開閶闔'으로 되어 있었는데 『적원총서』본에 의거하여 고쳤다.

楊大年「傀儡」詩云: "鮑老當筵笑郭郞, 笑他舞袖太郞當. 若敎鮑老當筵舞, 轉更郞當舞袖長." 語俚而意切, 相傳以爲笑.

양억이 「괴뢰傀儡」에서 "포조鮑照 노인이 연회에서 곽랑郭郞을 비웃은 건, 그의 춤 소매가 너무 혼란함(郞當)[6]을 비웃은 것이다. 포조 노인에게 춤을 추게 했다면, 긴 춤 소매가 더욱 혼란했으리라[鮑老當筵笑郭郞, 笑他舞袖太郞當. 若敎鮑老當筵舞, 轉更郞當舞袖長]"라고 했다. 속담을 사용했지만 의미가 절실해서 우스갯거리로 전해온다.

吳越後王來朝, 太祖爲置宴, 出內妓彈琵琶. 王獻詞曰: "金鳳欲飛遭掣搦, 情脉脉, 看取玉樓雲雨隔."① 太祖起, 拊其背曰: "誓不殺錢王."

① '取', 原作'卽', 據『適園』本改.

---

3 창합(閶闔): 신선이 사는 천상의 궁궐 문을 말하며, 도성 문을 가리키기도 한다.

4 황도(黃道): 해와 달이 다니는 길을 가리키는데 전(轉)하여 제왕이 다니는 길을 말하기도 한다.

5 자신(紫宸): 조정 백관과 외국 사신들을 접견하는 정전(正殿)을 가리킨다.

6 혼란함[郞當]: '郞當'은 '鋃鐺'이라고도 하는데 큰 자물쇠를 이른다.

오월吳越의 마지막 왕(전숙錢俶)이 조회하러 오자 태조는 그를 위해 잔치를 베풀고 내전의 기생을 불러 비파를 연주하게 했다. 오월 왕이 글을 올려 "황금 봉황이 날려다가 제지를 당해, 정이 주룩 흐르고, 옥루를 보려하나 비구름이 가로막았네[金鳳欲飛遭掣搦, 情脉脉, 看取玉樓云雨隔]"라고 하니 태조가 일어나 그의 등을 어루만지며 "맹세코 전왕錢王을 죽이지 않겠다"라고 했다.

① '取'는 본래 '卽'으로 되어 있었는데 『적원총서』본에 의거하여 고쳤다.

武才人出慶壽宮, 色最後庭, 裕陵得之. 會教坊獻新聲,① 爲作詞, 號「瑤臺第一層」.

① '才''壽'原脫, '坊', 原作'場', 據『適園』本補改.

무재인武才人이 경수궁慶壽宮을 나올 때 후정後庭에서 가장 아름다웠는데, 유릉(裕陵 : 송 신종神宗 조욱趙頊)이 그녀를 차지했다. 마침 교방教坊에서 새로운 음악을 바쳤을 때, 그것에 맞춰 사詞를 짓고 이름을 「요대제일층瑤臺第一層」이라 했다.

① '才'와 '壽'는 본래 탈락되고 '坊'은 본래 '場'으로 되어 있었는데 『적원총서』본에 의거하여 보충하고 고쳤다.

宋玉爲「高唐賦」, 載巫山神遇楚襄王, 蓋有所諷也. 而文士多效之者, 又爲傳記以實之, 而天地百神擧無免者. 余謂欲界諸天, 當有配偶, 其無偶者, 則無欲者也. 唐人記后土事, 以譏武后爾.

송옥宋玉은 「고당부高唐賦」를 지어 무산신녀巫山神女가 초양왕楚襄王을 만난 내용을 기술했다. 이는 풍자의 뜻을 담은 작품이다. 후대 문사들이 이를 모방하고 또 전기를 지어 사실화해서 하늘과 땅의 수많은 신들이 모두 여기에서 벗어날 수 없었다. 나는 욕계欲界의 제천諸天[7]은 마땅히 배우자가 있어야 하며 배우자가 없는 사람은 욕구가 없는 사람이라고 생각한다. 당나라 사람들이 후토后土[8] 이야기를 기술한 것은 무후武后를 비난하려 한 것일 뿐이다.

黃詩韓文, 有意故有工, 左杜則無工矣. 然學者先黃後韓, 不由黃韓, 而爲左杜,① 則失之拙易矣.

① '左杜', 原作'老杜', '後'字衍, '爲', 原作'由', 據『適園』本刪改.

황정견의 시와 한유의 문은 의도가 들어 있어서 뛰어난 점이 있지만, 좌사左思와 두보는 뛰어난 점이 없다. 하지만 학자는 황정견을 우선하고 한유를 뒤에 두어야 하며, 황정견과 한유를 경유하지 않고 좌사와 두보를 배운다면 옹졸함과 평이함이라는 문제가 생길 것이다.

① '左杜'는 본래 '老杜'이고 '後'는 군더더기로 붙은 글자이며 '爲'는 본래 '由'로 되어 있었는데 『적원총서』본에 의거하여 삭제하고 고쳤다.

---

7 제천(諸天) : 모든 하늘. 불교에서는 하늘이 여덟으로 되어 있는데, 그 여러 하늘은 마음을 수양하는 경계(境界)를 따라서 나뉘어 있으며 이 여덟의 모든 하늘을 제천이라 한다.

8 후토(后土) : ① 후토씨(后土氏). 염제(炎帝)의 11세손인 구룡씨(句龍氏)로 구 주(州)를 평정하고 토지의 성질을 잘 알아 전욱(顓頊)의 토정(土正)이 되었는데, 후세에 그를 후토(后土)의 신으로 제사하면서 후토씨로 불리었다. ② 후토부인(后土夫人). 회남 절도사(淮南節度使) 고변(高駢)이 신선술을 광적으로 좋아하자 부장(部將) 여용지(呂用之)가 후토부인이 영이(靈異)하다는 이야기를 지어내어 고변을 유혹한 기록이 『태평광기(太平廣記)』 권290 「요망(祅妄) 3」에 자세히 나온다. 또한, 『이문록(異聞錄)』 「위안도(韋安道)」에는 인간인 위안도와 결혼하려는 천상의 신 후토부인을 시험하는 측천무후의 모습이 그려져 있다.

永叔謂爲文有三多：看多，做多，商量多也.

구양수가 이르기를 "문을 짓는 데는 많아야 하는 것이 세 가지 있으니, 많이 보고 많이 짓고 많이 생각하는 것이다"라고 했다.

余以古文爲三等：周爲上，七國次之，漢爲下. 周之文雅，七國之文壯偉，其失騁，漢之文華贍，其失緩，東漢而下無取焉.

나는 고문古文을 세 등급으로 나누는데, 주나라가 상등이고 칠국(七國 : 전국시대)이 그다음이고 한나라가 하등이다. 주나라의 문은 전아하고, 칠국의 문은 장엄하고 훤칠하지만 내달리는 문제가 있고, 한나라의 문은 화려하고 넉넉하나 느슨하다는 문제가 있으며 동한東漢 이하는 취할 것이 없다.

陳繹批答「曾魯公表」云："爰露乞骸之請." 黃裳爲曾侍讀制曰："備員勸講." 乞骸，備員，乃表語，非詔語也. 曾魯公謂人曰："使布何所道."

진역陳繹은 「증노공표曾魯公表」에 비답批答하기를 "걸해乞骸[9]의 청을 드러낸다(爰露乞骸之請)"라고 했고, 황상黃裳은 증시독曾侍讀을 위해 지은 제고制誥[10]에서 "인원을 갖춰 강講을 권유한다(備員勸講)"[11]라고 했다. 걸

9 걸해(乞骸) : 벼슬에서 몸(骸)을 놓아 주어 선조의 무덤 아래에 묻히게 해달라고 청하는 말이다.

10 제고(制誥) : 임금을 대신하며 글을 짓는 것을 말한다.

11 인원을 …… 권유한다 : 원(備員)은 겨우 신하의 수효나 채울 뿐 큰 역량을 발휘할 수 없는 신하라는 말로, 신하의 겸칭이다. 권강(勸講)은 임금 또는 세자를 모시고 경전(經傳)을 강의하는 것이다.

해와 비원備員은 표문表文에 쓰는 단어이지 조칙에서 쓰는 단어가 아니다. 증공량曾公亮은 일찍이 "포의布衣에게 무엇을 말하게 한단 말인가"라고 하였다.

詩欲其好, 則不能好矣. 王介甫以工, 蘇子瞻以新, 黃魯直以奇, 而子美之詩, 奇常・工易・新陳莫不好也.

시를 잘 지으려고 하면 잘 지어지지 않는다. 왕안석은 기교로 짓고 소식은 참신함으로 짓고 황정견은 기묘함으로 지었다. 그런데 두보의 시는 기묘함와 일상・기교와 평이함・참신함과 진부함이 모두 좋지 않은 것이 없다.

熙寧初, 有人自常調上書, 迎合宰相意, 遂丞御史. 蘇長公戲之曰: "有甚意頭求富貴, 沒些巴鼻使姦邪." 有甚意頭, 沒些巴鼻, 皆俗語也.

희녕 초에 어떤 사람이 상조관常調官[12]에서 올린 편지가 재상의 뜻에 부합하여 마침내 그는 어사승御史丞이 되었다. 소식이 이를 비꼬아 "무슨 생각으로 부귀를 구한 건가, 근거도 없이 간사함을 부렸네[有甚意頭求富貴, 沒些巴鼻使奸邪]"라고 했다. '유심의두有甚意頭'와 '몰사파비沒些巴鼻'는 모두 속어이다.

某公用事, 排斥端士, 矯飾僞行. 范蜀公詠「僧房假山」: "倏忽平爲險,

12 상조관(常調官) : 정해진 과정을 통해 승진하는 관리라는 뜻으로 일반직 관리를 의미한다.

分明假奪眞." 蓋刺之也.

어떤 공公이 권력을 행사할 때 단정한 선비를 배척하고 거짓을 꾸며냈다. 범진이 「승방가산僧房假山」에서 "어느덧 평평한 것이 험난한 것이 되니, 분명 거짓이 참을 빼앗은 것이다[倏忽平爲險, 分明假奪眞]"라고 했는데, 바로 이를 풍자한 것이다.

魯直謂荊公之詩, 暮年方妙, 然格高而體下. 如云: "似聞青秧底, 復作龜兆坼." 乃前人所未道. 又云: "扶輿度陽焰, 窈窕一川花." 雖前人亦未易道也. 然學二謝, 失于巧爾.

황정견이 왕안석의 시에 대해 다음과 같이 평했다. "노년에 비로소 오묘해졌다. 하지만 격은 높고 무게(體)는 떨어진다. 예컨대 '듣자하니 푸른 모 밑에서, 다시 거북 등이 갈라지는 모습[13]이 생겼다 한다[似聞青秧底, 復作龜兆坼]'는 이전 시인들이 미처 말하지 못한 것이고, '휘도는 모습에서 태양의 불꽃을 헤아리고, 그윽함 속에 시내의 꽃이 피었다[扶輿度陽焰, 窈窕一川花]'는 이전 시인들도 쉽게 말할 수 없는 것이다. 하지만 이사(二謝 : 사령운謝靈運, 사조謝朓)를 본받아 기교를 부리는 문제가 생겼다"라고 했다.

蘇詩始學劉禹錫, 故多怨刺, 學不可不愼也. 晚學太白, 至其得意, 則似之矣. 然失於粗, 以其得之易也.

13 거북 …… 모습 : 귀(龜)는 거북점[龜卜]을 말하고 조(兆)는 거북을 불로 지져 금이 벌어지는 것을 말한다. 논바닥이 거북 등처럼 갈라진 형상을 묘사한 것이다.

소식의 시는 처음에 유우석을 본받아 원망과 풍자가 많았으니 배울 때 신중을 기하지 않으면 안 된다. 만년엔 이백을 본받았는데 득의한 곳에서는 흡사하다. 하지만 거칠다는 문제가 있다. 이는 쉽게 얻은 탓에 문제가 생긴 것이다.

王荊公暮年喜爲集句, 唐人號爲四體, 黃魯直謂正堪一笑爾. 司馬溫公爲定武從事, 同幕私幸營妓, 而公諱之. 嘗會僧廬, 公往迫之, 使妓踰牆而去, 度不可隱, 乃具道. 公戲之曰 : "年去年來來去忙, 暫偷閑臥老僧牀. 驚回一覺遊仙夢, 又逐流鶯過短牆." 又杭之擧子中老榜第, 其子以緋裹之, 客賀之曰 : "應是窮通自有時, 人生七十古來稀. 如今始覺爲儒貴, 不著荷衣便著緋." 壽之醫者, 老娶少婦, 或嘲之曰 : "偎他門戶傍他牆, 年去年來來去忙. 采得百花成蜜後, 爲他人作嫁衣裳." 眞可笑也.

왕안석은 노년에 집구集句[14] 짓기를 좋아했다. 당나라 사람들은 이를 사체四體라 했고 황정견은 한번 웃어넘길 만하다고 했다. 사마광은 정무종사定武從事가 되었을 때 어느 동료가 사적으로 영기營妓[15]를 가까이 하자 그를 기피하였다. 일찍이 승려의 집에서 모였을 때 사마광이 찾아가 압박하자, 그 동료는 기생에게 담장을 넘어 도망가게 했지만 결국 사실을 숨길 수 없다고 여겨 사실을 털어놓았다. 사마광은 핀잔을 주며 이르기를 "오고가는 세월이 바쁘기만 하거늘, 잠시 한가한 틈을 타 노승의 병상에 누웠네. 깜짝 놀라 신선놀음 꿈에서 깨어난 뒤, 다시 꾀꼬리 소리 좇아 짧은 담장을 넘어가네[年去年來來去忙, 暫偷閑臥老僧牀.

14 집구(集句) : 자기가 직접 시를 안 짓고 당시의 정경(情景)에 맞는 옛날 사람들의 시구를 적당히 모아서 한 편의 시를 이루는 것을 말한다.

15 영기(營妓) : 병영(兵營)에 예비해 두는 관기(官妓). 한 무제가 처음 이 제도를 두어 아내 없는 군사들을 위로해주었다고 한다.

驚回一覺遊仙夢, 又逐流鶯過短牆]"라고 했다. 또 노년의 항주杭州 거자擧子가 급제를 하자 아들이 비단으로 그를 둘러주었다. 이를 두고 손님이 축하하기를 "궁하면 통하는 때가 있는 터, 사람이 칠십을 사는 것은 예로부터 드문 일이다. 이제야 귀한 유자儒者 되었음을 알아, 연잎 옷 입지 않고 비단을 걸쳤네[應是窮通自有時, 人生七十古來稀. 如今始覺爲儒貴, 不著荷衣便著緋]"라고 했다. 그리고 수주壽州의 의원이 노년에 젊은 아낙을 아내로 맞이하자, 어떤 사람이 조롱하기를 "다른 집을 가까이하고 다른 담장을 곁에 두며, 해마다 바쁘게 오고가네. 온갖 꽃을 채집해 꿀을 만들고 나서, 다른 사람을 위해 신부의 옷을 만든다[偎他門戶傍他牆, 年去年來來去忙. 采得百花成蜜後, 爲他人作嫁衣裳]"라고 했으니 참으로 우습다.

熙寧初, 外學置官師, 職簡地親, 多在幕席. 徐有學官喜誶語, 同府苦之, 詠蠅以刺之曰 : "衣服有時遭點染, 盃盤無日不追隨."

희녕 초에 외학外學[16]에 관사官師를 두었는데, 직책이 간소하고 거리가 가까워 많은 이들이 관사의 자리를 차지하고 있었다. 서주徐州에 욕잘하는 학관學官이 있었는데, 동료들이 그의 욕을 몹시 괴로워했다. 그래서 파리를 주제로 시를 지어 풍자하기를 "옷은 이따금 얼룩이 지고, 술상은 뒤따르지 않는 때가 없다[衣服有時遭點染, 盃盤無日不追隨]"라고 했다.

唐人不學杜詩, 惟唐彦謙與今黄亞夫庶謝師厚景初學之. 魯直, 黄之子謝之婿也. 其于二父, 猶子美之于審言也. 然過于出奇, 不如杜之遇

16 외학(外學) : 태학(太學) 이외의 학교를 말한다.

物而奇也. 三江五湖, 平漫千里, 因風石而奇爾.

당나라 시인들은 두보의 시를 배우지 않았으며 오직 당언겸唐彦謙과 지금의 아부亞夫 황서黃庶, 사후師厚 사경초謝景初만 두보의 시를 배웠다. 황정견은 황서의 아들이고 사경초의 사위다. 그와 두 부친의 관계는 두보와 두심언의 관계와 같다. 하지만 지나치게 기묘함을 내세워, 두보가 상황에 처하여 기묘했던 것만 못하다. 드넓게 펼쳐진 삼강三江[17]과 오호五湖는 그곳의 바람과 바위로 인하여 기묘해지는 것일 뿐이다.

謝師厚廢居於鄧. 王左丞存, 其妹婿也, 奉使荊湖, 枉道過之. 夜至其家, 師厚有詩云 : "倒著衣裳迎戶外, 盡呼兒女拜燈前."

사경초가 관직에서 쫓겨나 등鄧에서 머물고 있을 때였다. 그의 매제 좌승左丞 왕존王存이 형호荊湖에 사신으로 가는 길에 길을 돌아 그를 찾았다. 한밤중에 집에 이르자 사경초가 시를 지어주기를 "옷을 거꾸로 입고 문밖에서 맞이하며, 아녀자들 다 불러 등불 앞에서 절하게 한다[倒著衣裳迎戶外, 盡呼兒女拜燈前]"라고 했다.

世稱杜牧"南山與秋色, 氣勢兩相高"爲警絶. 而子美才用一句, 語益工, 曰"千崖秋氣高"也.

세상에서는 두목杜牧의 "남산南山과 추색秋色이, 기세가 서로 드높다

---

17 삼강(三江) : 각 시대별로 여러 설이 존재하는데 『서경(書經)』 「우공 채전(禹貢蔡傳)」에서는 누강(婁江) · 동강(東江) · 송강(松江)이라 했고, 소식(蘇軾)은 민산강(岷山江) · 파총강(嶓冢江) · 예장강(豫章江)이라 하였다.

[南山與秋色, 氣勢兩相高]"를 빼어난 구절이라 일컫는다. 하지만 두보는 한 구절만으로도 시어가 더더욱 빼어나니 바로 "천 길 낭떠러지에 가을 기세가 드높다[千崖秋氣高]"이다.

魯直有癡弟, 畜漆琴而不御, 蟲虱入焉. 魯直嘲之曰 : "龍池生壁虱." 而未有對. 魯直之兄大臨, 且見牀下以溺器畜生魚, 問知其弟也, 大呼曰 : "我有對矣", 乃"虎子養溪魚"也.

황정견에게 어리숙한 아우가 있었다. 그는 소장하고 있던 칠금漆琴을 연주하지 않아 좀이 파먹었다. 황정견이 이를 조롱하여 "용지龍池에 담벼락 좀이 생겼네[龍池生壁虱]"라고 한 뒤 그 대구를 찾지 못했다. 황정견의 형 황대림黃大臨이 평상 아래에서 오줌통에 물고기를 기르는 것을 보고 그의 아우 짓인 줄 물어 알아냈다. 그러고는 큰 소리로 "내가 대구를 찾았다"면서 "호랑이 새끼가 시내 물고기를 기른다[虎子養溪魚]"라고 했다.

歐陽公謫永陽, 聞其倅杜彬善琵琶, 酒間取之, 杜正色盛氣而謝不能, 公亦不復强也. 後杜置酒數行, 遽起還內, 微聞絲聲, 且作且止而漸近. 久之, 抱器而出, 手不絶彈, 盡暮而罷, 公喜甚過所望也. 故公詩云 : "座中醉客誰最賢, 杜彬琵琶皮作弦. 自從彬死世莫傳." 皮弦世未有也.

영양永陽에 좌천된 구양수는 그곳 원인 두빈杜彬이 비파를 잘 탄다는 말을 듣고 술자리에 비파를 가져왔다. 두빈이 정색을 하며 큰 소리로 못한다고 사양하자, 구양수 역시 더 강요하지 않았다. 그런데 나중에 술이 몇 순배 돈 뒤, 두빈이 갑자기 일어나 안으로 들어갔고 현 소리가 희미하게 들리듯 말듯하며 가까이 다가왔다. 한참 뒤에 그는 비파를 안고 나와 손에서 떼지 않은 채 석양이 지고 나서야 연주를 끝냈다. 구양수는 기대한 것보다 뛰어난 그의 솜씨에 매우 기뻤다. 그래서 자신의 시에서 "좌중의 취객 가운데 누가 가장 훌륭한가, 두빈의 비파는 가죽으로 현을 만들었다네. 두빈이 죽고 나서는 세상에 전해지지 않으리라[座中醉客誰最賢, 杜彬琵琶皮作弦. 自從彬死世莫傳]"라고 했는데, 피현皮弦은 세상에 없는 것이다.

尚書郎張先善著詞, 有云"雲破月來花弄影" "簾幕卷花影" "墮輕絮無影", 世稱誦之, 號張三影.① 王介甫謂"雲破月來花弄影", 不如李冠"朦朧澹月雲來去"也. 冠, 齊人, 爲「六州歌頭」, 道劉項事, 慷慨雄偉. 劉潛, 大俠也, 喜誦之.

① '之', 原作'云', '號', 脫, 據『適園』本改補.

상서랑尚書郎 장선張先은 사詞를 잘 지었다. 예컨대 "구름 헤치고 달이 나오자 꽃이 그림자를 희롱한다[雲破月來花弄影]", "주렴 장막이 꽃 그림자를 거둔다[簾幕卷花影]", "가볍게 떨어지는 버들솜은 그림자가 없다[墮輕絮無影]" 등은 세상에 널리 알려져 장삼영張三影이라 불린다. 왕안석은 "구름 헤치고 달이 나오자 꽃이 그림자를 희롱한다"가 이관李冠의 "몽롱한 맑은 달 아래 구름이 오간다[朦朧澹月雲來去]"만 못하다고 했다. 이관은 제齊 출신이며 「육주가두六州歌頭」를 지어 유방과 항우 이야기를 서술했는데 강개함과 웅장함이 돋보인다. 대단한 의협인 유잠劉潛이 이 노래를 즐겨 읊었다.

① '之'는 본래 '云'이고 '號'는 탈락되어 있었는데 『적원총서』본에 의거하여 고치고 보충했다.

往時青幕之子婦, 妓也, 善爲詩詞. 同府以詞挑之, 妓答曰: "清詞麗句, 永叔子瞻曾獨步, 似恁文章, 寫得出來當甚强."

지난날 청주青州 막부의 자부子婦는 기생이었고 시사詩詞를 잘 지었다. 막부에 함께 있던 사람이 사를 지어 관심을 환기시키자 그녀는 "청아한 말과 미려한 구절은, 구양수와 소식이 일찍이 독보적이었으니, 그러한 문장은, 묘사해낼 때 얼마나 강력한가[清詞麗句, 永叔子瞻曾獨步, 似恁文章, 寫得出來當甚强]"라고 답했다.

黃詞云: "斷送一生惟有, 破除萬事無過." 蓋韓詩有云: "斷送一生惟有酒, 破除萬事無過酒." 才去一字, 遂爲切對, 而語益峻. 又云: "杯行到手更留殘, 不道月明人散." 謂思相離之憂, 則不得不盡. 而俗士改爲"留連", 遂使兩句相失. 正如論詩云 "一方明月可中庭" "可"不如"滿"也.

황정견이 지은 사詞에서, "일생을 보내는 데에는 오직 이것만 있고, 만사를 없애는 데에는 이보다 좋은 것이 없네[斷送一生惟有, 破除萬事無過]"라고 했다. 한유의 시, "일생을 끊어 보내는 데에는 오직 술이 있고, 만사를 없애는 데에는 술보다 좋은 것이 없네[斷送一生惟有酒, 破除萬事無過酒]"에서 한 글자씩만 없앴는데도 적절한 대구가 되고 시어는 더욱 더 준엄하다. 그리고 또 "술잔이 돌다 손에 이르면 남은 것을 남겨 둔 채, 달이 밝으면 사람들이 흩어지는 것에 대해 이야기하지 않는다[杯行到手更留殘, 不道月明人散]"라고 했다. 헤어짐을 아쉬워하지 않을 수 없음을 말한 것이다. 그런데 세속의 선비들이 '유련留連'[18]으로 바꾸어서 마침내 두 구절 모두 제 맛을 잃게 했다. 이는 마치 논시論詩의 "한 지역 밝

18 '유련(留連)': 杯行到手更留殘을 杯行到手更留連으로 고쳤다는 뜻인 듯하다.

은 달은 마당 가운데에 알맞다[一方明月可中庭]"에서 '可'가 '滿'만 못한 것과 같다.

子瞻謂孟浩然之詩, 韻高而才短, 如造內法酒手而無材料爾.

소식은 맹호연에 대해 "운韻은 높으나 재능이 부족하여 마치 내법주內法酒[19]를 만드는 솜씨를 갖추었으나 재료가 없는 것과 같다"라고 했다.

魯直「乞猫」詩云: "秋來鼠輩欺猫死, 窺甕翻盤攪夜眠. 聞道貍奴將數子, 買魚穿柳聘銜蟬." 雖滑稽而可喜. 千載而下, 讀者如新.

황정견은 「걸묘乞猫」에서 "가을 들어 쥐들이 고양이가 죽었다고 속이며, 독을 엿보고 소반을 뒤집어 한밤 잠자리를 깨운다. 듣자하니 고양이가 새끼들을 데리고, 물고기 사서 버들가지에 꿰고 함선銜蟬[20]을 초빙한다 하네[秋來鼠輩欺猫死, 窺甕翻盤攪夜眠. 聞道貍奴將數子, 買魚穿柳聘銜蟬]"라고 했다. 익살스럽긴 하지만 참 좋다. 천 년이 흐른 뒤에도 독자들은 새로운 시를 읽은 것처럼 느낄 것이다.

龍圖孫學士覺, 喜論文, 謂退之「淮西碑」, 敍如『書』, 銘如『詩』.

---

19 내법주(內法酒): 궁정에서 규정한 방법으로 빚은 술을 말한다.

20 함선(銜蟬): 속어로 고양이를 가리킨다. 함선노(銜蟬奴)라고도 한다. 명나라 왕지견(王志堅)의 『표이록(表異錄)』「우족(羽族)」에서 "후당(後唐) 경화공주(瓊花公主)는 고양이 두 마리가 있었는데, 하나는 하얗고 입에 꽃송이를 물고 있었으며, 다른 하나는 까맣고 꼬리가 하얘서 공주가 함선노(銜蟬奴)와 곤륜달기(崑崙妲己)라 불렀다[後唐瓊花公主有二貓, 一白而口銜花朵, 一烏而白尾, 主呼爲銜蟬奴, 崑崙妲己]"라고 하였다.

용도각龍圖閣 학사學士 손각孫覺은 문장을 평하는 것을 좋아했다. 그는 한유의 「회서비淮西碑」에 대하여 서술은 『서경』과 같고 명銘은 『시경』과 같다고 했다.

子瞻謂杜詩・韓文・顔書・左史, 皆集大成者也.

소식은, 두보의 시와 한유의 산문과 안진경의 글씨와 좌구명의 사서는 모두 집대성한 것들이라고 했다.

少遊謂「元和聖德」詩, 於韓文爲下, 與「淮西碑」如出兩手, 蓋其少作也.

진관秦觀이 이르기를 "「원화성덕元和聖德」은 한유의 문장에 있어 하등에 속해서 「회서비」와 견줄 때 마치 다른 사람의 손에서 나온 듯하다. 아마 젊었을 때의 작품일 것이다"라고 하였다.

王夫人, 晁載之母也. 謂庶子功名貴富, 有如韓魏公, 而未有文事也.①

① '事', 原作'士', 據『適園』本改.

왕부인王夫人은 조재지晁載之의 모친이다. 그녀는 "서자庶子의 공명과 부귀가 한위공(韓魏公 : 한기)과 유사하지만 문文과는 관련된 일이 없다"라고 했다.

① '事'는 본래 '士'로 되어 있었는데 『적원총서』본에 의거하여 고쳤다.

退之作記, 記其事爾, 今之記乃論也. 少遊謂「醉翁亭記」亦用賦體.

한유의 기記는 그 줄거리만 기록한 것일 뿐이지만 지금의 기는 논평이다. 진관은 "「취옹정기醉翁亭記」는 부체賦體를 사용한 것이다"라고 했다.

莊・荀皆文士而有學者, 其「說劍」・「成相」・「賦篇」, 與屈『騷』何異.

장자와 순자는 모두 문사로서 학문을 겸유한 이들이었다. 「설검說劍」·「성상成相」·「부편賦篇」은 굴원의 『이소離騷』와 무슨 차이가 있는가.

揚子雲之文, 好奇而卒不能奇也, 故思苦而詞艱. 善爲文者, 因事以出奇, 江河之行, 順下而已, 至其觸山赴谷, 風搏物激, 然後盡天下之變. 子雲惟好奇, 故不能奇也.

양웅揚雄의 글은 기묘함을 좋아했으나 끝내 기묘해지지 못했다. 그래서 생각이 고달프고 문장이 어렵다. 문장을 잘 짓는 사람은 줄거리를 따라 기묘함을 드러낸다. 마치 강물이 자연스레 아래로 흐르다가 산에 부딪히고 골짜기로 향하며, 바람이 치고 사물이 충동을 일으킬 때 온갖 변화를 다 드러내는 것과 같다. 양웅은 기묘함만 좋아해서 능히 기묘해지지 못했다.

歐陽公謂退之爲樊宗師志, 便似樊文, 其始出于司馬子長爲「長卿傳」如其文, 惟其過之, 故兼之也.

구양수가 이르기를 "한유가 번종사樊宗師의 묘지를 썼는데 번종사의 글과 유사하다. 이것은 사마천이 「장경전長卿傳」을 지으며 사마상여司馬相如의 문장처럼 만든 데에서 비롯된 것이다. 워낙 뛰어나서 이를 겸유한 것이다"라고 하였다.

退之以文爲詩, 子瞻以詩爲詞, 如教坊雷大使之舞, 雖極天下之工, 要非本色. 今代詞手, 惟秦七・黃九爾, 唐諸人不迨也.

한유는 문文으로 시를 짓고 소식은 시로 사詞를 지었다. 이것은 교방청教坊廳 뇌대사雷大使[21]의 춤이 천하의 기교를 다 발휘하더라도 그 본색이 아닌 것과 같다. 오늘날 사詞의 명수는 진관과 황정견뿐이며 당나라 사람들은 이에 미치지 못했다.

韓退之「上尊號表」曰: "析木天街, 星宿清潤, 北嶽醫閭, 神鬼受職." 曾子固「賀赦表」曰: "鉤陳太微, 星緯咸若, 昆侖渤澥, 波濤不驚." 世莫能輕重之也. 後當有知之者.

한유는 「상존호표上尊號表」에서 "서울 거리에서 목탁 칠 때, 별들은 맑고 윤택하며, 북악의 의려醫閭[22]는, 신들이 직책을 받는다[析木天街, 星宿清潤, 北嶽醫閭, 神鬼受職]"라고 했고, 증공曾鞏은 「하사표賀赦表」에서 "태

21 뇌대사(雷大使): 송나라 교방(教坊)의 예인(藝人)인 뇌중경(雷中慶)을 가리킨다. 송나라 채조(蔡絛)의 『철위산총담(鐵圍山叢談)』 권6에서 "교방 비파에는 유계안(劉繼安)이 있다. 춤에는 뇌중경이 있는데, 세간에서 모두 '뇌대사'라 불렀다[教坊琵琶則有劉繼安. 舞有雷中慶, 世皆呼之爲'雷大使']"라고 했다.

22 의려(醫閭): 의무려산(醫巫閭山)의 약칭. 순(舜)이 기주(冀州)의 동북쪽을 갈라서 유주(幽州)로 만들었는데 이 산은 그 주의 진산으로서 순이 봉한 열두 군데 산 가운데 하나다.

미성太微星 굽게 펼치며, 별들이 모두 순조롭고, 곤륜과 발해는, 파도가 잔잔하네[鉤陳太微, 星緯咸若, 昆侖渤澥, 波濤不驚]"라고 했는데, 세상에서 더 이상 논평할 수가 없다. 후대에 이를 아는 자가 있을 것이다.

國初士大夫例能四六, 然用散語與故事爾. 楊文公刀筆豪贍, 體亦多變, 而不脫唐末與五代之氣. 又喜用古語, 以切對爲工, 乃進士賦體爾. 歐陽少師始以文體爲對屬, 又善敍事, 不用故事陳言而文益高, 次退之云. 王特進暮年表奏亦工, 但傷巧爾.

국초의 사대부들은 으레 사륙문四六文[23]에 능했지만 한산한 어휘와 고사만 사용했을 뿐이다. 양억은 문필이 호쾌하고 풍부하며 문체도 변화가 많았지만 당말·오대의 기풍을 벗어나지 못했다. 또 고어古語를 즐겨 사용하고 적절한 대구가 뛰어났지만 진사進士의 부체賦體일 뿐이었다. 구양수는 처음에 문체를 대속對屬[24]으로 구성하고 또 서사에 뛰어났다. 고사나 진부한 표현을 사용하지 않고도 문장이 더 고상해서 한유에 버금간다는 말을 들었다. 왕안석이 노년에 쓴 표주문表奏文도 뛰어났지만 기교가 지나치다는 문제를 안고 있었다.

元祐初, 起范蜀公於家, 固辭. 其表云 : "六十三而致仕, 固不待年, 七十九而造朝, 豈云知禮." 是時文路公八十餘, 一召而來, 人各有所志也.

---

23 사륙문(四六文) : 한문 문체의 한 가지. 사자구(四字句)와 육자구(六字句)를 기본으로 하여 대구법으로 쓰는 변려문(騈儷文)이다. 한나라 때부터 당나라 초기까지 성행하였다.

24 대속(對屬) : 찬구(撰句 : 자신이 새로운 문구를 만들어 내는 것)와 비슷하다. 시문 중에 양구(兩句)를 조합하여 대우(對偶)를 이루게 하는 것이다. 당나라 맹계(孟棨)는 『본사시(本事詩)』 「고일(高逸)」에서 "율도(律度)의 대속이 모두 정절(精絶)하네[律度對屬, 無不精絶]"라고 하였다.

원우(元祐 : 1086~1094) 초에 집안에 머물고 있던 범진을 조정으로 불렀으나 고사했다. 그는 표문表文을 올려 "육십삼 세에 벼슬을 그만둔 것은 본디 나이를 기다린 것이 아니었는데, 칠십구 세에 조정에 나아가면 어찌 예禮를 안다고 하겠습니까"라고 하였다. 이 당시 문언박文彦博은 팔십여 세의 나이에도 부름을 받고 바로 나아갔으니 저마다 뜻한 바가 있는 것이다.

昔之黠者, 滑稽以玩世. 曰彭祖八百歲而死, 其婦哭之慟. 其鄰里共解之曰 : "人生八十不可得, 而翁八百矣, 尚何尤." 婦謝曰 : "汝輩自不諭爾, 八百死矣, 九百猶在也." 世以癡爲九百, 謂其精神不足也. 又曰, 令新視事而不習吏道, 召胥魁問之, 魁具道笞十至五十,① 及折杖數. 令遽止之曰 : "我解矣, 笞六十爲杖十四邪." 魁笑曰 : "五十尚可, 六十猶癡邪" 長公取爲偶對曰 : "九百不死, 六十猶癡."

① '問之, 魁', 原脫, 據『適園』本改.

옛날 기지가 넘치는 어떤 사람이 우스갯소리로 세상을 완상하며 다음과 같은 일화를 전했다. 팽조彭祖[25]가 팔백 세에 죽자 그의 부인이 통곡했다. 이웃 사람들이 모두 나서서 "사람이 태어나 팔십 세를 사는 것도 어려운 터에 부군께서는 팔백 세를 살았는데 무슨 아쉬움이 있겠소"라고 위로했다. 그러자 부인은 "당신들은 잘 모르오. 팔백 세에 죽었으니 구백 세가 아직 남아 있지 않소"라고 답했다 한다. 세상에서 어리석은 사람을 '구백九百'이라 하는데, 이 말은 정신이 부족하다는 뜻을 담고 있다. 또 다른 일화도 있다. 어느 수령이 새로 부임하여 일을 보다가 업무에 익숙하지 못해 아전의 장을 불러 물었다. 그는 태笞 열

25 팽조(彭祖) : 요(堯)임금 때 팽성(彭城)에 봉해진 뒤 하, 은, 주 삼대에 걸쳐 팔백 년을 살았다는 전설상의 인물이다.

개부터 오십 개까지 절장折杖[26]의 수를 모두 보고했다. 수령이 갑자기 말을 막으며 "알겠다. 태笞 육십 개가 장杖 열네 개인가?"라고 하자 아전의 장은 웃으며 "오십 개만으로도 충분한데 육십 개는 어리석은 짓입니다"라고 했다 한다. 소식이 이 이야기를 취하여 대구를 짓기를 "구백 세에도 죽지 않고, 육십 개는 어리석다[九百不死, 六十猶癡]"라고 했다.

① '問之', '魁'는 본래 탈락되어 있었는데 『적원총서』본에 의거하여 고쳤다.

唐語曰 : "二十四考中書令." 謂汾陽王也, 而無其對. 或以問平甫, 平甫應聲曰 : "萬八千戶冠軍侯." 不惟對偶精切, 其貴亦相當也.

당나라에서 전하는 시에 "스물네 번만에 합격한 중서령中書令"이 있다. 이는 분양왕(汾陽王 : 곽자의郭子儀)을 거론한 것이었으며 이에 알맞은 대구가 없었다. 누가 이를 왕령王令에게 이야기하자 왕령이 바로 "만팔천호 관군후(冠軍侯 : 곽거병霍去病)[萬八千戶冠軍侯]"라고 했다. 대우가 정밀하고 적절할 뿐만 아니라 그 지위도 서로 알맞다.

范文正公爲「岳陽樓記」, 用對語說時景, 世以爲奇. 尹師魯讀之曰 : "傳奇體爾." 「傳奇」, 唐裴鉶所著小說也.

범중엄이 지은 「악양루기岳陽樓記」는 대구를 사용해 풍경을 묘사해서 기묘하다는 말을 들었다. 그런데 윤수尹洙는 그 글을 읽고 "전기체傳奇體

26 절장(折杖) : 형법(刑法)의 명칭. 송나라 초에 절장제(折杖制)를 제정했는데, 규정마다 각각 유형(流刑), 도형(徒刑), 장형(杖刑), 태형(笞刑) 등이 있었다. 송나라 고승(高承)의 『사물기원(事物紀原)』「율령형벌(律令刑罰)」「절장(折杖)」과 『송사(宋史)』「형법지 1(刑法志一)」 참고.

일 뿐이다"라고 했다. 「전기傳奇」는 당나라 배형裴鉶이 지은 소설이다.

柳三變遊東都南·北二巷, 作新樂府, 骫骳從俗, 天下詠之, 遂傳禁中. 仁宗頗好其詞, 每對酒,① 必使侍從歌之再三. 三變聞之, 作宮詞號「醉蓬萊」, 因內官達後宮, 且求其助. 仁宗聞而覺之, 自是不復歌其詞矣. 會改京官, 乃以無行黜之, 後改名永, 仕至屯田員外郎.

① '酒', 原脫, 據同上補.

유영柳永이 동도東都의 남, 북 두 거리를 유람하다 신악부新樂府를 지었다. 낮추어 시류에 잘 맞춰서 세상 사람들이 두루 읊고 마침내 조정에까지 전해졌다. 인종도 그 사詞를 퍽 좋아해서 술자리 때마다 시종에게 두세 번씩 부르게 했다. 유영은 이 이야기를 듣고 궁사宮詞「취봉래醉蓬萊」를 지어 내관內官을 통해 후궁에 전달하고, 아울러 도움을 요청했다. 인종은 이 노래를 듣고 본질을 깨친 뒤로는 다시는 그 사詞를 부르지 않았다. 유영은 때마침 서울 관리로 전보되었지만 행동이 바르지 못해 축출되었고 나중에 영永으로 이름을 바꾼 뒤에 둔전원외랑屯田員外郎을 역임했다.

① '酒'는 본래 탈락되어 있었는데 『적원총서』본에 의거하여 보충했다.

寧拙毋巧, 寧樸毋華, 寧粗毋弱, 寧僻毋俗, 詩文皆然.

옹졸할지언정 기교를 부리지 말고, 질박할지언정 화려하지 말고, 투박할지언정 나약하지 말고, 편벽될지언정 세속적이지 말아야 한다. 시문이 다 그러하다.

魏文帝曰 : "文以意爲主, 以氣爲輔, 以詞爲衛." 子桓不足以及此, 其能有所傳乎.

위 문제(魏文帝 : 조비曹丕)는 "문장은 내용(意)을 주로 삼고 기氣를 보좌로 삼고 어휘를 보위保衛로 삼아야한다"라고 했다. 조비는 이에 미치지 못했는데 후대에 전할 것이 있겠는가.

魯直與方蒙書 : "頃洪甥送令嗣二詩, 風致灑落, 才思高秀, 展讀賞愛, 恨未識面也. 然近世少年, 多不肯治經術及精讀史書, 乃縱酒以助詩, 故詩人致遠則泥.① 想達源自能追琢之, 必皆離此諸病, 漫及之爾." 與洪朋書云 : "龜父所寄詩, 語益老健, 甚慰相期之意. 方君詩, 如鳳雛出鷇, 雖未能翔於千仞, 竟是眞鳳凰爾."② 與潘邠老書曰 : "大受今安在, 其詩甚有理致, 語又工也." 又曰 : "但詠五言, 覺翰墨之氣如虹, 猶足貫日爾."③

① '書''酒''詩人', 原脫, 據『適園』本補.

② '凰', 原脫, 據『適園』本改.

③ '與潘邠老詩曰……', 原在'余評李白詩'下, 據『適園』本補移.

황정견은 방몽方蒙에게 보낸 편지에서 "요사이 생질 홍추洪芻가 영사令嗣[27]를 전송하며 지은 2수를 보았는데, 풍치가 쇄락灑落하고 생각이 고상하며 우수하여 펼쳐 읽으면서 감상에 젖었으니 만나보지 못한 것이 아쉬웠습니다. 그런데 근래 소년들이 대부분 경전을 연구하거나 역사서를 정독하려 하지 않고 술이나 마시는 것이 시에 도움이 된다고 여깁니다. 그래서 시인들이 심원한 데에 이르려 하면 모호함에 빠지고

27 영사(令嗣) : 재능 있는 아이를 가리키기도 하고 상대방의 아이를 칭찬하는 경사(敬詞)로 쓰기도 한다. 여기에서는 후자의 의미로 쓰인 듯하다.

맙니다. 달원(達源 : 방몽)께서는 스스로 미루어 짐작하고 다듬어서 반드시 이러한 병폐들에서 벗어나 있으시겠지만 노파심에 이를 언급합니다"라고 했다. 또 홍붕洪朋에게 보낸 편지에서는 "귀보(龜父 : 홍붕)가 보내신 시는 시어가 더욱더 노숙하고 굳건하여 기대하던 뜻을 많이 달래주었습니다. 방군(方君 : 방몽)의 시는 봉황새의 새끼가 알에서 막 나온 듯하여 비록 천 길 하늘을 날지는 못하지만 진정한 봉황입니다"라고 했다. 그리고 반대림潘大臨에게 보낸 편지에서는 "대수(大受 : 황대수黃大受)는 지금 어디에 있습니까? 그의 시는 매우 조리와 풍치가 있으며 시어도 빼어납니다"라고 했고, 또 "다만 오언시를 읊다보면 한묵翰墨의 기氣가 무지개와 같아서 해를 꿰찰 만하다는 느낌이 듭니다"라고 했다.

① '書' '酒' '詩人'은 본래 탈락되어 있었는데 『적원총서』본에 의거하여 보충했다.

② '凰'은 본래 탈락되어 있었는데 『적원총서』본에 의거하여 고쳤다.

③ '與潘邠老詩曰 ……'는 본래 '余評李白詩' 아래에 있었는데 『적원총서』본에 의거하여 보충하고 옮겼다.

老杜云 : "長鑱長鑱白木柄, 我生托子以爲命. 黃獨無苗山雪盛, 短衣數挽不掩脛." 往時儒者不解黃獨義, 改爲黃精, 學者承之. 以余考之, 蓋黃獨是也. 『本草』赭魁注 : "黃獨, 肉白皮黃, 巴·漢人蒸食之, 江東謂之土芋." 余求之江西, 謂之土卵, 煮食之, 類芋魁云.

두보가 "긴 보습 긴 보습 흰 나무 자루여, 내 그대를 의탁하여 삶을 유지하노라. 황독黃獨은 싹이 없고 산에 눈이 가득한데, 짧은 옷 자주 당겨도 무릎을 덮지 못한다(長鑱長鑱白木柄, 我生托子以爲命. 黃獨無苗山雪盛, 短衣數挽不掩脛)"라고 했다. 지난날 학자들은 황독黃獨이 뭔지 이해하지 못해 황정黃精으로 바꾸었고 후대에도 그대로 계승했다. 내가 고찰한 바로는 이것은 황독이 맞다. 『본초강목本草綱目』 '자괴赭魁'의 주석에서 "황독은 속이 하얗고 겉은 황색이며 파巴·한漢 지역 사람들이 쪄서 먹는다. 강동江東에서는 토우土芋라 한다"라고 했다. 내가 강서江西에서 이것을 구했는데 토란이라 부르며 삶아 먹었고 우괴芋魁와 유사한 것이었다.

余讀「周官·月令」云:"反舌有聲, 佞人在側." 乃解老杜「百舌」"過時如發口, 君側有讒人"之句.

나는 「주관周官·월령月令」의 "반설조(反舌鳥: 개똥지빠귀)가 소리를 내면, 아첨꾼이 옆에 있네[反舌有聲, 佞人在側]"라는 구절을 읽고서 두보, 「백설百舌」의 "지나갈 때 (반설조가) 소리를 내면, 임금 곁에는 아첨꾼이 있네[過時如發口, 君側有讒人]"라는 구절을 이해했다.

韋蘇州詩云:"憐君臥病思新橘, 試摘才酸亦未黃. 書後欲題三百顆, 洞庭須待滿林霜." 余往以爲蓋用右軍帖中"贈子黃甘三百"者, 比見右軍一帖云:"奉橘三百枚. 霜未降, 未可多得." 蘇州蓋取諸此.

위응물韋應物의 시에서 "그대 몸져누워 새 귤 생각하는 것이 안타까워, 시험 삼아 따 봤더니 시기만 하고 아직 노랗게 익지 않았네. 글씨를 쓰고 나서 삼백 열매에 대해 쓰고 싶었지만, 동정호는 숲 가득 서리 내릴 때를 기다려야하네[憐君臥病思新橘, 試摘才酸亦未黃. 書後欲題三百顆, 洞庭須待滿林霜]"라고 했다. 나는 이전에 이 시가 왕희지 첩帖의 "그대에게 황감黃甘 삼백 개를 전한다[贈子黃甘三百]"를 인용한 것으로 보았다. 그런데 근래에 왕우군의 또 다른 첩에서 "귤 삼백 개를 보냅니다만, 서리가 내리지 않아 많이 얻을 수 없습니다[奉橘三百枚. 霜未降, 未可多得]"라는 구절을 보았다. 위응물은 바로 이 글에서 취택한 것이었다.

余評李白詩, 如張樂于洞庭之野, 無首無尾, 不主故常, 非墨工槧人所可擬議. 吾友黄介讀「李杜優劣論」曰 : "論文正不當如此." 余以爲知言.

나는 이백의 시에 대해 '마치 동정호 들판에서 음악을 연주할 때 처음도 끝도 없고 관례에 아랑곳하지 않음과 같다. 한낱 먹을 다루는 장인이나 글자를 새기는 장인 따위가 평가할 수 있는 것이 아니다'라고 평한다. 나의 친구 황개黃介가 「이두우열론李杜優劣論」(구양수)을 읽고 "논평을 이렇게 해서는 안 된다"라고 했는데, 나는 이 말을 지언知言이라고 생각한다.[28]

禮部員外郎裴說「寄邊衣」詩曰 : "深閨乍冷開香篋, 玉筯微微濕紅頰. 一陣霜風殺柳條, 濃烟半夜成黃葉. 重重白練明如雪, 獨下閑階轉凄切. 祇知抱杵擣秋砧, 不覺高樓已無月. 時聞塞雁聲相喚, 紗窗只有燈相伴. 幾展齊紈又懶裁, 離腸恐逐金刀斷. 細想儀形執牙尺, 回刀剪破澄江色. 愁捻金針信手縫, 惆悵無人試寬窄. 時時擧手勻殘淚, 紅牋漫有千行字. 書中不盡心中事, 一半殷勤托邊使." 裴說詩句甚麗. 『零陵總記』載說詩一篇, 尤詼詭也.

예부원외랑 배설裴說이 「기변의寄邊衣」에서 "깊숙한 안방에 추위 감돌 때 향 상자를 열면, 눈물이 희미하게 붉은 뺨을 적신다. 한바탕 서리 바람이 버들가지를 뭉개고, 짙은 연기 한밤에 누런 잎이 된다. 겹겹의 흰 명주는 눈처럼 밝은데, 한적한 섬돌을 홀로 내려오며 쓸쓸함에 젖어든다. 절굿공이 안고 가을 다듬이 두드릴 줄만 알고, 높은 누대에 별

28 이 말은 본래 황정견이 「제이백시초후(題李白詩草後)」에서 한 말이다. 호재보(胡才甫)가 『전주(箋注)』에서 이 부분을 인용하며 『후산시화』에서 나왔다고 한 것은, 진사도가 이 말의 출처를 명확히 밝히지 않은 탓으로 보인다.

써 달이 사라진 줄도 모른다. 이따금 변방의 기러기가 부르는 소리만 들리고, 깁 창문에서 등불과 서로 짝이 된다. 제나라 깁을 펼쳐 게을리 마름질한 것이 몇 번이었던가, 이별의 창자는 황금빛 가위 따라 끊어질까 싶다. 세세히 모습 떠올리며 상아 잣대를 들고, 가위를 돌려 잘라내니 강물 빛보다 맑다. 시름 속에 황금 바늘을 들고 손 가는 대로 재봉하지만, 크기를 확인할 사람이 없음에 서글프다. 이따금 손을 들어 쇠잔한 눈물을 닦으니, 붉은 빛 편지엔 수천 행의 글자가 쓰여 있다. 글로는 마음속 이야기를 다 쓰지 못해, 절반의 뜻만 은근히 변방 사신에게 부탁한다(深閨乍冷開香篋, 玉筋微微濕紅頰. 一陣霜風殺柳條, 濃烟半夜成黃葉. 重重白練明如雪, 獨下閑階轉凄切. 只知抱杵搗秋砧, 不覺高樓已無月. 時聞塞雁聲相喚, 紗窗只有燈相伴. 幾展齊紈又懶裁, 離腸恐逐金刀斷. 細想儀形執牙尺, 回刀剪破澄江色. 愁捻金針信手縫, 惆悵無人試寬窄. 時時擧手匀殘淚, 紅牋漫有千行字. 書中不盡心中事, 一半殷勤托邊使)"라고 했다. 배설의 시구는 매우 미려하다. 『영릉총기零陵總記』에 배설의 시 1편이 실려 있는데 더더욱 해학적이고 기괴하다.

世語云 : "蘇明允不能詩, 歐陽永叔不能賦. 曾子固短於韻語,① 黃魯直短於散語. 蘇子瞻詞如詩, 秦少遊詩如詞."

① '曾子固'三字, 原作'曾子開'三字, 據『適園』本補.

세상에 전하는 말에 의하면 "소순蘇洵은 시에 능하지 못하고 구양수는 부賦에 능하지 못하며 증공은 운문에 단점이 있고 황정견은 산문에 단점이 있으며 소식은 사詞가 시 같고 진관은 시가 사와 같다"라고 한다.

① '曾子固' 세 자는 본래 '曾子開' 세 자로 되어 있었는데 『적원총서』본에 의거하여 보완했다.

韓詩如「秋懷」·「別元協律」·「南溪始泛」, 皆佳作也.

한유의 시 가운데 「추회秋懷」·「별원협율別元協律」·「남계시범南溪始泛」은 모두 좋은 작품이다.

鮑照之詩, 華而不弱. 陶淵明之詩, 切於事情, 但不文耳.

포조의 시는 화려하면서 나약하지 않고 도연명의 시는 사정에 절실하지만 꾸밈이 없다.

子厚謂屈氏『楚詞』, 知『離騷』乃效『頌』, 其次效『雅』, 最後效『風』.

유종원은 굴원의 『초사楚詞』에 대해 "『이소』는 『송頌』을 본받고, 그 다음으로 『아雅』를 본받고, 마지막으로 『풍風』을 본받았음을 알 수 있다"라고 했다.

右丞·蘇州, 皆學於陶·王, 得其自在.

왕유와 위응물은 모두 도연명과 왕희지에게 배워 자유자재함을 터득했다.

眉山長公守徐, 嘗與客登項氏戲馬臺, 賦詩云: "路失玉鉤芳草合, 林亡白鶴野泉清." 廣陵亦有戲馬臺, 其下有路號'玉鉤斜.' 唐高宗東封, 有鶴下焉,① 乃詔諸州爲老氏築宮, 名以白鶴. 公蓋誤用, 而後所取信, 故不得不辯也.

①'下', 原作'一', 據『適園』本改.

소식이 서주태수로 있을 때 손님과 함께 항씨項氏 희마대戲馬臺에 올라 지은 시에서 "길에서 잃은 옥구玉鉤는 풀과 하나가 되었고, 숲에서 사라진 백학궁白鶴宮에는 시골 샘물이 맑다[路失玉鉤芳草合, 林亡白鶴野泉淸]"라고 했다. 광릉廣陵에도 희마대가 있고 그 아래에 '옥구사玉鉤斜'라는 길이 있다. 당 고종이 동쪽에서 봉천의식을 가질 때 학이 내려와서, 각 주州에 조칙을 내려 노자老子를 위해 궁을 짓고 백학궁이라 이름 짓게 했다. 이를 소식이 잘못 인용한 것이고 후대에도 이를 그대로 믿고 있으므로 사실을 밝히지 않을 수 없다.

① '下'는 본래 '一'로 되어 있었는데 『적원총서』본에 의거하여 고쳤다.

裕陵常謂杜子美詩云: "勳業頻看鏡, 行藏獨倚樓." 謂甫之詩, 皆不迨此.

조욱趙頊은 항상 두보의 시, "공적을 고민하며 자주 거울을 보고, 출사와 은거의 삶을 두고 홀로 누대에 기댄다[勳業頻看鏡, 行藏獨倚樓]"[29]를 거론하며 두보의 다른 시는 모두 이에 미치지 못한다고 했다.

呂某公歸老於洛, 嘗遊龍門還, 閽者執筆歷請官稱, 公題以詩云: "思

29 공적을 …… 기댄다: 행장(行藏)은 『논어(論語)』「술이(述而)」의 "등용하면 나가고, 버리면 조용히 지낸다[用之則行, 舍之則藏]"에서 인용된 말로 처신 또는 몸가짐을 말한다. 이 구절은 공적의 달성 여부와 벼슬길의 진퇴 여부를 염두에 두고 거울을 보거나 누대에 기대어 고민하는 두보의 형상을 그린 것이다.

山乘輿看山回, 烏帽綸巾入帝臺. 門吏不須詢姓氏, 也曾三到鳳池來."

여呂 아무개공이 노년에 낙양에 돌아와 지내다가 일찍이 용문산龍門山을 유람하고 돌아왔다. 이때 문지기가 붓을 들어 관직명을 하나하나 물었다. 공이 이를 시로 읊기를 "산이 생각나 흥에 겨워 산을 보고 돌아오니, 검은 모자 굵은 실 건이 황제의 누대로 들어왔네. 문지기 아전은 성씨를 묻지 말라, 일찍이 세 번이나 봉황지鳳凰池[30]에 왔었노라[思山乘輿看山回, 烏帽綸巾入帝臺. 門吏不須詢姓氏, 也曾三到鳳池來]"라고 했다.

曹南院爲秦帥, 唃氏擧國入寇, 公自出禦之. 戰於三都谷, 大敗之, 唃氏遂衰. 其幕府獻詩云: "賢守新成蓋代功, 臨危方始見英雄. 三都谷路全師入, 十萬胡塵一戰空. 殺氣尙疑橫塞外, 捷音相繼遍寰中. 君王看降如綸命, 旌節前驅馬首紅."

조위曹瑋가 진秦의 장수가 되었을 때 곡씨唃氏가 군사를 총동원해 침입했다. 조위는 스스로 나서서 방어했고 삼노합三都谷의 전투에서 크게 패퇴시켜 곡씨가 마침내 쇠락했다. 그의 막부幕府가 헌상한 시에서 "현명한 태수가 시대를 가늠할 공을 세웠으니, 위기 앞에서 비로소 영웅을 알아보겠네. 삼도곡 길로 모든 군사가 들어가, 십만 오랑캐가 한 번 전투에 사라졌네. 살기는 아직도 변방 밖을 가로지른 듯하고, 승리의 소식은 연이어 온 세상에 두루 퍼졌네. 군왕은 조칙을 내리시어, 깃발 앞세운 말의 머리가 붉게 빛나네[賢守新成蓋代功, 臨危方始見英雄. 三都谷路全師入, 十萬胡塵一戰空. 殺氣尙疑橫塞外, 捷音相繼遍寰中. 君王看降如綸命, 旌節前驅馬首紅]"라고 했다.

---

30 봉황지(鳳凰池): 황제의 금원(禁苑) 속에 있던 연못 이름인데, 후에 중서성(中書省)의 별칭으로 쓰이기도 했다.

太祖夜幸後池, 對新月置酒, 問 : "當直學士爲誰?" 曰 : "盧多遜." 召使賦詩. 請韻, 曰 : "些子兒." 其詩云 : "太液池邊看月時, 好風吹動萬年枝. 誰家玉匣開新鏡, 露出清光些子兒." 太祖大喜, 盡以坐間飮食器賜之.

태조가 밤에 후원 연못에 행차하여 막 떠오르는 달을 마주해 술자리를 마련한 뒤 "당직 학사가 누구인가?"라고 물었다. "노다손盧多遜입니다"라고 답하자, 불러서 시를 짓게 했다. 노다손이 운韻을 요청하자 태조는 '사자아些子兒'라고 했다. 그는 시를 짓기를 "태액지太液池 옆 달을 구경할 때에, 상쾌한 바람이 만년의 가지를 흔드네. 누구네 집 옥갑에서 새 거울을 열었나, 맑은 빛을 조금(些子兒) 드러내었네[太液池邊看月時, 好風吹動萬年枝. 誰家玉匣開新鏡, 露出清光些子兒]"라고 했다. 이에 태조가 크게 기뻐서 그 자리에 있던 식기들을 다 하사했다.

韓魏公爲陜西安撫, 開府長安. 李待制師中過之, 李有詩名, 席間使爲官妓賈愛卿賦詩, 云 : "願得貔貅十萬兵, 犬戎巢穴一時平. 歸來不用封侯印, 只問君王乞愛卿."

한기가 섬서 안무사安撫使로 있을 때 장안長安에 부府를 개설했다. 이때 대제待制 이사중李師中이 그를 찾았다. 당시 이사중이 시인의 명성을 갖고 있어서 한기는 함께 앉은 자리에서 관기官妓 가애경賈愛卿을 위해 시를 지어보게 했다. 이사중이 이르기를 "원컨대 비휴貔貅 같은 십만 병사를 얻어, 오랑캐 소굴을 일시에 평정하고 싶네. 돌아와선 봉후封侯의 인장은 생각지 않고, 군왕께 애경(가애경)을 달라고만 싶네[願得貔貅十萬兵, 犬戎巢穴一時平. 歸來不用封侯印, 只問君王乞愛卿]"라고 했다.

某守與客行林下, 曰:"柏花十字裂." 願客對. 其倅晩食菱, 方得對云:"菱角兩頭尖." 皆俗諺全語也.

아무개 태수가 손님과 함께 숲길을 걷다가 "잣꽃이 십자로 벌어졌네[柏花十字裂]"를 읊으며 손님의 대구를 기대했다. 그곳 원이 저녁에 마름을 먹고 비로소 대구를 얻어 이르기를 "마름의 뿔은 두 머리가 뾰족하네[菱角兩頭尖]"라고 했다. 모두 속담의 온전한 표현들이다.

杭妓胡楚·龍靚, 皆有詩名. 胡云:"不見當時丁令威, 年來處處是相思.① 若將此恨同芳草, 却恐青青有盡時." 張子野老于杭, 多爲官妓作詞, 與胡而不及靚.② 靚獻詩云:"天與羣芳十樣葩, 獨分顔色不堪誇. 牡丹芍藥人題徧, 自分身如鼓子花." 子野于是爲作詞也.

① '年來', 原作'年年', 據『適園』本改.

② '與胡', 原脫, 據『適園』本補.

항주 기생 호초胡楚와 용정龍靚은 모두 시인의 명성을 갖고 있었다. 호초는 시에서 "당시의 정령위丁令威[31]를 만나지 못해, 해마다 곳곳에서 그를 그린다. 이 한이 만일 푸른 풀과 같다면, 푸른빛이 사라질까 두렵기만 하다[不見當時丁令威, 年來處處是相思. 若將此恨同芳草, 却恐青青有盡時]"라고 했다. 장선張先은 항주에서 노년을 보낼 때, 관기官妓를 위해 사

31 정령위(丁令威): 한(漢)나라 요동(遼東) 사람으로 영허산(靈虛山)에서 신선술을 배워 신선이 되어 떠났다. 나중에 학이 되어 요동으로 돌아와 성문의 화표주(華表柱)에 앉았는데, 한 소년이 활로 쏘려 하자 날아올라 공중을 배회하며 이런 노래를 하고는 하늘로 치솟아 날아가 버렸다고 한다. "새가 날아왔으니 이는 정령위라, 집을 떠난 지 천 년 만에 지금에야 돌아왔다. 성곽은 전과 같으나 사람들은 예전 사람이 아니구나. 왜 신선을 배우지 않고 무덤만 늘어서 있는가.[有鳥有鳥丁令威, 古家千年今始歸. 城郭如故人民非, 何不學仙冢纍纍.]"

詞를 많이 지었지만 호초에게만 지어주고 용정에게는 미치지 못했다. 이에 용정이 그에게 올린 시에서 "하늘이 갖가지 모양의 꽃을 내릴 때, 홀로 가진 모습은 자랑할 만하지 못하네. 모란과 작약은 사람들이 들먹이나, 나의 몸은 고자(鼓子 : 메꽃)와 같네[天與羣芳十樣葩, 獨分顏色不堪誇. 牡丹芍藥人題遍, 自分身如鼓子花]"라고 했다. 그제야 장선은 비로소 그녀를 위해 사를 지어 주었다.

① '年來'는 본래 '年年'으로 되어 있었는데 『적원총서』본에 의거하여 고쳤다.

② '與胡'는 본래 탈락되어 있었는데 『적원총서』본에 의거하여 보충했다.

王岐公詩喜用金玉珠璧, 以爲富貴, 而其兄謂之至寶丹.

왕규는 시에서 금옥金玉과 주벽珠璧을 자주 사용해 부귀의 형상을 만들었다. 그의 형은 이를 지보단至寶丹이라 하였다.

閩士有好詩者, 不用陳語常談. 寫投梅聖俞, 答書曰 : "子詩誠工, 但未能以故爲新, 以俗爲雅爾."

민閩의 학사 가운데 시를 좋아하는 사람이 있었다. 그는 진부한 말이나 일상적인 표현은 사용하지 않았다. 그가 시를 지어 매요신에게 전하자, 매요신은 답신에서 "그대의 시는 참으로 뛰어나지만, 묵은 것을 새 것으로만 만들 뿐 속된 것을 전아한 것으로 만들지는 못하네"라고 했다.

蘇公居潁, 春夜對月. 王夫人曰 : "春月可喜, 秋月使人愁耳." 公謂前未及也. 遂作詞曰 : "不似秋光, 只與離人照斷腸." 老杜云 : "秋月解傷神." 語簡而益工也.

소식이 영주潁州에 머무를 때 봄날 밤에 달을 마주하고 있었다. 왕부인王夫人이 "봄 달은 기쁘지만, 가을 달은 시름겹게 한다[春月可喜, 秋月使人愁耳]"라고 했다. 그러자 소식은 이전에 언급되지 않은 것이라 하며 마침내 사詞를 짓기를 "가을빛을 닮지는 않았지만, 이별한 사람의 애끓는 간장을 비추네[不似秋光, 只與離人照斷腸]"라고 했다. 그런데 두보는 "가을 달은 마음을 슬프게 할 줄 안다[秋月解傷神]"라고 했으니 시가 간단한데도 더 빼어나다.

余登多景樓, 南望丹徒, 有大白鳥飛近青林, 而得句云: "白鳥過林分外明." 謝朓亦云: "黃鳥度青枝." 語巧而弱. 老杜云: "白鳥去邊明." 語少而意廣. 余每還里, 而每覺老, 復得句云"坐下漸人多", 而杜云"坐深鄉里敬", 而語益工. 乃知杜詩無不有也.

내가 다경루多景樓에 올라 남쪽으로 단도丹徒[32]를 바라봤을 때 큰 백조가 푸른 숲 가까이 날아오고 있었다. 이때 얻은 시에서 "백조가 숲을 지나자 뜻밖에 밝구나[白鳥過林分外明]"라고 했다. 사조謝朓 또한 "꾀꼬리가 푸른 가지를 지난다[黃鳥度青枝]"라고 했는데, 시어가 기교는 있지만 나약하다. 두보는 "백조가 변방으로 분명하게 날아간다[白鳥去邊明]"라고 했다. 이 구절은 시어는 적지만 의미가 넓다. 내가 고향에 돌아올 때마다 늙었다는 것을 느끼며 다시 얻은 시에서 "자리에 앉자 사람들이 많아진다[坐下漸人多]"라고 했는데, 두보는 "깊숙한 자리(상석)에 앉자 향리가 존경한다[坐深鄉里敬]"라고 했다. 두보의 시어가 더욱더 빼어나

32 단도(丹徒): 현재 강소성(江蘇省) 진강(鎭江) 동남쪽에 위치한 현(縣)의 이름이다.

다. 여기에서 두보의 시가 갖고 있지 않은 것이 없음을 알 수 있다.

周盤龍以武功爲散騎常侍, 齊武帝戲之曰:"貂蟬何如兜鍪", 對曰:"貂蟬生於兜鍪." 外大父潁公罷相建節, 出帥太原, 其詩曰:"兜鍪却自貂蟬出,① 敢用前言戲武夫." 李待制師中以相業自任, 嘗帥秦, 以事去, 其詩曰:"兜鍪不勝任, 猶可冠貂蟬."

① '却', 原作'出', 據『津逮秘書』本改.

주반룡周盤龍이 무공을 세워 산기상시散騎常侍가 되었을 때, 제齊 무제武帝가 농담 삼아 이르기를 "초선貂蟬[33]이 투구와 견주어 어떠한가?"라고 물었다. 주반룡이 대답하기를 "초선은 투구에서 나왔습니다"라고 했다. 외대부外大父 방적龐籍이 재상을 그만두고 부절을 받아[建節][34] 태원원수太原元帥로 나갔을 때 지은 시에서 "투구는 초선으로부터 나왔거늘, 감히 지난 말을 사용하여 무사를 희롱한단 말인가[兜鍪却自貂蟬出, 敢用前言戲武夫]"라고 했다. 또한 대제待制 이사중李師中은 정승 업무를 자임했는데, 일찍이 진秦의 군사를 통솔하다가 어떤 사건으로 인해 자리를 떠나면서 지은 시에서 "투구는 그 임무를 감당하지 못하나, 초선은 머리에 쓸 만하네[兜鍪不勝任, 猶可冠貂蟬]"라고 했다.

① '却'은 원래 '出'로 되어 있었는데 『진체비서津逮秘書』본에 의거하여 고쳤다.

東坡居惠, 廣守月饋酒六壺, 吏嘗跌而亡之. 坡以詩謝曰:"不謂青州六從事, 翻成烏有一先生."

33 초선(貂蟬): 선문(蟬文)과 초미(貂尾)로 장식한 관(冠)이라는 뜻으로 옛날에 무관이 쓰고 다녔다.

34 부절을 받아[建節]: 감사(監司)나 관찰사(觀察使)로 뽑혀 임명되는 것을 말한다.

소식이 혜주惠州에 머물 때 광주태수廣州太守가 매달 술 여섯 병을 보냈다. 그런데 한번은 아전이 길에서 넘어져 술을 다 엎질렀다. 이에 소식이 시를 지어 사례하기를 "청주青州의 여섯 종사從事[35]가, 오유선생烏有先生[36] 하나가 될 줄은 미처 생각지 못했네[不謂青州六從事, 翻成烏有一先生]"라고 했다.

王斿,① 平甫之子, 嘗云: "今語例襲陳言, 但能轉移爾." 世稱秦詞'愁如海'爲新奇, 不知李國主已云: "問君能有幾多愁, 恰似一江春水向東流." 但以江爲海爾.

① '斿', 原作'遊', 據『津逮』本改.

왕유王斿는 왕안국王安國의 아들이다. 그는 일찍이 "오늘날의 시어는 으레 묵은 표현을 답습하여 옮기는 데만 능할 뿐이다"라고 했다. 세상에서 진관의 사詞 「수여해愁如海」를 신기한 것으로 보는데, 이욱이 이미 "그대는 얼마만큼의 시름을 가질 수 있는가? 봄날 강물이 동쪽을 향해 흐르는 것과 같네[問君能有幾多愁, 恰似一江春水向東流]"라고 한 것을 모르고 있다. 진관은 '강江'을 '해海'로 바꿨을 뿐이다.

① '斿'는 원래 '遊'로 되어 있었는데 『진체비서』본에 의거하여 고쳤다.

---

35 청주(青州) …… 종사(從事): 청주종사(青州從事). 진(晉)나라 환온(桓溫)이 술을 마실 때마다 품평을 잘 하는 주부(主簿)가 먼저 술을 맛보고는, 좋은 술에 대해서는 '청주종사'라 하고 시원찮은 술에 대해서는 '평원독우(平原督郵)'라고 했다 한다. 그 이유는 청주에 제군(齊郡)이 있고 평원(平原)에 격현(隔縣)이 있는 것에 빗대어, 좋은 술은 배꼽 아래[臍下]에까지 이르고 나쁜 술은 그저 격막(膈膜) 근처까지만 간다는 뜻에서였다고 한다.

36 오유선생(烏有先生): 사마상여의 「자허부(子虛賦)」는 자허와 망시공(亡是公)과 오유선생 세 사람의 문답으로 되어 있는데 "헛것[子虛]이 이런 것이 없다[亡是公], 어디 있었느냐[烏有]"라는 뜻이다.

『임한은거시화臨漢隱居詩話』

송宋 위태魏泰

위태魏泰, 『임한은거시화臨漢隱居詩話』 해제

위태(생졸년 미상)는 자가 도보道輔, 호가 계상장인溪上丈人이며 양양襄陽 사람이다. 휘종徽宗 숭녕(崇寧 : 1102~1106), 대관(大觀 : 1107~1111) 연간에 장순章淳이 관리로 추천하려 했지만 응하지 않았다. 만년에 은사를 자처하며 책을 쓰면서 스스로 즐겼다. 『반자진시화潘子眞詩話』에서는 그가 "어려서 서충민(徐忠愍 : 徐元傑), 산곡노인(山谷老人 : 황정견)과 친했다. 많은 책들을 두루 읽었고, 특히 조야의 재미난 이야기들을 많이 알아 종일 이야기했다[少與徐忠愍及山谷老人友善. 博及群書, 尤能談朝野可喜事, 亹亹終日]"라고 하였다.

위태의 시론을 보면 창의성을 중시하여 기괴하게 시를 다루거나 고사를 잔뜩 늘어놓는 것에 반대한다. 그래서 양억楊億, 유균劉筠 같은 서곤체 시인들을 가리켜 "시를 지을 때 고사의 활용에만 힘써서 시어의 내용이 가볍고 얕다[作詩務積故實, 而語意輕淺]"라고 하였다. 또 황정견을 비판할 때는 "옛날 사람이 쓰지 않은 고사만 찾거나 한두 개의 기묘한 글자를 엮어 시를 만든다[專求古人未使之事, 又一二奇字, 綴葺而成詩]"라고 하였다. 『사고제요四庫提要』에서는 그를 가리켜 "희녕(熙寧 : 왕안석 등 신당파)을 가까이하고 원우(元祐 : 구양수 등 구당파)를 억제하여, 구양수를 논평할 때 시가 여운미가 부족하다고 했다[黨熙寧而抑元祐, 如論歐陽脩則恨其詩少餘味]"라고 하고 "왕안석에 대해서는 좋은 시구를 적극적으로 치켜세웠다. 문호의 사적인 관계를 굳게 지키며 공공의 의견과는 상반된 자세를 취하는 데 주저함이 없었던 것이다[惟于王安石則盛推其佳句. 蓋堅執門戶之私而甘與公議相左者]"라고 하였다. 그러나 위태는 역시 '여미설餘味說'을 주로 삼고 "넉넉함과 부드러움, 감동과 풍자[優柔感諷]"를 주로 삼았으며 호방함을 드러내거나 노여움을 펼치는 것을 좋아하지 않았다. "무릇 시를 지을 때는 길어내도 원천이 닳지 않고 씹을수록 맛이 나는 것처럼 해야 한다[凡爲詩, 當使挹之而源不窮, 咀之而味愈長]"고 하였으니 실로 식견 있는 견해이다. 그는 저서로 『임한은거시화』, 『동헌필록東軒筆錄』, 『지괴담志怪談』, 『권유집倦游集』, 『군이집捃異集』 등을 남겼다.

위태의 『임한은거시화』는 한 권, 70조이다. 『송사・예문지』에는 집류 문사류로, 『사고전서』에는 집부 시평류로 분류되어 있다. 위에서 제시했듯이 위태는 이 시화에서 '여미설'을 중시했고 이는 『석림시화石林詩話』와 매우 비슷하다. 그는 "시란 이야기를 서술하며 정을 기탁하는 것이다. 이야기는 상세해야하고 정은 숨어있어야 하는데 마음에 감응되면 정이 시어에 나타나게 되니 이것이 사람 마음속 깊이 젖어드는 까닭이다. 만일 세찬 기세로 즉시 서술하고 더 이상 여운미가 없으면 사람을 감동시키는 것이 약할 것이니 어떻게 손과 발이 저절로 춤추어질 수 있겠는가. 하물며 인륜을 도탑게 하고 풍속을 아름답게 하며 하늘과 땅을 움직이고 귀신을 감응시킬 수 있겠는가[詩者述事以寄情, 事貴詳, 情貴隱, 及乎感會于心, 則情見於詞, 此所以入人深也. 如將盛氣直述, 更無餘味, 則感人也淺, 烏能使其不知手舞足蹈. 又況厚人倫, 美教化, 動天地, 感鬼神乎]"라고 하였다. 여기에서 '여미餘味'는 시의 '운미韻味', '취미趣味'를 가리킨다. 위태는 시 자체에 사람을 감동시키는 예술적 매력이 있어야 함을 강조하는 한편, 시의 형상에 담긴 함축적 의미가 사람들에게 끝없는 연상을 불러 일으켜 깊고 강렬한 미학적 효과를 자아내야 함을 시인과 독자 양측의 시각으로 제시하였다.

'미味'로 시를 논한 사람은 육기陸機가 최초이며 이후 종영이 '자미설滋味說'을 제시해 "음미하는 이들로 하여금 끝없는 감상에 젖게 하고 듣는 이들로 하여금 마음을 움직이도록 하는 것이 시의 지극한 경지이다[使味之者無極, 聞之者動心, 是詩之至也]"라고 하였다. 당의 사공도도 "맛을 분별한 뒤에야 시를 말할 수 있다[辨于味, 而後可以言詩]"라고 하여 '미'를 시가 반드시 갖춰야 할 특유의 속성으로 보았다. 송대의 시론가들은 대부분 '미'로 시를 논하는 것을 즐겼다. 그런데 위태의 '여미설'은 '미'로 시를 논하던 전대의 전통을 계승하고 발전시킨 것이면서 그 자체의 특정한 현실적 의의도 갖고 있다. 그는 '여미'가 시 평론의 예술적 표준임을 강력히 주장하면서 북송 소식, 황정견의, "문자로 시를 짓고, 의론으로 시를 짓고, 학문으로 시를 지어[以文字爲詩, 以議論爲詩, 以才學爲詩]" "출처 없는 글자가 한 자도 없는[無一字無來處]" 시풍을 최초로 성찰, 비판하였다. 이 밖에 문으로 시를 지었던 한유에 대해서는 "한유의 시는 압운押韻한 산문일 뿐이며 굳건하고 아름답고 풍부하지만 격이 시에 가깝지 않다[韓退之詩乃押韻之文爾, 雖健美富贍, 而格不近詩]"고 여겼고, 앞에서도 말했듯이 서곤체 시인들을 겨냥해서는 "고사의 활용에만 힘써서 시어의 내용이 가볍고 얕다"라고 했으며 구양수의 시는 여미가 적다고 평가절하했다. 이런 견해들은 당시의 시풍이 안고 있던 병폐를 정확히 지적하는 것이었다.

『임한은거시화』는 당, 송의 유명 시인들의 창작 풍격과 성취, 그리고 득실에 대해 일일이 평가를 가했다. 예컨대 "위응물의 고시는 율시보다 뛰어나며, 이덕유李德裕와 무원형武元衡의 율시는 고시보다 뛰어나고 오언구도 칠언구보다 뛰어나다. 장적과 왕건의 시의 격이 매우 유사하고, 이익李益은 고시와 율시가 다 알맞지만, 모두 위응물에는 견줄 수 없다[韋應物古詩勝律詩, 李德裕 · 武元衡律詩勝古詩, 五字句又勝七字. 張籍 · 王建詩格極相似, 李益古律詩相稱, 然皆非應物之比也]"라고 했으며 "소순흠은 시로 명성을 얻었지만 글씨도 표일飄逸하다. 그러나 그의 시는 분방奔放과 호건豪健을 위주로 한다. 매요신도 시에 뛰어났는데 고상한 운치는 부족하지만 평담平淡함이 뛰어나 세상에서 '소매蘇梅'라 불렸다[蘇舜欽以詩得名, 學書亦飄逸, 然其詩以奔放豪健爲主. 梅堯臣亦善詩, 雖乏高致, 而平淡有工, 世謂之蘇梅]"라고 하였다. 아울러 『임한은거시화』는 "시를 짓는 법은 준엄하고 정갈하여 범상치 않음을 중시하고[造字之法貴峻潔不凡]", "생각이 정밀할수록 조어造語가 더욱 깊어진다[思之愈精, 則造語愈深]"고 하여 진지하고 사려 깊은 시 짓기의 태도를 강조하기도 했다.

이 시화는 판본이 매우 많다. 『지부족재知不足齋』본, 『용위비서龍威秘書』본, 『칠자시화七子詩話』본, 『호북선정유서湖北先正遺書』본, 『고금설부古今說部』본, 『형설헌』본은 대체로 완전하지만 『설부』본, 『고금시화』본, 『역대시화』본, 『기진재奇晋齋』본, 『학해學海』본 등은 빠진 부분이 있다. 현재 전해지는 판본 중에는 『지부족재』본이 가장 낫다.

임한은거시화臨漢隱居詩話

송宋 **위태**魏泰

神宗皇帝以天縱聖智, 旁工文章. 其於詩, 雖穆王黃竹·漢武秋風之詞, 皆莫可擬其彷彿也. 秦國大長公主薨, 帝賜挽詩三首曰: "海闊三山路, 香輪定不歸. 帳深空翡翠, 佩冷失珠璣. 明月留歌扇, 殘霓散舞衣. 【'霓'一作'霞'】 都門送車返, 宿草自春菲." "曉發西城道, 【'西城'一作'城西'】 靈車望更遙. 春風空魯館, 明月斷秦簫. 塵入羅幃暗, 【'幃'一作'衣'】 香隨玉篆消. 芳魂飛北渚, 那復一爲招."【一作'可爲招'】 "慶自天源發, 恩從國愛申. 歌鍾雖在館, 桃李不成春. 水折空環沁, 【'環'一作'還'】 樓高已隔秦. 區區會稽市, 無復獻珠人." 噫, 豈特帝王, 蓋古今詞人無此作也. 【按此條『冷齋夜話』述之】

신종 황제는 하늘이 내린 성자이자 지자이며 문장까지 두루 훌륭했다. 그의 시는 주 목왕穆王의 「황죽가黃竹歌」와 한 무제의 「추풍사秋風詞」도 따라갈 수 없다. 진국대장공주秦國大長公主가 죽자 신종 황제는 다음과 같은 만사 3수를 하사했다. "바다 드넓은 삼산三山 길을, 향기 나는 수레는 정녕 돌아오지 않는가. 휘장은 침묵에 잠겨 비취는 공허하고, 패옥珮玉은 차가워 옥빛을 잃었다. 밝은 달만 노래 부채에 남고, 엷은 무지개는 춤옷에서 사라졌다【'霓'는 '霞'로도 되어 있다】. 도성문에서 수레 보내고 돌아오니, 묵은 풀만 봄날 절로 푸르다[海闊三山路, 香輪定不歸. 帳深空翡翠, 佩冷失珠璣. 明月留歌扇, 殘霓散舞衣.【'霓'一作'霞'】 都門送車返, 宿草自春菲]", "이른 새벽 서쪽 성 길을 나서【'西城'은 '城西'으로도 되어 있다】, 영거靈車는 바라볼수록 아득히 사라진다. 봄바람에 노관魯館은 텅 비고, 밝은 달에 진소秦簫는 끊겼다. 먼지만 자욱한 비단 휘장으로 들어오고【'幃'는 '衣'로도 되어 있다】, 향은 옥빛 전서篆書를 따라 사라진다. 꽃다운 혼령 북쪽 물나라로 날아 가버렸으니, 어찌해야 다시 부를 수 있을까【'可爲招'로도 되어 있다】[曉發西城道,【'西城'一作'城西'】 靈車望更遙. 春風空魯館, 明月斷秦簫. 塵入羅幃暗,【'幃'一作'衣'】 香隨玉篆消. 芳魂飛北渚, 那復一爲招.【一作'可爲招'】]", "경사는 하늘로부터 나오고, 은혜는 국가로부터 펼친다. 노래며 종소리는 관館 안에 있지만 복사꽃 오얏꽃은 봄을 이루지 못한다. 끊긴 물길 공연히 심수沁水를 맴돌고【'環'은 '還'으로도 되어 있다】, 높은 누대는 이미 진秦과 막혔다. 구구한 회계會稽 저자에, 다시는 구슬 바치는 이가 없겠구나.[慶自天源發, 恩從國愛申. 歌鍾雖在館, 桃李不成春. 水折空環沁,【'環'一作'還'】 樓高已隔秦. 區區會稽市, 無復獻珠人.]"【살펴보니 이 단락은 『냉재야화冷齋夜話』에도 서술되어 있다】【按此條『冷齋夜話』述之】 아, 어찌 제왕뿐이겠는가! 고금의 문인 가운데 이만한 작품이 없다.

李光弼代郭子儀入其軍, 號令不更而旌旗改色. 及其亡也, 杜甫哀之曰 : "三軍晦光彩, 烈士痛稠疊." 前人謂杜甫句爲"詩史", 蓋謂是也. 非但敍塵迹摭故實而已.

이광필李光弼이 곽자의를 대신해 군에 들어가서 구호는 바꾸지 않고 깃발 색만 바꾸었다. 그가 죽자 두보가 애도하기를 "삼군三軍이 빛을 잃고, 열사의 통곡이 쌓였다[三軍晦光彩, 烈士痛稠疊]"라고 했다. 옛사람들이 두보의 시를 '시사詩史'라고 한 것은 이를 두고 말한 것이다. 단지 묵은 자취나 서술하고 고사나 추리는 데 그치지 않았다.

古樂府中, 木蘭詩焦仲卿詩皆有高致. 蓋世傳「木蘭」詩爲曹子建作, 似矣. 然其中云:"可汗問所欲", 漢魏時, 夷狄未有"可汗"之名, 不知果誰之詞也? 杜牧之「木蘭廟」詩云:"彎弓征戰作男兒, 夢裏曾驚學畫眉. 幾度思歸還把酒, 拂雲堆上祝明妃." 殊有美思也.

고악부古樂府 가운데 목란시木蘭詩와 초중경焦仲卿의 시는 모두 고상한 운치가 있다. 전해오는 말에, 목란시는 조식曹植의 저작이라 하는데 그럴싸하다. 하지만 그 가운데 "가한可汗에게 하고 싶은 것을 묻는다[可汗問所欲]"를 보면 한·위시대에 이적夷狄에는 가한可汗이란 명칭이 없었다. 그렇다면 누구의 작품일까? 두목은 「목란묘木蘭廟」에서 "활을 당기며 전장에 나가 남아가 되었지만, 일찍이 꿈속에서 눈썹 그림 배우는 것에 깜짝 놀랐네. 돌아가고파 술잔 든 게 몇 번이었나, 불운퇴拂雲堆 위에서 명비明妃[1]에게 축원하네[彎弓征戰作男兒, 夢裏曾驚學畫眉. 幾度思歸還把酒, 拂雲堆上祝明妃]"라고 했는데, 시상이 아주 돋보인다.

劉攽詩話載杜子美詩云:"蕭條六合內, 人少豺虎多. 少人慎勿投, 多

1 명비(明妃): 한 원제(元帝)의 궁녀로 이름은 장(嬙), 자(字)는 소군(小君)이다. 절세의 미인이었는데 흉노와의 화친책으로 호한야선우(呼韓耶單于)에게 출가했다. 역대 많은 시인들이 그녀에 대한 작품을 남겼다.

虎信所過. 饑有易子食, 獸猶畏虞羅." 言亂世人惡甚於豺虎也. 予觀老杜「潭州」詩云: "岸花飛送客, 檣燕語留人." 與前篇同. 意喪亂之際, 人無樂善喜士之心, 至于一將一迎, 曾不若岸花檣燕也. 詩主優柔感諷, 不在逞豪放而致怒張也.【"怒張" 一作 "詬怒"】 老杜最善評詩, 觀其愛李白深矣, 至稱白則曰: "李侯有佳句, 往往似陰鏗." 又曰: "清新庾開府, 俊逸鮑參軍." 信斯言也, 而觀陰鏗鮑照之詩, 則知予所謂主優柔而不在豪放者爲不虛矣.

유반劉攽의 시화(『중산시화』)에 실린 두보의 시에서 "스산한 육합六合 안에, 사람은 적고 승냥이 호랑이들만 많다. 작은 사람을 삼가 내던지지 말라, 많은 호랑이들이 참으로 겪었던 바다. 굶주리면 자식을 바꿔 먹기도 하니, 짐승은 그래도 사냥꾼의 그물을 두려워한다[蕭條六合內, 人少豺虎多. 少人愼勿投, 多虎信所過. 饑有易子食, 獸猶畏虞羅]"라고 했다. 난세에는 사람이 승냥이나 호랑이보다 더 나쁘다는 것을 이야기한 것이다. 내가 살펴보건대, 두보의 「담주潭州」에서 "언덕 꽃 날아와 손님을 전송하고, 돛대 제비 지저귀며 사람을 붙든다[岸花飛送客, 檣燕語留人]"는 앞의 시와 같다. 혼란을 가슴 아파 하는 즈음에는 사람들에게는 선을 즐기고 현자를 좋아하는 마음이 없으며, 손님을 전송하거나 맞이하는 일조차 언덕의 꽃이나 돛대의 제비만 못하다는 것을 나타낸다. 시는 넉넉함과 부드러움, 감동과 풍자를 주로 삼아야 하며, 호방함을 드러내거나 노여움을 펼치는 데 있지 않다【'怒張'은 '詬怒'로 쓰기도 한다】. 두보는 시의 논평을 가장 잘 했는데, 이백을 매우 사랑하면서도 논평할 때는 "이후(李侯 : : 이백)는 좋은 시를 남겨, 이따금 음갱陰鏗과 같다"라고 하고, 또 "청신한 유개부(庾開府 : 유신庾信), 준일한 포참군(鮑參軍 : 포조)"이라고 했다. 이 말을 믿고서 음갱과 포조의 시를 살펴보면, 시는 넉넉함과 부드러움을 주로 삼아야지 호방함을 드러내는 데 있지 않다는 내 말이 빈말이 아님을 알 것이다.

竹有黑點, 謂之斑竹, 非也. 湘中斑竹方生時, 每點上有苔錢封之甚固. 土人斫竹浸水中, 用草穰洗去苔錢, 則紫暈斕斑可愛, 此眞斑竹也. 韓愈曰 "剝苔弔斑林, 角黍餌沈塚" 是也.【按胡仔『漁隱叢話』云 : "斑竹惟清湘有之, 鮮紫, 倒暈如血色, 天生如此, 未嘗每點上苔錢封之. 若廣右藤梧之閒, 別有一種斑竹, 極大, 而斑色紫黑, 不甚佳, 閒有苔蘚封之, 非盡有也."】

검은 반점이 있는 대나무를 반죽斑竹이라 말하는 것은 잘못이다. 상수湘水 지역의 반죽은 막 자랄 때 점마다 동전만 한 이끼가 아주 견고하게 붙어 있다. 이 지역 사람들이 그 대나무를 베어 물속에 담가 두었다가 볏짚 따위로 동전 같은 이끼를 씻어내면 붉은 빛이 아롱져 참 아름답다. 이것이 진짜 반죽이다. 한유가 "박태剝苔[2]로 반림斑林[3]을 위로하고, 각서角黍[4]를 침총沈塚[5]에 드시게 한다(剝苔弔斑林, 角黍餌沈塚)"라고 한 것이 바로 그것이다【안按 : 호자胡仔의 『어은총화漁隱叢話』에서 "반죽은 오직 청정한 상수 지역에만 있으며 선명한 자색이고 도훈倒暈[6]은 핏빛과 같다. 천연적으로 이렇게 자란 것이지 점 위에 동전 같은 이끼가 덧씌워진 것이 아니다. 광우(廣右 : 광서廣西)의 등藤과 오梧 지역에 별도의 반죽이 있는데, 매우 크고 자줏빛과 검은빛이 뒤섞여서 그다지 아름답지 않다. 이따금 이끼가 덧씌워진 것이 있긴 하지만 모두 그런 것은 아니다"라고 했다】.

---

2 박태(剝苔) : 이끼를 제거하는 것. 의학상으로는 혀의 중앙 한 곳의 설태(舌苔)가 벗겨져 있는 상태를 말하기도 한다.

3 반림(斑林) : 반죽(斑竹). 순임금이 죽자 아황(娥皇)과 여영(女英)이 초나라의 상수(湘水)에 몸을 던져 죽었는데, 그 눈물이 대나무에 얼룩져서 반죽이 되었다 한다.

4 각서(角黍) : 죽엽(竹葉)으로 싼 떡으로 종자(粽子)라고도 한다.

5 침총(沈塚) : 물 밑에 장사지낸 사람. 곧 굴원을 가리킨다.

6 도훈(倒暈) : 꽃잎은 일반적으로 꽃받침에 가까울수록 색이 짙고 꽃잎 끝부분에 이를수록 점차 열어진다. 꽃받침에 가까울수록 색이 열고 끝부분에 이르면 도리어 짙은 것을 '도훈'이라 한다.

韓愈「南溪始汎」詩, 將死病中作也. 句有 "足弱不能步, 自宜收朝蹟." 又云 : "餘年懍無幾, 休日愴已晩." 張籍「哭退之」詩略云 : "去夏公請告, 養病城南莊. 籍時休官罷, 兩月同遊翔. 移船入南溪, 東西縱篙撑. 公作「遊溪」詩, 詠唱多慨慷." 又曰 : "偶有賈秀才, 來茲亦同幷." 秀才, 謂賈島也. 島有「攜文謁張籍韓愈」詩曰 : "袖有新成詩, 欲見張韓老"也.

한유의 「남계시범南溪始汎」은 그가 병고로 죽기 전에 지은 것이다. 그 구절에서 "발에 힘이 없어 걸을 수 없으니, 조정의 자취를 거두는 것이 마땅하다[足弱不能步, 自宜收朝蹟]"라고 하고, 또 "남은 생 얼마 남지 않은 것이 두렵고, 쉬는 것이 이미 늦은 것이 서글프다[餘年懍無幾, 休日愴已晩]"라고 했다. 장적은 「곡퇴지哭退之」에서 "지난 여름 공이 휴가를 청하여, 성남장城南莊에서 요양하셨다. 당시 나는 관직에서 잠시 물러나 2개월을 함께 지냈다. 배를 타고 남계로 들어가, 가고 싶은 대로 삿대를 저었다. 공이 「유계遊溪」를 지으셨는데, 읊조리자니 서글픔이 솟구친다[去夏公請告, 養病城南莊. 籍時休官罷, 兩月同遊翔. 移船入南溪, 東西縱篙撑. 公作「遊溪」詩, 詠唱多慨慷]"라고 하고, 또 "우연히 가수재賈秀才가, 이곳에 와 함께 어울렸다[偶有賈秀才, 來茲亦同幷]"라고 했다. 수재秀才는 가도를 말한다. 가도는 「휴문알장적한유攜文謁張籍韓愈」에서 "소매 속에 새로 지은 시를 넣고, 장선생과 한선생을 뵙고자 한다[袖有新成詩, 欲見張韓老]"라고 했다.

世言韓愈白居易無往來之詩, 非也. 退之「招樂天」詩云 : "曲江水滿花千樹, 有底忙時不肯來." 又「送靈師」詩云 : "開忠二州牧, 詩賦時多傳. 失職不把筆, 珠璣爲誰編."【按韓集作'爲君編'】 是時韋處厚守開州, 白樂天守忠州也.【按「韓文考異」方云 : "魏道輔謂二牧, 韋處厚・白居易也. 二公出守在元和末, 此詩作于貞元二十年間, 考其時, 非也. 近席氏刻昌黎詩, 以二語注題下, 竟似韓自注矣, 繆甚." 趙瞰江云 : "開牧, 謂唐次, 忠牧, 李吉甫也."】又有"放朝曾不報, 半夜踏泥歸"之句. 樂天和云 : "仍聞放朝夜, 誤出到街頭." 樂天有「寄退之」詩云 : "近來韓閣老, 疏我我先知. 量大嫌甜酒, 才高笑小詩."

세상에서 한유와 백거이가 주고받은 시가 없다고들 하는데 사실은 그렇지 않다. 한유의 「초낙천招樂天」에서 "곡강曲江에 물 넘치고 나무마다 꽃이 피었거늘, 무엇이 바빠 오지 않는가[曲江水滿花千樹, 有底忙時不肯來]"라고 했고, 또 「송영사送靈師」에서 "개주開州와 충주忠州 두 목사의, 시와 부가 많이 전해오고 있다. 관직을 잃어 붓을 들지 못하거늘, 주옥 같은 글을 누가 엮어줄까[開忠二州牧, 詩賦時多傳. 失職不把筆, 珠璣爲誰編]"라고 했는데【안按 : 한유의 문집에서는 「위군편爲君編」으로 되어 있다】, 이 당시에 위순韋淳이 개주태수이고 백거이는 충주태수였다【안按 : 『한문고이韓文考異』에서 "방숭경方崧卿이 '위도보(魏道輔 : 위태魏泰)는 두 목사가 위순과 백거이를 뜻한다고 했다. 그런데 그 두 사람은 원화 말엽에 태수로 나갔고 이 시는 정원貞元 20년(804) 경에 지어졌으니 시기가 맞지 않다. 근래에 석씨席氏가 출판한 창려昌黎의 시집에서 위 두 이야기를 제목 아래 주석에 두어 한유 자신의 주석인 것처럼 했는데, 매우 잘못이다'라고 했다. 또 조감강趙瞰江은 '개주목사는 당차唐次를 말하고 충주목사는 이길보李吉甫를 말한다'라고 했다"라고 하였다】. 또 한유는 "조정에 나가 일찍이 보답하지 못하고, 한밤 진흙을 밟고 돌아온다[放朝曾不報, 半夜踏泥歸]"라는 시구를 남겼는데, 이에 백거이는 "조정에 나가는 밤에, 잘못하여 저잣거리까지 나갔다는 말 들었다오[仍聞放朝夜, 誤出到街頭]"라고 화답했다. 백거이는 또 「기퇴지寄退之」에서 "요즘 한각로(韓閣老 : 한유)가, 날 소원하게 대함을 내가 먼저 알고 있네. 도량이 커서 단맛 술을 싫어하고, 재능이 드높아 여린 시를 비웃네[近來韓閣老, 疏我我先知. 量大嫌甛酒, 才高笑小詩]"라고 했다.

元稹作李杜優劣論, 【按此是工部墓志, 非論也】 先杜而後李. 韓退之不以爲然, 詩曰 : “李杜文章在, 光燄萬丈長. 不知羣兒愚, 何用故謗傷. 蚍蜉撼大木, 可笑不自量.” 爲微之發也.

원진은 「이두우열론李杜優劣論」에서【안按 : 이 글은 두보의 묘지墓志에 관한 내용이지, 논평이 아니다】 두보를 앞에, 이백을 뒤에 두었다. 한유는 이에 수긍하지 않고 시에서 “이백과 두보의 문장은, 그 빛이 만 길이나 솟는다. 멋도 모르는 아이들이, 어찌하여 비판을 내놓는가. 개미가 큰 나무를 흔드니, 자기 힘도 헤아리지 못하는 것이 가소롭구나[李杜文章在, 光燄萬丈長. 不知羣兒愚, 何用故謗傷. 蚍蜉撼大木, 可笑不自量]”라고 했다. 이는 원진을 두고 한 말이다.

李肇『國史補』載 : “韓愈遊華山, 窮極幽險, 心悸目眩, 不能下, 發狂號哭, 投書與家人別. 華陰令百計取之, 方能下.” 沈顔作「聱書」, 以爲肇妄載, 豈有賢者輕命如此. 余觀退之「答張徹」詩云 : “洛邑得休告, 華山窮絶陘. 倚岩睨海浪, 引袖拂天星. 磴蘚澾拳跼, 梯飇颭伶俜. 悔狂已咋指, 垂戒乃鐫銘.” 則知肇記爲信然, 而沈顔爲妄辨也.

이조李肇는 『국사보國史補』에서 “한유가 화산華山으로 유람을 떠나 깊고 험난한 곳을 찾아갔다가, 두렵고 현기증이 나 내려가지 못하고 광분해서 울부짖으며 집안 사람들과 이별을 고하는 글을 써서 전했다. 화음 현령華陰縣令이 갖은 계책으로 그를 달래고 나서야 비로소 내려올 수 있었다”라고 했다. 심안沈顔이 쓴 「오서聱書」에서는 “이것은 이조가 함부로 게재한 것이며 어찌 현자가 이처럼 목숨을 가벼이 할 일이 있겠는가”라고 했다. 내가 살펴보니 한유의 「답장철答張徹」에서 “낙읍에서는 휴식을 얻고, 화산에서는 험난한 길을 끝까지 찾았다. 바위에 기대어 바다를 바라보고, 소매를 들어 별들을 스쳤다. 비탈길 이끼에 미끄러져 주먹을 구부리고, 사다리는 회오리바람에 위태롭게 흔들린다. 광폭함을 뉘우쳐 이미 손가락을 깨물었고, 받아든 경계는 가슴 깊이 새겼다[洛邑得休告, 華山窮絶陘. 倚岩睨海浪, 引袖拂天星. 磴蘚澾拳跼, 梯飇颭伶俜. 悔狂已咋指, 垂戒乃鐫銘]"라고 했으니, 이조의 기록이 사실이고 심안의 글은 망변妄辨임을 알 수 있다.

韓退之「李花」詩云: "夜領張徹投盧仝, 乘雲共至玉皇家, 長姬香御四羅列, 縞裙練帨無等差." 及「贈盧仝」詩云: "買羊沽酒謝不敏, 偶逢明月曜桃李." 卽此時也.

한유는 「이화李花」에서 "한밤 장철張徹을 데리고 노동盧仝에게 가서, 구름을 타고 함께 옥황상제 머무는 곳에 도착했다. 키 큰 여인들이 향기를 안고 사방에 나열했으니, 흰 치마에 비단 수건이 차이가 없다[夜領張徹投盧仝, 乘雲共至玉皇家, 長姬香禦四羅列, 縞裙練帨無等差]"라고 했다. 「증노동贈盧仝」에서 "양을 사고 술을 사서 불민함을 사죄할 때, 우연히 복사꽃 오얏꽃 달빛 아래 아롱진 때를 만났다[買羊沽酒謝不敏, 偶逢明月曜桃李]"라고 한 것이 바로 이때다.

李固謂處士純盜虛聲. 韓愈雖與石洪・溫造・李渤遊, 而多侮薄之, 所謂 "水北山人得名聲, 去年去作幕下士. 水南山人今又往, 【按韓集作'又繼往'】 鞍馬僕從照閭里.【按集作'塞閭里'】 少室山人索價高, 兩以諫官徵不起. 彼皆刺口論時事, 【按集作'論世事'】 有力未免遭驅使." 夫爲處士, 乃刺口論時事, 希聲名, 願驅使, 又要索高價, 以至飾僕御以夸閭里, 此何等人也, 其侮薄之甚矣. 又「送石洪」詩曰: "長把種樹書, 人言避世士. 忽騎將軍馬, 自號報恩子. 去去事方急, 酒行可以起." 此尤可笑也.

이고李固가, 처사處士는 순전히 거짓 명성을 도둑질한다고 했다. 한유는 처사들인 석홍石洪 · 온조溫造 · 이발李渤 등과 교류했지만 그들을 무시했다. 이른바 "물 북쪽 산사람들이 명성을 얻어, 지난해 찾아가 문하의 인사가 되었다. 남쪽 산사람들이 지금 또다시 찾아갈 때【안按 : 한유의 문집에는 '又繼往'으로 되어 있다】, 말안장에 종을 딸려 마을을 훤히 비췄다【안按 : 한유의 문집에는 '塞閭里'로 되어 있다】. 소실산인少室山人이 값을 높게 요구해, 두 번 간관諫官으로 불러도 나아가지 않았다. 저들은 예리한 입으로 시사를 논하였지만【안按 : 한유의 문집에 '論世事'로 되어 있다】 힘이 있어도 뒤치다꺼리를 면하지 못했다[水北山人得名聲, 去年去作幕下士. 水南山人今又往, 【按韓集作'又繼往'】 鞍馬僕從照閭里.【按集作'塞閭里'】 少室山人索價高, 兩以諫官徵不起. 彼皆剌口論時事, 【按集作'論世事'】 有力未免遭驅使]"가 그것이다. 무릇 처사가 시사나 논하며 풍자를 일삼고 명성을 기대하여 남의 뒤치다꺼리나 하기를 원하고, 또 높은 값을 요구하며 종과 말을 데리고 마을길을 자랑스럽게 다니기까지 한다면 뭐라 하겠는가. 그들을 무시하는 것이 당연하다 할 것이다. 또 「송석홍送石洪」에서 "한동안 나무 심는 글[7]을 가지고, 사람들은 세상에서 도피한 인물이라 했다. 갑자기 장군의 말을 타고 나타나, 스스로 은혜에 보답하는 사람이라 한다. 갈수록 일이 급한데, 술잔을 돌릴 수 있겠는가[長把種樹書, 人言避世士. 忽騎將軍馬, 自號報恩子. 去去事方急, 酒行可以起]"라고 했다. 이는 더욱더 가소롭다.

班固云 : "『春秋』五傳, 謂左丘明 · 公羊高 · 穀梁赤 · 鄒氏 · 夾氏也."

---

7 나무 심는 글 : 농서(農書)의 일종으로 곡식이나 채소 등을 심어 가꾸는 일을 기록한 책을 말한다. 은거생활을 의미하기도 한다.

又云:"鄒氏無書, 夾氏未有書." 而韓愈「贈盧仝」詩曰:"『春秋』五傳束高閣, 獨抱遺經究終始." 不知此二傳果何等書也.【按『韓文考異』, 本云"『春秋』三傳束高閣." 朱子云:"'三'方作'五', 或作'左', 俱非."】

반고班固는 "『춘추春秋』 오 전五傳은 좌구명左丘明·공양고公羊高·곡량적穀梁赤·추씨鄒氏·협씨夾氏를 말한 것이다"라고 했고, 또 "추씨는 글이 없고 협씨도 글을 남기지 않았다"라고 했다. 한유는 「증노동贈盧仝」에서 "『춘추』 오 전을 고각高閣에 묶어 두고, 홀로 그 경전을 끝까지 연구했네[春秋五傳東高閣, 獨抱遺經究終始]"라고 했는데 이 이 전은 도대체 어떤 책이었을까【안按:『한문고이韓文考異』에서는 본래 "『춘추』 삼전을 고각에 묶어두고[『春秋』三傳東高閣]"라고 했고, 주자朱子는 "'삼三'을 '오五'로 쓰거나 '좌左'로 쓰는 것은 모두 잘못이다"라고 했다】.

元稹自謂知老杜矣. 其論曰:"上該曹劉, 下薄沈宋." 至韓愈則曰:"引手拔鯨牙, 擧瓢酌天漿." 夫高至于酌天漿, 幽至于拔鯨牙, 其思賾深遠宜如何, 而詎止于曹劉·沈宋之間耶.

원진은 스스로 두보를 안다고 했다. 그는 논평에서 "위로는 조식과 유정劉楨을 구비하고 아래로는 심전기沈佺期와 송지문宋之問을 얕본다[上該曹劉, 下薄沈宋]"라고 하고, 한유에 대해서는 "손을 당겨 고래의 이빨을 뽑고, 표주박을 들어 천상의 장(天漿)을 뜬다[引手拔鯨牙, 擧瓢酌天漿]"라고 했다. 높게는 천상의 장을 뜨고 깊게는 고래의 이빨을 뽑는다면 그 생각의 깊이가 얼마겠는가. 어찌 조식과 유정, 심전기와 송지문 정도에 머물겠는가.

孟郊詩蹇澀窮僻，琢削不假，眞苦吟而成．觀其句法・格力可見矣．其自謂“夜吟曉不休，苦吟神鬼愁．如何不自閒，心與身爲讎．”而退之薦其詩云：“榮華肖天秀，捷疾愈響報．”何也？

맹교의 시는 절뚝거리고 난삽하고 궁벽해서 조탁과 필삭을 가할 수 없으니 참으로 고음苦吟 끝에 지어진 것이다. 그 구법句法과 풍격과 힘을 보면 알 수 있다. 스스로 지은 시에서 “한밤 시상에 젖을 땐 새벽까지 쉬지 않고, 고달프게 구상하느라 귀신도 시름한다. 어찌하여 여유가 없어, 마음과 몸이 원수가 되도록 하는가[夜吟曉不休，苦吟神鬼愁．如何不自閒，心與身爲讎]”라고 했다. 한유가 그의 시를 추천하며 “영화는 천연의 빼어남을 닮고, 재빠름은 소리 울림보다 빠르다[榮華肖天秀，捷疾愈響報]”라고 한 것은 무엇 때문인가?

韋絢集劉禹錫之言爲『嘉話錄』，載劉希夷詩云：“年年歲歲花相似，歲歲年年人不同．”希夷之舅宋之問愛此句，欲奪之，希夷不與．之問怒，以土囊壓殺希夷．世謂之問末節貶死，乃劉生之報也．吾觀之問集中，儘有好處，而希夷之句，殊無可採，不知何至壓殺而奪之，眞枉死也．

위순이 유우석의 글을 모아 『가화록嘉話錄』을 만들었는데, 유희이劉希夷의 시, “연年마다 세歲마다 꽃은 서로 비슷한데, 세歲마다 연年마다 사람은 같지 않네[年年歲歲花相似，歲歲年年人不同]”가 실려 있다. 유희이의 외삼촌 송지문이 이 구절을 좋아해 빼앗으려 했으나 유희이는 주지 않았다. 이에 분노한 송지문은 흙주머니로 유희이를 압살했다. 세상에서는 송지문이 말년에 좌천이 되어 죽은 것을 생질 유희이의 앙갚음 때문이라고 한다. 내가 송지문의 문집을 살펴보니 좋은 구절들이 아주 많고 유희이의 시는 특별히 채택할 것이 없다. 그런데 어찌하여 압살

하고 빼앗았다는 건지 알 수가 없다. 참으로 억울한 죽음이다.

詩者述事以寄情, 事貴詳, 情貴隱, 及乎感會于心, 則情見於詞, 此所以入人深也. 如將盛氣直述, 更無餘味, 則感人也淺, 烏能使其不知手舞足蹈. 又況厚人倫, 美敎化, 動天地, 感鬼神乎. "桑之落矣, 其黃而隕." "瞻烏爰止, 于誰之屋." 其言止于烏與桑爾, 及緣事以審情, 則不知涕之無從也. "採薜荔兮江中, 搴芙蓉兮木末" "沅有芷兮澧有蘭, 思公子兮未敢言" "我所思兮在桂林, 欲往從之湘水深"之類, 皆得詩人之意. 至于魏·晉·南北朝樂府, 雖未極淳, 而亦能隱約意思, 有足吟味之者. 唐人亦多爲樂府, 若張籍·王建·元稹·白居易以此得名. 其述情敍怨, 委曲周詳, 言盡意盡, 更無餘味. 及其末也, 或是詼諧, 便使人發笑, 此曾不足以宣諷. 愬之情況, 欲使聞者感動而自戒乎. 甚者或譎怪, 或俚俗, 所謂惡詩也, 亦何足道哉.

시란 이야기를 서술하며 정을 기탁하는 것이다. 이야기는 상세해야 하고 정은 숨어있어야 하는데 마음이 감응되면 정이 시어에 나타나게 되니 이것이 시가 사람 마음속 깊이 젖어드는 까닭이다. 만일 세찬 기세로 즉시 서술하고 더 이상 여운미가 없으면 사람을 감동시키는 것이 약할 것이니 어떻게 손과 발이 저절로 춤추어질 수 있겠는가. 하물며 어떻게 인륜을 도탑게 하고 풍속을 아름답게 하며 하늘과 땅을 움직이고 귀신을 감응시킬 수 있겠는가. "떨어지는 뽕나무여, 누렇게 지는구나[桑之落矣, 其黃而隕]", "저 까마귀가 머무는 곳은, 누구네 집인가[瞻烏爰止, 于誰之屋]"는 까마귀와 뽕나무를 노래하고 있지만, 외적 표현을 통해 그 내적 함의를 살피면 저도 모르게 눈물이 나게 된다. "강 한가운데에서 벽려薜荔를 채취하고, 나무 끝에서 부용을 거둔다[採薜荔兮江中, 搴芙蓉兮木末]", "원沅에는 지芷가 있고 예澧에는 난초가 있나니, 님이 그

립지만 감히 말할 수 없네[沅有芷兮澧有蘭, 思公子兮未敢言]", "그리운 님 계림에 있어, 찾아가고 싶으나 상수湘水가 깊네[我所思兮在桂林, 欲往從之湘水深]" 등은 모두 시인의 본지를 터득한 것이다. 위진남북조의 악부는 아주 순박하진 않지만 은약隱約의 뜻이 담겨서 충분히 음미할 만하다. 당나라 시인들도 악부를 많이 지었다. 장적·왕건·원진·백거이가 악부로 명성을 얻은 이들이다. 그 악부들은 감정을 서술하고 원망을 표현할 때 완곡하고 널리 포괄하지만, 말이 끝나면 의미도 끝나서 더 이상의 여운이 없다. 마지막 구절에 이르면 해학으로 흘러 웃음이 나게 만드니 이것은 충분히 풍잣거리는 되지 못한다. 그러니 정황에 호소하여 듣는 자로 하여금 감동하거나 스스로 경계 삼도록 할 수 있겠는가. 심지어 기괴함과 속임수가 등장하거나 세속적이기까지 한 이른바 악시惡詩들은 어찌 거론할 것이 있겠는가.

池州齊山石壁, 有刺史杜牧·處士張祜題名, 其旁又刊一聯云: "天下起兵誅董卓, 長沙子弟最先來." 與題名一手書也. 此句乃呂溫詩, 前篇曰①: "恩驅義感卽風雷, 誰道南方乏武才"云云.

① '前'原作'全', 據『歷代詩話』本改.

지주池州의 제산齊山 석벽에 자사刺史 두목과 처사 장호張祜의 이름이 새겨져 있고 그 옆에 "세상에서 의병을 일으켜 동탁을 칠 때, 장사長沙의 자제들이 가장 먼저 찾아왔네[天下起兵誅董卓, 長沙子弟最先來]"라는 한 연이 있다. 이름과 시구는 모두 한 사람이 쓴 것이다. 이 구절은 바로 여온呂溫의 시이며 앞 구절은 "은혜에 호응하고 의리에 감격함이 바람 우레 같은데, 누가 남방에 무사가 없다고 하는가[恩驅義感卽風雷, 誰道南方乏武才]"이다.

① '前'은 본래 '全'으로 되어 있었는데 『역대시화』본에 의거하여 고쳤다.

歐陽文忠公作詩話, 稱周朴之詩曰 : "風煖鳥聲碎, 日高花影重", 以爲佳句. 此乃杜荀鶴之句, 非朴也.

구양수가 지은 시화에서 주박周朴의 시, "바람 따스하자 새소리 부서지고, 태양 드높자 꽃 그림자 무겁네[風煖鳥聲碎, 日高花影重]"를 거론하며 좋은 구절이라 했다. 하지만 이것은 두순학杜荀鶴의 작품이지, 주박의 것이 아니다.

梅堯臣「贈朝集院鄰居」詩云 : "壁隙透燈光, 籬根分井口." 徐鉉亦有「喜李少保卜鄰」云 : "井泉分地脈, 砧杵共秋聲." 此句尤閒遠也.

매요신은 「증조집원인거贈朝集院鄰居」에서 "벽 틈새로 등불 빛이 꿰뚫고, 울타리 밑으로 샘 입구가 나뉜다[壁隙透燈光, 籬根分井口]"라고 했고, 서현徐鉉도 「희이소보복린喜李少保卜鄰」에서 "정井과 천泉은 지맥에서 나뉘고, 다듬이와 절굿공이는 가을 물소리를 함께 한다[井泉分地脈, 砧杵共秋聲]"라고 했다. 둘 다 매우 여유 있고 심원하다.

熙寧庚戌冬, 王荊公安石自參知政事拜相, 是日, 官僚造門奔賀者相屬于路, 公以未謝, 皆不見之. 獨與余坐于西廡之小閣, 荊公語次, 忽顰蹙久之, 取筆書窗曰 : "霜筠【一作'松'】雪竹鍾山寺, 投老歸歟寄此生." 放筆揖余而入. 元豐己未, 【按『漁隱叢話』作'癸亥'】 公已謝事, 爲會靈觀使, 居金陵白下門外. 余謁公, 公欣然邀余同遊鍾山, 憩法雲寺, 偶坐于僧房. 是時, 雖無霜雪, 而虛窗松竹皆如詩中之景. 余因述昔日題窗, 幷誦此詩, 公憮然曰 : "有是乎." 頷首微笑而已.

희녕 경술년(1070) 겨울에 형공荊公 왕안석이 참지정사參知政事에서 재상에 임명되었다. 이날 축하하기 위해 그의 집을 찾은 관료들이 길 위에 늘어섰으나 그가 사례를 받을 수 없다고 하여 모두 만날 수 없었다. 그때 그는 오직 나하고만 서무西廡의 작은 누각에 앉아 있었는데, 말을 할 즈음에 갑자기 한동안 얼굴을 찌푸리더니 붓을 들어 창문에 "서리 맞고【'松'으로도 쓴다】 눈 맞은 대나무가 있는 종산鍾山의 절에, 늙은 몸 가지고 돌아가 이 생을 기탁하리라[霜筠【一作'松'】雪竹鍾山寺, 投老歸歟寄此生]"라고 쓰고는 붓을 놓은 채 내게 읍을 하고 안으로 들어갔다. 원풍 기미년(1079)에【안按 : 『어은총화』에서는 '癸亥'로 되어 있다】 왕안석은 일을 그만두고 회령관會靈觀의 사신이 되어 금릉金陵 백하문白下門 밖에 기거했다. 내가 찾아가자 그는 기쁘게 맞이했고 종산을 함께 유람하다 법운사法雲寺에서 잠시 쉬며 승방에서 마주앉았다. 당시 서리와 눈은 없었지만 빈 창문의 소나무와 대나무가 모두 앞 시에서 노래한 풍경과 같았다. 내가 지난날 그가 창문에 시를 썼던 일을 이야기하고 그 시를 읊조리자, 그는 "그런 일이 있었는가?"라고 하고 고개를 끄덕이며 미소를 지을 뿐이었다.

沈括存中・呂惠卿吉父・王存正仲・李常公擇, 治平中, 同在館下談詩. 存中曰 : "韓退之詩乃押韻之文爾, 雖健美富贍, 而格不近詩." 吉父曰 : "詩正當如是, 我謂詩人以來未有如退之者." 正仲是存中, 公擇是吉父, 四人交相詰難, 久而不決. 公擇忽正色謂正仲曰 : "君子羣而不黨, 公何黨存中也?" 正仲勃然曰 : "我所見如是, 顧豈黨邪? 以我偶同存中, 遂謂之黨, 然則君非吉父之黨乎." 一坐大笑. 予每評詩, 多與存中合.【按此條亦見『冷齋夜話』】

존중存中 심괄沈括과 혜경惠卿 여길보呂吉父, 정중正仲 왕존王存, 공택公擇

이상李常이 치평治平(1066~1067) 연간에 관각館閣에 모여 시를 논했다. 심존중이 "한유의 시는 압운押韻한 산문일 뿐이며 굳건하고 아름답고 풍부하지만 격이 시에 가깝지 않다"라고 하고, 여길보가 "시는 마땅히 이래야 하니 나는 시인 가운데 한유만한 사람이 없다고 본다"라고 하자, 왕정중은 심존중 편을, 이공택은 여길보 편을 들며 네 사람이 서로 논란을 벌이다 오랫동안 결론을 내리지 못했다. 그런데 이공택이 갑자기 정색을 하더니 왕정중에게 "군자는 무리와 어울리되 당을 짓지 않는다고 했는데 공은 어찌하여 심존중과 당을 짓는가?"라고 했다. 이에 왕정중이 발끈하여 "나의 견해가 이런 것이지 어찌 당을 짓는다고 하는가. 나는 우연히 존중과 의견이 같을 뿐인데 당을 짓는다고 하니 그렇다면 그대는 여길보의 당이 아닌가"라고 하니 모두 껄껄 웃었다. 나는 시를 논평할 때 심존중과 부합되는 경우가 많다【안按 : 이 조항은 『냉재야화冷齋夜話』에도 보인다】.

頃年嘗與王荊公評詩, 予謂 : "凡爲詩, 當使挹之而源不窮, 咀之而味愈長. 至如永叔之詩, 才力敏邁, 句亦清健,【'清健'一作'雄健', 一作'新美'】但恨其少餘味爾." 荊公曰 : "不然, 如'行人仰頭飛鳥驚'之句, 亦可謂有味矣." 然余至今思之, 不見此句之佳, 亦竟莫原荊公之意.【'原'一作'曉'】信乎, 所見之殊, 不可强同也.

몇 년 전 왕안석과 시를 논평한 적이 있었는데 내가 "무릇 시를 지을 때는 길어내도 원천이 닳지 않고 씹을수록 맛이 나는 것처럼 해야 합니다. 그런데 영숙(永叔 : 구양수)의 시는 재능과 힘이 민첩하고 고매하며 구절 또한 맑고 굳건하지만【'清健'은 '雄健'으로도 쓰고 '新美'로도 쓴다】, 여운미가 부족한 것이 아쉽습니다"라고 했다. 그러자 왕안석은 "그렇지 않소. '행인이 머리를 들자 날아가는 새가 깜짝 놀란다[行人仰

頭飛鳥驚]' 같은 구절은 여운미가 있다고 할 수 있소"라고 했다. 하지만 내가 지금 와서 생각해 볼 때 그 구절에서는 아름다움을 찾아볼 수 없으니 결국 왕안석의 생각을 이해할 수 없다【'原'은 '曉'로도 썼다】. 아! 정말 견해가 다른 것은 억지로 같게 할 수 없구나.

鼎澧道中有甘泉寺, 過客多酌泉瀹茗. 天禧末, 寇萊公準南遷, 題名寺壁. 天聖初, 丁晉公復南遷, 又題名而行. 其後范諷爲湖南安撫, 感二相連斥, 遂作詩云: "平仲酌泉方頓轡, 謂之禮佛向南行. 層巒下瞰炎荒路, 轉使高僧薄寵榮."

정주鼎州와 예주澧州 사이에 감천사甘泉寺가 있어서 지나는 사람들마다 샘물을 길어 차를 끓여 마시곤 한다. 천희 말에 내공萊公 구준이 남쪽으로 좌천되어 가는 길에 이 절 벽에 이름을 썼고, 천성 초에는 정위丁謂도 남쪽으로 좌천돼 가는 길에 역시 이름을 쓰고 떠났다. 그 뒤 범풍范諷이 호남 안무사湖南安撫가 되었을 때 두 정승이 연이어 배척당한 것에 느낀 바 있어 시를 지었다. "평중(平仲: 구준)이 샘물을 길어 고삐를 정돈하고, 위지(謂之: 정위)가 부처에게 예를 표하고 남쪽을 향해 떠났다. 겹겹의 산에서 아득한 길을 굽어보며, 고승으로 하여금 총애와 영광을 하찮게 여기게 한다.[平仲酌泉方頓轡, 謂之禮佛向南行. 層巒下瞰炎荒路, 轉使高僧薄寵榮.]"

王珫遊金陵昇元寺僧房, 見壁閒繪一金紫丈夫, 上題一絶云: "陣前金璵生無愧,【'金璵'一作'仙璵'】鼓下蠻奴死合羞. 三尺吳鎌暗塵土, 凜然蒼鶻欲橫秋." 珫不能辨, 卷畫歸示其父. 王安國平甫曰: "此劉仁贍象, 袁陟詩也." 陟, 洪州人,【一本云: "袁世弼詩也. 世弼, 汝州人."】慶曆初登進士第, 官至太常博士, 壽不滿四十, 少有文學, 古詩尤佳, 惜乎早死, 文章多流落. 此詩在陟未爲佳句, 然亦俊拔可喜. "琕", 實音"蠙", 陟誤呼也.

왕항王抗이 금릉 승원사昇元寺의 승방을 찾아갔는데 벽 위에 황금 자줏빛으로 된 사내의 그림이 걸려 있고 그 위에 절구 한 수가 쓰여 있었다. "진陣 앞에 금비金琕[8]는 살아서 부끄러움이 없고【'金琕'는 '仙琕'로도 쓴다】, 북 아래 만노蠻奴[9] 죽어서도 부끄러우리라. 삼 척의 오나라 비단은 흙먼지로 어두우나, 늠름한 송골매가 가을 하늘을 비껴 날려고 한다.[陣前金琕生無愧, 【'金琕'一作'仙琕'】 鼓下蠻奴死合羞. 三尺吳縑暗塵土, 凜然蒼鶻欲橫秋.]" 왕항이 누구인지 몰라 그림을 둘둘 말아 와서 자기 아버지에게 보였다. 아버지인 왕안국이 이르기를 "그림은 유인섬劉仁贍의 것이고 시는 원척袁陟의 것이다"라고 했다. 원척은 홍주洪州 사람이며【다른 본에는 "원세필袁世弼의 시이며, 세필은 여주汝州 사람이다"라고 되어있다】 경력 초에 진사에 급제하고 태상박사太常博士를 역임했으며, 사십이 못 돼 세상을 떠났다. 어려서부터 문학성을 드러냈는데 고시에 더욱 뛰어났다. 애석하게도 일찍 세상을 떠났고 문장도 유실된 것이 많다. 이 시는 원척의 작품 중에서 좋은 편은 못 되지만 준엄하고 특출하여 볼만은 하다. '琕'의 실제 음은 '蠙'인데 원척이 잘못 부른 것이다.

唐人詠馬嵬之事者多矣. 世所稱者, 劉禹錫曰 : "官軍誅佞倖, 天子捨妖姬. 羣吏伏門屛, 貴人牽帝衣. 低回轉美目, 風日爲無輝." 白居易曰 : "六軍不發爭奈何, 宛轉蛾眉馬前死." 此乃歌詠祿山能使官軍皆叛, 逼迫明皇, 明皇不得已而誅楊妃也. 噫! 豈特不曉文章體裁, 而造語惷拙, 抑己失臣下事君之禮矣. 老杜則不然, 其「北征」詩曰 : "憶昨狼狽初, 事

8 금비(金琕) : 황금으로 장식한 활집. 장수를 비유되기도 한다.
9 만노(蠻奴) : 무희를 가리키기도 하고 종을 가리키기도 한다.

與古先別.【一本云："惟昔艱難初. 事與前世別."】不聞夏商衰, 中自誅褒妲." 乃見明皇鑑夏商之敗, 畏天悔過, 賜妃子死, 官軍何預焉.【按『苕溪漁隱』曰："予觀『冷齋夜話』所論與此相同, 但『隱居詩話』乃魏泰道輔所撰, 道輔與覺範爲前輩, 必覺範述其說耳. 然老杜謂夏・商誅褒・妲, 褒姒, 周幽王后也. 疑'夏'字爲誤, 當云'商周'可也."】『唐闕史』載鄭畋「馬嵬」詩, 命意似矣, 而詞句凡下, 比說無狀, 不足道也.【按畋詩云："終是聖明天子事, 景陽宮井又何人"】

당나라 시인들 중에는 마외역馬嵬驛[10]의 이야기를 시로 읊은 이들이 많다. 세상에서 널리 알려진 것 중에서 유우석의 시는 "관군이 아첨하는 무리들을 베고, 천자는 요염한 여희들을 버렸다. 뭇 아전들이 문병門屛에 엎드리고, 귀인들은 황제의 옷자락을 당겼다. 낮게 돌며 어여쁜 눈을 굴리니, 바람과 해도 빛을 잃었다[官軍誅佞倖, 天子捨妖姬. 羣吏伏門屛, 貴人牽帝衣. 低回轉美目, 風日爲無輝]"라고 했고, 백거이의 시는 "육군六軍이 진격하지 않으니 어찌하랴, 아미를 넌지시 돌리며 말 앞에서 죽었다[六軍不發爭奈何, 宛轉蛾眉馬前死]"라고 했다. 이것은 안록산이 관군으로 하여금 모두 배반하게 하고 현종을 핍박하자, 현종이 어쩔 수 없이 양귀비를 죽인 내용을 읊은 것이다. 아! 어찌 문장의 체제만 이해하지 못한 것이랴. 조어造語가 어수선하고 졸렬해서 이미 신하가 임금을 섬기는 예절을 잃어버렸다. 두보는 그렇지 않았다. 「북정北征」에서 "지난날 낭패를 당했던 때, 벌어진 일이 지난 선대와 달랐다【다른 본에는 "지난날 어려움을 겪었을 때, 벌어진 일이 앞 세상과 달랐다[惟昔艱難初, 事與前世別]"로 되어있다】. 하나라와 상나라가 쇠퇴할 때, 궁 안에서 스스로 포사褒似와 달기妲己를 죽였다는 말을 듣지 못했는가[憶昨狼狽初, 事與古先別. 不聞夏商衰, 中自誅褒妲]"라고 했다. 현종이 하나라와 상나라의 패

10 마외역(馬嵬驛) : 중국 섬서성 흥평현(興平縣) 마외진(馬嵬鎭)에 있는 역명. 당 현종이 이곳에서 양귀비를 사사(賜死)했다.

망을 거울로 삼아 하늘을 두려워하고 잘못을 뉘우쳐 양귀비에게 죽음을 하사했다면 관군이 어떻게 관여했는가【안按 : 『초계어은총화』를 살펴보면 "내가 『냉재야화』에서 논한 것을 보면 이것과 서로 같다. 다만 『임한은거시화』는 도보道輔 위태魏泰가 지은 것이고, 도보는 각범覺範의 전배前輩이므로 반드시 각범이 그 말을 기술했을 것이다. 그러나 두보가, 하나라와 상나라가 포사와 달기를 베었다고 했는데, 포사는 주나라 유왕幽王의 후비이다. 따라서 '夏' 자가 잘못 쓰인 것이니 마땅히 '商周'로 써야 한다"라고 했다】. 『당궐사唐闕史』에 정전鄭畋의 「마외馬嵬」가 실려 있는데 담긴 내용이 흡사하긴 하지만 시어와 시구가 일상적이고 격이 낮으며 비유가 볼품이 없어 거론할 것이 못된다【안按 : 정전의 시는 이렇다. "결국 성명聖明하신 천자의 일이거니, 경양궁景陽宮 샘 안에 있는 이는 누구인가[終是聖明天子事, 景陽宮井又何人]"】.

孟浩然入翰苑訪王維, 適明皇駕至, 浩然倉黃伏匿, 維不敢隱而奏知. 明皇曰 : "吾聞此人久矣." 召使進所業, 浩然誦 : "北闕休上書, 南山歸敝廬. 不才明主棄, 多病故人疏." 明皇曰 : "我未嘗棄卿, 卿自不求仕, 何誣之甚也." 因命放歸襄陽. 世傳如此, 而『摭言』諸書載之尤詳. 且浩然布衣, 闌入宮禁, 又犯行在所, 而止於放歸, 明皇寬假之亦至矣, 烏在以一棄字而議罪乎.

맹호연이 한림원에 들어가 왕유를 방문했을 때 마침 현종의 어가가 이르러 정신없이 숨었다. 하지만 왕유는 감히 숨기지 못하고 상주하여 이를 알렸다. 현종은 "내가 이 사람에 대해 오래전부터 들었다"라고 하고 불러내 공부한 것을 진언하게 했다. 맹호연이 "북궐北闕에 글 올리는 것을 멈추고, 남산의 해진 집으로 돌아간다. 재능이 없어 현명한 군주께서 버리시고, 병이 많아 친구도 소원하다[北闕休上書, 南山歸敝廬. 不

才明主棄, 多病故人疏]"라고 하니, 현종은 "나는 일찍이 경을 버린 적이 없고, 경이 스스로 벼슬을 구하지 않은 것인데 어찌 이토록 오류가 심하단 말인가"라고 하고 양양襄陽으로 쫓아내라고 명하였다. 세상에는 이렇게 전해오고 있고 『당척언唐摭言』 등의 책에서도 더욱 상세하게 이를 기술하고 있다. 그리고 맹호연은 포의(布衣 : 평민)로서 궁궐에 함부로 들어갔고 행재소行在所[11]를 침범했는데도 쫓아내는 데 그쳤으니 현종의 관대하고 포용하는 마음이 또한 극진했던 것이다. 어찌 '기棄' 자 때문에 죄를 논했겠는가.

夏鄭公竦評老杜「初月」詩 : "微升紫塞外, 已隱暮雲端." 以爲意主肅宗, 此鄭公善評詩也. 吾觀退之"煌煌東方星, 奈此衆客醉", 其順宗時作乎. '東方', 謂憲宗在儲也.

하송이 두보, 「초월初月」의 "붉은 변방 밖에서 희미하게 떠올라, 이미 저녁 구름 끝에 숨었네[微升紫塞外, 已隱暮雲端]"를 논평하며 이는 숙종肅宗을 의미한 것이라고 했는데, 이는 하송이 시를 잘 논평한 것이다. 그리고 내가 살펴보건대 한유의 "빛나는 동방의 별이여, 이 취해있는 뭇 객들을 어찌할 거나[煌煌東方星, 奈此衆客醉]"는 순종順宗 때 작품일 것이다. '동방'은 헌종憲宗이 저궁儲宮에 있을 때를 이야기한 것이다.

杜牧好用故事, 仍于事中復使事, 若"虞卿雙璧截肪鮮"是也. 亦有趁韻撰造非事實者, 若"珊瑚破高齊, 作婢舂黃糜"是也. 李詢得珊瑚, 其母令衣青衣而舂, 初無"黃糜"字. 其「晩晴賦」云 : "忽引舟于青灣, 覩八九

11 행재소(行在所) : 임금이 대궐을 떠나서 머무는 곳. 행궁(行宮)과 같다.

之紅芰.【按『樊川集』云 : '復引舟于深灣, 忽八九之紅芰.'】姹然如婦, 嫣然如女." 芰, 菱也, 牧乃指爲荷花. 其爲「阿房宮賦」云 : "長橋臥波, 未雩何龍?" 牧謂龍見而雩, 故用龍以比橋, 殊不知龍者, 龍星也.『春秋』書 "龍鬪于鄭之時門."退之詩云 : "庚午憩時門, 臨泉觀鬪龍." 韓自河陽還汴, 但道經時門, 豈復睹當日之鬪龍耶.【按『春秋』書"龍鬪"云云, 似宜別爲一則】

두목은 고사의 활용을 좋아해서 고사 안에서 다시 고사를 사용했다. "우경虞卿의 쌍벽은 방선肪鮮을 잘랐네[虞卿雙璧截肪鮮]"[12]가 그것이다. 또 운에 맞추느라 사실이 아닌 것을 지어낸 경우도 있었다. 예컨대 "산호珊瑚가 고제高齊를 깨뜨린 뒤, 비婢가 돼 황미黃縻를 찧는다[珊瑚破高齊, 作婢春黃縻]"[13]가 그것이다. 이순李詢이 산호를 얻자 그의 어머니가 푸른 옷(종이 입는 옷)을 입고 찧게는 했지만 애초에 '황미'라는 것은 없었다. 또한 그는 「만청부晩晴賦」에서는 "갑자기 푸른 물가에 배를 끌어와, 여덟, 아홉 붉은 마름을 본다【안按 : 『번천집樊川集』을 보면 "다시 깊은 물가로 배를 끌자, 갑자기 여덟, 아홉 붉은 마름이 나타났으니[復引舟於深灣, 忽八九之紅芰]"로 되어 있다】. 고운 것이 부인 같고 어여쁜 것이 여인 같다[忽引舟于青灣, 覩八九之紅芰. 然如婦, 嫣然如女]"라고 했다. '기芰'는 마름인데 두목은 연꽃이라 지칭하고 있다. 그리고 「아방궁부阿房宮賦」에

12 우경(虞卿) …… 잘랐네 : 우경은 전국시대에 유세하던 선비이다. 조나라 효성왕(孝成王)에게 유세하여 상경(上卿)이 되고 황금 백일(百鎰)과 백벽(白璧) 한 쌍을 선사받았다. 진 소왕(秦昭王)이 범수(范叟)의 원수를 갚아주려고 조나라 위제(魏齊)를 죽이려 하자, 위제가 우경에게 구원을 요청하였는데, 우경은 조나라 정승의 지위도 그만두고서 그와 행동을 함께하여 위(魏)나라 신릉군(信陵君)을 통해 초나라로 망명하려 하였다. 이때 신릉군이 우경의 사람됨을 물어보니, 후영(侯嬴)이 "정승의 인끈도 풀어 버린 채 남의 어려운 사정을 급히 구해주려고 공자를 찾아온 사람이다[解相印, 急士之窮而歸公子]"라고 했다.

13 "산호(珊瑚) …… 찧는다" : 북제(北齊)의 후주(後主) 고위(高緯)의 비(妃) 풍숙비(馮淑妃)가 북제가 망한 뒤에 수 문제(隋文帝)에 의해 이순(李詢)에게 하사되었는데, 이순이 그를 계집종으로 삼아 절구질을 시켰다는 고사가 전한다.

서는 "긴 다리 물결 위에 누워있으니, 기우제도 지내지 않았는데 무슨 용인가[長橋臥波, 未雩何龍]"라고 했다. 두목은 용이 나타나야 기우제를 지낸 것이라 여겼으므로 용을 인용하여 다리에 견준 것이지만, 여기서의 용은 바로 '용성龍星'이라는 사실을 모른 것이다. 『춘추』에서 "용이 정나라의 시문時門에서 싸운다[龍鬥于鄭之時門]"라고 했고 한유의 시에서는 "경오에 시문에서 쉬며, 샘물에 임하여 싸우는 용을 본다[庚午憩時門, 臨泉觀鬥龍]"라고 했다. 하지만 한유가 하양河陽에서 변汴으로 돌아올 때 그 길이 시문을 경유했을 뿐인데, 어떻게 당시의 용 싸움을 볼 수 있었겠는가【안按 : 『춘추』에 "용이 싸웠다"는 구절 이하는 별도의 문장이 돼야 할 듯싶다】.

劉禹錫詩 : "賈生王佐才, 衛綰工車戲. 同遇漢文時, 何人居重位?" 賈生當文帝時流落不偶而死, 是也. 衛綰以車戲事文帝爲郎爾. 及景帝立, 稍見親用. 久之, 爲御史大夫, 封建陵侯. 景帝末年, 始拜丞相. 在文帝時, 實未嘗居重位也.

유우석이 시에서 "가생(賈生 : 가의賈誼)은 왕을 보좌할 인재이고, 위관衛綰은 수레 놀이에 뛰어났다. 똑같이 한 문제 때에 활동했지만, 누가 높은 지위에 올랐는가[賈生王佐才, 衛綰工車戲. 同遇漢文時, 何人居重位]"라고 했다. 가의는 한 문제 때 낙오하여 불우하게 죽은 인물이다. 위관은 수레 놀이로 한 문제를 섬겨 낭관이 되었다. 나중에 경제景帝가 즉위하자 조금 왕과 가까워졌고 한참 뒤에 어사대부御史大夫가 되고 건릉후建陵侯에 책봉되었으며 경제 말년에 비로소 승상에 등용되었다. 실제로 한 문제 때에는 높은 지위에 있지 못했다.

人豈不自知耶. 及自愛其文章, 乃更大繆, 何也? 劉禹錫詩固有好處, 及其自稱「平准西」詩云 : "城中喔喔晨雞鳴, 城頭鼓角聲和平." 爲盡李愬之美. 又云 : "始知元和十四載, 四海重見昇平年." 爲盡憲宗之美. 吾不知此兩聯爲何等語也? 賈島云 : "獨行潭底影, 數息樹邊身." 其自注云 : "二句三年得, 一吟雙淚流. 知音如不賞, 歸臥故山秋." 不知此二句有何難道, 至於"三年始成", 而一吟淚下也? 楊衡自愛其句云 : "一一鶴聲飛上天", 此尤可笑也.

사람이 어찌 스스로 깨닫지 못하겠는가. 그런데도 스스로 자신의 문장을 사랑하여 더 큰 오류를 범하는 것은 무슨 이유인가? 유우석의 시는 본디 훌륭한 점이 있지만, 스스로 「평회서平准西」의 "성안에는 꼬꼬댁 새벽닭이 울고, 성 위에서는 뿔피리 소리 평화롭게 들린다[城中喔喔晨雞鳴, 城頭鼓角聲和平]"를 거론하며 이소李愬[14]의 훌륭한 면모를 다 표현했다고 했고, 또 "비로소 원화 14년 동안, 세상이 다시 평화로운 때를 만났음을 알겠네[始知元和十四載, 四海重見昇平年]"를 거론하며 헌종의 아름다움을 극진히 표현했다고 했다. 하지만 나는 이 두 연이 뭐가 좋은지 모르겠다. 가도가 "홀로 걷는 연못 아래 그림자요, 자주 쉬는 나무 옆 몸이다[獨行潭底影, 數息樹邊身]"라고 하고 그 자주自注에서 "두 구절을 삼 년 만에 얻어, 한 번 읊조리자 두 눈에서 눈물이 흐른다. 지음이 감상해 주지 않는다면, 가을 고향 산으로 돌아가 쉬리라[二句三年得, 一吟雙淚流. 知音如不賞, 歸臥故山秋]"라고 했는데 이 두 구절이 뭐가 어렵기에 "삼 년 만에 비로소 완성"하고 한 번 읊조리자 눈물이 흐른 것인지 모르겠다. 양형楊衡도 스스로 자신의 시구, "하나하나 학의 소리가 하늘

14 이소(李愬) : 당 나라 덕종(德宗) 때 반란을 진압하고 수도를 회복한 공으로 서평군왕(西平郡王)에 봉해진 이성(李晟)의 아들. 헌종 때 오원제(吳元濟)가 회서(淮西)에서 일으킨 반란을 진압하고 양국공(涼國公)에 봉해졌다. 벼슬은 태자소보(太子少保)에 이르렀고, 사후에 태위(太尉)에 증직(贈職)되었다.

로 날아올라간다[一一鶴聲飛上天]"를 좋아했는데 이는 더욱더 가소롭다.

韋應物古詩勝律詩, 李德裕·武元衡律詩勝古詩, 五字句又勝七字. 張籍·王建詩格極相似, 李益古律詩相稱, 然皆非應物之比也.

위응물의 고시는 율시보다 뛰어나며, 이덕유李德裕와 무원형武元衡은 율시가 고시보다 뛰어나고 오언구도 칠언구보다 뛰어나다. 장적과 왕건은 시의 격이 매우 유사하고 이익李益은 고시와 율시가 다 알맞지만, 모두 위응물에는 견줄 수 없다.

杜甫善評詩, 其稱薛稷云: "驅車越陝郊, 北顧臨大河." 美矣. 又稱李邕「六公篇」恨不見之. 皇甫湜題「浯溪頌」云: "次山有文章, 可惋只在碎." 亦善評文者. 若白居易殊不善評詩, 其稱徐凝「瀑布」詩云: "千古長如白練飛, 一條界破青山色." 又稱劉禹錫 "雪裏高山頭白早, 海中仙果子生遲." "沉舟側畔千帆過, 病樹前頭萬木春." 此皆常語也. 禹錫自有可稱之句甚多, 顧不能知之爾.【按"皇甫湜"云云, 至"亦善評文者"二十三字, 元本自爲一條, 今據『漁隱叢話』入此則】

두보는 논평시를 잘 지었다. 그가 설직薛稷을 평하여 "수레 몰아 섬陝 교외를 넘고, 북쪽 뒤돌아보며 대하大河에 임하였네[驅車越陝郊, 北顧臨大河]"라고 한 것은 참 훌륭하다. 또 이옹李邕을 논한 「육공편六公篇」도 있는데 아쉽게도 보이지 않는다. 황보식皇甫湜은 「오계송浯溪頌」에서 "차산(次山: 원결元結)은 문장이 있지만, 자질구레한 것이 아쉽다[次山有文章, 可惋只在碎]"라고 했는데 역시 문장 논평에 뛰어난 사람이다. 그런데 백거이는 논평시를 특별히 잘 짓지는 못했다. 그는 서응徐凝을 평한

「폭포瀑布」에서 "천 년을 변함없이 흰 명주를 날리는 듯하며, 한 줄기 경계가 청산의 빛을 깨뜨린다[千古長如白練飛, 一條界破青山色]"라고 했고, 또 유우석을 평하여 "눈 속 높은 산은 머리가 일찍 하얗고, 바닷속 신선과일은 씨앗이 늦게 자란다[雪裏高山頭白早, 海中仙果子生遲]", "배 잠긴 언덕 곁으로 수많은 돛이 지나가고, 병든 나무 앞 수많은 나무에 봄이 왔다[沉舟側畔千帆過, 病樹前頭萬木春]"라고 했는데 이것은 모두 일상적인 표현이다. 또 유우석에게는 일컬을 만한 구절이 매우 많지만 남들이 잘 알지 못할 뿐이다【안按 : "皇甫湜"에서 "亦善評文者"까지의 스물세 자는 원본(元本 : 원대 판본)에 별도의 조항으로 나뉘어 있었는데 『어은총화』에 의거하여 하나로 묶었다】.

黃庭堅喜作詩得名, 好用南朝人語, 專求古人未使之事, 又一二奇字, 【『漁隱叢話』無'事'字 · '又'字】 綴葺而成詩, 自以爲工, 其實所見之僻也.【『漁隱叢話』'僻'作'狹'】 故句雖新奇, 而氣乏渾厚. 吾嘗作詩題其編後, 略云 : "端求古人遺, 琢抉手不停. 方其拾璣羽, 往往失鵬鯨."【『漁隱叢話』'抉'作'削', '拾'作'得'】 蓋謂是也.

황정견은 시를 지어 명성을 얻는 것을 좋아했다. 그런데 남조南朝 시인들의 시어를 사용하기를 좋아하고 고인이 쓰지 않은 고사만을 찾거나 한두 개의 기묘한 글자를【『어은총화』에는 '事' 자와 '又' 자가 없다】 엮어 시를 만들며 스스로 뛰어난 것이라 생각했다. 하지만 사실은 견해가 편벽되었다【『어은총화』에서 '僻'은 '狹'으로 썼다】. 그래서 시구가 새롭고 기묘하지만 기에 혼후渾厚함이 부족하다. 내 일찍이 그의 시집 뒤에 시를 썼는데, 그중 일부에서 "고인이 남긴 것을 단정하게 구하여, 다듬고 만지느라 손이 멈추지 않는다. 바야흐로 구슬과 깃을 주울 때, 이따금 붕새와 고래를 잃어버린다[端求古人遺, 琢抉手不停. 方其拾璣

羽, 往往失鵬鯨]"라고 한 것은 이를 두고 한 말이다【『어은총화』에서 '抉'은 '削'으로 썼고, '拾'은 '得'으로 썼다】.

石延年長韻律詩善敍事, 其他無大好處, 「籌筆驛銅雀臺留侯廟」詩爲一集之冠. 五言小詩, 如"海雲含雨重, 江樹帶蟬疏" "平蕪遠更綠, 斜日寒無輝"者, 幾矣. 白居易亦善作長韻敍事, 但格制不高, 局於淺切, 又不能更風操, 雖百篇之意, 只如一篇, 故使人讀而易厭也.

석연년石延年의 장운율시長韻律詩는 서사에 뛰어나지만 그 밖에는 그다지 볼만한 것이 없다. 시집 안에서는 「주필역동작대류후묘籌筆驛銅雀臺留侯廟」가 최고이다. 오언소시五言小詩에서는 "바다 구름은 비를 머금어 무겁고, 강가 나무는 매미를 데리고 성글다[海雲含雨重, 江樹帶蟬疏]"와 "너른 들녘은 멀수록 푸르고, 가로 비친 해는 차가워 빛이 없다[平蕪遠更綠, 斜日寒無輝]" 등이 볼만하다. 백거이도 장편 서사시를 잘 지었지만 격조와 체제가 고상하지 못하고 얕고 절박함에만 국한되어 있으며, 또 기풍과 리듬을 바꾸지 못해서 백 편의 내용이 마치 한 편과 같다. 그래서 읽노라면 쉽게 염증을 느낀다.

蘇舜欽以詩得名, 學書亦飄逸, 然其詩以奔放豪健爲主. 梅堯臣亦善詩, 雖乏高致, 而平淡有工, 世謂之蘇梅, 其實與蘇相反也. 舜欽嘗自歎曰: "平生作詩被人比梅堯臣, 寫字被人比周越, 良可笑也." 周越爲尚書郎, 在天聖景佑間以書得名, 輕俗不近古, 無足取也.

소순흠은 시로 명성을 얻었지만 글씨도 표일飄逸하다. 그러나 그의 시는 분방奔放과 호건豪健을 위주로 한다. 매요신도 시에 뛰어났는데 고상한 운치는 부족하지만 평담平淡함이 뛰어나 세상에서 '소매蘇梅'라 불렸다. 하지만 시풍은 소순흠과 상반된다. 소순흠이 일찍이 자탄하기를 "평생 지은 시가 매요신에 비유되고 평생 쓴 글씨가 주월周越에 비유된 것은 참으로 가소롭다"라고 했다. 주월은 상서랑尙書郞이었는데 천성·경우 연간에 글씨로 명성을 얻었지만 가볍고 속되며 옛것에 가깝지 않아 취할 만한 것이 없다.

元豐癸亥春, 予謁王荊公於鍾山. 因從容問公: "比作詩否?" 公曰: "久不作矣, 蓋賦詠之言亦近口業. 然近日復不能忍, 亦時有之." 予曰: "近詩自何始, 可得聞乎?" 公笑而口占一絶云: "南圃東岡二月時, 物華撩我有新詩. 含風鴨綠鱗鱗起, 弄日鵝黃嫋嫋垂." 眞佳句也.

원풍 계해년(1083) 봄에 나는 종산鍾山으로 왕안석을 찾아가 편한 마음으로 "요즘 시를 지으십니까?"라고 여쭈었다. 왕안석은 "오랫동안 짓지 않았네. 짓고 읊는 일들은 구업口業에 가깝다네. 하지만 근래에 더 이상 참을 수가 없어 이따금 짓기도 하지"라고 답했다. 이에 나는 "근래의 시는 언제부터 시작하셨습니까? 들려주실 수 있겠습니까?"라고 했다. 왕안석이 시 한 수를 읊기를 "2월 남쪽 농원 동쪽 언덕에, 생동하는 사물이 나를 깨워 새 시를 짓도록 한다. 바람 머금은 푸른 오리들이 하나하나 일어서고, 해를 농하는 누런 거위는 여리게 드리웠다[南圃東岡二月時, 物華撩我有新詩. 含風鴨綠鱗鱗起, 弄日鵝黃嫋嫋垂]"라고 했다. 참으로 좋은 시이다.

蘇丞相頌嘗云: "館中見王平甫題壁有'宮殿影搖河漢外, 江湖夢斷鼓鐘邊.' 使人吟想不已." 平甫尤工用事, 而復對偶親切. 在京師有病中答予「秋日」詩曰 : "忽吟佳客詩消暑, 【一作'驅暑'】 遠勝前人檄愈風." 又曰 : "北海知天諭牛馬, 東方傲俗任龍蛇." 王繹學士葬以九月, 平甫爲挽詞云 : "九月淸霜送陶令, 千年白日見滕公." 時挽詞甚多, 無出此句.

승상 소송蘇頌이 일찍이 이르기를 "관館에서 왕평보王平甫가 벽에 쓴 '궁전의 그림자는 은하 밖에 흔들리고, 강호의 꿈은 종소리에 끊긴다[宮殿影搖河漢外, 江湖夢斷鼓鐘邊]"를 보았는데, 읊조리노라면 감상에 젖게 된다"라고 했다. 왕평보는 용사에 더욱 뛰어나고 대우도 아주 친절하다. 서울에 있을 때 병중에 나의 「추일秋日」 시에 답하기를 "갑자기 읊은 가객佳客의 시는 더위를 식히고【'驅暑'로 쓰기도 한다】, 앞 사람보다 월등히 앞선 격문檄文은 더욱더 풍치가 있다[忽吟佳客詩消暑, 【一作'驅暑'】 遠勝前人檄愈風]"라고 했다. 또 "북해北海는 하늘을 알아 소와 말을 달래고,[15] 동방東方은 세속에 거만하여 용사龍蛇가 뒹굴도록 둔다[北海知天諭牛馬, 東方傲俗任龍蛇]"[16]라고 했다. 9월에 학사學士 왕역王繹의 장례를 치렀는데, 왕평보는 그 만사에서 "9월 맑은 서리에 도령(陶令 : 도연명)을 보내고, 천 년 태양 아래 등공(滕公 : 하후영夏侯嬰)을 본다[九月淸霜送陶令, 千年白日見滕公]"라고 했다. 당시 만사가 매우 많았지만 이 구절보다 앞선 것은 없었다.

---

15 북해(北海) …… 달래고 : 『장자(莊子)』「추수편(秋水篇)」에 다음과 같은 내용이 보인다. "하백(河伯)이 물었다. '무엇을 자연(自然)이라 하고, 무엇을 인위(人爲)라 하는 것입니까?' 북해약(北海若)이 말하기를 '소나 말이 네 발을 가지고 있는 것을 자연이라 말하고, 말의 머리에 고삐를 매거나 소의 코를 뚫는 것을 인위라 말하는 것이다. …… 타고난 자연의 성품을 삼가 지켜 잃지 않는 것을 일러 진실로 되돌아가는 것이라 말한다.[河伯曰何謂天? 何謂人? 北海若曰牛馬四足, 是謂天, 落馬首, 穿牛鼻, 是謂人. …… 謹守而勿失, 是謂反其眞.]"

16 동방(東方)은 …… 둔다 : 동방은 동방삭(東方朔). 동방삭이 「계자시(誡子詩)」에서 다음과 같이 말했다. "성인들이 처세하는 이치는 때론 용이 되기도 하고 때론 뱀이 되기도 하니, 가면을 보이기도 하고 참된 마음을 숨기기도 하며, 만물과 더불어 변화하네. 시의에 맞게 따를 뿐, 고정불변의 방법은 없다네.[聖人之道, 一龍一蛇. 形現神藏, 與物變化, 隨時之宜, 無有常家.]"

章丞相惇自少喜修養服氣, 辟穀飄然, 有仙風道骨. 在東府栽桐竹, 戲作詩云 : "種竹期龍至, 栽桐待鳳來. 他年跨遼海, 經此一徘徊."

승상 장순章惇은 어려서부터 몸을 수양하며 기氣 호흡을 좋아하고 벽곡辟穀[17]을 하고 표연飄然히 지내면서 선풍仙風과 도골道骨을 갖고 있었다. 동부東府에 있을 때 오동과 대나무를 심은 뒤 농 삼아 지은 시에서 "대나무를 심어 용이 이르기를 기약하고, 오동을 심어 봉황이 오기를 기다린다. 훗날 요동 바닷가로 타고 가, 이곳을 두루 배회하고 싶다[種竹期龍至, 栽桐待鳳來. 他年跨遼海, 經此一徘徊]"라고 했다.

寇萊公七月十四日生, 魏野詩云 : "何時生上相, 明日是中元." 李文定公迪八月十五日生, 杜默作「中秋月」詩以獻, 僅數百言, 皆以月況文定. 其中句有 : "蟾輝吐光育萬種, 我公蟠屈爲心胸. 老桂根株撼不折, 我公得此爲清節. 孤輪碾空周復圓, 我公得此爲機權. 餘光燭物無洪細, 我公得此爲經濟."【『漁隱叢話』云 : "餘光燭物施洪恩, 我公得此爲經綸."】終篇大率皆如此, 雖造語粗淺, 然亦豪爽也. 默少以歌行自負, 石介「贈三豪」詩, 謂之'歌豪', 以配石曼卿・歐陽永叔. 晩節益縱酒落魄, 文章尤狂鄙. 熙寧末, 以特奏名得同出身, 一命得臨江軍新淦縣尉, 年近七十卒.

구준은 7월 14일에 태어났는데, 위야魏野는 자기 시에서 "언제 상상上相께서 태어나셨나, 내일이 중원中元인데[何時生上相, 明日是中元]"라고 했다. 문정공文定公 이적李迪은 8월 15일에 태어났고 두묵杜默이 이를 기념해 지어올린 「중추월中秋月」은 수백 마디에 가까우며 모두 이적을 달

17 벽곡(辟穀) : 도가의 양생법(養生法)으로, 화식(火食)을 하지 않고 생식을 하는 것이다.

에 비유했다. 그중 일부는 이렇다. "두꺼비 광채[18]가 빛을 발하며 온 누리를 기르거늘, 우리 공은 구불구불하게 만들어 가슴으로 삼았으며. 늙은 계수나무 뿌리가 흔들어도 꺾이지 않거늘, 우리 공은 이것으로 맑은 절개를 삼았으며, 둥근 바퀴(달)는 허공을 맷돌질하며 주회하여 다시 둥글거늘, 우리 공은 이것으로 기권(機權 : 중심축)을 삼았으며, 그 빛이 사물을 비춤에 차이가 없거늘, 우리 공은 이것으로 경제經濟를 삼으셨네.[蟾輝吐光育萬種, 我公蟠屈爲心胸. 老桂根株撼不折, 我公得此爲淸節. 孤輪碾空周復圓, 我公得此爲機權. 餘光燭物無洪細, 我公得此爲經濟.]"【『어은총화』에서는 "그 빛이 사물을 비추며 드넓은 은혜를 펼치거늘, 우리 공은 이것으로 경륜을 삼았네[餘光燭物施洪恩, 我公得此爲經綸]"라고 했다】 전편이 대체로 이러하다. 비록 조어造語가 조잡하고 깊이가 부족하지만 호쾌하고 상쾌하다. 두묵은 어려서부터 가행歌行을 잘 짓는다고 자부했다. 석개石介가 지은 「증삼호贈三豪」에서는 그를 '가호歌豪'라 불러, 석만경・구양수와 함께 나열했다. 만년에는 술에 흥청망청하여 낙담했고 문장이 더욱더 광폭하고 비루해졌다. 희녕 말에 특주特奏로 출신出身[19]과 같은 이름을 얻었고 임강군臨江軍 신감현위新淦縣尉에 임명되었으며 칠십 세에 가까워 생을 마쳤다.

楊億・劉筠作詩務積故實, 而語意輕淺. 一時慕之, 號'西崑體', 識者病之. 歐陽文忠公云:"大年詩有'峭帆橫渡官橋柳, 疊鼓驚飛海岸鷗', 此何害爲佳句." 予見劉子儀詩句有"雨勢宮城闊, 秋聲禁樹多", 亦不可誣也.

18 두꺼비 광채 : 섬휘(蟾輝). 달 속에 있는 두꺼비의 빛이란 뜻으로, '달빛'을 이르는 말.

19 출신(出身) : 문・무・잡과에 급제하고 아직 벼슬에 나가지 못한 사람을 이르기도 하고, 관직에 처음 나아감을 뜻하기도 한다.

양억과 유균은 시를 지을 때 고사의 활용에만 힘써서 시어의 내용이 가볍고 얕다. 한 시대가 이를 사모하여 '서곤체'라 불렀지만 식자들이 병폐로 여겼다. 구양수는 "양억의 시에 '드높은 돛단배 버드나무 관교官橋를 가로 건너고, 겹겹의 북은 바닷가 기러기를 놀라 날게 한다[峭帆橫渡官橋柳, 疊鼓驚飛海岸鷗]'가 있는데, 아름다운 구절임에 아무 문제가 없다"라고 했다. 나도 유균의 시 가운데 "빗속에 궁성은 넓고, 가을 소리 궁궐 나무에 많다[雨勢宮城闊, 秋聲禁樹多]"를 보았다. 이 또한 좋은 작품임에 틀림없다.

詩惡蹈襲古人之意, 亦有襲而愈工若出於己者. 蓋思之愈精, 則造語愈深也. 魏人章疏云 : "福不盈身, 禍將溢世." 韓愈則曰 : "歡華不滿眼, 咎責塞兩儀." 李華「弔古戰場文」曰 : "其存其沒, 家莫聞知. 人或有言, 將信將疑.【『漁隱叢話』作'蓋將信疑'】 娟娟心目, 夢寐見之." 陳陶則云 : "可憐無定河邊骨, 猶是春閨夢裏人." 蓋愈工於前也.

시는 고인의 뜻을 답습하는 것을 피해야 하지만, 답습하면서도 더욱 뛰어나 마치 자신에게서 나온 것 같은 것도 있다. 생각이 정밀할수록 조어造語가 더욱 깊어지는 것이다. 위魏나라 사람의 장소章疏에서 "복은 몸에 가득하지 않고, 재앙은 세상에 넘치리라[福不盈身, 禍將溢世]"라고 했고, 한유는 "환희의 꽃은 눈에 차지 않고, 허물과 꾸지람만 양의(兩儀 : 천지)에 가득하다[歡華不滿眼, 咎責塞兩儀]"라고 했다. 그리고 이화李華의 「조고전장문弔古戰場文」에서는 "살았는지 죽었는지를, 집안에서는 알 수 없다. 사람들이 더러 말을 해도, 믿는 둥 마는 둥 한다【『어은총화』에는 '蓋將信疑'로 되어 있다】. 마음속에 그리움 가득해, 꿈속에서 그를 만난다[其存其沒, 家莫聞知. 人或有言, 將信將疑.【『漁隱叢話』作'蓋將信疑'】 娟娟心目, 夢寐見之]"라고 했고, 진도陳陶는 "가엾은 무정하無定河 변의 뼈는,

아직 봄날 규방의 꿈속 사람이다[可憐無定河邊骨, 猶是春閨夢裏人]"라고 했다. 이는 이전의 시보다 더욱 빼어난 것들이다.

王禹偁「橄欖」詩云:"南方多果實, 橄欖稱珍奇. 北人將就酒, 食之先顰眉. 皮核苦且澀, 歷口復棄遺. 良久有回味, 始覺甘如飴." 蓋六句說回味. 歐陽文忠公曰:"甘苦不相入, 初爭久方知."【『漁隱叢話』'爭', 作'憎'】極快健也, 勝前句多矣.【按末句據『漁隱叢話』補入】

왕우칭王禹偁은 「감람橄欖」에서 "남방에 과일이 많지만, 감람이 진기하다고 일컬어진다. 북쪽 사람들은 술을 마시기 전에, 이걸 먹고 눈살을 찌푸린다. 껍질과 씨는 쓰고도 떫어, 씹고 나서 다시 뱉는다. 한참을 되씹고 나서야, 비로소 엿처럼 단맛이 난다[南方多果實, 橄欖稱珍奇. 北人將就酒, 食之先顰眉. 皮核苦且澀, 歷口復棄遺. 良久有回味, 始覺甘如飴]"라고 했다. 여섯 개의 구절이 다 음미에 대해 이야기한 것이다. 구양수는 "단맛과 쓴맛이 서로 받아들이지 못함을, 처음 맛을 다툴 때 비로소 알게 된다[甘苦不相入, 初爭久方知]"라고 했다【『어은총화』에서 '爭'은 '憎'으로 되어 있다】. 극히 상쾌하고 굳건하여 앞 시보다 훨씬 뛰어나다【안按: 마지막 구는 『어은총화』에 의거하여 보충했다】.

詩豈獨言志, 往往讖終身之事. 范仲淹小官時, 詠「十四夜月」詩云:"天意將圓夜, 人心待滿時. 已知千里共, 猶訝一分虧." 希文久負人望, 世期以爲相, 而止于參知政事. 王荊公爲殿中丞羣牧判官時, 作「郢州白雪樓」詩, 略云:"折楊黃華笑者多, 陽春白雪和者少. 知音四海無幾人, 況復區區郢中小. 千載相傳始欲慕, 一時獨唱誰得曉. 古心以此分冥冥, 俚耳至今徒擾擾." 荊公, 大儒也, 孟子後一人而已. 雖萬世之下, 聞其風宜企慕之. 及作相更新天下之務, 而一時沮毀之者蜂起, 皆合「白雪」之句也.【按『漁隱叢話』無'荊公, 大儒也' 至'企慕之'數語】

시가 어찌 자신의 생각만 말하는 것이겠는가. 이따금 일생을 암시하기도 한다. 범중엄은 낮은 관리로 있을 때 지은 「십사야월十四夜月」에서 "하늘이 둥글게 만들려는 밤에, 사람은 가득 찬 달을 기다린다. 이미 천 리가 함께 한 것을 알지만, 아직 1푼의 흠이 아쉽다[天意將圓夜, 人心待滿時. 已知千里共, 猶訝一分虧]"라고 했다. 범중엄은 오랫동안 사람들의 기대를 한몸에 받아 다들 재상이 될 것이라 기대했지만 참지정사參知政事에 그쳤다. 왕안석이 전중승殿中丞·군목판관羣牧判官이었을 때 「영주백설루郢州白雪樓」를 지었는데 그 대략은 이렇다. "「절양류折楊柳」와 「황화黃華」[20]는 비웃는 자가 많고, 「양춘陽春」과 「백설白雪」[21]은 화답한 자가 적다. 세상에 지음이 몇 되지 않는데, 외딴 영郢의 작은 관리임에랴. 천년을 전해오는 것을 사모하고 싶어, 홀로 부르는 노래를 누가 알아줄까. 지긋한 마음(古心)을 이것으로 조용히 보여주었거늘, 세속의 귀들은 지금껏 소란스럽기만 하다.[折楊黃華笑者多, 陽春白雪和者少. 知音四海無幾人, 況復區區郢中小. 千載相傳始欲慕, 一時獨唱誰得曉. 古心以此分冥冥, 俚耳至今徒擾擾.]" 왕안석은 위대한 유자儒者로서 맹자 이후를 대표하는 유일한 사람이다. 만 년이 흐른 뒤라도 그의 기풍을 들으면 의당 사모할 것이다. 재상이 되어 천하의 일을 새로 바꾸었으나 헐뜯고 저항하는 무

---

20 「절양류(折楊柳)」와 「황화(黃華)」: 모두 고악부(古樂府)의 곡명이다. 『장자』 「천지편(天地篇)」에 "큰 성악(聲樂)은 촌사람의 귀에 들어가지 않고 「절양(折楊)」과 「황화(皇華)」를 하면 지껄이며 웃어댄다[大聲不入於里耳, 折楊皇華, 則嗑然而笑]"라고 하였다. 그 주석에서 "좁은 시골의 속된 음악이다"라고 하였다. 이익의 『성호사설』 제28권 '시문문(詩文門), 절양류(折楊柳)' 조 참고.

21 「양춘(陽春)」과 「백설(白雪)」: 모두 전국시대 초나라의 가곡명으로 고상한 풍격을 지닌 것으로 평가받는다. 전국시대 초나라 송옥의 「대초왕문(對楚王問)」에, 하리(下里)와 파인(巴人) 같은 대중가요는 사람들이 다 곧잘 따라 부르지만 「양춘」이나 「백설」 같은 가곡은 너무 고상하기 때문에 따라 부르는 사람이 매우 드물다는 말이 나온다.

리들이 벌떼처럼 일어났으니 모두 「백설」의 구절에 부합된다【안按: 『어은총화』에는 '荊公, 大儒也'에서 '企慕之'까지의 구절이 없다】.

晏元獻殊作樞密使, 一日雪中退朝, 客次有二客, 乃永叔與學士陸經. 元獻喜曰: "雪中詩人見過, 不可不飮酒也." 因置酒共賞, 卽席賦詩. 是時西師未解, 永叔句有"主人與國同休戚, 【'同'一作'共'】 不惟喜樂將豐登. 須憐鐵甲冷透骨, 四十餘萬屯邊兵." 元獻怏然不悅. 後嘗語人曰: "裴度也曾宴賓客, 韓愈也會做文章, 但言園林窮勝事, 鍾鼓樂淸時, 却不曾恁地作鬧."【按潘子眞詩話云: "永叔頗聞晏因「賦雪」詩有語. 其後歐守靑社, 晏亦出鎭宛邱, 歐乃作啓, 敍平生出處, 以致謝悃. 其略曰: '伏念曩者, 相公始掌貢擧, 修以進士而被選掄, 及當鈞衡, 又以諫官而蒙奬擢. 出門館不爲不舊, 受恩知不爲不深.' 晏得書, 卽於書尾作數語, 授掌記謄本答之, 甚滅裂. 坐客怪而問焉, 晏徐曰: '作答知擧時一門生書也.' 意終不平"云云. 考之『侯鯖錄』, 因歐公此詩, 明日蔡襄遂言其事, 晏坐此罷相, 固宜有"作鬧"之語, 並如子眞所云也】

추밀사樞密使로 있던 안수가 어느 날 눈이 내리는 가운데 조정에서 돌아왔다. 그때 객차(客次: 객관)에 두 사람의 객이 찾아와 있었으니 바로 구양수와 학사學士 육경陸經이었다. 안수가 기뻐하며 "눈 내리는 때 시인이 찾아왔으니 술을 마시지 않을 수 없다"라고 하고 술자리를 마련해 함께 감상하며 즉석에서 시를 지었다. 그때는 서쪽에 파병나간 군사가 아직 해산되지 않았을 때였다. 구양수가 "주인은 국가와 함께 휴척(休戚: 고락)을 함께 해【'同'은 '共'으로도 쓴다】, 풍년 들 것만을 기뻐하지 않는다. 모름지기 찬 기운이 철갑 뼛속까지 스미는, 변방 사십여만의 병사를 가엽게 여겨야하리[主人與國同休戚, 【'同'一作'共'】 不惟喜樂將豐登. 須憐鐵甲冷透骨, 四十餘萬屯邊兵]"라고 하니, 안수는 고개를 숙이며 기뻐하지 않았다. 그는 훗날 다른 사람에게 "배도裴度가 일찍이 객들과 연회를 베풀고, 한유도 모임에서 문장을 지었을 때, 다만 '원림의 아름다운 일을 마음껏 누리고, 북이며 종으로 청정한 시절을 즐기노라[園林窮勝事, 鍾鼓樂淸時]'라고 말했을 뿐, 일찍이 이렇게 소란스럽게 하지는 않았다"라고 했다【안按 : 반자진潘子眞의 시화에서 "구양수는, 안수가 「부설賦雪」로 인해 말을 남겼다는 이야기를 들었다. 그 후 구양수가 청사태수靑社太守로 나가고 안수도 완구태수宛邱太守로 나가 있을 때, 구양수는 계啓를 지어 일생의 출처를 서술하며 감사를 표했다. 내용의 대략은 이렇다. '삼가 생각하옵건대, 지난날 상공相公께서 처음 공거貢擧[22]를 관장하실 때 진사로 선발이 되었고, 균형鈞衡[23]을 담당하실 때는 간관諫官으로 간택되는 은혜를 입었습니다. 문관門館을 나설 때 옛일이 아닐 수가 없고 은혜와 알아줌을 받은 것이 깊지 않을 수 없습니다'라고 했다. 안수가 편지를 받고 나서 바로 편지 끝에 몇 마디를 적어 장기(掌記 : 기록 담당)에게 주어 원본을 등사해 답장을 보내도록 했는데, 매우 지리멸렬했다. 좌객이 이상하게 여겨 묻자, 안수가 천천히 '공거貢擧를 담당할 때 한 사람의 서생에게 답장을 보낸 것일 뿐이다'라고 하고, 끝내 불쾌해했다. 『후정록侯鯖錄』을 살펴보면, 구양수의 이 시로 인해 이튿날 채양蔡襄이 그 내용을 이야기하게 되었고 안수는 이 문제로 재상에서 물러났으니, 본디 '요란스럽다(作鬧)'라는 시어가 들어있는 것이 마땅하며 이는 반자진이 말한 것과 같은 것이기도 하다】.

前輩詩多用故事, 其引用比擬, 對偶親切, 亦甚有可觀者. 楊察謫守信州, 及其去也, 送行至境上者十有二人. 隱父於餞筵作詩以謝, 皆用十二

22 공거(貢擧) : 과거(科擧). 주시관(主試官)은 지공거(知貢擧)라 하고, 부시관(副試官)은 동지공거(同知貢擧)라 한다.

23 균형(鈞衡) : 정치를 공평하게 한다는 뜻으로, 재상을 일컫는 말이다.

故事. 其詩曰："十二天辰數, 今宵席客盈. 位如星占野, 人若月分卿. 極醉巫峰倒, 聯吟嶰琯清. 他年爲舜牧, 協力濟蒼生." 用故事亦恰好.【一無此六字】

선대 시인들의 시는 대부분 고사를 사용하며 인용과 비유와 대우가 친절하여 매우 볼만한 것이 있기도 하다. 양찰楊察이 신주태수信州太守로 좌천됐다가 떠날 때, 그를 전송하기 위해 접경지까지 온 사람이 열두 명이었다. 양찰楊察은 전별연에서 시를 지어 감사를 표하며 모두 열두 고사를 사용했다. "열두 개 별의 숫자대로, 오늘밤 객석이 가득하다. 자리는 별이 구역을 차지한 듯하고,[24] 사람은 달로 경卿이 나뉜 것 같다.[25] 완전히 취하자 무봉巫峰이 뒤집어지고, 연이어 읊자 해관嶰琯[26]이 맑다. 훗날 순임금의 목자가 되어, 힘을 합쳐 창생을 구제할지어다[十二天辰數, 今宵席客盈. 位如星占野, 人若月分卿. 極醉巫峰倒, 聯吟嶰琯清. 他年爲舜牧, 協力濟蒼生]" 고사의 사용이 딱 알맞다【다른 본에는 이 여섯 자가 없다】.

慶曆中, 李淑罷翰林學士, 知鄭州. 會奉祠柴陵, 作詩三絶, 其「恭帝」詩最涉嫌忌, 曰："弄楯牽車晩鼓催, 不知門外倒戈回. 荒墳斷壟逾三尺, 猶認房陵半仗來." 旣爲仇家陳述古抉其事以聞, 褫一職.

경력 연간에 이숙李淑은 한림학사를 그만두고 정주태수鄭州太守로 나

24 자리는 …… 듯하고 : 성야(星野)는 별의 분야를 말한다. 이십팔 수의 별자리를 창룡(蒼龍), 백호(白虎), 주작(朱雀), 현무(玄武)의 사 령(靈)으로 나누어 각각 동서남북으로 정한 다음 칠 수씩 속하게 하였다.

25 사람은 …… 같다 : "왕은 한 해를 단위로 살펴보고, 경사는 달을 단위로 하고, 사윤은 날로 한다[王省惟歲, 卿士惟月, 師尹惟日]"라는 말이 『서경』「홍범(洪範)」에 나온다.

26 해관(嶰琯) : '해(嶰)'는 산간(山澗), 구학(溝壑)을 말한다. 물이 있는 곳을 '간(澗)'이라 하고 물이 없는 곳을 '해(嶰)'라 한다. '관(琯)'은 고대의 관악기로 옥(玉)을 사용하여 만든다. 적(笛)과 모양이 비슷한데 여섯 개의 구멍이 있다.

갔다. 마침 시릉柴陵에 제사를 봉행했는데 3수의 절구시를 지었다. 그 가운데 「공제恭帝」가 가장 혐기嫌忌를 건드렸다. "방패를 농하고 수레를 이끌어 석양의 북을 재촉하며, 문밖에서 창을 거꾸로 들고 돌아올 줄 몰랐다. 거친 무덤 끊긴 언덕은 삼 척이 넘는데, 방릉房陵은 반 길 정도로 남아있구나.[弄楯牽車晩鼓催, 不知門外倒戈回. 荒墳斷壟逾三尺, 猶認房陵半仗來.]"[27] 그런데 원수 사이인 진술고陳述古가 어느새 이것을 꼬투리 삼아 조정에 알렸고 이로 인해 관직이 바뀌고 말았다.

至和中, 阮逸爲王宮記室. 王能詩,【一本云"爲王宮敎授. 有宗室能詩."】多與逸唱和. 逸有句曰:"易立泰山石, 難枯上林柳." 有言其事者, 朝廷方治之. 會逸坐他事, 因廢斥之.【一本云"會逸復以請求受賄事, 因廢斥之."】

지화(至和 : 1054~1056) 연간에 완일阮逸이 왕궁기실王宮記室로 있었는데, 왕이 시에 능하여【다른 책에는 "왕궁교수王宮敎授로 있었는데, 시에 능한 종실宗室이 있었다"로 되어 있다】 그와 시를 많이 주고받았다. 완일이 "태산의 돌은 세우기 쉬워도, 상림上林의 버들은 말리기 어렵다[易立泰山石, 難枯上林柳]"라고 했는데, 이를 빌미로 삼은 자가 있어 조정에서 그를 다스리려 했다. 하지만 완일은 마침 다른 일과 연루되어 내쫓겼다【다른 책에는 "마침 완일이 사건에 관해 뇌물을 받은 일로 내쫓겼다"로 되어 있다】.

---

27 그 가운데 …… 남아있구나 : 시의 제목인 공제는 오대(五代) 시기 후주(后周) 황제 시종훈(柴宗訓 : 곽종훈郭宗訓, 953~973)이며, 방릉은 그의 능을 가리킨다. 주세종(周世宗)의 넷째 아들로 태어난 그는 왕위에 오른 지 육 개월 만에 조광윤에 의해 정왕(鄭王)으로 패출되었고 973년에 방주태수(房州太守) 신문열(辛文悅)에게 살해당했다.

溫成皇后初薨, 會立春進詩帖子. 是時, 永叔·禹玉同在翰林院, 以其虛閣, 故不進. 俄而有旨, 令進溫成閤帖子. 永叔未能成, 禹玉遽口占一首云: "昔聞海上有仙山, 烟鎖樓臺日月閒. 花下玉容長不老, 只應春色勝人間." 永叔深歎其敏麗.【按此條亦見『冷齋夜話』. 又按『曲洧舊聞』云: "歐公與王禹玉·范忠文同在禁林, 故事進春帖子, 自皇后·貴妃以下諸閤皆有. 其時, 溫成薨未久, 詞臣闕而不進. 仁宗語近侍曰: '詞臣觀望, 溫成獨無有.' 色甚不懌. 諸公聞之惶駭, 禹玉·忠文倉卒作, 不成. 歐公徐云: '某有一首, 但寫進本時偶忘之耳.' 乃取小紅箋自錄其詩云: 「忽聞海上有仙山, 烟鎖樓臺日月閒. 花下玉容長不老, 只應春色勝人間.」 旣進, 上大喜. 禹玉拊歐公背曰: '君文章眞是含香丸子也.'" 此說與道輔所紀小異, 因附錄于此】

온성황후溫成皇后가 처음 세상을 떠났을 때 마침 입춘이어서 시첩자詩帖子를 올리게 되었다. 당시 구양수와 왕규가 한림원에 함께 있었는데, 한림원이 텅 빈다는 이유로 올리지 못했다. 얼마 뒤 황제의 교지가 내려져 온성황후의 첩자帖子를 올리게 했다. 구양수가 미처 완성하기 전에 왕규가 바로 한 수를 지어 "듣자하니 바다 위에 신선 산이 있어, 해와 달 사이에 누대가 안개로 갇혔다 한다. 꽃 아래 옥 같은 모습은 나이 들어도 늙지 않을 터, 그저 봄빛이 사람보다 앞설 뿐이다[昔聞海上有仙山, 烟鎖樓臺日月閒. 花下玉容長不老, 只應春色勝人間]"라고 하였다. 구양수는 그 민첩하고 미려함에 깊이 탄복했다【안按: 이 조항은 『냉재야화』에도 보인다. 우안又按: 『곡유구문曲洧舊聞』에는 다음과 같이 기술되어 있다. "구양수가 왕규·범경문范景文과 함께 금림(禁林: 한림원)에 있었는데, 지난 규례에 따르면 춘첩자春帖子를 올릴 때는 황후·귀비 이하 모든 합하閤下가 다 포함되어 있었다. 그런데 이 당시 온성황후는 세상을 떠난 지 얼마 되지 않아 사신詞臣들이 춘첩자를 올리지 않았다. 인종은 근신에게 '사신의 눈 안에, 홀로 온성溫成만 없구나[詞臣觀望, 溫成

獨無有]'라고 하며 매우 불만스러워했다. 제공들이 이 말을 듣고 깜짝 놀랐으며 왕규와 범경문이 갑작스럽게 지으려다 미처 완성하지 못했다. 이때 구양수가 조용히 나서며 '내가 1수를 지었는데 진본進本을 베낄 때 우연히 잊어버렸다'고 하며 작은 홍전紅箋을 가져와 그 시를 적었다. '홀연히 들으니 바다 위에 신선 산이 있어, 해와 달 사이에 누대가 안개로 갇혔다 한다. 꽃 아래 옥 같은 모습은 나이 들어도 늙지 않을 터, 그저 봄빛이 사람보다 앞설 뿐이다.[忽聞海上有仙山, 烟鎖樓臺日月間. 花下玉容長不老, 只應春色勝人間].' 작품을 올리고 나자 황제가 크게 기뻐했다. 왕규가 구양수의 등을 쓰다듬으며 '그대의 문장은 참으로 향을 머금은 환자丸子[28]이다'라고 했다" 이 설은 위태가 기록한 것과 약간 차이가 있어, 여기에 부록으로 붙인다】.

大臣有少時雖修謹, 然亦性通侻, 有數小詞傳于世, 可見矣. 慶曆中, 簽書滑州節度判官行縣, 至韋城, 飲于縣令家, 復以邑倡自隨. 逮曉, 畏人知, 以金釵贈倡, 期緘口, 亦終不能秘也. 嘉佑中, 大臣爲館職, 奉使契丹, 歸語同舍吳奎曰 : "世言雨逢甲子則連陰, 信有之. 昨夜, 契丹至長垣, 往來無不沾濕." 長文戲曰 : "'長垣逢甲子', 可對'韋縣贈庚申'也." 大臣終無悔恨.

대신大臣이 젊었을 때 비록 근신하긴 했지만 본성이 얽매임이 없어 몇몇 소사小詞를 세상에 전했는데 볼만하다. 경력 연간에 그는 첨서활주절도판관簽書滑州節度判官으로 현을 순행하다가 위성韋城에 이르러 현령의 집에서 술을 마신 뒤 읍내 기생을 데리고 나갔다. 새벽이 되자 사람들이 알까 두려워 황금비녀를 기생에게 주며 함구하도록 했으나 끝

28 환자(丸子) : 둥글게 만든 단약을 가리키기도 하고 둥글게 만든 음식물을 가리키기도 한다.

내 비밀이 되지 못했다. 가우 연간에는 관직(館職: 숭문원崇文院 관원)이 돼 거란으로 사신을 갔다가 돌아와서 동료 오규吳奎에게 "세상에서 갑자甲子일에 비를 만나면 날씨가 계속 흐리다고 했는데 정말 맞네. 어젯밤 거란에서 장원長垣에 도착했는데 오는 길에 옷이 흠뻑 젖었네"라고 했다. 그러자 오규가 농 삼아 "'장원에서 갑자를 만나다[長垣逢甲子]'가 '위현에서 경신일에 주다[韋縣贈庚申]'와 대구를 이룰 만하군"이라고 했다. 이에 대신은 결국 아쉬움이 없었다.

下澤滻水處多蚊蚋, 秦州西溪尤甚. 每黃昏如烟霧晦合, 聲如殷雷. 無貧富, 皆以紗絹・蒲疏・蕉葛爲廚罩, 老幼皆不能露坐, 至以泥塗牛馬, 不爾亦傷害. 范希文嘗以大理寺丞監泰州西溪鹽務, 爲蚊蚋所苦, 有詩曰: "飽去櫻桃重, 飢來柳絮輕. 但知離此去, 不要問前程."

물이 많은 산수滻水 지역은 모기나 파리 따위가 많은데, 진주秦州 서계西溪는 더욱더 심하다. 황혼이 들어 안개가 자욱할 때면 소리가 우레처럼 들려온다. 이곳에서는 부자, 가난한 사람 할 것 없이 모두 비단이나 부들, 파초 칡 따위로 가리새를 만들고 노인과 아이들은 몸을 드러낼 수 없으며 소와 말은 진흙으로 바르기까지 한다. 안 그러면 피해를 입게 된다. 범중엄이 일찍이 대리시승大理寺丞으로 진주 서계의 염업鹽業을 감독할 때, 파리와 모기로부터 괴롭힘을 당하여 지은 시에서 "배불러 떠날 땐 앵두처럼 무겁고, 굶주려 다가올 땐 버들 솜처럼 가볍다. 그저 이곳을 떠나고 싶을 뿐, 그다음을 묻고 싶지 않다[飽去櫻桃重, 飢來柳絮輕. 但知離此去, 不要問前程]"라고 했다.

張鑄, 健吏也. 性亦滑稽, 爲河北轉運使, 以事謫知信州. 是時, 以屯田員外郎葛源新得提擧銀銅坑冶, 信州在所提擧. 源欲爲鑄發擧狀, 移牒令鑄供歷任脚色狀. 鑄不平, 作詩寄之曰 : "銀銅坑冶是新差, 職任催綱勝一階. 更使下官供脚色, 下官蹤跡轉沉埋." 源有慚色.

장주張鑄는 건장한 관리였고 유머도 뛰어났다. 하북전운사河北轉運使가 되었을 때 사건에 연루되어 신주태수信州太守로 좌천되었다. 이 당시 둔전원외랑屯田員外郎 갈원葛源이 새롭게 제거은동갱야提擧銀銅坑冶에 임명되었는데 신주가 그 관할 지역에 포함되었다. 갈원은 장주를 위해 추천장을 발급하려고 이첩移牒[29]을 통해 장주로 하여금 그동안의 이력서를 제출하게 했다. 이에 장주가 못마땅해 하며 시를 지어 보내기를 "은동갱야에 새롭게 차임돼, 그 직책은 기강으로 따질 때 한 계급 위이다. 하등 관리로 하여금 이력서를 제출하도록 하니, 하등 관리의 자취가 갈수록 가라앉는다[銀銅坑冶是新差, 職任催綱勝一階. 更使下官供脚色, 下官蹤跡轉沉埋]"라고 했다. 이에 갈원이 부끄러워했다.

"昨夜陰山吼賊風, 帳中警起紫髯翁. 平明不待全師出, 連把金鞭打鐵驄." 不知何人之詩, 頗爲邊人傳誦. 有張師雄者, 居洛中, 好以甘言悅人, 晚年尤甚, 洛人目爲"蜜翁翁." 會官於塞上, 一夕, 傳胡騎犯邊, 師雄蒼惶振恐, 衣皮裘兩重, 伏于土穴中, 神如癡矣. 秦人呼'土窟'爲'土空', 遽爲無名子改前詩以嘲之曰 : "昨夜陰山賊吼風, 帳中驚起蜜翁翁. 平明不待全師出, 連著皮裘入土空." 張亢嘗謂 : "蜜翁翁無可對者." 一日, 亢有姪不率敎, 亢方詰責, 欲杖之. 姪倚醉大言曰 : "安能杖我, 爾但堂伯伯." 亢笑曰 : "'糖伯伯'可對'蜜翁翁'也." 釋而不問. 【按張亢一段『漁隱叢話』不錄】

---

29 이첩(移牒) : 받은 통첩을 다른 곳으로 다시 알림, 또는 그 통첩. 예로부터 국가에 큰 난이 생기면 임금이 직접 백성에게 알렸는데, 이 또한 이첩이라 이른다.

"어젯밤 음산陰山에 적의 바람이 불어, 장막 안 붉은 수염 노옹을 깨웠다. 이른 새벽 전군의 출진을 기다리지 않고, 황금 채찍으로 연이어 철총鐵驄을 친다.[昨夜陰山吼賊風, 帳中警起紫髯翁. 平明不待全師出, 連把金鞭打鐵驄.]" 이 시는 누구의 작품인지는 알 수 없으나 변방 사람들에게 많이 전송되고 있다. 장사웅張師雄이란 사람이 낙중(洛中 : 낙양)에 살았다. 평소 재담으로 사람들을 곧잘 즐겁게 하던 그는 만년에 더욱 그런 일이 심했는데, 낙양에서는 그를 '밀옹옹蜜翁翁'이라 불렀다. 변방에서 관리를 역임하고 있을 때, 그는 어느 날 밤 오랑캐 기병이 변방을 침입한다는 말을 전해 들었다. 마치 정신이 나간 듯이 두려움에 허겁지겁 가죽 옷을 두 겹으로 입고 땅 속에 숨었다. 진秦 지역 사람들은 '토굴土窟'을 '토공土空'이라 부르는데, 갑자기 어느 무명자無名子가 앞의 시를 고쳐 조롱하기를 "어젯밤 음산에 적이 휘파람을 불어, 장막 안 밀옹옹을 깜짝 놀라게 했다. 이른 새벽 전군의 출정을 기다리지 않고, 가죽 옷을 겹쳐 입고 토공으로 들어갔다[昨夜陰山賊吼風, 帳中驚起蜜翁翁. 平明不待全師出, 連著皮裘入土空]"라고 했다. 장항張亢은 일찍이 "밀옹옹에 대구 삼을 만한 것이 없다"라고 했다. 그런데 어느 날 조카가 말을 듣지 않아 꾸짖으며 회초리를 들려고 하자, 조카가 술에 취해 큰 소리로 "어찌 날 때리려 하세요. 당신은 그저 당백백堂伯伯일 뿐인데"라고 했다. 이에 장항은 웃으며 "'당백백'이 '밀옹옹'의 대구가 될 만하다"라고 하며 조카를 풀어주고 더 추궁하지 않았다【안按 : 장항 이하의 구절은 『어은총화』에 수록되어 있지 않다】.

永叔詩話載陶穀詩云 : "'尖簷帽子卑凡厮, 短靿靴兒末厥兵.' 不曉'末厥'之義, 又嘗問王洙, 亦不曉." 予頃在眞定觀大閱, 有一卒植五方旗, 少不正, 大校恚曰 : "你可末豁如此!" 予遽召問之, 大校笑曰 : "北人謂粗疏也." 豈'厥'之音'豁'乎? 亦莫知孰是.

구양수의 시화에서 도곡의 시를 게재하며 "'뾰족한 처마 같은 모자는 비범한 녀석이고, 짧은 가죽 신발은 말궐末厥의 병사이다[尖簷帽子卑凡廝, 短靿靴兒末厥兵]"에서 '말궐'의 의미를 알 수 없었다. 일찍이 왕수王洙에게도 물어봤으나 역시 이해하지 못했다"라고 했다. 내가 얼마 전 진정眞定에서 대규모 열병식을 보았다. 오방기五方旗를 들고 있던 병사가 조금 기를 비틀자 장교가 "네가 이처럼 말활末豁해도 되는가!"라고 꾸짖었다. 내가 바로 장교를 불러 그 뜻을 묻자 장교가 웃으며 "북쪽 사람들은 거칠고 성긴 것을 말활이라 합니다"라고 했다. 그러면 혹시 '궐厥'의 음이 '활豁'이 아닐까? 무슨 뜻인지 알 수 없다.

楚州有官妓王英英, 善筆札, 學顔魯公體, 蔡襄復敎以筆法, 晩年作大字甚佳. 梅聖兪贈之詩云 : "山陽女子大字書, 不學常流事梳洗. 親傳筆法中郞孫, 妙作蠶頭魯公體."【'妙作'一本作'妙畫'】英英貌甚陋, 固云"不事梳洗."【一云 : "故有'不事梳洗'之句."】中郞孫, 君謨也.

초주楚州에 왕영영王英英이라는 관기가 있었는데 글씨를 잘 썼다. 안진경의 서체를 배웠고 채양蔡襄이 다시 필법을 가르쳐 만년에 쓴 대자大字가 매우 아름다웠다. 매요신은 그녀에게 지어준 시에서 "산양山陽 여인의 큰 글씨는, 빗질 일삼는 일상의 부류들을 따라하지 않는다. 중랑손中郞孫의 필법을 친히 전수받고, 안진경체의 잠두법蠶頭法[30]을 오묘하게 쓴다[山陽女子大字書, 不學常流事梳洗. 親傳筆法中郞孫, 妙作蠶頭魯公體]"라고 했다【'妙作'은 다른 책에서 '妙畫'으로 되어 있다】. 왕영영은 얼굴이 매우 못생겼으므로 "빗질을 일삼지 않는다"라고 말한 것이다【다

30 잠두법(蠶頭法) : 당나라 안진경의 서체의 특징 중 하나로 흔히 잠두연미(蠶頭燕尾 : 누에머리에 제비 꼬리)를 드는데, 예서 횡획의 기필 부분의 모양이 누에머리 같고 수필 부분이 제비 꼬리 같다는 데에서 나온 용어이다.

른 책에서는 "그래서 '빗질을 일삼지 않는다'라는 구절이 있는 것이다"로 되어 있다】. 중랑손은 채양이다.

呂士隆知宣州, 好以事笞官妓, 妓皆欲逃去而未得也. 會杭州有一妓到宣, 其色藝可取, 士隆喜之, 留之使不去. 一日, 郡妓復犯小過, 士隆又欲笞之, 妓泣愬曰:"某不敢辭罪, 但恐杭妓不能安也." 士隆憫而舍之. 梅聖兪因作「莫打鴨」一篇曰:"莫打鴨, 打鴨警鴛鴦. 鴛鴦新向池中落, 不比孤洲老禿鶬. 禿鶬尙欲遠飛去, 何況鴛鴦羽翼長." 蓋謂此也.

여사융呂士隆이 선주태수宣州太守로 있을 때 곧잘 구실을 들어 매질을 해서 관기들이 모두 도망가고 싶었으나 여의치 못했다. 그런데 마침 항주의 기생이 선주에 왔는데 재색이 뛰어났다. 여사융이 그녀를 좋아하여 만류하며 못 떠나게 했다. 어느 날 군 내 기생이 다시 작은 과실을 범했다. 이에 여사융이 또다시 매질하려 하자, 그 기생이 울며 호소하기를 "제가 감히 벌을 마다하지 않겠으나 항주 기생이 불안해할까 두렵습니다"라고 했다. 여사융은 불쌍히 여겨 그녀를 풀어주었다. 매요신은 「막타압莫打鴨」에서 "오리를 치지 말라, 오리를 치면 원앙이 놀란다. 원앙이 새롭게 연못을 향해 내려오니, 외딴 모래톱 늙고 힘 빠진 왜가리와 비교될 수 없다. 힘 빠진 왜가리는 멀리 날아가고 싶나니, 어찌 깃이 긴 원앙에 견줄 수 있으랴[莫打鴨, 打鴨警鴛鴦. 鴛鴦新向池中落, 不比孤洲老禿鶬. 禿鶬尙欲遠飛去, 何況鴛鴦羽翼長]"라고 했는데, 이 이야기를 두고 말한 것이다.

苗振, 熙寧初知明州, 致仕歸鄆, 自明州造一堂極華壯, 載以歸. 或言:"鄆州置田亦多機數而得." 是時, 王逵亦居鄆, 作詩嘲之曰:"伯起雄豪世莫偕, 官高祿重富於財. 田從汶上天生出, 堂自明州地架來. 十隻畫船風破浪, 兩行紅粉夜傳杯. 自憐憔悴東鄰叟, 草舍茅簷眞可咍.” 伯起, 振字. 東鄰, 逵自謂. 是時, 王荊公秉政, 聞此詩, 遽遣王子韶爲浙路察訪, 於明州廉得其實, 遂起大獄, 振竟至削奪.

묘진苗振이 희녕 초에 명주태수明州太守를 끝으로 벼슬을 그만두고 운鄆으로 돌아왔다. 그런데 명주에서 지극히 화려하고 장엄한 집을 하나 지어 이를 싣고 왔다. 혹자는 “운주鄆州에 둔 전답들도 대부분 기회를 틈타 얻은 것이다”라고 했다. 당시 왕규王逵도 운주에 살고 있었는데 시를 지어 조롱하기를 “백기(伯起 : 묘진)의 웅장함과 호화로움은 세상에 짝할 자 없어, 관직이 높고 녹봉이 많아 재산이 풍성했다. 전답은 문수汶水 위 하늘로부터 생긴 것이지만, 집은 명주 땅에서 싣고 왔다. 열 척 화려한 배는 바람이 물결 일으키고, 두 줄 붉은 분장은 밤에 술잔을 나른다. 가엾은 초췌한 동쪽 이웃 늙은이는, 초가집 띠 처마가 참으로 볼품없다[伯起雄豪世莫偕, 官高祿重富於財. 田從汶上天生出, 堂自明州地架來. 十隻畫船風破浪, 兩行紅粉夜傳杯. 自憐憔悴東鄰叟, 草舍茅簷眞可咍]”라고 했다. 백기는 묘진의 자이며, 동쪽 이웃(東鄰)은 왕규 자신을 이른다. 이 당시 왕안석이 정권을 쥐고 있었는데, 이 시 이야기를 듣고 왕자소王子韶를 절로찰방浙路察訪으로 파견하여 명주에서 그 사실을 모두 조사하게 했다. 결국 큰 옥사가 일어나 묘진은 관직을 삭탈당했다.

近世婦人多能詩, 往往有臻古人者. 王荊公家最衆, 張奎妻長安縣君, 荊公之妹也, 佳句最爲多. 著者“草草杯盤供語笑, 昏昏燈火話平生.” 吳安持妻蓬萊縣君, 荊公之女也. 有句曰“西風不入小窗紗, 秋意應憐我憶家. 極目江山千萬恨, 依前和淚看黃花.” 劉天保妻, 平甫女也. 句有“不緣燕子穿簾幙, 春去春來那得知.”【一作‘春去秋來’】 荊公妻吳國夫人, 亦能文, 嘗有小詞「約諸親遊西池」句云: "待得明年重把酒, 攜手, 那知無雨又無風." 皆脫灑可喜也.

근세의 부인들 가운데 시에 능한 사람들이 많아서 이따금 고인에 근접하기도 한다. 왕안석의 집안에 가장 많았는데, 장규張奎의 처 장안현군長安縣君은 왕안석의 누이이며 좋은 시를 가장 많이 남겼다. 그중에서 뛰어난 것은 "그럭저럭 차린 술상은 담소의 자리를 제공하고, 어두운 등불은 삶을 이야기하게 한다[草草杯盤供語笑, 昏昏燈火話平生]"이다. 오안지吳安持의 처 봉래현군蓬萊縣君은 왕안석의 딸이다. 그녀가 지은 시에서 "서쪽 바람 작은 깁 창문에 들지 않아도, 가을은 응당 고향집 그리는 나를 가엾어 하리라. 눈앞에 가득한 강산의 수많은 한들, 여전히 눈물과 함께 국화를 바라본다[西風不入小窗紗, 秋意應憐我憶家. 極目江山千萬恨, 依前和淚看黃花]"라고 했다. 유천보劉天保의 처는 왕평보의 딸이다. 그녀가 지은 시에서는 "제비가 주렴 막을 뚫는 것에 연유하지 않는다면, 봄이 가고 봄이 오는 줄을 어찌 알랴[不緣燕子穿簾幙, 春去春來那得知]"라고 했다【다른 책에는 '春去秋來'로 되어 있다】. 왕안석의 처 오국부인吳國夫人도 문장에 능했다. 일찍이 지은 소사小詞 「약제친유서지約諸親遊西池」에서 "내년에 다시 술잔을 들고, 손을 이끌 때, 비도 내리지 않고 바람도 불지 않을 줄 어찌 알랴[待得明年重把酒, 攜手, 那知無雨又無風]"라고 했다. 모두 소쇄하여 참 좋다.

老杜云: "美名人不及, 佳句法如何." 蓋詩欲氣格完邃, 終篇如一. 然造句之法亦貴峻潔不凡也.

두보는 "미명美名은 사람들이 미치지 못하느니, 좋은 시의 법이란 어떤 것인가[美名人不及, 佳句法如何]"라고 했다. 이는 시가 기氣와 격格이 완벽하여 전편이 한결같아야 한다는 것이다. 그러나 시를 짓는 법은 준엄하고 정갈하여 범상치 않음을 중시한다.

永叔詩話稱謝伯初之句,① 如"園林換葉梅初熟", 不若"庭草無人隨意綠"也. "池館無人燕學飛", 不若"空梁落燕泥"也. 蓋伯景句意凡近, 似所謂"西崑體", 而王胄・薛道衡峻潔可喜也.

① '謝伯初'原作'謝伯景', 據『六一詩話』改.

구양수의 시화(『육일시화』)에서 사백초謝伯初의 시구를 거론하며 "동산의 잎이 바뀌자 매화가 막 익고[園林換葉梅初熟]"는 "마당 풀은 사람 없어도 제멋대로 푸르다[庭草無人隨意綠]"만 못하고 "연못가 집엔 아무도 없는데 제비가 날갯짓을 배운다[池館無人燕學飛]"는 "텅 빈 들보에 제비 진흙이 떨어진다[空梁落燕泥]"만 못하다고 했다. 사백초의 시는 의미가 평범해서 이른바 서곤체와 유사하지만, 왕주王胄와 설도형薛道衡은 준엄하고 정갈하여 볼만하다.

① '謝伯初'는 원래 '謝伯景'으로 되어 있었는데 『육일시화』에 의거해 고쳤다.

白樂天「海圖」詩【『漁隱叢話』作「海圖屛風」詩】 略曰 : "或者不量力, 謂茲鼇可求. 贔屭牽不動, 綸絶沉其鉤. 一鼇旣頓頷, 諸鼇齊掉頭. 噴風激飛廉, 鼓波怒陽侯. 遂使百川心【一作'遂使江漢水'】 朝宗意亦休." 吾讀此詩, 感劉隗・李訓・薛文通等事, 爲之太息.

백거이, 「해도海圖」의 일부를 들면 이렇다【『어은총화』에는 「해도병풍海圖屛風」으로 되어 있다】. "혹자는 제 힘을 헤아리지 않고, 이 거북을 구할 수 있다 한다. 울툭불툭해 끌어도 움직이지 않고, 줄을 끊어 갈고리를 물속에 잠기게 한다. 한 거북이 목을 끄덕이면, 모든 거북이 일제히 머리를 든다. 바람을 내뿜으며 비렴飛廉[31]을 격동시키고, 물결을 치며 양후陽侯[32]를 노하게 한다. 마침내 온 강물에 대한 마음이【다른 책에서는 '수사강한수遂使江漢水'로 되어 있다】, 조정에 대한 생각을 멈추게 한다.[或者不量力, 謂玆鼇可求. 贔屓牽不動, 綸絶沉其鉤. 一鼇旣頓頷, 諸鼇齊掉頭. 噴風激飛廉, 鼓波怒陽侯. 遂使百川心, 【一作'遂使江漢水'】 朝宗意亦休.]" 이 시를 읽노라면 나는 유외劉隗와 이훈李訓, 설문통薛文通 등의 이야기가 떠올라 한숨을 깊게 쉰다.

蘇子美監進奏紙, 因秋賽會同舍, 各醵金以飲. 時洪州人李定欲預此會, 禱堯臣以干, 舜欽不從. 定大怒, 遂暴其席上之事于言路, 一時俊寀皆坐斥逐. 聖俞有「客至」詩曰:"有客十人至, 共食一鼎珍. 一客不得食, 覆鼎傷衆賓." 謂定也.

소순흠이 진주지進奏紙를 감독했는데[33] 가을 대회에서 동료들과 모여 각기 돈을 내 술을 마시기로 했다. 당시 홍주洪州 출신 이정李定이 이 모임에 참여하고 싶어 매요신에게 부탁했으나 소순흠은 받아주지 않았다. 이정이 크게 노하여 결국 그 모임에 관한 일을 언로言路에 폭로하여 당대의 명사들이 모두 연루돼 축출 당했다. 매요신이 「객지客至」에서 "열 명의 나그네가 모여, 한 솥의 진귀한 음식을 먹었네. 한 사람이 이를 먹지 못해, 솥을 뒤엎어 그들을 손상시켰네[有客十人至, 共食一鼎珍. 一客不得食, 覆鼎傷衆賓]"라고 한 것은 이정을 두고 말한 것이다.

---

31 비렴(飛廉): 중국 전설 속의 바람 귀신 이름이다.

32 양후(陽侯): 늘 풍파를 일으켜 배를 전복시킨다는 물귀신의 이름이다.

33 진주지(進奏紙)를 감독했는데: 소순흠은 감진주원(監進奏院)이 되어 고지(故紙), 공전(公錢)을 팔아 빈객에게 연회를 베풀어 주었다는 이유로 죄에 걸려 제명(除名)되었다.

國初, 官舟數少, 非達官不可得. 太宗時, 朱嚴第三人及第, 稅舟赴任至. 王禹偁送詩曰 : "賃舟東下歷陽湖, 榜眼科名釋褐初"是也. 天禧末, 李迪自宰相謫衡州副使, 至儀眞. 是時, 鄭載爲發運使, 假張駝子客舟赴貶所, 尤可怪也.

국초에 관 소유의 배가 적어서 지위가 높은 관리가 아니면 탈 수가 없었다. 태종 때에 주엄朱嚴이 삼등으로 과거에 급제했는데 배를 세내어 부임지에 이르렀다. 왕우칭이 전송하는 시에서 "배를 세내 동쪽 역양호歷陽湖를 내려가니, 방에 이름 올라 갈포 옷을 막 벗을 때네[賃舟東下歷陽湖, 榜眼科名釋褐初]"라고 한 것은 이를 두고 말한 것이다. 천희 말에 이적李迪이 재상에서 형주부사衡州副使로 좌천돼 의진儀眞에 이르렀다. 이때 정재鄭載가 발운사發運使로 있었는데, 장타자張駝子의 객주客舟를 빌려 좌천된 곳으로 갔으니 이는 더더욱 괴이한 일이다.

陸起, 性滑稽, 宰吉州廬陵, 劇邑, 訴訟尤多. 起旣才短, 率五鼓視事, 至夜分猶不能辦. 自作一絕題廳壁云 : "驅雞政府本來無, 剛被人呼邑大夫. 及至五更侵早起, 算來却是被雞驅."

육기陸起는 재치가 넘치는 사람이었는데, 맡아 다스리는 길주吉州 여릉廬陵이 일이 많은 고을이어서 소송이 넘쳤다. 육기는 본디 힘에 부치는데, 대체로 오경에 일어나 일을 보기 시작해 한밤이 되어서도 다 마무리하지 못했다. 그때 절구시 한 수를 지어 관청 벽에 다음과 같이 썼다. "닭을 모는 일이 관청에 본래 없었으나, 사람들에 의해 읍대부邑大夫라 막 불리었다. 오경이면 금세 일어나는데, 보아하니 닭에게 내몰려서다.[驅雞政府本來無, 剛被人呼邑大夫. 及至五更侵早起, 算來却是被雞驅.]"[34]

杭州, 天下之佳郡, 衣冠之所樂處, 故退之云 "東吳遊宦鄉", 是也. 入幕尤多佳士. 慶曆中, 方楷守杭, 會三幕客, 皆年近七十, 其間又有經生, 于郡政殊無所補, 衆所鄙笑, 而方亦惡之. 有無名子嘲之曰 : "綠水紅蓮客, 青衫白髮精. 過廳無一事, 咳嗽兩三聲."

항주는 천하의 아름다운 고을이며 선비들이 즐기던 곳이다. 그래서 한유는 "동오東吳의 관리들이 유람하는 고을이다[東吳遊宦鄕]"라고 했다. 막료엔 훌륭한 인물들이 더욱더 많았다. 경력 연간에 방해方楷가 항주태수로 있을 때 마침 세 사람의 막료가 있었는데 모두 칠십 세에 가까웠다. 그 가운데 경생經生은 군내의 정책에 특별히 도움된 바가 없어서 사람들이 하찮게 여겼고 방해도 싫어했다. 어떤 사람이 그를 이렇게 조롱했다. "푸른 물에 붉은 연꽃 나그네요, 푸른 적삼에 흰 머리 정예이다. 관청을 나와도 아무 일이 없어, 에헴 두세 번 기침만 한다[綠水紅蓮客, 青衫白髮精. 過廳無一事, 咳嗽兩三聲]"라고 했다.

葛稚川『神仙傳』載 : "王方平・麻姑降蔡經家. 方平謂姑曰 : '不見姑已有五百年矣.' 擘麟脯行酒. 而蔡經竊視麻姑手如鳥爪, 心念曰 : '背癢時正可爬背.' 方在念, 而方平已知, 責經曰 : '麻姑, 神人. 汝何忽謂其手可爬背.' 于是鞭經背." 皇祐中, 江西有一事正類此. 李覯「題麻姑壇記」以嘲之曰 : "五百年來別恨多, 東征重得見青蛾. 擘麟方擬窮歡樂, 不奈閒人背癢何."

---

34 닭을 …… 내몰려서다 : 구계는 유자구계(孺子驅鷄)의 준말. 어린아이가 닭 모는 모습을 보고 백성을 다스리는 방법을 터득했다는 후한(後漢) 순열(荀悅)의 이야기에서 온 것으로, 관직 임명에 대한 비유로 쓰인다. 읍대부는 고을을 다스리는 장을 가리킨다. 현령에 임명된 것이 닭을 모는 일인 줄 알았으나 막상 임명되고 보니 이른 새벽부터 일어나 일에 쫓기며 살아가는 것이 마치 닭에게 내몰림을 당하는 것과 같다는 것이다.

갈홍葛洪의 『신선전神仙傳』에서 "왕방평王方平과 마고麻姑가 채경蔡經의 집으로 내려왔다. 왕방평이 마고에게 '당신을 못 뵌 지 어느덧 오백 년이오'라고 하고 기린포를 뜯으며 술잔을 주고받았다. 채경이 살며시 새 발톱 같은 마고의 손을 보고 마음속으로 '등짝이 가려울 때 등을 긁을 만하겠다'라고 생각하고 있었다. 그런데 벌써 눈치 챈 왕방평이 '마고는 신선인데 네가 어떻게 그 손으로 등짝을 긁을 수 있다고 생각하는가'라고 꾸짖고 채경의 등을 때렸다"라고 했다. 황우(皇祐 : 1049~1054) 연간에 강서江西에도 이와 유사한 일이 있었다. 이구李覯가 「제마고단기題麻姑壇記」에서 이를 조롱하여 "오백 년 이별의 한이 많은데, 동쪽으로 갔다가 다시 청아青蛾[35]를 만났다. 기린포를 찢으며 기쁨을 만끽하고 싶었거늘, 하릴없는 사람의 등짝 가려운 것을 어찌할 수 없구나"라고 했다.

永叔詩話載 : 本朝詩僧九人, 時號 '九僧詩.' 其間惠崇尤多佳句, 有百句圖刊石於長安, 甚有可喜者. 嘉祐・熙寧間, 吳僧文瑩尤能詩, 其詞句飄逸, 尤長古風, 其可喜者不可概擧. 有 『渚宮集』 兩卷, 鄭獬爲之序, 行於世, 可見也.

구양수의 시화에서 다음과 같이 말했다. "본조의 시승詩僧 아홉 사람을 '구승시九僧詩'라 부른다. 그 가운데 혜숭惠崇의 작품이 좋은 것이 많으며 그가 지은 「백구도百句圖」가 장안에서 발행되기도 해서 볼만한 것이 아주 많다. 가우・희녕 연간에 오吳의 승려 문영文瑩이 시에 더욱 뛰어났는데 표현이 표일하고 고풍古風에 더욱 뛰어나는 등 좋은 점을 이루 다 들 수가 없다. 정해鄭獬가 서문을 쓴 『저궁집渚宮集』 2권이 세상에

35 청아(青蛾) : 푸르게 그린 여인의 눈썹. 흔히 미인(美人)을 일컫는데 쓰는 말이다.

전하는데 볼만하다."

楊文公『談苑』載:"本朝武人多能詩, 若曹翰句有'曾經國難穿金甲, 不爲家貧賣寶刀.' 劉吉父詩云:'一箭不中鵠, 五湖歸釣魚.' 大年稱其豪." 近世有張師正, 本進士及第, 換武爲遙郡防禦使, 亦能詩. 有「昇平詞」云:"舊將封侯盡, 降王賜姓歸." 又有:"蝸角功名時不與, 澗松材幹老甘休." "分鹿是非皆委夢, 落花貴賤不由人." 他句皆類此.

양억은 『담원談苑』에서 "본조의 무관들 가운데 시에 능한 사람이 많은데 예컨대 조한曹翰은 '일찍이 국난에 황금 갑옷을 입었으니, 집이 가난하다 하여 보도寶刀를 팔지는 않았네[曾經國難穿金甲, 不爲家貧賣寶刀]'라고 했고 유힐劉頡은 '화살 하나가 정곡을 맞추지 못하면, 오호五湖로 돌아가 낚시질하리라[一箭不中鵠, 五湖歸釣魚]'라고 했다. 나는 이를 호탕하다고 본다"라고 했다. 근래에 장사정張師正이라는 사람이 있었는데 본래 진사시에 급제했으나 무관으로 바뀌 요군방어사遙郡防禦使가 되었으며 역시 시에 능했다. 「승평사昇平詞」에서 "옛 장수는 제후에 모두 책봉되고, 항복한 왕은 성을 하사받고 귀의하였다[舊將封侯盡, 降王賜姓歸]", "달팽이 뿔 위의 공명은 관여하지 않고, 시냇가 소나무 줄기는 노년에 쉴 만하네[蝸角功名時不與, 澗松材幹老甘休]", "사슴 구분하는 따위의 시비는 모두 꿈에 맡길 뿐, 떨어진 꽃의 귀천은 사람에 연유하지 않는다[分鹿是非皆委夢, 落花貴賤不由人]"라고 했다. 여타 시구들도 모두 이와 유사하다.

有武士方圭好作惡詩, 極有可笑者, 有『旁見集』行於世, 多爲士大夫之口實. 慶曆初, 宋丞相庠守揚州, 會圭經過赴會, 至于席上談詩, 嘲哳可厭. 宋公厭之, 因顧望野外有牛繫樹下, 牛拽樹將折, 宋公請坐客胡恢曰 : "青牛恃力狂挨樹." 恢已曉公意, 應聲對曰 : "怪鳥啼春不避人." 公大笑, 圭亦慚怒.

무사武士 방규方圭가 악시惡詩 쓰기를 좋아해서 매우 익살스러웠다. 그의 『방견집旁見集』이 세상에 널리 전해져 사대부의 입에 많이 오르내린다. 경력 초에 승상 송상宋庠이 양주태수로 있을 때, 마침 방규가 찾아와 모임에 참여했다. 그런데 함께 시를 논할 때 그의 조롱 섞인 이야기가 싫증을 느끼게 했다. 이를 달갑지 않게 여기던 송상이 마침 들녘을 바라보니, 나무에 매어 있던 소가 나무를 잡아끌어 나무가 곧 끊어지려 하고 있었다. 송상이 좌객 호회胡恢에게 "푸른 소가 힘을 믿고 제멋대로 나무를 잡아당긴다[青牛恃力狂挨樹]"라고 하니, 호회가 공의 뜻을 알아차리고 바로 답하기를 "기괴한 새가 봄을 지저귀며 사람을 피하지 않네[怪鳥啼春不避人]"라고 했다. 송상은 크게 웃었고 방규 또한 부끄러워하며 화를 냈다.

馬遵責守宣州, 及其去也, 郡僚軍民爭欲駐留, 玉以鐵鎖絶江.① 遵於餞筵倚醉, 令官妓剝榧實而食, 眷眷若留連狀. 又以所乘驄馬寄梅聖俞家, 郡人皆不疑其去也. 遵夜使人絶鎖解舟, 以水沃櫓牙, 使之不鳴. 逮曉, 舟去遠矣. 聖俞寄遵詩云 : "三更醉下陵陽峰, 扁舟江上去無蹤.【'扁'一作'仙'】 叉牙鐵鏁漫橫絶, 濕櫓不驚潭底龍. 斷腸吳姬指如笋, 欲剝玉榧將何從. 短翎水鴨飛不遠, 那經細雨山重重. 却顧舊埒病驄馬, 塵沙歷盡空龍鍾." 蓋謂是也.

① '玉', 疑當作'至.'

마준馬遵이 선주태수宣州太守를 역임하고 떠날 무렵에 군내 관료와 군

민들이 앞다퉈 그를 붙들려고 철 자물쇠로 배를 묶어 물길을 끊기까지 했다. 마준은 전별연에서 술에 취해 관기官妓에게 비자열매를 쪼개 먹여주게 하는 등 머물고 싶어하는 모습을 보였다. 그리고 타던 총마驄馬까지 매요신의 집에 부쳐서 고을사람들은 모두 그가 떠날까 의심하지 않았다. 그런데 마준은 한밤에 사람을 시켜 철 자물쇠를 끊어 배를 풀게 하고 물을 노아櫓牙에 부어 소리가 안 나게 했다. 새벽이 될 무렵 배는 이미 멀리 떠났다. 매요신이 마준에게 보낸 시에서 "삼경에 술에 취한 채 능양봉陵陽峰을 내려갔고, 강물 위 조각배는 흔적 없이 사라졌다【'편扁'은 '선仙'으로 쓰기도 한다】. 얼기설기 묶은 쇠사슬을 제멋대로 끊고, 노는 젖게 해 물속 용도 깨우지 않았다. 애끓는 오희吳姬는 죽순 같은 손으로, 옥 같은 비자를 쪼개려 하는데 어딜 가려하는가. 짧은 깃 물오리는 멀리 날지 못하거늘, 가랑비에 겹겹의 산을 어찌 지나갈거나. 옛 울타리 병든 말을 뒤돌아보니, 가진 풍상 다 겪어 쇠잔해있구나[三更醉下陵陽峰, 扁舟江上去無蹤.【'扁'一作'仙'】 叉牙鐵鏁漫橫絶, 濕櫓不驚潭底龍. 斷腸吳姬指如笋, 欲剝玉榧將何從. 短翎水鴨飛不遠, 那經細雨山重重. 却顧舊埒病驄馬, 塵沙歷盡空龍鍾]"라고 한 것은 이를 두고 한 말이다.

① '玉'은 마땅히 '至'로 써야할 것으로 보인다.

洪武九年, 歲在丙辰, 閏九月壬辰·癸巳兩日, 在華亭集賢外波草舍雨窗寫, 映雪老人誌. 時年八十歲.

홍무洪武 9년(1376) 병진(丙辰) 윤閏 9월 임진·계사 양일에 화정현華亭縣 집현향集賢鄉 외파초사外波草舍의 비 내리는 창가에서 영설노인映雪老人 쓰다. 팔십 세.

王摩詰 "閉戶著書多歲月, 種松皆作老龍鱗." 一本作 "皆老作龍鱗", 尤佳.①

① 此條據『奇晉齋叢書』本補.

왕유가 "문을 닫고 책을 쓰느라 많은 세월이 흘러, 심은 소나무 모두 늙은 용의 비늘이 되었다[閉戶著書多歲月, 種松皆作老龍鱗]"라고 했다. 다른 책에는 "모두 늙어 용의 비늘이 되었다[皆老作龍鱗]"로 되어 있는데 이것이 더 좋다.

① 이 문장은 『기진재총서奇晉齋叢書』본에 의거하여 보완했다.

『죽파시화竹坡詩話』

송宋 주자지周紫芝

주자지周紫芝, 『죽파시화竹坡詩話』 해제

주자지(1081~?)는 자가 소은少隱, 호는 죽파노인竹坡老人이며 선성宣城 사람이다. 고종高宗 소흥紹興 연간에 진사가 되었으며 스스로 육십일 세에 비로소 관직을 얻었다고 말했다. 이후 추밀원 편수관編修官을 역임하고 흥국군興國軍을 다스렸다. 젊은 시절부터 시를 잘 쓰기로 유명했지만 일찍이 시로 진회秦檜 부자에게 아첨하여 인품이 비열하다는 평을 들었다. 시와 사에 다 능했고 시는 맨 처음 장뢰張耒에게서 배웠다가 나중에 이지의李之儀를 스승으로 모셨다. 『사고전서총목제요』에서는 "그의 시는 남송 초에 특히 뛰어났다. 예장(豫章 : 강서시파)의 생경한 폐단이 없고 강호江湖 말단 유파의 쉬어빠진 습관이 없다[其詩在南宋之初, 特爲傑出. 無豫章生硬之弊, 亦無江湖末派酸餡之習]"라고 하였다. 또 그의 시론은 강서시파를 따랐다. 저서로 『태창제미집太倉稊米集』 70권, 『죽파사竹坡詞』 3권, 『죽파시화』 1권이 있다.

『죽파시화』는 『주소은시화』, 『죽파노인시화』라고도 하며 한 권, 82

칙이다. 내용은 평론 위주이며 고증을 겸하고 있다. 주자의 시론은 강서시파의 영향을 크게 받아 시어의 출처와 단련을 중시한다. 그래서 "무릇 다섯 글자 시는 그 사邪와 정正이 한 글자에 달려 있고[大抵五字詩, 其邪正在一字間]", "시인이 시어를 만들고 글자를 사용할 때 의도적으로 말한 부분에서 이따금 풍골이 드러난다[詩人造語用字, 有着意道處, 往往頗露風骨]"라고 하였다. 이것은 "글자 하나도 내력이 없어서는 안 된다"는 강서시파의 시작법과 일맥상통한다. 또한 '점화설點化說'을 주장하여 "예로부터 시인과 문사는 이전 사람들이 지은 작품을 근거로 하여 시어를 구사한 경우가 많으며[自古詩人文士, 大抵皆祖述前人作語]" 점화의 공력이 필요하다고 생각했다. 예를 들어 소식의 시를 논하면서 "소동파가 전송하며 지은 소사小詞에서 '이별의 말을 고운 이에게 전하려면, 배꽃가지 위 빗방울을 보아야 한다[故將別語調佳人, 要看梨花枝上雨]'라고 했는데, 백거이의 시어를 사용하긴 했지만 별도의 풍미를 갖고 있다. 철을 녹여 황금으로 만드는 솜씨가 아니라면 이렇게 할 수가 없다[東坡作送人小詞云: "故將別語調佳人, 要看梨花枝上雨." 雖用樂天語, 而別有一種風味, 非點鐵成黃金手, 不能爲此也]"라고 했고, 황정견이 양 태조와 요게姚垍의 문답을 이용해 쓴 시를 논하면서는 "황정견은 이전 사람의 말을 점화點化시켜 이와 같이 오묘함을 드러냈으니 시에 있어 삼매三昧의 솜씨다[山谷點化前人語, 而其妙如此, 詩中三昧手也]"라고 했다.

하지만 곽소우는 『송시화고』에서 『죽파시화』의 폐단에 대해 "강서시파 시인들의 점화설에 구애받아 더욱 극단을 추구함으로써 불가피하게 글자마다 기이함을 중시하고 지나치게 세밀함을 구하였다. 그 오류는 한층 집요하게 파고든 것일 따름이다[泥于江西諸詩人點化之說而益趨極端, 遂不免重在一字爭奇, 求之過細, 斯失之愈鑿耳]"라고 평했다.

그러나 주자지는 전적으로 강서시파의 이론에만 얽매이지는 않았다. 그는 소식이 "무릇 문장을 지을 때는 마땅히 기상이 드높고 오색찬란해야 하며 이것이 노숙해져야 평담함에 도달한다[大凡爲文, 當使氣象崢

嶸, 五色絢爛, 漸老漸熟, 乃造平淡]"라고 한 말을 칭찬하면서 보충하여 "문장뿐만 아니라 시를 짓는 것도 여기에서 그 법을 취해야 한다[不但爲文, 作詩者尤當取法於此]"라고 말했다. 그리고 도연명의 시풍을 칭찬하여 말하길, "사대부가 도연명을 배워, 시를 지을 때 이따금 일부러 평담한 시어를 구사하는데, 이는 도연명 시의 오묘함이 이미 그 속에 담겨 있음을 모르는 것이다[士大夫學淵明作詩, 往往故爲平淡之語, 而不知淵明制作之妙, 已在其中矣]"라고 했다. 그런데 시에서 평담함을 숭상하는 것은 매요신, 구양수, 소식, 그리고 황정견에게도 비슷한 담론이 있다. 따라서 주자지는 전 사람의 관점을 다시 펼친 것에 불과하다. 다만 "시는 바로 눈앞에 보이는 것을 묘사하려 해야지 지나치게 기묘하고 어려운 것을 추구해서는 안 된다[作詩正要寫所見耳, 不必過爲奇險也]"라고 제기한 것은 평가할 만하다. 이와 관련하여 또 주자지는 "또 더위에 시냇가로 가서 손님과 함께 바람을 쏘였는데, 마침 석양이 산에 걸쳐있고 매미 소리가 나무에 가득하고 두 사람이 시내에서 말을 씻기는 광경을 보았다. 이때 나는 이 광경이 두보가 '시원한 석양에 말 씻기는 것을 보고, 나무 들어찬 숲에 매미 소리 요란하다[晩涼看洗馬, 森木亂鳴蟬]'라고 노래한 광경이라고 했다. 이 시는 평소에 읊으면 좋은 것을 느끼지 못하지만, 직접 유사한 상황을 만나면 오묘한 구절임을 알게 된다[又暑中瀕溪, 與客納涼, 時夕陽在山, 蟬聲滿樹, 觀二人洗馬於溪中. 曰, 此少陵所謂"晩涼看洗馬, 森木亂鳴蟬"者也. 此詩平日誦之, 不見其工, 惟當所見處, 乃始知其爲妙]"라고 하여 삶의 체험이 시의 감상과 창작에서 갖는 중요한 의의를 강조했다. 이른바 "전인이 쓴 글을 조술하는 것[祖述全人作語]"과 대비하여, 삶은 근원이고 나머지는 단지 물줄기에 불과하다. 이런 관점은 청대 왕부지가 "직접 경험한 것과 눈으로 본 것이 절대 준칙이다[身之所歷, 目之所見, 是鐵門限]"라고 개괄한 바 있다. 그러나 송대의 문인들은 보편적으로 독서를 통한 지식을 중시하고 생활의 체험을 경시하였다. 강서시파의 "재주와 학문으로 시를 쓴다[以才學爲詩]"고 한 주장에 그런 경향이 반영되었다.

주자지의 위의 주장은 강서시파의 관점을 훌륭히 보충하는, 강력한 현실적 의의를 갖고 있다.

『죽파시화』는 『사고전서총목』에서 집부 시문평류로 분류되었고 『역대시화』 외에 『백천학해』, 『진체비서』, 『형설헌총서』 안에 수록되어 있다.

죽파시화竹坡詩話

송宋 주자지周紫芝

杜少陵「遊何將軍山林」詩, 有"雨抛金鎖甲, 苔臥綠沉槍"之句, 言甲抛於雨, 爲金所鎖, 槍臥於苔, 爲綠所沉, 有"將軍不好武"之意. 余讀薛氏『補遺』, 乃以綠沉爲精鐵, 謂隋文帝賜張奫以綠沉之甲是也, 不知金鎖當是何物. 又讀趙德麟『侯鯖錄』, 謂綠沉爲竹, 乃引陸龜蒙詩: "一架三百竿, 綠沉森杳冥." 此尤可笑.

두보의 「유하장군산림遊何將軍山林」에 "비에 쇠 갑옷 버려지고, 이끼에 녹슨 창이 누웠다[雨抛金鎖甲, 苔臥綠沉槍]"라는 구절이 있다. 갑옷이 비에 버려지고 창이 이끼 위에 누워 녹이 슨 것을 말한 것으로, 장군이 전투를 좋아하지 않았음을 말한 것이다. 내가 설창서薛倉舒의 『두시보유杜詩補遺』를 읽었는데, 녹침綠沉을 정련된 철로 보고 수 문제가 장윤張奫에게 녹이 스민 갑옷을 하사한 것을 예로 들었으며 금쇄金鎖는 무슨 뜻인지 몰랐다. 또 조덕린趙德麟의 『후정록侯鯖錄』에서는 녹침을 대나무라고 하고 육구몽陸龜蒙의 "한 시렁 삼백 칸에, 푸른 녹이 아득히 끼었네[一架三百竿, 綠沉森杳冥]"를 인용하였는데, 이는 더욱더 가소롭다.

戴良少所推服, 每見黃憲, 必自降薄, 悵然若有所失. 母問: "汝何不樂乎, 復從牛醫兒所來耶." 王履道詩: "不見牛醫黃叔度, 卽尋馬磨許文休." 語雖工, 然牛醫, 叔度之父耳, 非叔度也.

대량戴良은 존경하는 사람이 적었지만 황헌黃憲만 만나면 자신을 낮춰 몸 둘 바를 몰라 했다. 이에 어머니가 "애야, 뭐가 그리 우울하냐? 혹시 소 병 고치는 이(牛醫)에게서 왔느냐?"라고 했다. 왕이도(王履道 : 왕안중王安中)의 시에서 "소 의사는 황숙도(黃叔度 : 황헌黃憲)를 보지 못해, 바로 연자방아 허문휴(許文休 : 허정許靖)를 찾는다[不見牛醫黃叔度, 卽尋馬磨許文休]"라고 했는데 시어가 빼어나긴 하나 소 의사는 황숙도의 아버지이지 황숙도가 아니다.

聰聞復, 錢塘人, 以詩見稱於東坡先生. 余遊錢塘甚久, 絶不見此老詩. 松園老人謂余言: "東坡倅錢塘時, 聰方爲行童試經. 坡謂坐客言, 此子雖少, 善作詩, 近參寥子作昏字韻詩, 可令和之. 聰和篇立成, 云: '千點亂山橫紫翠, 一鉤新月掛黃昏.' 坡大稱賞, 言不減唐人, 因笑曰: '不須念經也做得一個和尙.' 是年, 聰始爲僧."

전당錢塘 출신 총문복聰聞復은 소식으로부터 시에 대해 높은 평가를 받았다. 내가 전당에 아주 오랫동안 머물렀지만 이 분의 시를 전혀 못 봤다. 송원노인松園老人이 내게 이르기를 "소식이 전당의 원님으로 있을 때 총문복은 행동(行童 : 심부름하는 아이)으로 경전 시험을 치고 있었다. 소식이 좌객에게 '이 아이가 아직 어리지만 시를 잘 짓습니다. 근래 참요자參寥子가 혼昏자 운韻으로 시를 지었는데, 이 아이에게 화답시를 지어보게 합시다'라고 했다. 그래서 총문복이 바로 화답시를 짓기를 '수천 점 산들은 붉은 비취로 가로지르고, 갈고리 새 달은 황혼에 걸쳤네[千點亂山橫紫翠, 一鉤新月掛黃昏]'라고 하였다. 소식이 대단히 칭찬하며 당나라 시인에게 뒤지지 않는다고 했다. 그리고 빙긋이 웃으며 '경전을 읽지 않아도 승려가 될 만하다'라고 했는데, 이해에 총문복이 승려가 되었다"라고 하였다.

東坡詩云 : "君欲富餠餌, 會須縱牛羊." 殊不可曉. 河朔土人言, 河朔地廣, 麥苗彌望, 方其盛時, 須使人縱牧其間, 踐蹂令稍疏, 則其收倍多, 是縱牛羊所以富餠餌也.

소식의 시에서 "그대가 먹을 것이 풍부하려면, 반드시 소와 양을 방목해야 하리[君欲富餠餌, 會須縱牛羊]"라고 한 구절을 전혀 이해하지 못했다. 그런데 하삭河朔 지방 사람들의 말을 들으니 하삭은 땅이 넓어 보리 이삭이 아득히 펼쳐진다고 한다. 그리고 보리가 자라기 시작할 때 반드시 방목을 해서 짓밟아 성글게 하면 수확이 곱으로 늘어난다고 한다. 이것이 소와 양을 방목해 먹을거리를 풍부하게 한다는 의미인 것이다.

維揚之擾, 衣冠皆南渡. 王邦憲客宛陵, 與其鄉人相遇, 作集句云 : "揚子江頭楊柳春, 衣冠南渡多崩奔. 柳條弄色不忍見, 東西南北更堪論. 誰謂他鄉各異縣, 豈知流落復相見. 青春作伴好還鄉, 爲問淮南米貴賤." 其敍事有情致爲可喜, 近時集句所未有也.

유양維揚의 혼란[1] 때 식자들은 모두 남쪽으로 갔다. 왕방헌王邦憲이 완릉宛陵에 머무를 때 고향 사람을 만나 지은 집구集句에서 "양자강 버드나무 봄에, 식자들이 남쪽으로 온 건 다들 낭패해 달아난 것이었다. 버들가지 색을 희롱하는 걸 차마 볼 수 없거늘, 동서남북을 다시 논할 수 있으랴. 누가 타향에서 고향이 각기 다르다고 말하는가, 영락한 곳에서 다시 만날 줄 어찌 알았으랴. 청춘과 짝이 돼 고향 돌아가기 좋거니와, 회남淮南의 쌀값은 얼마나 되는가[揚子江頭楊柳春, 衣冠南渡多崩奔. 柳條弄色不忍見, 東西南北更堪論. 誰謂他鄕各異縣, 豈知流落復相見. 靑春作伴好還鄕, 爲問淮南米貴賤]"라고 했다. 서사에 정취가 있어 참 좋으며 근래의 집구에서는 보지 못한 것이다.

集句近世往往有之, 惟王荊公得此三昧. 前人所傳, 如"雨荒深院菊, 風約半池萍"之句, 非不切律, 但苦無思耳.

집구集句[2]가 근래 들어 이따금 지어지기는 했지만 왕안석만 삼매의 경지를 터득했다. 이전에 전해온 것으로, 예컨대 "비는 깊은 정원 국화를 거칠게 하고, 바람은 연못 절반의 마른풀을 묶는다[雨荒深院菊, 風約半池萍]"는 운율에 맞지 않는 것은 아니나 내용이 없는 것이 아쉽다.

孔毅父喜集句, 東坡嘗以"指呼市人如使兒"戲之. 觀其「寄孫元忠」詩

---

1 유양(維揚)의 혼란 : 유양은 양주(揚州)의 별칭이다. 남송 말엽 가사도(賈似道)는 그의 누이가 귀비(貴妃)가 됨으로써 우승상의 자리에 앉아 국권을 장악하고 부정과 향락으로 날을 보냈다. 그러느라 원군(元軍)이 악주를 공격하는 동시에 양주로 진격해 와도 아무 대책을 못 세웠다.

2 집구(集句) : 작시법의 하나. 옛 시 가운데 한 사람의 시 또는 여러 사람의 시를 모아서 새로운 시를 만드는 것이다.

云："不恨我衰子貴時，經濟實藉英雄姿．君有長才不貧賤，莫令斬斷青雲梯．驊騮作駒已汗血，坐看千里當霜蹄．省郎京君必俯拾，① 軍符侯印取豈遲．" 殆不減「胡笳十八拍」也．

① '君'原作'軍'，據『百川學海』本改．

공평중孔平仲이 집구를 좋아했는데 소식은 일찍이 "시장 사람들을 가리켜 아이 부리듯 한다[指呼市人如使兒]"라는 구절로 희롱했다. 그는 「기손원충寄孫元忠」에서 "나는 쇠퇴하고 그대는 귀한 것을 한탄하지 않거니와, 경제는 실로 영웅의 자세에 힘입는다. 그대는 뛰어난 재능이 있어 가난하고 미천하지 않나니, 청운의 사다리를 끊지 말라. 화류驊騮가 망아지였을 때 붉은 땀을 흘렸으니,[3] 천리마가 서릿발 박차고 나가는 걸 보게 되리라. 성省의 낭관 경京의 군君 자리를 반드시 주울 터, 장군의 부절符節과 왕후의 인장을 취득하는 것이 어찌 더디랴[不恨我衰子貴時, 經濟實藉英雄姿. 君有長才不貧賤, 莫令斬斷青雲梯. 驊騮作駒已汗血, 坐看千里當霜蹄. 省郎京君必俯拾, 軍符侯印取豈遲]"라고 했다. 「호가십팔박胡笳十八拍」[4]에 전혀 뒤지지 않는다.

① '君'은 원래 '軍'으로 되어 있었는데 『백천학해』본에 의거해 고쳤다.

紹興初，有退相寓永嘉，獨陳用中彦才雖鄰不謁．及再相，有薦之者，止就部注邑連江，戲作小詩云："命賤安能比鉅公，偶然年月與時同．只因日上爭些子，笑向連江作釣翁．" 蓋其所生年月時適與時宰同，但日差異耳．

---

3 화류(驊騮) …… 흘렸으니 : 화류는 주 목왕(周穆王)의 팔준마(八駿馬) 중 하나로, 대원국(大宛國)에서 나는 명마이다. 이 말에서는 핏빛 같은 붉은 땀이 났다고 한다.

4 「호가십팔박(胡笳十八拍)」 : 중국 악부의 하나. 후한의 채염(蔡琰)이 전란으로 흉노에 잡혀가자, 그의 재능을 아낀 위나라 조조가 돈을 내어 귀향하게 한 이야기를 열여덟 곡의 운문으로 읊었다.

소흥(紹興 : 1131~1161) 초에 자리에서 물러난 재상이 영가永嘉에 우거하고 있을 때, 오직 용중用中 진언재陳彦才만이 이웃에 살면서도 인사 오지 않았다. 그가 다시 재상에 올랐을 때 누가 진언재를 천거하자 연강읍連江邑의 장으로 부주部注[5]했다. 이에 진언재가 농 삼아 지은 짧은 시에서 "미천한 관리가 어떻게 위인에 견줄 수 있으랴, 우연히 태어난 해와 달과 시간이 같다. 날짜만 약간 차이가 나서, 그저 연강으로 가 어부가 되노라[命賤安能比鉅公, 偶然年月與時同. 只因日上爭些子, 笑向連江作釣翁]"라고 했다. 그가 태어난 해와 달과 시간이 마침 재상과 같았지만 날짜가 약간 차이가 났던 것이다.

東坡遊西湖僧舍, 壁間見小詩云 : "竹暗不通日, 泉聲落如雨. 春風自有期, 桃李亂深塢." 問誰所作, 或告以錢塘僧清順者, 卽日求得之. 一見甚喜, 而順之名出矣. 余留錢塘七八年, 間有能誦順詩者, 往往不逮前篇, 政以所見之未多耳. 然而使其止於此, 亦足傳也.

소식이 서호의 승사僧舍를 유람하다가 벽에 걸어놓은 짧은 시, "대나무 어두워 햇빛 통하지 않고, 샘물 소리는 비처럼 떨어진다. 봄바람은 절로 기약이 있어, 복사꽃 오얏꽃이 깊은 섬에 어지럽다[竹暗不通日, 泉聲落如雨. 春風自有期, 桃李亂深塢]"를 보고 누구의 작품이냐고 물었다. 누군가 전당의 승려 청순清順이라고 하자 즉시 그를 찾았다. 만나자마자 매우 기뻐했고 청순의 이름이 이때부터 알려졌다. 내가 전당에 7~8년을 머물렀는데 그때 청순의 시를 암송한 자가 있었으나 이따금 앞서 거론한 글에는 미치지 못했으니 본 것이 많지 않았던 탓이다. 하지만

5 부주(部注) : 이부(吏部)가 지방관을 주수(注授)하는 방식이 이부주수(吏部注授)이다. 황제가 특지로 제수하거나 재상이 중서성에서 뽑아 제수하는 것 이외에 대부분 지방 관원은 이부로부터 임명받았다. 이를 약칭 '부주'라 했다.

그 정도로도 충분히 전할 만하다.

米元章少時作邑, 會歲大旱, 遣吏捕蝗甚急. 有鄰邑宰忽移文責之, 謂吏驅蝗入境. 元章取公牒作一絶句, 書其背而遣之, 云: "蝗蟲本是天災, 不由人力擠排. 若是敝邑遣去, 却煩貴縣發來." 見者大笑.

미불米芾이 젊었을 때 고을을 맡아 다스렸는데, 마침 큰 가뭄이 들어 관리를 보내 황충蝗蟲의 퇴출을 종용했다. 그런데 이웃 고을 수령이 갑자기 공문을 보내와 "그곳 관리가 황충을 쫓아 우리 고을로 들어오게 했습니다"라고 문제를 제기했다. 미원장이 공문서에 절구 한 수를 짓고 그 뒷면에 글을 써서 보내기를 "황충은 본디 천재이며 인력으로 물리칠 수 있는 것이 아닙니다. 만일 우리 고을에서 보낸 것이라다면 다시 보내 주시기 바랍니다"라고 했다. 이를 보던 이들이 크게 웃었다.

東萊蔡伯世作『杜少陵正異』, 甚有功, 亦時有可疑者. 如"峽雲籠樹小, 湖日落船明", 以'落'爲'蕩', 且云非久在江湖間者, 不知此字之爲工也. 以余觀之, 不若'落'字爲佳耳. 又"春色浮山外, 天河宿殿陰", 以'宿'爲'沒'字. '沒'字不若'宿'字之意味深遠甚明. 大抵五字詩, 其邪正在一字間,① 而好惡不同乃如此, 良可怪也.

① '邪正', 『百川』本作'點化.'

동래東萊 채백세蔡伯世가 지은 『두소릉정이杜少陵正異』는 큰 업적이긴 하지만 의심스러운 부분이 있기도 하다. 예컨대 "골짜기 구름은 나무를 작게 두르고, 호수의 태양은 배 위에 선명하게 진다[峽雲籠樹小, 湖日落船明]"에서 '낙落'을 '탕蕩'으로 삼고, 오랫동안 강호에 있는 사람이 아니면 이 글자의 기묘한 의미를 알지 못한다고 했다. 하지만 나는 '낙落'의 우수함만 못하다고 생각한다. 또 "봄은 산 밖에 떠있고, 은하는 궁궐 그늘에 묵는다[春色浮山外, 天河宿殿陰]"에서 '숙宿'을 '몰沒'로 삼았는데, '몰沒'은 의미가 심원하고 분명한 '숙宿'만 못하다. 무릇 다섯 글자 시는 그 사邪와 정正이 한 글자에 달려 있는데, 서로의 호오가 이처럼 다르니 참으로 괴이한 일이다.

① '邪正'은 『백천학해』본에 '點化'로 되어 있다.

客有誦淵明「閑情賦」者, 想其於此亦自不淺. 或問坐客: "淵明有侍兒否?" 皆不知所對. 一人言有之. 問其何以知, 曰: "所謂'雍端年十三, 不識六與七', 此豈非有侍兒耶." 於是坐客皆發一笑.

내가 아는 사람 중에 도연명의 「한정부閑情賦」를 외우는 사람이 있는데, 아마 이 부분(연정)에 대해 (도연명의)조예가 얕지 않았을 것이다. 누가 좌객에게 묻기를, "도연명에게도 시첩이 있었는가?"라고 하자 모두들 대답하지 못했는데, 한 사람이 있었다고 답했다. 어떻게 있는 줄 아느냐고 물으니 "'옹雍과 단端이 나이가 열셋인데, 육과 칠도 구분할 줄 모른다[雍端年十三, 不識六與七]'[6]라고 했으니, 이것이 시첩이 있는 것이 아니겠는가." 이에 좌객들이 모두 한 바탕 웃었다.

杜少陵之子宗武, 以詩示阮兵曹, 兵曹答以斧一具, 而告之曰: "欲子砍斷其手, 不然天下詩名, 又在杜家矣." 余嘗觀少陵作「宗武生日」詩云: "自從都邑語, 已伴老夫名. 詩是吾家事, 人傳世上情." 則宗武之能詩

6 도연명이 지은 오언장편 「책자(責子)」에 나오는 내용이다.

爲可知矣. 惜乎其不可得而見也.

두보의 아들 두종무杜宗武가 자신의 시를 완병조阮兵曹에게 보이자, 완병조가 도끼 한 자루로 보답하며 "그대가 그 손을 끊었으면 한다. 그렇지 않으면 천하의 시의 명성이 또다시 두씨 집안에 있겠다"라고 했다. 두보가 「종무생일宗武生日」에서 "도읍지에서 들려오는 말이, 이미 노부의 명성과 짝이 되었다 한다. 시는 우리 집안의 일인데, 사람들이 세상의 정을 전한다[自從都邑語, 已伴老夫名. 詩是吾家事, 人傳世上情]"라고 한 것을 보면 두종무가 시에 능했음을 알 수 있다. 지금 그의 시를 볼 수 없는 것이 애석하다.

士大夫學淵明作詩, 往往故爲平淡之語, 而不知淵明制作之妙, 已在其中矣. 如「讀山海經」云"亭亭明玕照, 落落淸瑤流", 豈無雕琢之功. 蓋明玕謂竹, 淸瑤謂水, 與所謂"紅皺曬檐瓦, 黃團繫門衡"者, 奚異.

사대부가 도연명을 배워서 시를 지을 때 이따금 일부러 평담한 시어를 구사한다. 이는 도연명 시의 오묘함이 이미 그 속에 담겨 있음을 모르는 것이다. 예컨대 「독산해경讀山海經」의 "정정한 명간明玕의 조명, 시원한 청요淸瑤의 물줄기[亭亭明玕照, 落落淸瑤流]"가 어찌 조탁雕琢의 노력이 없다 하겠는가. 명간明玕은 대나무를 이른 것이고 청요淸瑤는 물을 이른 것이니 이른바 "홍추(紅皺 : 대추)는 처마 위 기와에 말리고, 황단(黃團 : 오이)은 문 가로지른 나무에 걸렸네[紅皺曬檐瓦, 黃團繫門衡][韓愈·孟郊「城南聯句」]"와 무엇이 다른가.

余讀秦少遊擬古人體所作七詩, 因記頃年在辟雍, 有同舍郎澤州貢士劉剛爲余言, 其鄕里有一老儒, 能效諸家體作詩者, 語皆酷似. 效老杜體云: "落日黃牛峽, 秋風白帝城." 尤爲奇絶. 他皆類此, 惜乎今不復記其姓名矣.

진관이 고인古人의 시체를 모방해 지은 칠언시를 읽다가, 얼마 전 벽옹(辟雍: 태학太學)에 있을 때 동료인 택주공사澤州貢士 유강劉剛이 내게 해준 말이 기억났다. 그의 고을에 여러 시인들의 시체를 모방해서 짓는 노유老儒 한 분이 계신데 시어가 매우 흡사하다고 했다. 그 가운데 두보의 시체를 모방해서 지은 "황우협黃牛峽에 해가 지고, 백제성白帝城에 가을바람 분다[落日黃牛峽, 秋風白帝城]"는 더욱더 절묘하다. 다른 작품도 대부분 이와 유사한데, 애석하게도 지금 그의 성명이 기억나지 않는다.

賀方回嘗作「青玉案」詞, 有"梅子黃時雨"之句, 人皆服其工, 士大夫謂之賀梅子. 郭功父有「示耿天隲」一詩, 王荊公嘗爲之書其尾云: "廟前古木藏訓狐, 豪氣英風亦何有." 方回晩倅姑孰, 與功父遊甚歡. 方回寡發, 功父指其髻謂曰: "此眞賀梅子也." 方回乃捋其須曰: "君可謂郭訓狐." 功父髯而胡, 故有是語.

하주賀鑄가 일찍이 지은 사詞, 「청옥안青玉案」에 "매실이 노랄 때 내리는 비[梅子黃時雨]"라는 구절이 있다. 사람들이 모두 그 빼어남에 탄복했고 사대부들은 그를 하매자賀梅子라 불렀다. 곽상정郭祥正은 「시경천척示耿天隲」이란 시를 지었는데, 왕안석이 일찍이 그 말미에 쓴 글에서 "사당 앞 고목은 훈호訓狐[7]를 감추고 있으니, 호방한 기개와 영매한 풍

7 훈호(訓狐): 부엉이의 별칭. 부엉이가 훈호라는 소리로 운다고 하여 붙여진 이름이다. 한유의 「사훈호(射訓狐)」에서 "밤에 날아다니는 새가 있어 훈호라 부르는데, 음흉함과 교활함을 지녀 자랑스레 스스로 부르짖네. 캄캄한 때를 틈타 우리 집에 앉아서 우니, 강

모에 무슨 두려움이 있으랴[廟前古木藏訓狐, 豪氣英風亦何有]"라고 했다. 하주는 만년에 고숙현령姑孰縣令으로 있으면서 곽상정과 매우 즐겁게 지냈다. 하주는 머리숱이 적었는데, 곽상정은 그의 상투를 가리키며 "이것이 진짜 하매자다"라고 하자, 하방회는 그의 수염을 만지며 "그대는 곽훈호郭訓狐라 할 만하다"라고 했다. 곽상정이 구레나룻 수염이 있어서 이런 말을 한 것이다.

鄭谷「雪」詩, 如"江上晚來堪畫處, 漁人披得一蓑歸"之句, 人皆以爲奇絶, 而不知其氣象之淺俗也. 東坡以謂此小學中教童蒙詩, 可謂知言矣. 然谷亦不可謂無好語, 如"春陰妨柳絮, 月黑見梨花", 風味固似不淺, 惜乎其不見賞於蘇公, 遂不爲人所稱耳.

정곡이 「설雪」에서 "해질녘 강가의 그림 될 만한 곳에, 어부가 도롱이 걸치고 돌아간다[江上晚來堪畫處, 漁人披得一蓑歸]"라고 한 것을 사람들은 모두 기묘하다고 여기지만 그 기상이 천속하다는 걸 모른다. 소식이 이는 소학교에서 아이에게 가르칠 시라고 했으니 지언知言이라고 할 만하다. 하지만 정곡에게 좋은 시가 없는 것은 아니다. 예컨대 "봄 그늘은 버들 솜을 방해하고, 달빛 검을 때 배꽃을 본다[春陰妨柳絮, 月黑見梨花]"는 풍미風味가 얕지 않은 듯하다. 소식으로부터 감상을 얻지 못해 결국 사람들이 일컫지 않게 된 것이 애석하다.

世傳楊文公方離繈褓, 猶未能言, 一日, 其家人攜以登樓, 忽自語如成人. 因戲問之: "今日上樓, 汝能作詩乎?" 卽應聲曰: "危樓高百尺, 手可

개한 그 소리가 대단히 크고 추악하구나[有鳥夜飛名訓狐, 矜凶挾狡誇自呼. 乘時陰黑止我屋, 聲勢慷慨非常麤]"라고 한 데서 온 말이다.

摘星辰. 不敢高聲語, 怕驚天上人." 舊見『古今詩話』載此一事, 後又見一石刻, 乃李太白「夜宿山寺」所題, 字畫淸勁而大, 且云布衣李白作. 而此又以爲楊文公作何也. 豈好事者竊太白之詩, 以神文公之事與, 抑亦太白之碑爲僞耶.

세상에 전하는 말에 의하면, 양억이 어머니의 품을 벗어난 나이에도 말을 못했는데, 어느 날 집안사람이 그를 데리고 누각에 올라가자 갑자기 어른처럼 말을 했다고 한다. 그래서 농 삼아 "오늘 누각에 올랐는데 시를 지을 수 있겠느냐?"라고 물으니 바로 답하기를 "드높은 누대가 백 척이나 돼, 손으로 별을 딸 수가 있네. 감히 큰소리를 못 내는 것은, 천상에 사는 사람을 놀라게 할까 두려워서네[危樓高百尺, 手可摘星辰. 不敢高聲語, 怕驚天上人]"라고 했다. 지난날 『고금시화古今詩話』를 보았을 때 이 이야기가 실려 있었다. 그 뒤에 어느 석각石刻을 보았는데, 이백의 「야숙산사夜宿山寺」가 새겨져있고 획이 맑고 견고하면서도 컸으며 "포의布衣 이백이 짓다"라고 되어 있었다. 그런데 이 작품도 양억이 지었다고 하는 것은 왜일까? 혹시 호사가들이 이백의 시를 몰래 훔쳐 양억의 이야기를 신격화한 것이 아닐까? 아니면 이백의 비문이 허위인 것일까?

韓退之「城南聯句」云: "紅皺曬簷瓦, 黃團繫門衡." '黃團'當是瓜蔞, '紅皺'當是棗, 退之狀二物而不名, 使人瞑目思之, 如秋晩經行, 身在村落間. 杜少陵「北征」詩云: "或紅如丹砂, 或黑如點漆." 此亦是說秋冬間籬落所見, 然比退之頗是省力.

한유는 「성남연구城南聯句」에서 "홍추紅皺는 처마 위 기와에 말리고, 황단黃團은 문 가로지른 나무에 걸렸네[紅皺曬簷瓦, 黃團繫門衡]"라고 했는데 '황단'은 과루(瓜蔞: 오이)일 것이고 '홍추'는 대추일 것이다. 한유는 두 사물을 형상화하면서도 이름을 드러내지 않아, 사람들에게 눈을 지긋이 감고 마치 늦가을 길을 걸으며 자기가 촌락 안에 있는 듯한 모습을 상상하게 하였다. 두보의 「북정北征」에서 "어떤 것은 붉은 주사처럼 붉고, 어떤 것은 점을 칠한 듯 검다[或紅如丹砂, 或黑如點漆]"라고 했는데, 이 또한 가을과 겨울 언저리의 촌락의 모습을 묘사한 것이다. 하지만 한유에 견주어 힘을 퍽 많이 뺐다.

有作陶淵明詩跋尾者, 言淵明「讀山海經」詩有"形夭無千歲, 猛志固有在"之句, 竟莫曉其意. 後讀『山海經』云: "刑天, 獸名也, 好銜干戚而舞." 乃知五字皆錯. '形夭'乃是'刑天', '無千歲'乃是'舞干戚'耳. 如此乃與下句相協. 傳書誤繆如此, 不可不察也.

도연명의 시 뒤에 글을 쓴 자가 다음과 같이 말하였다. 도연명의 「독산해경」에 "형체는 일찍 사라져 천 년이 못 가나, 맹렬한 의지는 본디 존재한다[形夭無千歲, 猛志固有在]"라는 구절이 무슨 뜻인지 몰랐는데, 뒤에 『산해경』에서 "형천刑天은 동물 이름이며 방패와 도끼를 물고 춤추기를 좋아한다"라는 구절을 읽고 나서야 위 시의 다섯 글자가 모두 오류임을 알았다. '형요形夭'는 '형천刑天'이며 '무천세無千歲'는 '무간척舞幹戚'이었던 것이다. 이렇게 해야만 아래 구절과 의미가 부합된다. 글을 옮겨 쓰는 과정에서 이처럼 오류가 발생한 것이니 세심히 살피지 않으면 안 되는 것이다.

樞密張公嵇仲, 喜談兵論邊事, 面目極嚴冷, 而作小詩有風味. 岐王宮有侍兒出家爲比丘尼者, 公賦詩云: "六尺輕羅染麴塵, 金蓮步穩襯緗裙. 從今不入襄王夢, 剪盡巫山一朵雲." 殊可喜也.

추밀樞密 장숙야張叔夜는 전술과 변방에 관해 이야기하기를 좋아하고 모습이 매우 냉엄했지만 저술한 단편의 시는 풍미가 있다. 기왕궁岐王宮에서 시봉하던 아이가 출가하여 비구니가 되었을 때 그가 지은 시에서 "육 척 가벼운 비단은 누룩 먼지가 묻고, 황금 연꽃인 양 조용한 걸음은 노랑 치마와 가깝다. 이제부터는 양왕襄王의 꿈에 들지 않아, 무산巫山 한 송이 구름을 모두 잘라버렸다[六尺輕羅染麴塵, 金蓮步穩襯緗裙. 從今不入襄王夢, 剪盡巫山一朵雲]"[8]라고 했으니 아주 읊을 만하다.

徐陵「玉臺新詠序」云: "南都石黛, 最發雙娥, 北地燕支, 偏開兩靨." 崔正熊『古今注』云: "燕支出西方, 土人以染. 中國謂之紅藍, 以染粉爲婦人色." 而俗乃用烟脂或臙脂字, 不知其何義也. 杜少陵"林花著雨臙脂溼", 亦用此二字, 而白樂天"三千宮女燕支面", 却用此二字, 殊不可曉.

서릉徐陵은 「옥태신영서玉台新詠序」에서 "남도南都의 석대石黛는 두 눈을 가장 빛나게 하고, 북쪽의 연지燕支는 양 보조개를 활짝 펴게 한다[南都石黛, 最發雙娥, 北地燕支, 偏開兩靨]"라고 했고, 최정웅崔正熊은 『고금주古今注』에서 "연지는 서쪽 지역에서 나며 그곳 사람들이 얼굴에 바른다. 중국에서는 이를 홍람紅藍이라 하는데, 얼굴에 발라 여인의 얼굴빛을 만든다"라고 했다. 세상에서 연지烟脂 또는 연지胭脂라는 글자를 사

---

8 이제부터는 …… 잘라버렸다: 전국시대 초나라 양왕(襄王)이 고당(高唐)에서 놀다가 낮잠이 들어 꿈속에서 무산(巫山)의 여신과 동침하였다. 그 여신이 떠나면서 하는 말이 "첩은 무산 남쪽 높은 봉우리에 사는데 아침에는 구름이 되고 저녁에는 비가 되어 매일 아침저녁 양대(陽臺) 아래에 있습니다"라고 했다고 한다.

용한 것은 무슨 의미에서인지 모르겠다. 두보의 "숲 꽃에 빗물 지자 연지胭脂가 젖고[林花著雨胭脂濕]"에서도 이 두 글자를 사용하고, 백거이의 "삼천궁녀의 연지燕支 얼굴[三千宮女燕支面]"에서도 이 두 글자를 사용하고 있는데, 도무지 그 의미를 알 수가 없다.

潮州韓文公祠有異木, 世傳退之手植. 去祠十數步, 種之輒死. 有題文公祠者, 云"韓木有情春谷暖, 鱷魚無種海潭清"者是也.

조주潮州의 한유 사당에 기이한 나무가 있는데, 한유가 손수 심은 것이라 전해온다. 사당으로부터 십여 보 떨어진 곳 안에 나무를 심으면 이내 말라죽는다. 한유의 사당에 적힌 시에서 "한문공(한유)의 나무는 따뜻한 봄 골짜기에 정이 넘치고, 악어는 씨가 남지 않아 바다가 맑다[韓木有情春谷暖, 鱷魚無種海潭清]"가 이를 두고 한 말이다.

余頃年遊蔣山, 夜上寶公塔, 時天已昏黑, 而月猶未出, 前臨大江, 下視佛屋崢嶸, 時聞風鈴, 鏗然有聲. 忽記杜少陵詩: "夜深殿突兀, 風動金琅璫." 恍然如己語也. 又嘗獨行山谷間, 古木夾道交陰, 惟聞子規相應木間, 乃知"兩邊山木合, 終日子規啼"之爲佳句也. 又暑中瀕溪, 與客納涼, 時夕陽在山, 蟬聲滿樹, 觀二人洗馬於溪中. 曰, 此少陵所謂"晚涼看洗馬, 森木亂鳴蟬"者也. 此詩平日誦之, 不見其工, 惟當所見處, 乃始知其爲妙. 作詩正要寫所見耳, 不必過爲奇險也.

나는 몇 년 전 장산蔣山을 유람하다가 밤에 보공탑寶公塔에 올랐다. 하늘은 이미 어둡고 달은 아직 떠오르지 않았다. 큰 강을 굽어보며 아래로 우뚝 솟은 절들을 바라보니 이따금 땡그랑 땡그랑 풍경소리가 들려왔다. 이때 갑자기 두보의 시, "깊은 밤 전각이 우뚝 솟고, 바람에 흔들려 풍경 소리 청아하다[夜深殿突兀, 風動金琅璫]"가 떠오르며 마치 내가 지은 시인 것 같았다. 또 일찍이 혼자 골짜기를 걷다가 길옆에 고목이 그늘을 드리우고 두견새가 숲 속에서 지저귀는 소리를 듣고서 "양쪽 산에 나무가 하나로 뭉치고, 종일 두견이 울어댄다[兩邊山木合, 終日子規啼]"(두보, 「자규子規」)가 좋은 구절이라는 것을 알았다. 또 더위에 시냇가로 가서 손님과 함께 바람을 쏘였는데, 마침 석양이 산에 걸쳐있고 매미 소리가 나무에 가득하며 두 사람이 시내에서 말을 씻기는 광경을 보았다. 이때 나는 이 광경이 두보가 "시원한 석양에 말 씻기는 것을 보고, 나무 들어찬 숲에 매미 소리 요란하다[晩涼看洗馬, 森木亂鳴蟬]"라고 노래한 광경이라고 했다. 이 시는 평소에 읊으면 좋은 것을 느끼지 못하지만, 유사한 상황을 만나면 오묘한 구절임을 알게 된다. 시는 바로 눈앞에 보이는 것을 묘사해야지 지나치게 기묘하고 어려운 것을 추구해서는 안 된다.

夔峽道中, 昔有杜少陵題詩一首, 以'天'字爲韻, 榜之梁間, 自唐至今, 無敢作詩者. 有一監司過而見之, 輒和少陵韻, 大書其側, 後有人嘲之云: "想君吟詠揮毫日, 四顧無人膽似天." 過者無不笑之.

기협(夔峽 : 구당협瞿塘峽)에 옛날부터 두보의 시 한 수가 전해오는데, '天' 자를 운으로 해서 기둥 사이에 걸려 있다. 당나라 때부터 지금까지 감히 뒤이어 시를 지은 자가 없었다. 그런데 어느 감사監司가 지나가다 이 시를 보고 그 운에 화답한 시를 옆에 크게 써놓았다. 그 뒤에 이를 본 사람이 "아마 그대가 붓을 들어 시를 쓸 때, 사방에 아무도 없어 담이 하늘만큼 컸으리라[想君吟詠揮毫日, 四顧無人膽似天]"라고 조롱한 글을 남겼다. 지나가는 사람들이 보고 모두 껄껄 웃었다.

大梁羅叔共爲余言："頃在建康士人家, 見王荊公親寫小詞一紙, 其家藏之甚珍. 其詞云：'留春不住, 費盡鶯兒語. 滿地殘紅宮錦汚, 昨夜南園風雨. 小憐初上琵琶, 曉來思繞天涯, 不肯畫堂朱戶, 東風自在楊花.' 荊公平生不作是語, 而有此何也." 儀眞沈彦述爲余言："荊公詩如'濃綠萬枝紅一點, 動人春色不須多', '春色惱人眠不得, 月移花影上闌干'等篇, 皆平甫詩, 非荊公詩也." 沈乃元龍家婿, 故嘗見之耳. 叔共所見, 未必非平甫詞也.

대량大梁 나공숙羅共叔이 내게 "얼마 전 건강建康의 어느 인사의 집에서 왕안석이 직접 쓴 소사小詞를 보았는데, 그 집에서 매우 진귀하게 여겼다. 그 사에서 '봄을 붙들어도 머물지 않고, 꾀꼬리 소리만 다 허비했다. 땅 가득 시든 붉은 꽃에 궁 비단은 물들고, 어젯밤 남쪽 동산에 비바람이 스쳤다. 소린小憐이 막 비파를 타고, 새벽되자 먼 곳에 생각이 맴돈다. 화려한 집 붉은 문은 마다하고, 동풍이 절로 양화楊花에 분다[留春不住, 費盡鶯兒語. 滿地殘紅宮錦汚, 昨夜南園風雨. 小憐初上琵琶, 曉來思繞天涯. 不肯畫堂朱戶, 東風自在楊花]'라고 했다. 왕안석은 평생 사를 짓지 않았는데 이런 것이 있는 것은 무슨 연유인가?"라고 했다. 그런데 의진儀眞 심언술沈彦述은 내게 "왕안석의 시 가운데 예컨대 '진한 녹색 수많은 가지에 붉은 한 점, 사람을 움직일 봄은 많을 필요가 없다[濃綠萬枝紅一點, 動人春色不須多]', '봄이 고뇌에 젖게 해 잠들 수 없는데, 달이 꽃 그림자를 난간 위로 올린다[春色惱人眠不得, 月移花影上闌干]' 따위의 글은 모두 왕안국王安國의 시이지, 왕안석의 시가 아니다"라고 했다. 심언술은 원룡(元龍 : 王安國) 집안의 사위(손녀사위)이므로 일찍이 이 글을 보았던 것이다. 나공숙이 본 것도 결코 왕안국의 사가 아니라고는 못할 것이다.

余家藏山谷「謝李邦直送矞雲龍茶」詩, 所謂"矞雲從龍小蒼壁, 元豐至今人未識”者是也. 用川麻矮紙作鉅軸, 書如拳許大, 字畫飛動, 可與「瘞鶴銘」「離堆記」爭雄. 政和甲午, 攜以示李端叔. 端叔和山谷韻, 又用此韻作詩見貽, 且跋其尾云: “元豐八年九月, 魯直入館. 是月裕陵發引, 前一日, 百官集朝堂, 與余適相値邂逅, 邦直送茶. 居兩日, 聞有詩, 又數日, 相見於文德班中, 爲余口占. 政和四年中元前一日, 宣城周少隱出此詩相示, 蓋二十有九年矣. 感舊愴然, 因借其韻, 書於卷尾. 是日太旱, 久不雨而雨, 黃昏月出, 已而復雨.” 紹興兵至, 姑谿詩帖兩牛腰, 倂與山谷墨妙爲之一空.

나의 집에 황정견의 「사이방직송굴운룡다謝李邦直送矞雲龍茶」가 소장되어 있는데, 이른바 “굴운矞雲이 용을 따르는 작은 푸른 옥을, 원풍 연간에서 지금까지 사람들이 잘 모르네[矞雲從龍小蒼壁, 元豐至今人未識]”라고 한 것이다. 천마왜지川麻矮紙를 사용해 큰 두루마리로 만들었으며, 글씨는 주먹만 하고 획이 살아 움직이듯 해서 「예학명瘞鶴銘」, 「이퇴기離堆記」와 자웅을 겨룰 만하다. 정화政和 갑오년(1114)에 이것을 이단숙李端叔에게 갖고 가 보이자, 그는 황정견의 운에 화답하고 또 이 운으로 시를 지어 내게 주는 한편, 시첩 끝에 다음과 같이 발문을 썼다. “원풍 8년(1085) 9월에 노직(魯直 : 황정견)이 관각館閣에 들어왔다. 이달 유릉(裕陵 : 송나라 신종)이 발인發引을 했는데, 발인하기 전날 백관이 조당朝堂에 모였고 이때 그는 나와 서로 만났으며 이방직李邦直이 차를 보내왔다. 그로부터 이틀 뒤 그가 시를 지었다는 말을 들었고, 또 며칠이 지나 문덕반文德班[9]에서 만났는데 나를 위해 시를 읊었다. 정화 4년(1114) 중원(中元 : 음력 칠월 보름) 전날, 선성宣城 주소은(周少隱 : 주자지周紫芝)이 이 시를 보여 주었으니, 이십구 년이 흐른 뒤이다. 지난날을 떠올리며 감상에 젖고 아울러 그 운을 빌려 권 끝에 쓴다. 아주 가물어 오랫동안 비가 내리

9 문덕반(文德班) : 송나라에는 황제가 매일 수공전(垂拱殿)과 문덕전(文德殿)에서 문무 백관들을 접견하는 ‘상참(常參)’이라는 제도가 있었다.

지 않다가 이날에 비가 내렸고 황혼에 달이 솟은 뒤 얼마 있지 않아 다시 비가 내렸다." 하지만 소흥병紹興兵[10]이 왔을 때, 두 마리 소 허리만큼 되는 고계(姑谿 : 이지의李之儀)의 시첩과 황정견의 글씨가 모두 사라졌다.

李石·柳公權俱與唐文宗論詩. 李石云 : "'人生不滿百, 常懷千歲憂', 畏不逢也. '晝短苦夜長', 暗時多也. '何不秉燭遊', 勸之照也. 古人作詩之意未必爾, 然人臣進言, 要當如此." 及文宗有"人皆苦炎熱, 我愛夏日長"之句, 公權但云"薰風自南來, 殿閣生微凉"而已, 殊不寓規諫之意何也? 蓋責文宗享殿閣之凉, 而不知人間之苦, 所以譏之深矣, 曉人豈不當如是耶.

이석李石과 유공권柳公權이 함께 당 문종文宗과 시를 논할 때였다. 먼저 이석이 "'사람이 백 년도 못 살면서, 언제나 천 년의 걱정을 안고 있다[人生不滿百, 常懷千歲憂]'는 만나지 못하는 것을 두려워함이고, '낮은 짧고 밤은 길어 괴롭다[晝短苦夜長]'는 암담한 때가 많다는 것이고, '어찌 촛불을 들고 놀지 않는가[何不秉燭遊]'는 비추는 것을 권유한 것입니다. 고인이 시를 지은 본의가 반드시 그런 뜻은 아니지만, 신하가 임금에게 진언할 땐 마땅히 이와 같이 해야 합니다"라고 했다. 문종이 "사람들은 모두 찌는 더위를 힘들어하지만, 나는 여름 해가 긴 것을 사랑한다[人皆苦炎熱, 我愛夏日長]"는 구절을 거론하자, 유공권이 그저 "훈풍이 남쪽으로부터 불어오니, 전각에 서늘한 기운이 감도네[薰風自南來, 殿閣生微凉]"라고만 했을 뿐, 특별히 권유의 뜻을 보이지 않은 것은 왜일까? 이는 문종이 전각의 서늘함만 누리고 뭇사람들의 괴로움은 모르

10 소흥병(紹興兵) : 건염 3년(1129) 금나라 장군 올술(兀術)이 군대를 거느리고 남송을 침략하였다. 이에 남송은 소흥 11년(1141)에 신하라 일컫고 땅을 할양하며 돈을 바치는 것을 조건으로 금나라와 소흥화의(紹興和議)를 맺었다.

는 것을 꾸짖은 것으로서 깊은 충고가 담긴 것이다. 사람을 일깨울 때는 이와 같이 해야 되지 않겠는가.

“冰肌玉骨清無汗, 水殿風來暗香滿. 繡簾一點月窺人, 欹枕釵横雲鬢亂. 起來庭戶悄無聲, 時見疏星渡河漢. 屈指西風幾時來, 不道流年暗中換.” 世傳此詩爲花蕊夫人作, 東坡嘗用此詩作「洞仙歌」曲. 或謂東坡托花蕊以自解耳, 不可不知也.

“얼음 같은 살결 옥 같은 뼈는 해맑아 땀도 없고, 물 궁전에 바람 불자 향기가 가득하다. 수놓은 주렴 사이로 한 점 달이 사람을 엿보고, 베개에 기댄 비녀 꽂은 구름머리는 흐트러졌다. 일어나자 집안에 아무 소리 없어 걱정인데, 이따금 성긴 별빛만 은하를 건넌다. 서쪽 바람이 언제 불어오는지 손꼽으며, 흐르는 세월이 조용히 바뀌는 것을 말하지 않는다.[冰肌玉骨清無汗, 水殿風來暗香滿. 繡簾一點月窺人, 欹枕釵横雲鬢亂. 起來庭戶悄無聲, 時見疏星渡河漢. 屈指西風幾時來, 不道流年暗中換.]” 세상에서 이 시는 화예부인花蕊夫人의 작품이라고 전해오는데, 소식이 일찍이 이 시를 활용하여 「동선가洞仙歌」의 곡을 지었다. 혹자는 소식이 화예부인에 의탁하여 자신의 생각을 펼친 것이므로 그 사실을 몰라서는 안 된다고 말한다.

王荊公作集句, 得“江州司馬青衫濕”之句, 欲以全句作對, 久而未得. 一日問蔡天啓: “‘江州司馬青衫濕’, 可對甚句?” 天啓應聲曰: “何不對‘梨園弟子白髮新.’” 公大喜.

왕안석이 집구를 짓다가 “강주사마江州司馬의 푸른 적삼이 젖다[江州

司馬青衫濕"라는 구절을 얻고서 이에 대한 완전한 대구를 찾으려 했으나 오랫동안 찾지 못했다. 하루는 채천계(蔡天啓 : 채조蔡肇)에게 "'강주사마의 푸른 적삼이 젖다'에 어떤 구절이 대구가 될 만한가?"라고 묻자, 채조는 바로 "어찌 '이원자제梨園子弟의 백발이 새롭다[梨園弟子白髮新]'로 대구를 삼지 않는가"라고 답했다. 왕안석은 크게 기뻐했다.

梁太祖受禪, 姚垍爲翰林學士. 上問及裴延裕行止曰 : "頗知其人, 文思甚捷." 垍曰 : "向在翰林號爲下水船." 太祖應聲曰 : "卿便是上水船." 議者以垍爲急灘頭上水船. 魯直詩曰 : "花氣薰人欲破禪, 心情其實過中年. 春來詩思何所似, 八節灘頭上水船." 山谷點化前人語, 而其妙如此, 詩中三昧手也.

양梁 태조太祖가 등극할 때 요게姚垍가 한림학사였다. 태조가 배연유裴延裕의 행동거지에 대해 언급하며 "그 사람을 꽤 아는데, 문장력이 매우 민첩하다"라고 하자, 요게는 "지난번 한림원에 있을 때 하수선下水船이라 불렸습니다"라고 했다. 이에 태조가 바로 "경卿은 상수선上水船이다"라고 대꾸했다. 논자들은 요게를 세찬 여울물을 거슬러 올라가는 배라 했다. 황정견의 시에서 "꽃이 사람을 향기로 감싸 선禪을 깨뜨리려 하니, 심정은 실로 중년을 지났다. 봄이 와서 떠오르는 시상은 무엇과 같은가, 여덟 굽이 여울을 거슬러 올라가는 배이다[花氣薰人欲破禪, 心情其實過中年. 春來詩思何所似, 八節灘頭上水船]"라고 했다. 황정견은 이전 사람의 말을 점화點化[11]시켜 이와 같이 오묘함을 드러냈으니 시에 있어서 삼매三昧의 솜씨다.

---

11 점화(點化) : 원래 도가(道家)에서 종래의 사물을 고치어 새롭게 하는 것을 가리킨 것인데, 문학에서 전인의 시문의 격식을 취하여 따로 더 새로운 방법을 끌어내는 것으로 차용했다.

東南之有臘梅, 蓋自近時始. 余爲兒童時, 猶未之見. 元祐間, 魯直諸公方有詩, 前此未嘗有賦此詩者. 政和間, 李端叔在姑谿, 元夕見之僧舍中, 嘗作兩絶, 其後篇云: "程氏園當尺五天, 千金爭賞憑朱欄. 莫因今日家家有, 便作尋常兩等看." 觀端叔此詩, 可以知前日之未嘗有也.

동남쪽에 납매臘梅가 생긴 것은 근래부터다. 내가 어렸을 때까지만 해도 보지 못했다. 원우 연간에 황정견 등 제공들이 비로소 이에 대해 시를 지었으며, 그 전에는 이를 시로 쓴 사람이 없었다. 정화(政和 : 1111~1117) 연간에 이단숙이 고계姑谿에 있을 때, 새해 첫날밤에 절에서 납매를 보고 두 수의 절구를 지었다. 그 후편에서 "정씨程氏의 동산이 오 척 하늘일 때, 붉은 난간에 기대 천근의 모습을 앞다퉈 감상한다. 오늘 집집마다 있다고 해서, 이내 일상의 것으로 간주하지 말라[程氏園當尺五天, 千金爭賞憑朱欄. 莫因今日家家有, 便作尋常兩等看]"라고 했다.

近世士大夫家所藏杜少陵逸詩, 本多不同. 余所傳古律二十八首, 其間一詩, 陳叔易記云, 得於管城人家冊子葉中. 一詩, 洪炎父記云, 得之江中石刻. 又五詩, 謝仁伯記云, 得於盛文肅家故書中, 猶是吳越錢氏所錄. 要之皆得于流傳, 安得無好事者亂眞. 然而如「巴西聞收京」云: "傾都看黃屋, 正殿引朱衣." 又云: "克復誠如此, 安危在數公." 又「舟過洞庭」一篇云: "蛟室圍青草, 龍堆擁白砂. 護江蟠古木, 迎棹舞神鴉." 又一篇云: "說道春來好, 狂風太放顚. 吹花隨水去, 翻却釣魚船." 此決非他人可到, 其爲此老所作無疑.

근세에 사대부가에 소장되어 있는 두보의 일시(逸詩 : 일실된 시)는 대부분 동일하지 않다. 내가 전한 고율古律 이십팔 수 가운데 하나는 진숙이陳叔易가 관성管城에 있는 집안 책자 속 쪽지에서 얻은 것이라고 기술했고, 하나는 홍염보洪炎父가 강 안 석각石刻에서 얻은 것이라고 기술했고, 또 다른 다섯 수는 사인백謝仁伯이 성도盛度 집안의 고서 속에서 얻고 오월吳越의 전씨錢氏가 적은 것이라고 기술했다. 요컨대 모두 전해진 데에서 얻은 것이니 어떻게 호사가들의 농간이 없을 수 있겠는가. 하지만 「파서문수경巴西聞收京」에서 "온 고을이 황옥黃屋을 보고, 정전正殿에서 붉은 옷을 끈다[傾都看黃屋, 正殿引朱衣]"라고 하고, 또 "극복하기를 참으로 이와 같이 한다면, 안위는 몇몇 공에게 달려있다[克復誠如此, 安危在數公]"라고 하고, 또 「주과동정舟過洞庭」에서 "교룡의 집이 푸른 풀로 둘러있고, 용의 언덕은 흰 모래로 안겨있다. 강을 보호하는 고목이 서려있고, 널을 맞이하는 신성한 까치가 춤을 춘다[蛟室圍青草, 龍堆擁白砂. 護江蟠古木, 迎棹舞神鴉]"라고 하고, 또 다른 작품에서 "봄이 와서 좋다고 말들 하지만, 광풍이 지나치게 불어댄다. 꽃을 떨어뜨려 물을 따라가게 하고, 고기잡이배를 엎어버린다[說道春來好, 狂風太放顚. 吹花隨水去, 翻却釣魚船]"라고 했는데, 이는 결코 다른 사람이 지을 수 있는 것이 아니다. 그 노인의 작품임에 틀림없다.

西湖諸寺, 所存無幾, 惟南山靈石, 猶是舊屋. 寺僧言: "頃時有數道人來丐食, 拒而不與, 乃題詩屋山而去, 至今猶存." 字畫頗類李北海, 是唐人書也. 其詩云: "南塢數回泉石, 西峰幾疊烟雲. 登攜孰以爲侶, 顔寓李甲蕭耘." 後好事者譯之, 前一句乃呂字, 第二句洞字, 第三句賓字, 是洞賓與三人者來耳. 李甲近世人, 東坡以比郭恕先, 善畫而有文. 余不知其爲何人, 當是神仙也.

서호의 절들 가운데 남아있는 것이 얼마 되지 않는다. 오직 남산南山의 영석사靈石寺만 그나마 옛 건물 그대로다. 이 절의 승려가 내게 "얼마 전 어느 도인이 와서 먹을 것을 요구했지만 거절하고 주지 않았더니 지붕에 시를 써놓고 떠났고 지금도 남아있습니다"라고 했다. 그 시는 필획이 이북해(李北海 : 이옹)와 매우 흡사하고 당나라 사람의 글씨였다. 시의 내용은 이렇다. "남쪽 마을은 샘물과 바위를 몇 번 휘돌고, 서쪽 봉우리는 안개구름이 몇 겹이나 쌓였나. 이끌고 올라갈 때 누가 반려가 될까, 안우顔寓 · 이갑李甲 · 소운蕭耘이다.[南塢數回泉石, 西峰幾疊烟雲. 登攜孰以爲侶, 顔寓李甲蕭耘.]" 나중에 호사가들이 이 내용을 번역하기를 "첫 번째 구절은 려呂 자이고 두 번째 구절은 동洞 자이고 세 번째 구절은 빈賓 자이니 여동빈呂洞賓이 세 사람과 함께 왔다는 뜻이다"라고 했다. 이갑은 근대 사람인데 소식은 그를 곽서선郭恕先에 견주었다. 그림을 잘 그리고 문장도 지었다. 나머지는 누구인지 모르겠지만 아마 신선일 것이다.

東平王興周爲余言 : "東平人有居竹間自號竹谿翁者, 一夕, 有鬼題詩竹間云 : '墓前古木號秋風, 墓尾幽人萬慮空. 惟有詩魂銷不得, 夜深來訪竹谿翁.'" 世傳鬼詩甚多, 常疑其僞爲, 此詩傳於興周鄕里, 必不妄矣. 鬼之能詩, 是果然也.

동평東平 왕흥주王興周가 내게 "동평 사람 가운데 대숲에 살며 스스로 죽계옹竹谿翁이라 부르는 사람이 있었다. 어느 날 밤 귀신이 대숲에 시를 쓰기를 '무덤 앞 고목에는 가을바람 불어대고, 무덤 꼬리 홀로 사는 사람은 온 생각이 비어있다. 시혼詩魂만은 여전히 사라지지 않아, 깊은 밤 죽계옹을 찾아온다[墓前古木號秋風, 墓尾幽人萬慮空. 惟有詩魂銷不得, 夜深來訪竹谿翁]'라고 했다"라고 하였다. 세상에 귀신의 시라고 전해오는 것이 아주 많지만 언제나 가짜라고 의심했는데, 이 시는 왕흥주의 고향에 전해오는 것이어서 반드시 허망한 것은 아니리라. 귀신이 시에 능한 것이 정말인 것이다.

凡詩人作語, 要令事在語中而人不知. 余讀太史公「天官書」: "天一·槍·棓·矛·盾動搖, 角大, 兵起." 杜少陵詩云: "五更鼓角聲悲壯, 三峽星河影動搖." 蓋暗用遷語, 而語中乃有用兵之意. 詩至於此, 可以爲工也.

무릇 시인이 시를 지을 때는 내용이 시어 속에 있으면서도 사람들이 알아차리지 못하게 해야 한다. 내가 사마천의 「천관서天官書」를 읽어보니 "천일(天一: 별 이름: 이하 동일)과 창槍과 부棓와 모矛와 순盾이 동요하고 각角이 커지면 전쟁이 일어난다"라고 되어 있는데, 두보의 시에서는 "오경의 북소리 뿔피리 소리는 비장하고, 삼협의 은하는 그림자가 흔들린다[五更鼓角聲悲壯, 三峽星河影動搖]"라고 했다. 이는 사마천의 글을 보이지 않게 인용하여 시어 속에 전쟁의 의미를 담아낸 것이다. 시가 이 경지에 도달해야 뛰어나다고 할 수 있는 것이다.

白樂天「長恨歌」云: "玉容寂寞淚闌干, 梨花一枝春帶雨." 人皆喜其工, 而不知其氣韻之近俗也. 東坡作送人小詞云: "故將別語調佳人, 要看梨花枝上雨." 雖用樂天語, 而別有一種風味, 非點鐵成黃金手, 不能爲此也.

백거이, 「장한가長恨歌」의 "옥 같은 모습 홀로 난간에서 눈물짓고, 배꽃가지는 봄날 빗물을 띠고 있다[玉容寂寞淚闌干, 梨花一枝春帶雨]"를 사람들은 모두 빼어나다고 좋아한다. 하지만 그 기와 운이 조금 세속적이란 것은 모르고 있다. 소식은 전송하며 지은 소사小詞에서 "이별의 말을 고운 이에게 전하려면, 배꽃가지 위 빗방울을 보아야 한다[故將別語調佳人, 要看梨花枝上雨]"라고 했다. 백거이의 시어를 사용하긴 했지만 별도의 풍미를 갖고 있다. 철을 녹여 황금으로 만드는 솜씨가 아니라면 이렇게 할 수가 없다.

自古詩人文士, 大抵皆祖述前人作語. 梅聖兪詩云 : “南隴鳥過北隴叫, 高田水入低田流.” 歐陽文忠公誦之不去口. 魯直詩有“野水自添田水滿, 晴鳩却喚雨鳩來”之句, 恐其用此格律, 而其語意高妙如此, 可謂善學前人者矣.

예로부터 시인과 문사는 이전 사람들이 지은 작품을 근거로 하여 시어를 구사한 경우가 많다. 매요신의 시, “남쪽 언덕 새는 북쪽 언덕 지나며 지저귀고, 높은 논물은 낮은 논으로 흘러든다[南隴鳥過北隴叫, 高田水入低田流]”를 구양수는 입에서 떼지 않고 되뇌었다. 황정견의 시에 “들판 물은 스스로 논에 물을 채워 가득하고, 맑은 하늘 비둘기는 비 맞는 비둘기를 불러낸다[野水自添田水滿, 晴鳩却喚雨鳩來]”라는 구절이 있다. 이 시는 위 작품의 격과 율을 사용한 듯하지만 그 함의가 이처럼 고상하고 오묘하므로 그는 옛 시인에게서 잘 배운 사람이라고 할 만하다.

林和靖賦「梅花」詩, 有“疏影橫斜水清淺, 暗香浮動月黃昏”之語, 膾炙天下殆二百年. 東坡晚年在惠州, 作「梅花」詩云 : “紛紛初疑月掛樹, 耿耿獨與參橫昏.” 此語一出, 和靖之氣遂索然矣. 張文潛云 : “調鼎當年終有實, 論花天下更無香.” 此雖未及東坡高妙, 然猶可使和靖作衙官. 政和間, 余見胡份司業和曾公袞「梅」詩云 : “絕豔更無花得似, 暗香惟有月明知.” 亦自奇絕, 使醉翁見之, 未必專賞和靖也.

임포林逋가 지은 「매화」의 “성긴 그림자 맑고 얕은 물 가로지르고, 그윽한 향기 달빛 황혼에 전해온다[疏影橫斜水淸淺, 暗香浮動月黃昏]”는 이백 년 가까이 세상에 회자되었다. 소식이 만년에 혜주惠州에 있을 때 지은 「매화」에서는 "하늘거리는 것이 달이 나무에 걸린 것인가 했거늘, 아롱아롱거리는 것이 홀로 삼성參星과 황혼을 가로질렀다[紛紛初疑月掛樹, 耿耿獨與參橫昏]"라고 했는데, 이 시가 나오면서 임포의 기氣가 마침내 사라졌다. 또 장뢰張耒는 "솥을 조절[12]하는 당시에는 결국 내실이 있고, 꽃을 논하는 세상에는 더 이상 향기가 없다[調鼎當年終有實, 論花天下更無香]"라고 했다. 이 구절은 소식의 고상하고 오묘함에는 미치지 못하지만, 임포를 아관(衙官 : 자사刺史의 참모)으로 삼을 만하다. 정화 연간에 나는, 사업司業 호분胡份이 증곤曾衮의 「매화」에 화답한 시에서 "절대의 요염은 더 이상 비슷한 것이 없고, 보이지 않는 향기는 달만이 잘 안다[絶豔更無花得似, 暗香惟有月明知]"를 보았다. 이 구절 또한 기특하고 절묘해서 구양수가 보았다면 반드시 임포의 시만 높이 평가하지는 않았을 것이다.

世所傳退之遺文, 其中載『嘲鼾睡』二詩, 語極怪譎. 退之平日未嘗用佛家語作詩, 今云"有如阿鼻尸, 長喚忍衆罪", 其非退之作決矣. 又如"鐵佛聞皺眉, 石人戰搖腿"之句, 大似鄙陋, 退之何嘗作是語. 小兒輩亂眞, 如此者甚衆, 烏可不辨.

세상에 전하는 한유의 유문遺文 가운데 『조한수嘲鼾睡』에 실린 시 두 수는 시어가 극히 괴상하다. 한유는 평소 시에서 불가佛家의 언어를 사용하지 않았는데, 이 시에서 "아비阿鼻의 시체 같은 것이, 소리 지르며

12 솥을 조절 : 솥을 조절한다는 것은 솥의 국의 간을 맞춘다는 뜻으로, 재상의 국정 수행을 비유하는 말이다. 『서경(書經)』 「열명 하(說命下)」에, 은 고종(殷高宗)이 부열(傅說)을 재상으로 임명하며 "내가 술이나 단술을 만들려고 할 때에는 그대가 누룩이 되어 주고, 내가 솥에 국을 끓이려 할 때에는 그대가 소금과 매실이 되어 주오[若作酒醴, 爾惟麴蘗, 若作和羹, 爾惟鹽梅]"라고 부탁한 내용이 나온다.

뭇 죄를 다그친다[有如阿鼻尸, 長喚忍衆罪]"라고 했다. 한유의 작품이 아닌 것이 분명하다. 또 "철불鐵佛이 들으면 눈살을 찌푸리고, 석인石人이 싸우며 무릎을 흔든다[鐵佛聞皺眉, 石人戰搖腿]" 같은 구절은 매우 누추하고 촌스럽다. 한유가 어찌 이런 시를 지었겠는가. 소인배들이 이처럼 진실을 호도하는 경우가 매우 많은데, 어찌 사실을 밝히지 않을 수 있겠는가.

有數貴人遇休沐, 攜歌舞燕僧舍者. 酒酣, 誦前人詩 : "因過竹院逢僧話, 又得浮生半日閑." 僧聞而笑之. 貴人問師何笑, 僧曰 : "尊官得半日閑, 老僧却忙了三日." 謂一日供帳, 一日燕集, 一日掃除也.

몇몇 고관이 휴가를 맞아 가무歌舞꾼들을 데리고 절로 찾아가 연회를 베푸는 경우가 있었다. 술이 거나해지자 옛 시인의 시를 읊었다. "죽원竹院을 찾아가 스님과 이야기 나누니, 부생의 반나절 여유를 다시 얻었네[因過竹院逢僧話, 又得浮生半日閑]"라고 하자 승려가 피식 웃었다. 고관이 왜 웃느냐고 묻자, 승려가 "존귀하신 고관께서는 반나절의 여유를 얻었지만 노승은 사흘 동안 바쁩니다"라고 했다. 하루는 장막을 치고 하루는 연회를 갖고 하루는 뒷정리하는 것을 말한 것이다.

羅叔共言 : 頃歲錢塘有葛道人者, 無他技能, 以業屨爲生, 得金卽沽酒自飲, 往來湖山間數歲矣, 人無知之者. 一日, 爲寺僧修屨, 口中微有聲, 狀若哦詩者. 僧怪而問之, 葛生笑曰 : "今日偶得句耳." 問之, 乃云 : "百囀已休鶯哺子, 三眠初罷柳飛花." 自是始知其爲詩人. 世之露才揚己, 急於人知者, 聞斯人之風, 亦可稍愧矣.

나공숙羅共叔이 말했다. 근래에 전당錢塘에 갈도인葛道人이라는 사람이 있었는데, 다른 기술은 없고 짚신 삼는 것을 업으로 삼았다. 돈이 생기면 술을 사 마시며 주변 지역을 오간 지 몇 년이나 되지만 그를 알아주는 사람이 없었다. 어느 날 절의 승려를 위해 신발을 수선했는데, 갈도인이 입 속에서 중얼거리는 소리가 마치 시를 읊는 것처럼 보였다. 승려가 이상하게 여겨 묻자, 그는 웃으며 "오늘 우연히 시구를 얻었소"라고 했다. 그 내용을 묻자 "백 번 지저귐을 그만둘 때 꾀꼬리는 새끼에게 젖을 먹이고, 세 번 잠에서 막 깨어날 때 버들은 꽃을 휘날린다[百囀已休鶯哺子, 三眠初罷柳飛花]"라고 했다. 이때부터 비로소 그가 시인임이 알려졌다. 세상에 재능을 드러내고 자신을 선양하며 사람들로부터 인정을 받는데 급급해 하는 이들이 이 이야기를 들으면 조금은 부끄러울 것이다.

詩人造語用字, 有著意道處, 往往頗露風骨. 如滕元發「月波樓」詩"野色更無山隔斷, 天光直與水相連"是也. 只一'直'字, 便是著力道處, 不惟語稍崢嶸, 兼亦近俗. 何不云"野色更無山隔斷, 天光自與水相連"爲微有蘊藉. 然非知之者不足以語此.

시인이 시어를 만들고 글자를 사용할 때 의도적으로 말한 부분에서 이따금 풍골風骨이 드러난다. 예컨대 등원발滕元發의 「월파루月波樓」에서 "들판은 더는 막고 끊는 산이 없고, 하늘은 곧장 물과 하나 되었다[野色更無山隔斷, 天光直與水相連]"가 그것이다. '直' 자가 바로 힘을 들인 부분으로, 시어가 툭 두드러져 보일 뿐만 아니라 세속적인 느낌이 들기도 한다. 왜 "들판은 더는 막고 끊는 산이 없고, 하늘은 절로 물과 하나 되었다[野色更無山隔斷, 天光自與水相連]"라고 하지 않는가. 이렇게 하면 미묘한 함축이 생긴다. 하지만 아는 자가 아니면 이를 논할 수 없다.

有明上人者, 作詩甚艱, 求捷法於東坡, 作兩頌以與之. 其一云 : "字字覓奇險, 節節累枝葉. 咬嚼三十年, 轉更無交涉." 其二云 : "衡口出常言, 法度法前軌. 人言非妙處, 妙處在於是." 乃知作詩到平淡處, 要似非力所能. 東坡嘗有書與其侄云 : "大凡爲文, 當使氣象崢嶸, 五色絢爛, 漸老漸熟, 乃造平淡." 余以不但爲文, 作詩者尤當取法於此.

명明 스님이라는 분이 있었다. 그는 시 짓기가 매우 어려워 소식에게 빨리 익히는 법을 물었다. 소식은 두 편의 송頌을 지어주었다. 그중 한 편에서 "글자마다 기묘하고 험난한 것을 찾고, 구절마다 가지와 잎이 쌓였다. 삼십 년을 되씹다보면, 갈수록 엇갈리는 것이 없으리라[字字覓奇險, 節節累枝葉. 咬嚼三十年, 轉更無交涉]"라고 하고, 다른 한 편에서는 "입을 벌려 일상의 말을 할 때, 법칙은 이전의 궤를 따른다. 사람들이 오묘한 곳이 아니라고 할 때, 오묘한 곳은 거기에 있다[衡口出常言, 法度法前軌. 人言非妙處, 妙處在於是]"라고 했다. 시를 짓는다는 것은 평범하고 담박한 것에 도달해야 하며 결국 억지로 할 수 있는 것이 아님을 알 수 있다. 소식은 일찍이 조카에게 쓴 편지에서 "무릇 문장을 지을 때는 마땅히 기상이 드높고 오색찬란해야 하며 이것이 노숙해져야 평담함에 도달한다"라고 했다. 나는 문장뿐만 아니라 시를 짓는 것도 여기에서 그 법을 취해야 한다고 생각한다.

劉元素名博文, 與余爲同郡. 其爲人靜退有守, 好作詩而語不妄發. 內子朱, 賢而善事其夫, 每擧案齊眉, 則相敬如賓. 一日, 元素與客飮, 分韻得柳眉, 其詩云 : "靑眼相看君可知, 精神渾在豔陽時. 只因嫁得東君後, 兩淚相看是別離." 詩成, 坐客皆不悅. 後數日而其妻亡, 蓋詩讖也.

유원소劉元素는 이름이 박문博文이며 나와 같은 군郡 사람이다. 그는 몸가짐이 조용하고 자신을 가다듬었으며 시 짓기를 좋아하긴 하지만 함부로 내놓지 않았다. 그의 부인 주씨朱氏는 현명하고 남편을 잘 모셨다. 상을 들 때 눈을 상 높이에 맞추고[13] 손님을 대하듯 서로 존경의 자세를 갖췄다. 어느 날 유원소가 손님과 술잔을 나누며 시를 지을 때, 유미柳眉[14]로 시제를 선택해 지은 시에서 "청안靑眼으로 보면 그대가 알 수 있을 터, 정신은 온통 화려하게 빛나던 시절에 있네. 동군東君에게 시집가고 나서, 두 눈 흐르는 눈물로 마주 본 것은 이별이네[靑眼相看君可知, 精神渾在豔陽時. 只因嫁得東君後, 兩淚相看是別離]"라고 했다. 시가 완성되자 좌객들이 모두 씁쓸해 했는데 그로부터 며칠 지나 그의 아내가 세상을 떠났다. 이는 시참詩讖[15]이었던 것이다.

郭功父晩年, 不廢作詩. 一日, 夢中作「遊采石」二詩, 明日書以示人, 曰 : "余決非久於世者." 人問其故, 功父曰 : "余近詩有'欲尋鐵索排橋處, 只有楊花慘客愁'之句, 豈特非余平日所能到, 雖前人亦未嘗有也. 忽得之不詳." 不踰月, 果死. 李端叔聞而笑曰 : "不知杜少陵如何活得許多時."

곽상정은 만년에도 시 짓기를 그만두지 않았다. 하루는 꿈속에서 「유채석遊采石」이라는 시 두 수를 지은 뒤, 이튿날 그 내용을 써서 사람들에게 보이며 "나는 결코 세상에 오래 있을 사람이 아니다"라고 했다. 그 까닭을 묻자 "내가 근래 지은 시에 '철끈이 다리에 배열된 곳을 찾고 싶었지만, 버들꽃만 나그네의 시름을 참담하게 한다[欲尋鐵索排橋處, 只有楊花慘客愁]'는 구절이 있다. 이는 내가 평소에 도달할 수 있는 것이

13 상을 …… 맞추고 : 부인이 남편에게 예법을 지키며 공경했다는 말이다. 후한의 현사(賢士)인 양홍(梁鴻)의 처 맹광(孟光)이 밥상을 들고 올 때에도 양홍을 감히 마주 보지 못하고 이마 위까지 들어 올렸다는 '거안제미(擧案齊眉)'의 고사에서 유래하였다.

14 유미(柳眉) : 버들잎처럼 가늘고 긴 눈썹을 뜻하는 말로, 미인의 눈썹을 이르는 말이다.

15 시참(詩讖) : 지은 시의 내용이 우연히 뒷일과 꼭 맞는 것을 말한다.

아닐 뿐더러 이전 시인들도 일찍이 갖지 못한 것이다. 이를 갑자기 얻은 것은 상서롭지 못한 일이다"라고 했다. 과연 그는 한 달을 못 넘겨 정말 죽었다. 이단숙이 이 이야기를 듣고 웃으며 "두보는 어찌하여 수많은 나날을 살아있었던 것인가"라고 했다.

詩中用雙疊字易得句. 如"水田飛白鷺, 夏木囀黃鸝", 此李嘉祐詩也. 王摩詰乃云"漠漠水田飛白鷺, 陰陰夏木囀黃鸝." 摩詰四字下得最爲穩切. 若杜少陵"風吹客衣日杲杲, 樹攪離思花冥冥" "無邊落木蕭蕭下, 不盡長江滾滾來", 則又妙不可言矣.

시에서 쌍으로 된 첩자疊字를 쓰면 시구를 얻기 쉽다. 예컨대 "물 논에는 백로가 놀고, 여름 나무에는 꾀꼬리가 지저귄다[水田飛白鷺, 夏木囀黃鸝]"는 이가우李嘉祐의 시인데, 왕유는 "아득한 물 논에는 백로가 놀고, 어둑한 여름 나무엔 꾀꼬리가 지저귄다[漠漠水田飛白鷺, 陰陰夏木囀黃鸝]"라고 했다. 왕유는 네 글자를 가장 온당하고 적절하게 썼다. 예컨대 두보의 "바람은 나그네의 옷깃을 스치며 해는 두둥실 뜨고, 나무는 이별의 그리움을 흔들며 꽃은 어둑하다[風吹客衣日杲杲, 樹攪離思花冥冥]"와 "끝없는 숲에 잎은 쓸쓸히 지고, 한없는 긴 강물은 콸콸콸 흘러온다[無邊落木蕭蕭下, 不盡長江滾滾來]"는 오묘함을 이루 다 말할 수 없다.

楊次翁守丹陽, 米元章過郡, 留數日而去. 元章好易他人書畫, 次翁作羹以飯之, 曰 : "今日爲君作河豚." 其實他魚. 元章疑而不食, 次翁笑曰 : "公可無疑, 此贗本耳." 其行, 送之以詩, 有"淮海聲名二十秋"之句. 林子中見之, 謂次翁曰 : "公言無乃過與." 次翁笑曰 : "二十年來, 何處不知有米顚子邪." 余遊濡須, 識次翁之孫侃, 爲余道此.

양걸楊傑이 단양태수丹陽太守로 있을 때, 미불이 그곳을 찾아가 며칠을 머문 뒤 떠났다. 미불은 다른 사람과 서화를 서로 바꾸기를 좋아했는데, 양걸이 국을 만들어 대접하며 "오늘 당신을 위해 복어국을 끓였소"라고 했다. 하지만 사실은 다른 국이었다. 미불이 의심하고 먹지 않자 양걸은 웃으며 "공은 의심하지 않아도 되니 이것은 안작贋作[16]이오"라고 했다. 미불이 떠날 때, 양걸이 그를 전송하며 지은 시에 "회해淮海에 명성 드날린 지 이십 년이다[淮海聲名二十秋]"라는 구절이 있었다. 임자중林子中이 이 구절을 보고 양걸에게 "공의 말씀이 지나친 게 아니오?"라고 하자 양걸은 웃으며 "이십 년 동안 어느 곳이나 미전자(米顚子 : 미불)가 있지 않았소"라고 했다. 내가 유수濡須를 유람할 때 양걸의 손자 양간楊侃을 만나서 이 이야기를 들었다.

杜牧之嘗爲宣城幕, 遊涇溪水西寺, 留二小詩, 其一云 : "李白題詩水西寺, 古木回嵓樓閣風. 半醒半醉遊三日, 紅白花開山雨中." 此詩今載集中. 其二云 : "三日去還住, 一生焉再遊. 含情碧溪水, 重上粲公樓." 此詩今榜壁間而集中不載, 乃知前人好句零落多矣.

두목이 일찍이 선성宣城의 막부였을 때 경계涇溪의 수서사水西寺를 유람하며 짧은 시 두 수를 남겼다. 그중 한 작품에서 "이백이 시를 쓴 수서사는, 고목이 바위를 두르고 누각에 바람이 분다. 절반은 깨고 절반은 취해 사흘을 노는데, 산 비 속에 붉은 꽃 흰 꽃이 핀다[李白題詩水西寺, 古木回嵓樓閣風. 半醒半醉遊三日, 紅白花開山雨中]"라고 했다. 이 시는 지금 그의 시집 안에 실려 있다. 다른 한 수에서는 "사흘 동안 떠나려다 다시 머무니, 일생에 어찌 다시 유람할 수 있으랴. 푸른 시냇물에 정이 듬

16 안작(贋作) : 위작과 같은 말이다.

뿍 들어, 다시 찬공루粲公樓에 오른다[三日去還住, 一生焉再遊. 含情碧溪水, 重上粲公樓]"라고 했다. 이 시는 지금 벽 위에 붙여져 있고 시집에는 실려 있지 않다. 이것으로 지난 시인들의 좋은 작품들이 많이 영락해 있음을 알 수 있다.

晁以道家, 有宋子京手書杜少陵詩一卷, 如"握節漢臣歸"乃是'禿節' "新炊間黃粱"乃是'聞黃粱.' 以道跋云 : 前輩見書自多, 不如晚生少年但以印本爲正也. 不知宋氏家藏爲何本, 使得盡見之, 想其所補亦多矣.

조이도晁以道의 집에 송기가 손수 쓴 두보의 시 한 권이 있는데, 예컨대 "握節漢臣歸"의 '握節'은 '禿節'로 되어 있고 "新炊間黃粱"의 '間黃粱'은 '문황량聞黃粱'으로 되어 있다. 조이도는 발문에서 "지난 학자들이 책을 본 것이 많긴 하겠지만, 늦게 태어난 소년이 간행본으로 기준을 삼는 것만 못하다"라고 했다. 송씨宋氏 집안의 소장본이 어떤 본인지는 모르겠지만, 만일 모두 볼 수 있다면 보완되는 부분 또한 많을 것이라 생각된다.

韓退之「城南聯句」云 : "庖霜鱠玄鯽, 淅玉炊香粳." 語固奇甚. 魯直云 : "庖霜刀落鱠, 執玉酒明船." 雖依退之, 而駸駸直與少陵分路而揚鑣矣. 若明眼人見之, 自當作兩等看, 不可與退之同調也.

한유, 「성남연구城南聯句」의 "부엌서리[17]는 붕어회이고, 옥처럼 흰 쌀은 씻어 향기로운 밥을 짓는다[庖霜鱠玄鯽, 淅玉炊香粳]"라는 시어는 본

17 부엌서리 : 가늘게 자른 어육편(魚肉片)을 가리킨다. 색이 서리처럼 하얗기 때문에 이렇게 말한 것이다.

디 너무 기괴하다. 황정견이 "부엌서리는 칼이 닿은 회이고, 든 옥은 분명한 술잔[18]이다[庖霜刀落鱠, 執玉酒明船]"라고 했다. 이는 비록 한유의 시에 의거했으나 어느덧 두보와 어깨를 겨루며 새 표지로 내세울 만하다. 만일 눈 밝은 사람이 본다면 별개의 것으로 간주해서, 한유와 같은 흐름으로 보지 않을 것이다.

錢塘關子東爲余言, 熙寧中有長老重喜, 會稽人, 少以捕魚爲生, 然日誦觀世音菩薩不少休. 舊不識字, 一日輒能書, 又能作偈頌. 嘗作頌云 : "地爐無火一囊空, 雪似楊花落歲窮. 乞得苧麻縫破衲, 不知身在寂寥中." 此豈捕魚者之所能哉. 解悟如此, 蓋得觀音智慧力也.

전당錢塘의 관자동關子東이 내게 말했다. 희녕 연간에 중희重喜라는 원로가 있었는데, 회계會稽 사람이며 젊어서부터 고기잡이 생활을 했지만 날마다 잠시도 쉬지 않고 관세음보살觀世音菩薩을 외웠다. 이전에는 글자를 알지 못했으나 어느 날 갑자기 글을 알아보고 또 게송偈頌도 지었다. 일찍이 지은 게송에서 "땅 화로는 불이 없어 주머니인 양 텅 비고, 버들 꽃 같은 눈은 한 해가 저물 때 떨어진다. 삼을 빌려와 해진 납의衲衣를 꿰매고, 적막 속에 이 몸 있는 줄도 모른다[地爐無火一囊空, 雪似楊花落歲窮. 乞得苧麻縫破衲, 不知身在寂寥中]"라고 했다. 이것이 어찌 고기잡는 사람이 지을 수 있는 것이겠는가. 이처럼 깨친 것은 관세음보살로부터 지혜의 힘을 얻었기 때문일 것이다.

---

18 분명한 술잔 : '酒船'은 술잔의 비유어이다. 송나라 옥당(王讜)의 『당어림(唐語林)』「호상(豪爽)」에서 "소년 하나가 갑자기 주선을 들고 소리쳐 말하기를 '오늘은 마땅히 가문과 관직의 품계로 스스로 말하겠다'고 했다[忽一少年持酒船唱曰今日宜以門族官品自言]" 하였다.

余讀東坡「和梵天僧守詮」小詩, 所謂"但聞烟外鍾, 不見烟中寺. 幽人行未已, 草露濕芒屨. 唯應山頭月, 夜夜照來去." 未嘗不喜其清絶過人遠甚. 晩遊錢塘, 始得詮詩云: "落日寒蟬鳴, 獨歸林下寺. 松扉竟未掩, 片月隨行屨. 時聞犬吠聲, 更入青蘿去." 乃知其幽深清遠, 自有林下一種風流. 東坡老人雖欲回三峽倒流之瀾, 與溪壑爭流, 終不近也.

나는 소식의 「화범천승수전和梵天僧守詮」이라는 짧은 시를 읽었다. "안개 밖 종소리만 들리고, 안갯속 절은 보이지 않는다. 홀로 사는 이 걷기를 멈추지 않아, 풀 이슬이 짚신을 적신다. 오직 산머리 달만이, 밤마다 오가는 것을 비추리라[但聞煙外鍾, 不見煙中寺. 幽人行未已, 草露濕芒屨. 唯應山頭月, 夜交照來去]"라는 것이다. 맑고 절묘한 것이 여느 사람보다 월등해서 좋아해 마지않았다. 그런데 만년에 전당 지역을 유람하다가 석수전釋守詮의 시를 보았는데, "해질녘 찬 매미 울어댈 때, 홀로 숲 속 절로 돌아간다. 소나무 사립문은 끝내 닫지 않았고, 조각달만 발길을 뒤따른다. 이따금 개 짖는 소리 들으며, 다시 푸른 넝쿨 속으로 들어간다[落日寒蟬鳴, 獨歸林下寺. 松扉竟未掩, 片月隨行屨. 時聞犬吠聲, 更入青蘿去]"라고 했다. 그윽하고 깊고 맑고 유원한 것이 산림의 풍류를 갖고 있음을 알 수 있다. 소식 노인이 삼협三峽의 거꾸로 흐르는 여울을 되돌려 깊은 골짜기의 물줄기와 흐름을 다투려 해도 결국 가까이 다가가지 못할 것이다.

杜牧之「華清宮三十韻」, 無一字不可人意. 其敍開元一事, 意直而詞隱, 曄然有騷雅之風. 至"一千年際會, 三萬里農桑"之語, 置在此詩中, 如使伶優與嵇・阮輩並席而談, 豈不敗人意哉.

두목의 「화청궁삼십운華淸宮三十韻」은 한 글자도 마음에 안 드는 것이 없다. 개원開元 시절에 대한 서사는 내용이 정직하고 표현이 은유적이어서 어엿하게 '이소'와 '아송雅頌'의 기풍이 들어있다. 그런데 "천 년만에 만난 기회요, 삼만 리에 걸친 농사이다[一千年際會, 三萬里農桑]"라는 구절이 이 시 안에 들어 있는데, 마치 배우들이 혜강, 완적 등과 함께 앉아서 이야기를 나누는 듯하다. 이 어찌 감상을 망가트리는 것이 아니겠는가.

錢塘强幼安爲余言, 頃歲調官都下, 始識博士唐庚, 因論坡詩之妙, 子美以來, 一人而已. 其敍事簡當, 而不害其爲工. 如「嶺外」詩, 敍虎飮水潭上, 有蛟尾而食之, 以十字說盡云: "潛鱗有飢蛟, 掉尾取渴虎." 虎著渴字便見飮水意, 且屬對親切, 他人不能到也.

전당의 강유안强幼安이 내게 말했다. "근래 도성에서 관직생활을 할 때 처음 박사博士 당경唐庚을 만나 소식 시의 오묘함을 논하며 두보 이래로 오직 이 한 사람뿐이라고 했다. 그 서사가 간단, 명료하면서도 시의 고상한 품격을 해치지 않는다. 예컨대 「영외嶺外」는 호랑이가 호숫가에서 물을 마시는데 교룡이 꼬리를 쳐서 잡아먹은 것을 서술한 것이다. 그런데 단 열 글자로 다 설명해버렸다. '물속에 굶주린 교룡이 있어, 꼬리를 쳐 목마른 호랑이를 잡아먹었다[潛鱗有饑蛟, 掉尾取渴虎]' 호랑이에게 '갈渴' 자를 연계시켜 물 마시는 의미를 도출했고, 또 속대屬對가 매우 친절하여 다른 사람은 도달할 수 없다고 했다."

韓退之「薦士」詩云: "孟軻分邪正, 眸子看瞭眊. 杳然粹而淸, 可以鎭浮躁." 蓋謂孟東野也. 余嘗讀孟東野「下第」詩云: "棄置復棄置, 情如刀劍傷." 及登第, 則自謂"春風得意馬蹄疾, 一日看盡長安花." 一第之得失, 喜憂至於如此, 宜其雖得之而不能享也. 退之謂"可以鎭浮躁", 恐未免於過情.

한유는 「천사薦士」에서 "맹가孟軻는 정正과 사邪를 구분할 때, 눈동자가 맑고 흐림을 보았다. 적이 순수하고 맑다면, 조급하고 경솔한 것을 누를 수 있으리라[孟軻分邪正, 眸子看瞭眊. 杳然粹而淸, 可以鎭浮躁]"라고 했다. 맹교를 두고 말한 것이다. 내 일찍이 맹교의 「하제下第」를 읽었는데, "버림받고 또 버림받아, 마음이 칼에 상처를 입은 듯하다[棄置復棄置, 情如刀劍傷]"라고 했다. 그런데 급제하고 나서는 "봄바람에 득의한 말발굽이 빨라, 하루에 장안 꽃들을 모두 구경했다[春風得意馬蹄疾, 一日看盡長安花]"라고 했다. 급제를 하고 안 하는 데에서 이토록 기쁨과 슬픔을 나타내고 있으니, 급제를 했다고 해도 누릴 수는 없었을 것이다. 그가 조급하고 경솔한 것을 억누를 수 있다고 한유가 말한 것은 사실과 다르다는 비판을 면하지 못할 듯하다.

東坡喜食燒豬, 佛印住金山時, 每燒豬以待其來. 一日爲人竊食, 東坡戲作小詩云 : "遠公沽酒飮陶潛, 佛印燒豬待子瞻. 采得百花成蜜後, 不知辛苦爲誰甜."

소식은 구운 돼지고기를 즐겨 먹었다. 불인(佛印 : 선사禪師)이 금산金山에 머무를 때 언제나 돼지고기를 구워 소식이 오기를 기다렸다. 하루는 누가 이를 훔쳐 먹어서 소식이 농 삼아 절구시를 지었다. "원공(遠公 : 혜원慧遠)이 술을 사서 도잠(陶潛 : 도연명)에게 대접하고, 불인이 고기를 구워 자첨(子瞻 : 소식)을 맞이한다. 온갖 꽃을 채집해 꿀을 만들었거늘, 갖은 고생이 누구 차지가 돼버린 것인가.[遠公沽酒飮陶潛, 佛印燒豬待子瞻. 采得百花成蜜後, 不知辛苦爲誰甛.]"

東坡性喜嗜豬, 在黃岡時, 嘗戲作「食豬肉」詩云 : "黃州好豬肉, 價賤等糞土. 富者不肯喫, 貧者不解煮. 慢著火, 少著水, 火候足時他自美. 每日起來打一盌, 飽得自家君莫管." 此是東坡以文滑稽耳. 後讀『雲仙散錄』, 載黃升日食鹿肉二斤, 自晨煮至日影下西門, 則曰'火候足.' 乃知此老雖煮肉亦有故事, 他可知矣.

소식은 천성적으로 돼지고기를 즐겨 먹었다. 황강黃岡에 있을 때 심심풀이 삼아 지은 「식저육食豬肉」에서 "황주黃州는 돼지고기가 좋아, 값이 똥무더기와 비슷하다. 부자는 먹으려하지 않고, 가난한 자는 삶을 줄 모른다. 불을 서서히 지피고, 물을 조금 넣어, 불이 충분히 지펴졌을 때 절로 맛이 든다. 매일 일어나 한 그릇을 먹고 나면, 스스로 배부르니 관여치들 말라[黃州好豬肉, 價賤等糞土. 富者不肯吃, 貧者不解煮. 慢著火, 少著水, 火候足時他自美. 每日起來打一盌, 飽得自家君莫管]"라고 했다. 글을 통해 익살을 부린 것이다. 뒤에 『운선산록雲仙散錄』을 읽으니 "황승黃升이 날마다 사슴고기 두 근을 먹는데, 새벽부터 불을 지펴 해가 질 무렵이 되면 '불이 충분히 지펴졌다[火候足]'고 했다"라고 했다. 여기에서 이 노인(소식)은 고기를 삶는데도 고사를 사용했음을 알 수 있다. 그러니, 여타의 것도 이를 미루어 알 수 있다.

福唐黃文若言 : "南徐刁氏子字鱗遊, 十歲賦「竹馬」詩云 : '小兒騎竹作驊騮, 猶是東西意未休. 我已童心無一在, 十年渾付水東流.' 後十歲果卒. 客有志其墓者, 以比李長吉." 蓋文章早成, 古人有之, 然亦天所忌也.

복당福唐 황문약黃文若이 "남서南徐의 조씨刁氏는 자字가 인유鱗遊인데 열 살 때 지은 「죽마竹馬」에서 '어린아이가 대나무를 화류(驊騮 : 명마)로 만들어, 여기저기 달리려는 마음 멈추지 않고 있다. 내 이미 어린아이의 마음이 전혀 없으니, 십 년을 모두 동쪽 흐르는 물에 부쳤노라[小兒騎竹作驊騮, 猶是東西意未休. 我已童心無一在, 十年渾付水東流]'라고 했다. 그는 정말 그로부터 십 년 후에 죽었다. 어떤 사람이 그의 묘지를 쓰며 이 하에 견주었다"라고 했다. 어려서 완숙한 문장을 짓는 예는 옛날에도 있었지만, 하늘의 시기를 받기도 한다.

道士林靈素, 以方術顯於時. 有附之而得美官者, 頗自矜有驕色. 或作「戲靈素畫像」詩云: "當日先生在市廛, 世人那識是眞仙. 只因學得飛昇後, 雞犬相隨也上天."

도사道士 임영소林靈素는 방술方術로 당시에 이름을 날렸다. 그의 힘을 빌려 좋은 관직을 얻은 자가 있기도 해서 자긍심에 교만한 기색을 보였다. 어떤 사람이 지은 「희영소화상戲靈素畫像」에서 "선생이 저잣거리에 있을 때, 사람들이 어찌 참 신선임을 알았으랴. 날아가는 것을 배운 뒤로, 닭과 개도 따라서 하늘로 올라가네[當日先生在市廛, 世人那識是眞仙. 只因學得飛升後, 雞犬相隨也上天]"라고 했다.

"銀燭秋光冷畫屏, 輕羅小扇撲流螢. 天階夜色涼如水,① 臥看牽牛織女星." 此一詩, 杜牧之・王建集中皆有之, 不知其誰所作也. 以余觀之, 當是建詩耳. 蓋二子之詩, 其流婉大略相似, 而牧多險側, 建多工麗, 此詩蓋清而平者也.

① '階', 原缺, 據『百川』本補.

"가을 촛불 아래 병풍은 썰렁하고, 비단 부채로 반딧불이 친다. 한밤 계단은 물처럼 서늘한데, 견우직녀성을 누워서 바라본다.[銀燭秋光冷畫

屛, 輕羅小扇撲流螢. 天階夜色涼如水, 臥看牽牛織女星.]" 이 작품은 두목과 왕건의 시집에 모두 실려 있어서 누구의 것인지 알 수 없지만, 나는 왕건의 작품이라고 생각한다. 둘의 시는 유창하고 완만한 것이 대체로 유사하지만 두목은 험난하고 치우친 부분이 많고 왕건은 기교와 미려한 점이 많은데, 이 시는 맑으면서도 평탄하다.

① '階'는 원래 빠져 있었는데 『백천학해』본에 의거하여 보완했다.

"兩京作斤賣, 五谿無人采." 此高力士詩也. 魯直作「食筍」詩, 云: "尙想高將軍, 五谿無人采"是也. 張文潛作「薺羹」詩, 乃云: "論斤上國何曾飽, 旅食江城日至前. 嘗慕藜羹最淸好, 固應加糝愧吾緣." 則是高將軍所作, 乃「薺」詩耳, 非「筍」詩也. 二公同時, 而用事不同如此, 不知其故何也.

"양경兩京에서는 도끼를 만들어 팔지만, 오계五谿에는 채취하는 사람이 없다[兩京作斤賣, 五谿無人采]"는 고력사高力士의 시다. 황정견이 지은 「식순食筍」에서 "아직도 고장군高將軍의, 오계에 채취하는 사람이 없다는 말이 생각난다[尙想高將軍, 五谿無人采]"는 이를 두고 한 말이다. 그런데 장뢰가 지은 「제갱薺羹」에서 "상국(上國 : 도성)에서 도끼 논하며 어찌 배부른 적이 있었던가, 하지夏至 전에 강성江城에서 나그네로 기식했다. 일찍이 가장 맑은 명아주국을 좋아했으니, 쌀가루를 넣은 것이 나와 인연 맺은 것을 부끄러워하리라[論斤上國何曾飽, 旅食江城日至前. 嘗慕藜羹最淸好, 固應加糝愧吾緣]"라고 했다면, 고력사가 지은 시는 「냉이(薺)」와 관련된 것이지 「죽순(筍)」과 관련된 것이 아니다. 두 사람이 같은 시대를 살았으면서도 고사의 사용이 이처럼 다른 까닭이 무엇인지 모르겠다.

承議郞任隨成, 字師心, 劉景文甥也. 嘗爲余言, 景文昔爲忻州守, 間數日, 率一謁晉文公祠. 旣至祠下, 必與神偶語, 久之乃出. 文公亦時時來謁景文, 景文閉關若與客語者, 則神之至也. 一日, 於廣坐中謂一掾曰:"天帝當來召君, 我亦當繼往." 坐客皆相視失色, 已而掾果無疾而逝, 劉亦相繼而亡云. 後一日, 死而復蘇, 起作三詩, 乃復就瞑. 其一云:"中宮在天半,① 其上乃吾家. 紛紛鸞鳳舞, 往往芝木華. 揮手謝世人, 聳身入雲霞. 公暇詠天海, 我非世人譁." 其二云:"仙都非世間, 天神繞樓殿. 高低霞霧勻, 左右蛇龍徧. 雲車山岳聳, 風鼙天地顫. 從玆得舊渥, 萬物毫端變." 其三云:"從來英傑自消磨, 好笑人間事更多. 艮上巽宮爲進發, 千車安穩渡銀河." 詩成, 謂其家人曰:"我今掌事雷部中, 不復爲世間人矣."

① '宮', 原作'官', 據『百川』本改.

승의랑承議郞 임수성任隨成은 자字가 사심師心이며 유계손劉季孫의 생질이다. 일찍이 내게 다음과 같은 이야기를 해줬다. 유계손이 흔주태주忻州太守였을 때 며칠에 한 번 정도는 진 문공晉文公[19] 사당을 참배했다. 사당에 이르면 반드시 신과 이야기를 나누고 한참 뒤에 나왔다. 진 문공 역시 수시로 유계손을 찾아왔는데, 유계손이 문을 닫고 손님과 이야기를 나누는 것처럼 보일 때는 신이 찾아온 것이었다. 하루는 많은 사람들이 모인 자리에서 한 아전에게 "천제天帝가 와서 그대를 부를 것이며 나 또한 뒤이어 가겠다"라고 해 좌객들이 모두 아연실색을 했다. 얼마 뒤 그 아전이 정말 병도 없이 세상을 떠났고 유계손도 뒤이어 세상을 떠났다. 그리고 그로부터 하루 뒤, 죽은 몸이 다시 벌떡 일어나 시 세 수를 짓고 다시 눈을 감았다. 첫 번째 시에서는 "중궁이 하늘 가운데 있고, 그 위가 우리 집이다. 너울너울 난새와 봉황이 춤을 추고, 이따금

19 진 문공(晉文公): 만년에 진후(晉侯)가 돼 국세를 일으켜, 제 환공의 뒤를 이은 제후들의 맹주가 되었다.

지초가 꽃을 피운다. 손을 들어 세상 사람들과 작별을 하고, 몸을 솟구쳐 구름 노을 속으로 들어간다. 여가가 생기면 하늘과 바다를 노래하노니, 나는 떠들썩한 세상 사람이 아니다[中宮在天半, 其上乃吾家. 紛紛鸞鳳舞, 往往芝木華. 揮手謝世人, 聳身入雲霞. 公暇詠天海, 我非世人嘩]"라고 하고, 두 번째 시에서는 "신선의 도성은 이 세상이 아니어서, 천신들이 누대와 전각을 둘러있다. 자욱히 노을과 안개가 퍼져있고, 좌우로 용과 뱀이 늘어져 있다. 구름수레는 산봉우리처럼 솟고, 바람 북은 하늘과 땅에 울려 퍼진다. 여기에서 옛 은혜를 얻어, 만물이 털끝에서 변한다[仙都非世間, 天神繞樓殿. 高低霞霧勻, 左右蛇龍徧. 雲車山岳聳, 風鼙天地顫. 從玆得舊渥, 萬物毫端變]"라고 하고, 세 번째 시에서는 "예로부터 영웅호걸은 절로 사라지거니와, 삶에 찌든 인간들이 참 우습구나. 간방艮方 위 손궁巽宮으로 출발하며, 수천 수레가 조용히 은하를 건넌다[從來英傑自消磨, 好笑人間事更多. 艮上巽宮爲進發, 千車安穩渡銀河]"라고 했다. 시를 짓고 나서는 식구들에게 "나는 지금부터 뇌부雷部[20]에서 일을 볼 것이며 더는 이 세상 사람이 아니다"라고 했다.

① '宮'은 원래 '官'으로 되어 있었는데 『백천학해』본에 의거해 고쳤다.

馮均州爲余言, 頃年平江府雍熙寺, 每深夜月明, 有婦人歌小詞於廊廡間者, 就之不見. 其詞云: "滿目江山憶舊遊, 汀洲花草弄春柔. 長亭艤住木蘭舟, 好夢易隨流水去. 芳心猶逐曉雲愁, 行人莫上望京樓." 或有聞而錄之者, 姑蘇士子慕容巖卿見而驚曰: "君何從得此詞?" 客語之故, 巖卿悲哭, 久之, 曰: "此余亡妻之詞, 無知之者." 明日視之, 乃其妻

20 뇌부(雷部): 신화 속에서 우레 치는 것을 담당하는 기관. 때로는 뇌신(雷神)을 가리키기도 한다. 송나라 매요신(梅堯臣)의 「관양지미화(觀楊之美畫)」에서 "뇌부(雷部)가 위에 처하여 서로 기약을 하고, 사람 몸에 짐승 발톱으로 북을 지고 달린다[處上相與期, 人身獸爪負鼓馳雷部處上相與期, 人身獸爪負鼓馳]"라고 했다.

旅櫬所在.

풍균주馮均州가 내게 해준 이야기다. 근년에 평강부平江府 옹희사雍熙寺에서 깊은 밤 달 밝을 때면 회랑 사이에서 소사小詞를 노래하는 부인이 있었는데, 가까이 다가가면 보이지 않았다. 그녀는 소사에서 "눈에 선한 산천은 지난 유람을 떠오르게 하고, 물가의 꽃과 풀들은 봄 앞에서 여리다. 긴 정자에는 목란 배가 기대어 섰고, 좋은 꿈은 흐르는 물을 따라 잘도 간다. 여린 마음 여전히 새벽구름 좇아 시름겨우니, 길손들이여 망경루望京樓에 오르지 마오[滿目江山憶舊遊, 汀洲花草弄春柔. 長亭艤住木蘭舟, 好夢易隨流水去. 芳心猶逐曉雲愁, 行人莫上望京樓]"라고 했다. 어떤 사람이 이 노래를 듣고 내용을 기록해 두었는데, 고소姑蘇의 사인士人 모용암경慕容巖卿이 이를 보고 깜짝 놀라며 "그대는 어디서 이 사를 얻었는가?"라고 하여 그 사람이 이야기해주었다. 모용암경은 한참을 슬피 운 뒤 "이것은 내 죽은 처의 사이며 아는 사람이 없었다"라고 했다. 이튿날 가서 보니 바로 그의 아내의 여츤旅櫬[21]이 있던 곳이었다.

大梁景德寺峨眉院, 壁間有呂洞賓題字. 寺僧相傳, 以爲頃時有蜀僧號峨眉道者, 戒律甚嚴, 不下席者二十年. 一日, 有布衣青裘, 昂然一偉人來,① 與語良久, 期以明年是日復相見於此, 願少見待也. 明年是日, 日方午, 道者沐浴端坐而逝. 至暮, 偉人果來, 問道者安在, 曰亡矣. 偉人歎息良久, 忽復不見. 明日書數語於堂壁間絶高處, 其語云: "落日斜, 西風冷. 幽人今夜來不來, 教人立盡梧桐影." 字畫飛動, 如翔鸞舞鳳, 非世間筆也. 宣和間, 余遊京師, 猶及見之.

① '來', 原作'求', 據『百川』本改.

---

21 여츤(旅櫬) : 객지에서 죽은 사람의 영구(靈柩 : 널)이다.

대량大梁 경덕사景德寺 아미원峨眉院의 벽 위에 여동빈呂洞賓이 쓴 글씨가 있다. 절의 승려가 전하는 바에 의하면, 근래 촉蜀의 승려로 아미도峨眉道라는 분이 있었는데, 계율이 매우 엄격해서 이십 년 동안 자리에서 내려오지 않았다. 어느 날 베옷에 푸른 겉옷을 걸친 키 큰 사람이 찾아와 한참 동안 이야기를 나눈 뒤, 내년 이날 이곳에서 다시 만나자고 하며 잠시 기다려달라고 했다. 이듬해 이날 정오 무렵, 아미도는 목욕을 하고 단정히 앉아 세상을 떠났다. 저녁 무렵에 키 큰 사람이 정말로 찾아와 도인이 어디 있느냐고 물어, 세상을 떠났다고 하자 한참을 탄식하더니 홀연 보이지 않았다. 이튿날 당堂과 벽 사이 매우 높은 곳에 몇 마디를 써놓았는데, 그 내용은 이렇다. "지는 해가 가로지르고, 서쪽 바람은 차갑다. 조용히 사는 이는 오늘 오는가? 사람을 오동 그림자 아래 서있게 한다.[落日斜, 西風冷. 幽人今夜來不來, 教人立盡梧桐影.]" 그 글자와 획이 나는 듯 움직이는 것이 마치 난새가 날갯짓하고 봉황이 춤추는 듯하여 세간의 글씨가 아니었다. 선화(宣和 : 1119~1125) 연간에 내가 서울을 유람할 때까지만 해도 본 적이 있다.

① '來'는 원래 '求'로 되어 있었는데 『백천학해』본에 의거해 고쳤다.

李京兆諸父中, 有一人嘗爲博守者, 不得其名, 其人極廉介. 一日, 迓監司於城門, 吏報酉時, 守急命閉關. 已而使者至, 不得入, 相與語於門隙. 使者請入見, 曰 : "法當閉鑰, 不敢啓關." 請以詰朝奉迎. 又京遞至, 發緘視之. 中有家問, 卽令滅官燭, 取私燭閱書. 閱畢, 命秉官燭如初. 當時遂有"閉關迎使者, 滅燭看家書"之句. 廉白之節, 昔人所高, 矯枉太過, 則其弊遂至於此.

이실李實의 백·숙부 가운데 한 분이 일찍이 박주태수博州太守였다. 그 분의 이름은 알 수 없으며 성품이 극히 청렴하고 곧았다. 하루는 성문에서 감사監司를 맞이하는 날이었는데, 관리가 유시酉時라고 보고하자 태수가 급히 관문을 닫으라고 명했다. 잠시 후 감사의 사자가 와서 들어가지 못하고 문틈으로 이야기를 나누었다. 사자가 들어가게 해달라고 요청하자 "법률에 의하면 마땅히 열쇠를 잠가야 하므로 감히 열 수 없다"고 하고 다음날 아침에 맞이하겠다고 했다. 또 서울에서 공문이 왔을 때 공문 안에 집에서 보낸 편지가 들어있자, 즉시 관용 촛불을 끄고 개인 촛불을 켜서 내용을 읽었다. 다 읽고 나서는 다시 처음처럼 관용 촛불을 켜도록 했다. 그래서 당시에 "관문을 닫고 사자를 맞이하고, 촛불을 끄고 집안 편지를 보았다[閉關迎使者, 滅燭看家書]"라는 구절이 있게 되었다. 청렴과 결백의 절의는 옛사람들이 높게 평가하는 것이지만 그것이 너무 지나치면 폐해가 이 지경까지 이르는 것이다.

東坡在黃州時, 嘗赴何秀才會, 食油果甚酥. 因問主人, 此名爲何? 主人對以無名. 東坡又問爲甚酥, 坐客皆曰 : "是可以爲名矣." 又潘長官以東坡不能飮, 每爲設醴, 坡笑曰 : "此必錯著水也." 他日忽思油果, 作小詩求之云 : "野飮花前百事無, 腰間惟繫一葫蘆. 已傾潘子錯著水, 更覓君家爲甚酥." 李端叔嘗爲余言, 東坡云 : "街談市語, 皆可入詩, 但要人鎔化耳." 此詩雖一時戲言, 觀此亦可以知其鎔化之功也.

소식이 황주에 있을 때 일찍이 하수재何秀才가 마련한 연회에 참여했는데 유과油果가 매우 맛있었다. 주인에게 유과의 이름이 뭐냐고 묻자, 주인은 이름이 없다고 대답했다. 소식이 또다시 매우 부드럽지(甚酥) 않느냐고 묻자, 좌객들이 모두 "그것(甚酥)으로 이름 삼을 만하다"라고 했다. 또한 반장관潘長官이 소식이 술을 잘 마시지 못한다고 하여 매번 단술을 준비하자, 소식은 웃으며 "이것은 분명 물을 잘못 부은 것이다"라고 했다. 훗날 그는 유과가 갑자기 생각나서 그걸 찾는 절구를 지었다.

"들판 꽃 앞에서 마실 때 아무 일 없고, 허리춤에 호로葫蘆 하나만 매달려 있다. 반자潘子의 잘못 부은 물을 기울이고 나서, 다시 그대 집 심소甚酥를 찾노라.[野飮花前百事無, 腰間惟系一葫蘆. 已傾潘子錯著水, 更覓君家爲甚酥.]" 이단숙이 일찍이 내게 말했다. "소식이 '저잣거리 말도 모두 시 속에 넣을 수 있지만 중요한 것은 용화鎔化이다'라고 했다. 이 시가 비록 한때 심심풀이로 지은 것이지만 내용을 들여다보면 그 용화의 공부를 알 수 있다."

唐人作樂府者甚多, 當以張文昌爲第一. 近時高郵王觀亦可稱, 而人不甚知. 觀嘗作「遊俠曲」云:"雪擁燕南道, 酒闌中夜行. 千里不見讐, 怒須如立釘. 出門氣吹霧, 南山雞未啼. 腰間解下聶政刀, 袖中擲下朱亥椎. 冷笑邯鄲乳口兒." 此篇詞意, 大似李太白, 恨未入文昌之室耳. 至「莫惱翁」篇云:"穀垂乾穗豆垂角, 兩足年登不勝樂. 烏巾紫領銀鬚長, 白酒滿杯翁自酌. 翁醉不知秋色涼, 兒捋翁鬚孫撼牀. 莫惱翁, 翁年已高百事慵." 遂與文昌爭衡矣.

당나라 시인 가운데 악부를 지은 사람이 매우 많긴 하지만, 장적을 첫손가락에 꼽아야 할 것이다. 근래의 고우高郵 출신 왕관王觀도 평가할 만하지만 사람들이 잘 모른다. 왕관은 일찍이 지은 「유협곡遊俠曲」에서 "눈은 연남燕南 길을 껴안고, 술은 한밤 길에서 멈췄다. 천 리 길에서 원수를 만나지 못해, 성난 수염이 못처럼 꼿꼿이 섰다. 문을 나설 때 기운은 안개를 불어대고, 남산의 닭은 아직 울지 않았다. 허리춤에서 섭정聶政[22]의 칼을 풀고, 소매 속에서 주해朱亥[23]의 송곳을 던져버린다. 한단

22 섭정(聶政) : 전국시대의 자객. 엄수(嚴遂)를 위하여 한나라 대신 협루(俠累)를 죽이고 자살하였다.

23 주해(朱亥) : 전국시대의 협객. 위나라 대량(大梁) 사람으로, 푸줏간에 은둔해 살다가 진

邯鄲의 젖먹이 아이들은 차갑게 비웃는다[雪擁燕南道, 酒闌中夜行. 千里不見讎, 怒須如立釘. 出門氣吹霧, 南山雞未啼. 腰間解下聶政刀, 袖中擲下朱亥椎. 冷笑邯鄲乳口兒]"라고 했다. 이 작품의 시적 함의는 이백과 대단히 유사하지만, 장적의 경지에는 들어서지 못한 것이 안타깝다. 그런데 「막뇌옹莫惱翁」에서 "곡식은 마른 이삭 드리우고 콩은 뿔을 드리워, 둘 다 풍족한 한 해의 기쁨을 억누를 수 없다. 검은 건과 붉은 옷깃에 은빛 수염 길고, 말간 술 가득 부어 노옹이 홀로 마신다. 노옹은 취하여 가을 서늘한 줄도 모른데, 아이는 노옹의 수염 만지고 손자는 평상을 흔든다. 걱정 마시라 노옹이여, 노옹의 나이 이미 많아 모든 일이 귀찮으니[穀垂幹穗豆垂角, 兩足年登不勝樂. 烏巾紫領銀須長, 白酒滿杯翁自酌. 翁醉不知秋色涼, 兒捋翁須孫撼床. 莫惱翁, 翁年已高百事慵]"라고 하여 마침내 장적과 어깨를 겨룰 만하게 되었다.

本朝樂府, 當以張文潛爲第一. 文潛樂府刻意文昌, 往往過之. 頃在南都, 見「倉前村民輸麥行」, 嘗見其親稿, 其後題云:"此篇效張文昌, 而語差繁." 乃知其喜文昌如此. 「輸麥行」云:"余過宋, 見倉前村民輸麥, 止車槐陰下, 其樂洋洋也. 晩復過之, 則扶車半醉, 相招歸矣. 感之, 因作「輸麥行」, 以補樂府之遺. '場頭雨乾場地白, 老稚相呼打新麥. 半歸倉廩半輸官, 免教縣吏相催迫. 羊頭車子毛布囊, 淺泥易涉登前岡. 倉頭買券槐陰涼, 清嚴宮吏兩平量. 出倉掉臂呼同伴, 旗亭酒美單衣換. 半醉扶車歸路涼, 月出到家妻具飯. 一年從此皆閑日, 風雨閉門公事畢. 射狐罝兔歲蹉跎, 百壺社酒相經過.'"

(秦)나라 군사가 조나라를 포위했을 때 신릉군(信陵君)의 계책에 따라 위나라 장수 진비(晉鄙)를 철추(鐵椎)로 때려죽인 뒤 그 병부(兵符)를 빼앗아 그의 군대를 거느리고 가서 조나라를 구원하였다.

본 왕조의 악부는 장뢰를 첫손가락에 꼽아야 한다. 장뢰의 악부는 장적에 신경을 써서 이따금 그를 앞서기도 한다. 근래에 남도南都에 있을 때 「창전촌민수맥행倉前村民輸麥行」을 본 적이 있고 일찍이 그가 직접 쓴 원고를 보았는데 그 글 끝에서 "이 작품은 장적을 모방했지만 표현이 약간 번잡하다"라고 했다. 그가 이처럼 장적을 좋아했음을 알 수 있다. 「수맥행輸麥行」의 전체 내용은 이렇다. "내가 진陳을 지나다가 마을 백성들이 창고 앞에서 보리 옮기는 걸 보고 홰나무 그늘 아래에 수레를 멈췄는데, 넘실넘실 즐거움이 일었다. 해질녘에 다시 찾아가니 수레를 붙들고 절반쯤 취한 채 서로들 어울려 돌아갔다. 이에 느낀바 있어 「수맥행」을 지어 악부가 남긴 뜻을 되짚는다. '마당에 비가 말라 마당이 하얗게 되자, 늙은이 어린아이 불러내 수확한 보리를 타작한다. 절반은 창고로 돌아가고 절반은 관가에 보내, 고을 관리의 재촉을 모면한다. 양두차羊頭車[24]에 모포주머니 메고, 얕은 진흙탕을 훌쩍 건너 앞 언덕을 오른다. 매매 이루어지는 창고 앞 괴수나무 그림자 서늘하고, 엄정한 관리가 양자를 공평하게 측량한다. 어깨 펴고 창고 나서며 동료를 부르고, 깃발 내건 정자의 술맛 좋아 홑옷과 바꾼다. 반쯤 취해 수레 붙들고 돌아가는 길 시원하고, 달은 솟고 집안에 이를 때 아내가 밥상을 차려놓는다. 한 해 가운데 이제부터는 모두 한적한 날이고, 비바람에 문을 닫은 채 공무도 마친다. 여우는 활로 쏘고 토끼는 그물질하며 한 해가 지나가고, 백 병 술잔 모임에서 서로들 어울린다.[場頭雨幹場地白, 老稚相呼打新麥. 半歸倉廩半輸官, 免教縣吏相催迫. 羊頭車子毛布囊, 淺泥易涉登前岡. 倉頭買券槐陰涼, 清嚴宮吏兩平量. 出倉掉臂呼同伴, 旗亭酒美單衣換. 半醉扶車歸路涼, 月出到家妻具飯. 一年從此皆閑日, 風雨閉門公事畢. 射狐

24　양두차(羊頭車) : 바퀴가 하나인 일종의 작은 수레. 명나라 강남(薑南)의 『호리자필담(瓠裏子筆談)』「양두차」에서 "진강(鎭江) 이북에 외바퀴의 작은 수레가 있는데, 무릇 갖가지 물건을 쌓아 싣는 데 모두 사용된다. 한 사람은 앞에서 끌고 한 사람은 뒤에서 밀어, 비록 천 리라도 이를 수 있다. 이를 양두차라 한다"라고 하였다.

罝冤歲蹉跎, 百壺社酒相經過.]"

元微之作李杜優劣論, 謂太白不能窺杜甫之藩籬, 況堂奧乎. 唐人未嘗有此論, 而稹始爲之. 至退之云 : "李杜文章在, 光焰萬丈長. 不知羣兒愚, 那用故謗傷." 則不復爲優劣矣. 洪慶善作『韓文辨證』, 著魏道輔之言, 謂退之此詩爲微之作也. 微之雖不當自作優劣, 然指稹爲愚兒, 豈退之之意乎.

원진이 「이두우열론」을 지어 "이백은 두보의 울타리도 엿볼 수 없는데 방안 깊숙한 곳이야 말할 나위가 있겠는가"라고 했다. 당나라 학자들이 일찍이 이런 논평을 한 적이 없었는데, 원진이 처음 말한 것이다. 그런데 한유가 "이백과 두보의 문장은, 광채가 만 길이나 솟는다. 멋도 모르는 아이가, 어찌하여 비판을 늘어놓는가[李杜文章在, 光焰萬丈長. 不知羣兒愚, 那用故謗傷]"라고 했다면 더 이상 우열을 논할 수 없는 것이다. 홍경선洪慶善은 『한문변증韓文辨證』에서 위도보魏道輔의 말을 인용해 "한유의 이 시는 원진을 겨눠 지은 것이다"라고 했다. 물론 원진은 스스로 우열을 논해서는 안 될 입장이지만, 그러나 그를 어리석은 아이라고 칭한 것이 어찌 한유의 본뜻이라 하겠는가.

黃師是赴浙憲, 東坡與之姻家, 置酒餞其行, 使朝雲侍飮. 坐間賦詩, 有"綠衣有公言"之句. 後人乃謂綠衣小官, 猶惜其不留, 是有公言也. 時朝雲語師是曰 : "他人皆進用, 而君數補外, 何也?" 是謂公言. 而'綠衣'則東坡指朝雲也.

황사시黃師是가 양절감사兩浙監司로 떠날 때 소식이 그와 인척 관계여서 전송연을 마련했는데 왕조운王朝雲[25]에게 모시게 했다. 이 자리에서 지은 시 가운데 "녹의유공언綠衣有公言"이라는 구절이 있다. 후인들은 이 구절에 대해 "녹의綠衣를 입은 낮은 관리가 (황사시가) 머물지 않는 것을 애석하게 여겨 공언公言을 한 것이다"라고 해석했다. 당시 왕조운이 황사시에게 "다른 사람들은 모두 승진하는데, 공께서만 자주 외직에 보임되는 것은 무엇 때문인가요?"라고 했다. 바로 이것이 공언이며 '녹의綠衣'는 소식이 왕조운을 지칭한 것이다.

呂舍人作「江西宗派圖」, 自是雲門·臨濟始分矣. 東坡寄子由云:"贈君一籠牢收取, 盛取東軒長老來." 則是東坡·子由爲師兄弟也. 陳無己詩云:"鄉來一瓣香, 敬爲曾南豐." 則陳無己承嗣鞏和尚爲何疑. 余嘗以此語客, 爲林下一笑, 無不撫掌.

여사인呂舍人이 「강서종파도江西宗派圖」를 지으면서부터 운문雲門이니 임제臨濟[26]니 나뉘게 되었다. 소식이 소철蘇轍에게 보낸 시에서 "그대에게 주워 담을 상자 하나를 주노니, 동헌東軒의 장로들을 담아오게나[贈君一籠牢收取, 盛取東軒長老來]"라고 했다면 소식과 소철은 사형 사제 사이인 것이다. 진사도의 시에서 "지난번 판향瓣香 하나는, 삼가 증남풍(曾南豐 : 증공)을 위하려 함이다[鄉來一瓣香, 敬爲曾南豐]"라고 했다면 진사도가 증공曾鞏 스님을 계승하는 것에 무슨 의심이 있겠는가. 내 일찍이

25 왕조운(王朝雲) : 자는 자하(子霞)로, 전당 사람이다. 집안 형편이 궁해서 어려서부터 가무하는 무리 속에서 윤락(淪落)했지만, 홀로 청신결아(淸新潔雅)한 기질을 갖추었다. 송나라 신종, 희녕 4년에 소식이 항주통판(杭州通判)으로 폄직되었는데, 어느 날 연회를 베풀 때 나긋나긋 아름답게 춤을 추는 왕조운을 보고 매우 총애하여 첩으로 삼았다. 이때 소식은 이미 사십 세가 지난 뒤였다.

26 운문(雲門) …… 임제(臨濟) : 운문은 운문종(雲門宗)의 약칭. 운문산(雲門山 : 광동성 소주에 있음)의 문언(文偃)을 종조(宗祖)로 한 선종의 한 파이다. 임제는 임제종(臨濟宗)의 약칭. 육조(六祖) 혜능(慧能)에서 4대를 지나 임제 의현(義玄)에 와서 성립되었다.

사람들에게 이 이 이야기로써 산림의 우스갯거리를 제공하자 모두들 손뼉을 쳤다.

古今詩人, 多喜效淵明體者, 如和陶詩非不多, 但使淵明愧其雄麗耳. 韋蘇州云："霜露悴百草, 而菊獨姸華. 物性有如此, 寒暑其奈何. 掇英泛濁醪, 日入會田家. 盡醉茅檐下, 一生豈在多." 非唯語似, 而意亦太似. 蓋意到而語隨之也.

고금의 시인들 가운데 도연명의 시체를 본받으려한 자가 많아서 화도시和陶詩 따위가 적지 않지만, 도연명의 웅장함과 미려함을 부끄럽게 할 뿐이다. 위응물이 "서리와 이슬이 모든 풀을 초췌하게 할 때, 국화만 홀로 어여쁜 꽃을 피운다. 본성이 본디 이러하거늘, 계절이 이를 어찌하랴. 꽃을 따 탁주에 띄우고, 날이 저물면 농가에 모인다. 초가 처마 아래서 마음껏 취하노니, 삶에 어찌 많은 시간이 있으랴[霜露悴百草, 而菊獨姸華. 物性有如此, 寒暑其奈何. 掇英泛濁醪, 日入會田家. 盡醉茅檐下, 一生豈在多]"라고 했는데, 시어만 비슷할 뿐 아니라 내용도 너무 흡사하다. 생각이 도달하면 글이 뒤따르는 것이다.

頃歲朝廷多事, 郡縣不頒曆, 所至晦朔不同. 朱希眞避地廣中, 作「小盡行」一詩云："藤州三月作小盡, 梧州三月作大盡. 哀哉官曆今不頒, 憶昔升平淚成陣. 我今何異桃源人, 落葉爲秋花作春. 但恨未能與世隔, 時聞喪亂空傷神." 與夫"山中無曆日, 寒盡不知年", 無間然矣.

근래 몇 년 동안 조정에 사건이 많아서 군현에 달력이 반포되지 않은 탓에 지역마다 날짜가 달랐다. 주희진朱希眞이 광중廣中으로 피신할 때 지은 「소진행小盡行」에서 "등주藤州는 삼월이 소진(小盡 : 작은 달)이고, 오주梧州는 삼월이 대진(大盡 : 큰 달)이다. 아, 관의 달력이 반포되지 않은 지금, 지난 태평시절을 떠올리니 눈물이 흐른다. 내 이제 도화원桃花源 사람과 무엇이 다른가, 잎이 지면 가을이고 꽃이 피면 봄이다. 아쉬운 건 세상과 떨어지지 못해, 이따금 혼란의 소식 들으며 하염없이 상심하는 것이다[藤州三月作小盡, 梧州三月作大盡. 哀哉官曆今不頒, 憶昔升平淚成陣. 我今何異桃源人, 落葉爲秋花作春. 但恨未能與世隔, 時聞喪亂空傷神]"라고 했다. 이는 "산속에는 달력이 없어, 추위가 끝나도 해를 알지 못한다[山中無曆日, 寒盡不知年]"와 아무 차이가 없다.

江淮間有水禽號魚虎, 翠羽而紅首, 顏色可愛, 人罕識之. 崔德符「通羊道中」詩所謂"翠裘錦帽初相識, 魚虎彎環略岸飛"是也. 余至興國數月, 郡去通羊二百里, 猶未及識, 詢之土人, 亦無識者, 每誦德符詩, 想象一見而已.

강회江淮 지역에 어호魚虎라는 물새가 있는데, 비췻빛 깃에 붉은 머리를 하고 있어서 그 색이 참 귀엽지만 아는 사람이 드물다. 최언崔鶠이 「통양도중通羊道中」에서 "비취 옷 황금 모자를 처음 알았으니, 어호가 빙 두르며 언덕을 향해 날아간다[翠裘錦帽初相識, 魚虎彎環略岸飛]"라고 한 것은 이 새를 두고 말한 것이다. 내가 흥국興國에 온 지 몇 개월이 됐는데, 군내에서 통양까지의 거리가 이백 리 정도임에도 아직 이를 모른다. 지역 사람들에게 물어도 아는 자가 없어서 매번 최언의 시를 읊으며 상상으로 만날 뿐이다.

張文潛「中興碑」詩, 可謂妙絶今古. 然"潼關戰骨高於山, 萬里君王蜀中老"之句, 議者猶以肅宗卽位靈武, 明皇旣而歸自蜀, 不可謂老於蜀也. 雖明皇有老於劍南之語, 當須說此意則可, 若直謂老於蜀則不可.

장뢰의 「중흥비中興碑」는 고금의 수작이라 할 만하다. 그러나 "동관潼關의 전사한 뼈는 산보다 높고, 만 리 밖 군왕은 촉에서 늙는다[潼關戰骨高於山, 萬里君王蜀中老]"라는 구절에 대해 논자들은, 숙종이 영무靈武에서 즉위할 때 현종은 이미 촉에서 돌아왔으므로 촉에서 늙었다고 할 수 없다고 했다. 현종이 검남劍南에서 늙었다고 하면 설명이 가능하겠지만, 곧장 촉에서 늙었다고 해버리면 안 된다.

揚子雲好著書, 固已見誚於當世, 後之議者紛紛, 往往詞費而意殊不盡. 惟陳去非一詩, 有譏有評, 而不出四十字: "揚雄平生書, 肝腎間琱鐫. 晚于玄有得, 始悔賦甘泉. 使雄早大悟, 亦何事於玄. 賴有一言善, 酒箴眞可傳." 後之議雄者, 雖累千萬言, 必未能出諸此.

양웅이 책 쓰는 것을 좋아한 것에 대해 이미 당시 사람들로부터도 비난을 받았고 후대의 논란도 분분했지만 이따금 말만 많고 의미는 다 드러내지 못했다. 오직 진여의陳與義의 시 한 수만큼은 비난과 비평을 담으면서도 사십 자를 벗어나지 않았다. "양웅의 평생의 글은, 간담 사이에서 아로새긴 것이다. 만년에 현도玄道를 터득한 뒤, 「감천부甘泉賦」[27]를 꾀했다. 양웅이 일찍 깨달았다면 어찌 현도를 일삼았으랴. 훌륭한 한마디는 힘입을 만하니, 「주잠酒箴」[28]은 참으로 전할 만하다.[揚雄

27 「감천부(甘泉賦)」: 한 무제 때 양웅이 지은 문장 제목. 양웅이 일찍이 천자의 부름을 받고 대궐에 들어갔다가 뒤에 천자를 따라 감천궁(甘泉宮)을 다녀와서 감천부를 지어 올렸다. 천자가 그것을 보고 아주 기이하게 여겼다고 한다.

28 「주잠(酒箴)」: 양웅이 지은 글. 주객(酒客)이 법도 있는 선비를 힐난하는 내용이다. "자네는 마치 두레박과 같다. 우물 꼭대기에 걸려 있어 항상 위태롭고 술은 한 방울도 입에

平生書, 肝腎間瑀鐫. 晚于玄有得, 始悔賦「甘泉」. 使雄早大悟, 亦何事於玄. 賴有一言善, 酒箴眞可傳.]" 후대에 양웅을 평한 자들이 수천, 수만 마디를 남겼다고 해도 필경 여기에서 벗어나지는 못할 것이다.

柳子厚「別弟宗一」詩云 : "零落殘紅倍黯然, 雙垂別淚越江邊. 一身去國六千里, 萬死投荒十二年. 桂嶺瘴來雲似墨, 洞庭春盡水如天. 欲知此後相思夢, 長在荊門郢樹烟." 此詩可謂妙絶一世, 但夢中安能見郢樹烟? 烟字只當用邊字, 蓋前有江邊故耳. 不然, 當改云"欲知此後相思處, 望斷荊門郢樹烟", 如此却似穩當.

유종원의 「별제종일別弟宗日」에서 "떨어져 시든 붉은 꽃은 더욱 암담하고, 월강越江에서 이별의 눈물이 주룩 흐른다. 몸은 육천 리나 고향을 떠나 있고, 수많은 죽음 무릅쓰고 거친 땅에 내던져진 지 십이 년이다. 계령桂嶺에 장독 퍼질 때 구름은 먹빛 같고, 동정洞庭에 봄이 끝날 때 물은 하늘같다. 이다음 그리운 꿈 알고 싶으면, 형문荊門 영郢 땅 안개 낀 나무에 머물러 있으리라[零落殘紅倍黯然, 雙垂別淚越江邊. 一身去國六千里, 萬死投荒十二年. 桂嶺瘴來雲似墨, 洞庭春盡水如天. 欲知此後相思夢, 長在荊門郢樹煙]"라고 했다. 이 시는 한 시대를 가름한 수작이라 할 만하지만, 다만 꿈속에서 어떻게 영 땅의 나무 안개를 볼 수 있겠는가. 따라서 '煙'은 '邊'자로 써야한다. 앞에 강변이 거론됐기 때문이다. 그렇지 않으면 "이다음 그리는 곳을 알려 한다면, 형문 영 땅 안개 낀 나무를 바라보라[欲知此後相思處, 望斷荊門郢樹煙]"로 고치는 것이 온당할 듯하다.

들어오지 않는데 외로이 새끼줄에만 매달려 있다. 술부대만 못한 신세인 것이다. 술부대는 하루 종일 술이 담겨 있고 항상 공가(公家)의 쓰임을 받는다. 이렇게 따지면 술이 뭐가 나쁜가."

汪內相將赴臨川, 曾吉父以詩送之, 有"白玉堂中曾草詔, 水晶宮裏近題詩"之句. 韓子蒼改云:"白玉堂深曾草詔, 水晶宮冷近題詩." 吉父聞之, 以子蒼爲一字師.

왕언장汪彦章이 임천臨川으로 가려 할 때, 증기曾幾가 지은 전송시에 "백옥당白玉堂에서 일찍이 조칙을 기초했고, 수정궁水晶宮에서 요사이 시를 썼었네[白玉堂中曾草詔, 水晶宮裏近題詩]"라는 구절이 있다. 이를 한구韓駒가 "백옥당 깊은 곳에서 일찍이 조서를 기초했고, 수정궁 찬 곳에서 요사이 시를 지었었네[白玉堂深曾草詔, 水晶宮冷近題詩]"로 고쳤다. 증기가 이 말을 듣고 한구를 일자사一字師[29]로 삼았다.

柳子厚「與浩初上人看山」詩云:"海畔尖山似劍鋩, 秋來處處割愁腸. 若爲化得身千億, 散上山頭望故鄉." 議者謂子厚南遷, 不得爲無罪, 蓋未死而身已在刀山矣.

유종원은 「여호초상인간산與浩初上人看山」에서 "바닷가 뾰족한 산은 칼끝과 같아, 가을 오자 곳곳에서 시름의 창자를 가른다. 만일 이 몸이 수천억 개로 변할 수 있다면, 뿔뿔이 산머리에 흩어져 고향을 바라보리라[海畔尖山似劍鋩, 秋來處處割愁腸. 若爲化得身千億, 散上山頭望故鄉]"라고 했다. 논자들은 유종원이 남쪽으로 좌천된 것은 죄가 없지 않았다고 했다. 유종원은 죽지는 않았지만 몸은 이미 칼산에 있었다.

杜子美「北征」詩云:"海圖析波濤, 舊繡移曲折. 天吳及紫鳳, 顚倒在

29 일자사(一字師): 한 글자를 가르쳐준 스승.

短褐." 可謂窮矣. 及賦「韋偃畫古松」詩, 則云 : "我有一匹好東絹, 重之不減錦繡段. 已令拂拭光零亂, 請君放筆爲直幹." 子美乃有餘絹作畫材, 何也. 余嘗戲作小詩, 用少陵事云 : "百尺寒松老幹枯, 韋郎筆妙古今無. 何如莫掃鵝溪絹, 留取天吳紫鳳圖." 使少陵尚無恙, 當爲我一捧腹也.

두보는 「북정北征」에서 "바다그림에는 파도가 갈라져 있고, 오래된 수繡에는 곡절이 옮겨져 있다. 천오天吳[30]와 자봉紫鳳[31]이, 짧은 옷에 거꾸로 매달려 있다[海圖拆波濤, 舊繡移曲折. 天吳及紫鳳, 顚倒在短褐]"라고 했다. 이른바 곤궁하다고 할 만하다. 그런데 「위언화고송韋偃畫古松」에서는 "내게 한 필의 좋은 동견東絹이 있으니, 귀중하기가 비단수 옷감에 못지않다. 닦고 문질러 빛이 영롱하니, 그대여 붓을 들어 곧은 줄기를 그려다오[我有一匹好東絹, 重之不減錦繡段. 已令拂拭光零亂, 請君放筆爲直幹]"라고 했다. 두보가 그림 재료가 될 만한 비단이 있었던 것은 왜일까? 나는 일찍이 절구시를 지으며 두보의 고사를 활용했다. "백 척의 찬 소나무 늙은 가지 말랐으니, 위랑韋郎의 오묘한 필치 고금에 다시 없다. 문지르지 않은 아계鵝溪의 비단과 견주어 어떠한가, 천오와 자봉의 그림을 그대로 그리리라.[百尺寒松老幹枯, 韋郎筆妙古今無. 何如莫掃鵝溪絹, 留取天吳紫鳳圖.]" 만일 두보가 아직 살아있다면 나를 보고 배를 감싸며 웃을 것이다.

今日校『譙國集』, 適此兩卷皆公在宣城時詩. 某爲兒時, 先人以公眞稿指示, 某是時已能成誦. 今日讀之, 如見數十年前故人, 終是面熟. 但

---

30 천오(天吳) : 사람 얼굴에 머리가 여덟 개인 수신(水神)의 이름이다. 『산해경』 「해외동경(海外東經)」 참고.

31 자봉(紫鳳) : 바다에 산다고 하는 신조(神鳥)의 이름이다.

句中時有與昔時所見不同者, 必是痛遭俗人改易耳. 如「病起」一詩云: "病來久不上層臺, 【謂宣城疊嶂雙溪也】 窗有蜘蛛徑有苔. 多少山茶梅子樹, 未開齊待主人來." 此篇最爲奇絶. 今乃改云: "爲報園花莫惆悵, 故敎太守及春來." 非特意脈不倫然, 亦是何等語. 又如'櫻桃欲破紅'改作'綻紅', '梅粉初墜素'改作'梅葩.' 殊不知'綻''葩'二字, 是世間第一等惡字, 豈可令入詩來. 又「喜雨晴」詩云: "豐穰未可期, 疲瘵何日起." 乃易'疲瘵'爲'瘦飢', 當時果有瘦飢二字, 此老則大段窘也.

오늘 『초국집譙國集』[32]을 교정했다. 마침 이 두 권은 모두 공이 선성宣城에 있을 때 지은 시이다. 내가 어렸을 때 선친께서 공이 손수 쓴 원고를 보여주셔서 그때 이미 모두 외웠었다. 오늘 이 시를 읽으니 마치 수십 년 전 친구를 만난 듯 낯익은 얼굴로 다가온다. 다만 종종 과거에 보았던 것과 다른 구절이 발견되니 애통하게도 속인들이 고친 탓일 것이다. 예컨대 「병기病起」에서 "몸이 아파 한동안 누대에 오르지 못했더니 【선성의 첩장疊嶂과 쌍계雙溪를 이른 것이다】, 창문은 거미줄 치고 길은 이끼가 덥혔다. 산다(山茶: 동백나무)와 매화나무가, 피지 않은 채 주인이 오기를 기다리고 있다[病來久不上層台, 謂宣城疊嶂雙溪也. 窗有蜘蛛徑有苔. 多少山茶梅子樹, 未開齊待主人來]"라고 했는데, 이 작품이 가장 우수하다. 그런데 지금 "동산 꽃들에게 걱정하지 말라고 하라, 태수에게 봄이 되면 오게 할 터이니[爲報園花莫惆悵, 故敎太守及春來]"로 고쳤으니 내용의 맥락이 무질서할 뿐더러 이게 무슨 말이란 말인가. 또 '櫻桃欲破紅'의 '破紅'을 '綻紅'으로 고치고 '梅粉初墜素'의 '梅粉'을 '梅葩'로 고쳤다. '탄綻'과 '파葩'는 세상에서 가장 나쁜 글자인데 어떻게 시 속에 들여 놓는단 말인가. 또 「희우청喜雨晴」의 "풍년을 기약할 수 없는데, 피채(疲瘵: 피로에 지침)에서 언제 일어날까[豐穰未可期, 疲瘵何日起]"에서 '疲瘵'를 '瘦

32 『초국집(譙國集)』: 북송의 문학가로 소문사학사(蘇門四學士)의 한 사람인 장뢰(張耒)의 시집이다.

饑'로 바꿨다. 당시 글에 정말로 '瘦饑' 두 글자가 있었다면 이 노인이 대단히 군색한 것이다.

『자미시화紫微詩話』

송宋 여본중呂本中

여본중呂本中, 『자미시화紫微詩話』 해제

여본중(1084~1145)은 자가 거인居仁이며 수주壽州 사람으로서 세상에서 동래선생東萊先生이라고 불렸다. 증조부인 공저公著, 조부인 희철希哲, 부친인 호문好問이 모두 세간에 명성이 높았다. 정강 초(1126)에 사부원외랑을 지내고 소흥 6년 중서사인을 지냈다. 나중에 진회에게 파직을 당해 저술과 강학에 몰두하였다. 여본중은 이학자였고 정치적으로는 금나라에 대한 항거를 주장했으며 시대의 혼란을 슬퍼하는 시로 명성을 날렸다. 그의 시풍은 초기에는 평이하고 세밀했지만 남도 후 혼후渾厚하고 침울해졌으며 시 창작의 방법은 강서시파의 영향을 받아 황정견, 진사도의 구법句法을 이어받았다. 그래서 유극장劉克莊은 『강서시파소서江西詩派小序』에서 그의 이름을 종파 속에 집어넣었다. 또 오도손敖陶孫은 『시평』에서 그의 시가 "선禪에 안착한 자유자재의 고승으로 스스로 독특하고 빼어나다[散聖安禪, 自能奇逸]"이라고 하였다.

그는 시 이론에서도 탁월한 업적을 남겼다. 주된 업적은 우선 젊은 시절 지은 『강서시파종파도江西詩派宗派圖』이다. 1열은 황정견이 종주宗主이며 아래 열은 진사도 등 스물다섯 명이 종파를 이루고 있다. 비록 호자胡仔가 『초계어은총화苕溪漁隱叢話』에서 "선별이 정확치 않고 의론이 공정하지 않다[選擇不精, 議論不公]"고 비판하기도 했지만, 『강서시파종파도』는 강서시파의 형성과 발전에 중요한 작용을 하여 이후 강서시파는 마치 선문禪門의 종파처럼 굳어지고 체계화되었다. 여본중은 또 '활법설活法說'과 '오입설悟入說'을 제기했는데, 강서시파 시론의 기초 위에 소식의 문학적 관점을 융합함으로써 강서시파의 생경한 창작 풍격을 자연스럽게 만들려고 노력했다. 당시 그의 이런 시도는 큰 영향력을 발휘하여 강서시파의 이론적 초석 중 하나가 되었다. 그의 저서로는 『춘추집해春秋集解』 30권, 『동래시집』 20권, 『동몽훈童蒙訓』 3권, 『자미시화』 한 권이 있다.

여본중의 『자미시화』는 『동래시화』, 『동래여자미시화東萊呂紫微詩話』라고도 하며 한 권, 98칙이다. 내용은 시에 대한 논의 및 풍문, 송대 시화의 잡다한 사건들에 기록을 포괄한다. 『사고전서총목제요』를 보면 "『자미시화』는 대체로 시에 대한 논의가 주를 이루며 그 학문은 황정견에게서 나왔다[『紫微詩話』大致以論詩爲主, 其學出於黃庭堅]"라고 하였고 『사고전서간명목록』에서는 "그의 학문은 황정견에게서 나왔지만 논한 바는 어느 한 시인을 위주로 하지 않았고 어느 하나의 격을 위주로 하지도 않았다[其學源出豫章, 而所論不主一家, 亦不主一格]"라고 보충했다. 예를 들어 범중온范仲溫에 대해 기록하면서 "표숙表叔 범원실(范元實 : 범중온)은 황정견에게 시를 배웠는데, 글자마다 내원이 있어야 한다고 하였다[表叔范元實旣從山谷學詩, 要字字有來處]"라고 하면서도 "사람들이 황정견의 시를 배울 때 조충지晁沖之는 홀로 두보만 배웠다[衆人方學山谷詩時, 晁叔用沖之獨專學老杜]"고 하여 조충지의 태도를 긍정적으로 보았다. 또한 자신이 시를 배운 경험을 돌아볼 때에도 "어렸을 때 지은 시는 여느 사람들과 차이가 없었는데, 후에 이상은의 시를 보고 충분히 읽고서 규범으로 삼고 나서야 비로소 남들과의 차이를 느꼈다[少時作詩, 未有以異於衆人, 後得李義山詩, 熟讀規摹之, 始覺有異]"라고 했다. 즉, 여본중은 강서시파의 영향을 받기는 했지만 시인에게는 곧 독립적인 풍격이 중요하며 독립적인 풍격을 갖추기 위해서는 시를 배울 때 특정 시파나 시인에 구애받을 필요가 없다고 생각한 것이다. 아울러 어떤 시인을 본받을 때는 "충분히 읽고서 규범으로 삼는" 태도를 갖춰야 한다는 것도 강조했다. 독립적 풍격에 대한 이런 추구는 상당히 합리적이다. 『자미시화』는 비록 여본중의 시론을 총체적으로 반영하지는 않았지만 적어도 기본 경향은 구현하였다고 평가되고 있다.

『자미시화』는 『사고전서총목』에서 집부 시문평류로 분류되었고 『역대시화』 외에 『백천학해』, 『송시화오종』, 『설부』 안에 수록되어 있다.

자미시화紫微詩話

송宋 여본중呂本中

晁伯禹載之, 學問精確, 少見其比, 嘗作「昭靈夫人祠」詩云 : "殺翁分我一杯羹, 龍種由來事杳冥. 安用生兒作劉季, 暮年無骨葬昭靈."

백우伯禹 조재지晁載之는 학문이 정밀하고 확실한 데가 있어 견줄 사람이 드물다. 일찍이 지은 「소령부인사昭靈夫人祠」에서 "'아비를 죽여 끓인 국 한 그릇을 내게 나눠달라'[1]고 한, 황족의 유래는 역사 속에 아스라하다. 어찌 유방劉邦 같은 아이를 낳을 일 있으랴, 노년에 유골도 없이 영혼을 불러 장사지냈거늘[殺翁分我一杯羹, 龍種由來事杳冥. 安用生兒作劉季, 暮年無骨葬昭靈]"[2]이라고 했다.

---

1 아비를 …… 나눠달라 : 항우가 유방의 아버지 태공(太公)을 인질로 하여 유방에게 협상을 종용하였으나 듣지 않자 "항복하지 않으면 너의 아비를 삶아 죽이겠다"라고 했다. 이에 유방이 "내가 너와 함께 회왕(懷王)에게 명을 받을 때 형제가 되기로 약속하였으니 나의 아버지는 곧 너의 아버지도 된다. 아버지를 꼭 삶아 죽이려거든 나에게도 국 한 그릇을 나누어 주기 바란다"라고 한 고사를 말한다.

晁知道詠之「西池唱和」詩有"旌旗太一三山外, 車馬長楊五柞中. 柳外雕鞍公子醉, 水邊紈扇麗人行." 殆絶唱也.

지도知道 조영지晁詠之는 「서지창화西池唱和」에서 "태일太一[3] 삼산三山 밖에 깃발 나부끼고, 장양궁長楊宮 오작궁五柞宮 안에 수레들 지난다. 버드나무 너머 조각 안장 위에서 공자公子는 취해있고, 물가에서는 깁부채 들고 미인이 걷는다[旌旗太一三山外, 車馬長楊五柞中. 柳外雕鞍公子醉, 水邊紈扇麗人行]"라고 했다. 이는 참으로 절창이다.

高秀實茂華, 人物高遠, 有出塵之姿, 其爲文稱是. 嘗和餘「高郵道中」詩, 有"中途留眼占星聚, 一宿披顔覺霧收"之句, 便覺余詩急迫, 少從容閑暇處.

수실秀實 고무화高茂華는 인물이 고상하고 깊이가 있어 속세를 벗어난 모습을 갖췄는데, 그의 글도 이에 걸맞다. 일찍이 나의 「고우도중高郵道中」에 화답한 시에서 "길 위에서 점성가占星家들 모인 곳에 눈길 가고, 하룻밤 묵고 얼굴 펴니 안개가 걷히고 있네[中途留眼占星聚, 一宿披顔覺霧收]"라고 했다. 이에 문득 내 시가 다급하여 자연스러움과 여유가 부족하다는 걸 느낀다.

汪信民革, 嘗作詩寄謝無逸云 : "問訊江南謝康樂, 溪堂春木想扶疏.

2 어찌 …… 장사지냈거늘 : 다음의 고사를 인용한 것이다. 유방이 군사를 일으켜 야전(野戰)을 벌이다가 황향(黃鄉)에서 모친을 잃었다. 천하가 평정된 뒤에 재궁(梓宮)을 가지고 들판에 가서 초혼(招魂)을 할 때 붉은 뱀이 물에서 나와 재궁으로 뛰어 들었다. 이런 연유로 시호를 소령부인(昭靈夫人)이라 했다.

3 태일(太一) : 종남산(終南山)의 다른 이름이다.

高談何日看揮塵, 安步從來可當車. 但得丹霞訪龐老, 何須狗監薦相如. 新年更勵於陵節, 妻子同鋤五畝蔬." 饒德操節見此詩, 謂信民曰 : "公詩日進, 而道日遠矣." 蓋用功在彼而不在此也.

신민信民 왕혁汪革이 일찍이 사무일(謝無逸 : 사일謝逸)에게 보낸 시에서 "강남江南의 사강락謝康樂께서 안부를 묻노니, 시냇가 집 봄 나무는 무성하리다. 주미麈尾[4] 흔들며 고담은 언제 나누시는가, 편한 걸음걸이 충분히 수레 되시리다. 다만 단하丹霞[5]가 방거사龐居士[6]를 찾는 것일 뿐, 어찌 구감狗監의 상여相如 추천[7]이 필요하겠소. 새해에는 오릉於陵의 절개[8]를 더욱 장려하여, 처자와 함께 다섯 이랑 채소를 가꾸리다(問訊江南謝康樂, 溪堂春木想扶疏. 高談何日看揮塵, 安步從來可當車. 但得丹霞訪龐老, 何須狗監薦相如? 新年更勵於陵節, 妻子同鋤五畝蔬)"라고 했다. 덕조德操 요절饒節이 이 시를 보고 신민에게 "공은 시가 나날이 발전할수록 도는 나날이 멀어질 것이다"라고 했으니, 공부가 저기에 있고 여기에 있지 않은 것이다.

洪龜父朋「寫韻亭」詩云 : "紫極宮下春江橫, 紫極宮中百尺亭. 水入方州界玉局, 雲映連山羅翠屛. 小楷四聲餘翰墨, 主人一粒盡仙靈. 文簫采

---

4 주미(麈尾) : 고라니의 꼬리털로 만든 먼지떨이로, 청담(淸談)을 하는 사람들이 많이 사용했다.

5 단하(丹霞) : 중당(中唐) 때의 선승인 천연(天然) 단하(丹霞)이다.

6 방거사(龐居士) : 당나라 헌종(憲宗) 때 사람으로 마조대사(馬祖大師)로부터 선학을 배워 득도한 선객(禪客)이다.

7 구감(狗監)의 상여(相如) 추천 : 구감은 한나라 때의 근시직(近侍職). 촉나라 양득의(楊得意)가 구감으로 있었는데 황제가 「자허부(子虛賦)」를 읽고 대단히 칭찬하니, 양득의가 "신의 고향 사람 사마상여가 이 부(賦)를 지었다"라고 하며 추천하자 황제가 바로 그를 불렀다는 고사를 인용한 것이다.

8 오릉(於陵)의 절개 : 오릉은 전국시대 제나라 오릉에 살았던 진중자(陳仲子)를 가리킨다. 자기 형이 받아 온 녹(祿)을 부정하여, 홀로 오릉에 살면서 먹을 것이 없어 사흘을 굶다가 샘가에 떨어진 벌레 먹은 오얏을 먹고서 기운을 차렸다는 고사가 전한다.

鸞不復返, 至今神界花冥冥." 作詩至此, 殆無遺恨矣.①

① '恨', 據「百川學海」本補.

구보龜父 홍붕洪朋은 「사운정寫韻亭」에서 "자극궁紫極宮 아래 봄물은 가로 흐르고, 자극궁 안 백 척 정자는 드높다. 물은 반듯한 고을 옥 같은 경계로 흘러들고, 구름은 연이은 산 푸른 병풍을 두른다. 해서楷書로 작게 쓴 사성(四聲 : 시)은 한묵翰墨의 운치 맴돌고, 주인의 한 톨 쌀은 신선의 영령이 서렸다. 문소文簫와 채난采鸞[9]이 다시 돌아오지 않으니, 지금 선계仙界의 꽃이 적적하기만 하다[紫極宮下春江橫, 紫極宮中百尺亭. 水入方州界玉局, 雲映連山羅翠屛. 小楷四聲餘翰墨, 主人一粒盡仙靈. 文簫采鸞不復返, 至今神界花冥冥]"라고 했다. 시가 이 경지에만 이르면 거의 여한이 없을 것이다.

① '恨'은 『백천학해』본에 근거해 보완했다.

宣和末, 林子仁敏功寄夏均父倪詩云 : "嘗憶他年接緖餘, 饒三落托我迂疏. 溪橋幾換風前柳, 僧壁今留醉後書." 忘記下四句. 饒三, 德操也.

선화 말에 자인子仁 임민공林敏功이 균보均父 하예夏倪에게 부친 시에서 "훗날 만나서는, 요삼饒三이 뒤처져 나와 성기게 되지 않을까 생각했었다. 시냇가 다리에서는 몇 번이나 바람 앞 버들이 바뀌었던가, 절

9 문소(文簫)와 채난(采鸞) : 모두 傳奇에 등장하는 인물이다. 당(唐) 배형(裴鉶)의 『전기(傳奇)』 「문소(文簫)」에 다음과 같은 내용이 전한다. 서생 문소가 추석날 종릉(鍾陵) 서산(西山)의 유유관(遊帷觀)을 놀러갔다가 아름다운 소녀를 만나 시를 읊기를 "만일 한 짝이 돼 선단(仙壇)에 오르면, 채란(彩鸞)을 탄 문소를 얻으리라……[若能相伴陟仙壇, 應得文簫駕彩鸞]"고 한 뒤 두 사람이 서로 사랑을 느끼고 있었는데 갑자기 선동(仙童)이 내려와 "오채란이 사욕에 얽매여 천기를 누설했으니 일 기(紀 : 십이 년)동안 평민의 아내로 귀양보내노라[吳彩鸞以私欲而泄天機, 謫爲民妻一紀]"고 해 두 사람이 결국 부부가 되었고, 훗날 호선(虎仙)을 타고 선계로 갔다 한다.

집 벽에는 지금 취해서 쓴 글씨가 남아 있다[嘗憶他年接緖餘, 饒三落托我迂疏. 溪橋幾換風前柳, 僧壁今留醉後書]"라고 했다. 아래 네 구절은 잊어버렸다. 요삼은 덕조德操이다.

表叔范元實旣從山谷學詩, 要字字有來處. 嘗有詩云 : "夷甫雌黃須倚閣, 君卿唇舌要施行."

표숙表叔 범중온范仲溫은 황정견에게 시를 배웠다. 그는 글자마다 내원이 있어야 한다고 하였다. 일찍이 지은 시에서 "이보夷甫[10]의 자황雌黃[11]은 누각을 기대야 하고, 군경君卿[12]의 입술과 혀는 펼쳐야 한다[夷甫雌黃須倚閣, 君卿唇舌要施行]"라고 하였다.

從叔知止少年作詩云 : "彭澤有琴嘗無弦, 大令舊物惟青氈. 我亦四壁對默坐, 中有一床供晝眠." 元實深賞愛之云 : "殆似山谷少時詩."

종숙從叔 여지지呂知止가 소년시절 지은 시에서 "팽택(彭澤 : 도연명)의 금琴은 일찍이 현이 없고, 대령大令[13]의 옛 물건이라곤 푸른 담요뿐이다. 나 또한 상방 벽을 마주하고 조용히 앉아 있으니, 한가운데 낮잠 잘 평상 하나 놓여 있다[彭澤有琴嘗無弦, 大令舊物惟青氈. 我亦四壁對默坐, 中有一床供晝眠]"라고 했는데, 범중온이 대단히 칭찬하고 좋아하며 "산곡(황

10 이보(夷甫) : 진나라 때 재상인 왕연(王衍)의 자. 왕연은 석륵(石勒)에게 살해당했다.

11 자황(雌黃) : 자황은 본디 황색의 안료인데, 옛날 시문의 자구를 첨삭할 때에 이를 사용했던 것에 기인하여, '자황의 안목'은 곧 시문 등에 관한 뛰어난 식견을 의미한다.

12 군경(君卿) : 당나라 때 사학자인 두우(杜佑)의 자.

13 대령(大令) : 동진(東晋)의 서예가. 왕희지의 일곱째 아들이며, 중서령(中書令)을 역임해서 사람들이 '대령'이라 불렀다.

정견)의 어릴 적 시와 매우 닮았다"라고 했다.

從叔大有少時詩云:"范雎才拊穰侯背, 蔡澤聞之又入秦", 不減王荊公得意時也.①

① 此條原缺, 據『百川』本補.

종숙從叔 여대유呂大有가 소년시절 지은 시에서 "범수范雎가 양후(穰侯: 위염魏冉)의 등에 붙자, 채택蔡澤이 듣고 다시 진秦으로 들어갔다[范雎才拊穰侯背, 蔡澤聞之又入秦]"라고 했다. 이는 왕안석이 득의했을 때의 작품에 못지않다.

① 이 조항은 원래 빠져 있었는데 『백천학해』본에 의거하여 보충했다.

外弟趙才仲少時詩"夕陽綠澗明"等句, 精確可喜. 才仲少學柳文, 曾內相肇·晁丈①以道說之皆以才仲能爲古人之文也.

① '丈', 據『百川』本補.

외제外弟 조재중趙才仲이 소년시절에 지은 "석양에 푸른 시냇물이 맑다[夕陽綠澗明]" 등의 구절은 정밀하고 분명해서 참 좋다. 조재중은 어릴 적에 유종원의 글을 배웠다. 내상內相 증조曾肇와 이도以道 조설지晁說之 어르신 등이, 재중은 옛사람의 글을 잘 짓는다고 했다.

① '丈'은 『백천학해』본에 의거하여 보충했다.

夏均父倪文詞富贍, 儕輩少及. 嘗以"天寒霜雪繁, 遊子有所之"爲韻, 作十詩留別饒德操, 不愧前人作也.

균보均父 하예夏倪는 문장이 부유하고 넉넉해서 동료 가운데 견줄 사람이 흔치 않다. 일찍이 "날씨 추워 서리 오고 눈이 가득한데, 길손이 떠난다[天寒霜雪繁, 遊子有所之]"를 운韻으로 삼아 요절饒節을 떠나보내는 10수의 시를 지었는데, 옛 시인의 작품에 손색이 없다.

晁季一貫之嘗訪杜子師輿不遇, 留詩云 : "草堂不見浣谿老, 折得青松度水歸."

계일季一 조관지晁貫之가 일찍이 자사子師 두여杜輿를 방문했다가 만나지 못하고 남긴 시에서 "초당의 완계浣溪 노인을 만나지 못하고, 푸른 소나무 꺾어 물을 건너 돌아간다[草堂不見浣溪老, 折得青松度水歸]"라고 했다.

衆人方學山谷詩時, 晁叔用沖之獨專學老杜, 衆人求生西方, 高秀實獨求生兜率.

사람들이 황정견의 시를 배울 때 숙용叔用 조충지晁沖之는 홀로 두보만 배웠고, 사람들이 서방(西方 : 극락세계)에서 삶을 구할 때 고무화는 홀로 도솔천(兜率天 : 인간세계)에서 삶을 구했다.

叔用嘗戲謂余曰 : "我詩非不如子, 我作得子詩, 只是子差熟耳." 余戲答云 : "只熟便是精妙處." 叔用大笑, 以爲然.

조충지는 일찍이 농 삼아 내게 "내 시가 그대만 못한 것이 아니어서 나는 그대의 시를 지을 수 있지만, 그대는 조금 완숙하네"라고 했다.

내가 농 삼아 "완숙이 바로 정밀하고 오묘한 경지일세"라고 하자, 조충지는 크게 웃으며 맞다고 했다.

王立之直方病中盡以書畫寄交舊, 余亦得書畫數種. 與余書云: "劉玄德生兒不象賢." 蓋譏其子不能守其圖書也. 余初未與立之相識, 而相與如此. 夏均父嘗寄立之詩云: "書來整整復斜斜." 蓋謂其病中作字如此.

입지立之 왕직방王直方이 병중에 갖고 있던 서화를 친구들에게 모두 주었다. 나 역시 몇 가지 글씨와 그림을 얻었다. 내게 보낸 편지에서 그는 "유현덕(유비)이 낳은 아이는 현자를 닮지 않았소"라고 했다. 자기 아들이 서화를 지켜내지 못한 것을 비판한 것이다. 나는 원래 아는 사이가 아닌데도 왕직방은 내게도 그렇게 보내주었다. 하예夏倪는 일찍이 왕직방에게 보낸 시에서 "글씨가 반듯하다 다시 기운다[書來整整復斜斜]"라고 했다. 병중에 쓴 글씨가 그러했음을 말한 것이다.

饒德操酷愛徐師川俯「雙廟」詩"開元天寶間, 袞袞見諸公. 不聞張與許, 名在臺省中"之句.

요절은 사천師川 서부徐俯가 "개원開元 천보天寶 사이에, 위인들이 쟁쟁했다. 장순張巡과 허원許遠은, 이름이 대성臺省[14]에 없었다[開元天寶間, 袞袞見諸公. 不聞張與許, 名在臺省中]"라고 한, 「쌍묘雙廟」라는 시를 매우 좋아했다.

14 대성(臺省): 일반적으로 상서성(尙書省) 문하성(門下省) 중서성(中書省)을 통칭한다.

張先生子厚與從祖子進, 同年進士也. 張先生自登科不復仕, 居毗陵. 紹聖中, 從祖自中書舍人出知睦州, 子厚小舟相送數程, 別後寄詩云: "籬鷃雲鵬各有程, 匆匆相別未忘情. 恨君不在篷籠底, 共聽蕭蕭夜雨聲." 先生少有異才, 多異夢, 嘗作夢錄, 記夢中事, 余舊寶藏, 今失之. 先生夢中詩, 如: "楚峽雲嬌宋玉愁, 月明溪淨印銀鉤. 襄王定是思前夢, 又抱霞衾上玉樓." 又"無限寒鴉冒雨飛" "紅樹高高出粉牆"之句, 殆不類人間語也. 紹聖初, 嘗訪祖父滎陽公於歷陽, 旣歸, 乘小舟泝江至烏江, 還書云: "今日江行, 風浪際天, 嘗記往在京師作詩云: '苦厭塵沙隨馬足, 却思風浪拍船頭'也."

장재張載 선생은 나의 종조從祖 여희순呂希純과 진사進士 동료이다. 장재는 급제하고 나서 다시는 벼슬길에 나가지 않고 기릉毗陵에서 살았다. 소성(紹聖: 1094~1098) 연간에 종조가 중서사인中書舍人에서 목주태수睦州太守로 나아갈 때, 장재는 작은 배를 타고 몇 리 거리를 뒤따라가 전송했다. 그리고 헤어진 뒤 보낸 시에서 "울타리 사이 뱁새와 구름 위 붕새는 여정이 다르지만, 갑자기 헤어져 마음 놓을 수가 없네. 그대가 우리 속 안에 있어, 쓸쓸히 내리는 밤 비 소리를 함께 듣지 못한 것이 아쉽기만 하네[籬鷃雲鵬各有程, 匆匆相別未忘情. 恨君不在篷籠底, 共聽蕭蕭夜雨聲]"라고 했다. 장재는 어려서부터 특이한 재능이 있었고 특이한 꿈을 많이 꾸어 일찍이 몽록夢錄을 지어 꿈속에서 벌어진 일을 기록했다. 내가 지난날 잘 보장寶藏하고 있었으나 지금은 잃어버렸다. 장재가 꿈속에서 지은 시 가운데 "초나라 골짜기 구름 여인에게 송옥은 시름겹고, 달 밝은 맑은 시내에 은빛 갈고리가 찍혔다. 양왕襄王은 필경 지난 꿈을 그리워해, 노을 이불을 안고 다시 옥루玉樓를 오르리라[楚峽雲嬌宋玉愁, 月明溪淨印銀鉤. 襄王定是思前夢, 又抱霞衾上玉樓]", "한없는 찬 까마귀 비를 무릅쓰고 난다[無限寒鴉冒雨飛]", "붉은 나무 키가 커 꾸민 담장을 벗어났다[紅樹高高出粉牆]" 따위의 구절은 사람이 지은 시 같지 않다. 소성 초에 그는 역양歷陽에 계신 내 조부 형양공(滎陽公: 여희철呂希哲)을 찾아뵈었다. 돌아오고 나서 작은 배를 타고 강을 거슬러 오강烏江에 이른 뒤 올린 편지에서 그는 "오늘 배를 타고 강 위를 가는데 바람에 물결이 하늘에 닿아, 지난날 경사京師에 있을 때 지은 '말발굽을 따라 이는 먼지가 고달파, 문득 뱃머리 치는 풍랑이 생각난다[苦厭塵沙隨馬足, 却思風浪拍船頭]'가 떠올랐습니다"라고 했다.

汪信民於文無不精到, 嘗代滎陽公作「張先生哀詞」云: "惟古制行必中庸兮, 降及末世戾不通兮, 首陽柱下更拙工兮." 其餘忘之矣.

왕혁汪革은 문장에 있어 모두 본질에 도달한다. 일찍이 형양공을 대신해 지은 「장선생애사張先生哀詞」에서 "옛것에 맞춰 실행하며 반드시 중용을 실천하였거늘, 말세에 태어나 어긋나고 통하지 않으니, 수양산首陽山 기둥 아래서 잘하고 잘못한 것(拙工)을 바꾸셨네[惟古制行必中庸兮, 降及末世戾不通兮, 首陽柱下更拙工兮]"라고 했다. 나머지는 잊어버렸다.

紹聖初, 滎陽公自浙中赴懷州, 叔祖赴睦州, 邂逅于鎭江. 別後, 叔祖寄絶句云: "江南江北來, 昨夜同枝宿. 平明一聲起, 四顧已極目."

소성 초에 형양공이 절중浙中에서 회주懷州로 가고 숙조(叔祖: 여희순)는 목주睦州로 가다가 진강鎭江에서 서로 만났다. 헤어진 뒤 숙조가 보낸 절구에서 "강남과 강북에서 오는 길에, 어젯밤 함께 밤을 묵었다. 이른 새벽 소리 듣고 일어나니, 사방은 이미 휑하다[江南江北來, 昨夜同枝宿. 平明一聲起, 四顧已極目]"라고 했다.

江西諸人詩, 如謝無逸富贍, 饒德操蕭散, 皆不減潘邠老大臨精苦也. 然德操爲僧後, 詩更高妙, 殆不可及. 嘗作詩勸余專意學道云 : "向來相許濟時功, 大似頻伽餉遠空. 我已定交木上座, 君猶求舊管城公. 文章不療百年老, 世事能排雙頰紅. 好貸夜窗三十刻, 胡床趺坐究幡風."

강서파江西派 시인들의 시 가운데, 사일은 풍부하며 넉넉하고 요절은 스산해서, 모두 빈로邠老 반대림潘大臨의 정밀함과 고뇌에 뒤지지 않는다. 그런데 요절이 승려가 되어서는 시가 더더욱 고상하고 오묘해져서 거의 따라갈 수가 없었다. 일찍이 내게 도道를 배우는 데 전념할 것을 권유하며 지은 시에서 그는 "지난날 시대를 구제할 공을 세우리라 기대한 건, 빈가頻伽[15]가 먼 허공을 향해 우짖는 것과 너무 유사했다. 나는 나무 위에 앉는 것으로 정해졌지만, 그대는 아직 성城을 관리하는 공직을 추구하는구나. 문장은 백 년의 늙음을 치료하지 못하고, 세상일은 붉은 두 뺨을 시들게 할 것이다. 밤 창문 삼십 각刻을 빌려, 넓은 평상에 가부좌로 앉아 풍번幡風[16]을 참구함이 좋으리라[向來相許濟時功, 大似頻伽餉遠空. 我已定交木上座, 君猶求舊管城公. 文章不療百年老, 世事能排雙頰紅. 好貸夜窗三十刻, 胡床趺坐究幡風]"라고 했다.

邠老嘗寄德操均父詩云 : "文如二稚徒懷璧, 武似三明却韔弓. 松檜參

15 빈가[頻伽] : 빈가조[頻伽鳥]. 불경에 나오는, 사람의 머리를 한 상상의 새. 히말라야 산에 살며 울음소리가 곱고 극락정토에 둥지를 튼다고 한다.

16 풍번(幡風) : 당나라 육조대사 혜능이 신분을 숨기고 남해(南海) 법성사(法性寺)에 있었다. 그러던 어느 날 저녁, 바람이 불어 절간의 깃발이 펄럭이고 있었는데, 이를 본 중 두 사람이 토론을 벌였다. 한 사람은 깃발이 움직인다 하고 다른 한 사람은 바람이 움직인다고 하며 서로의 주장을 굽히지 않았다. 이에 혜능이 "이 속류(俗流)가 고론(高論)에 한 번 끼어들어도 괜찮겠습니까? 바람이나 깃발이 움직이는 것이 아닙니다. 그 움직임은 보는 이의 마음에서 일어나는 것입니다"라고 하였다. 『오등회원(五燈會元)』 권1 「육조혜능대감선사(六祖慧能大鑒禪師)」.

天西邑路, 時時騎馬訪龐公." '文如二稚'謂德操, '武似三明'謂均父也. 後德操爲僧, 名如璧, 殆詩之讖也.

반대림이 일찍이 요절과 하예에게 보낸 시에서 "문文은 이치二稚[17]처럼 옥만 품고, 무武는 삼명三明[18]처럼 활을 활집에 넣었네. 서쪽 읍 길에 소나무 회나무는 하늘에 닿고, 이따금 말을 타고 방공龐公을 찾는다[文如二稚徒懷璧, 武似三明却韔弓. 松檜參天西邑路, 時時騎馬訪龐公]"라고 했다. '文如二稚'는 요절을 말하고, '武似三明'은 하예를 이른다. 후에 요절은 승려가 되어 법명을 여벽(如璧 : 文如二稚徒懷璧)이라 했으니 시의 예언이었던 것이다.

吳春卿參政, 以資政殿大學士知河南, 過郭店, 「謁文靖公墓」詩云 : "漢相巖巖眞國英, 門庭曾是接諸生. 陽秋談論四時具, 河嶽精神一座傾." 議者以爲頗盡文靖儀觀論議云.

참정參政 오육吳育이 자정전資政殿 대학사에서 하남태수로 나갈 때, 곽점郭店을 지나다가 지은 「알문정공묘謁文靖公墓」에서 "장엄한 한상漢相은 참으로 영웅이어서, 문 앞에서 일찍이 제생들을 맞이하셨네. 양추(陽秋 : 춘추春秋 : 엄정함)의 담론은 사계절에 이루어지고, 하악(河嶽 : 드높음)의 정신에 모두가 머리 숙였네[漢相岩岩眞國英, 門庭曾是接諸生. 陽秋談論四時具, 河嶽精神一座傾]"라고 했다. 논자들은 문정공文靖公[19]의 삶과 논점

---

17 이치(二稚) : '이치(二穉)'라고도 쓴다. 동한의 주택(周澤 : 자가 치도(稚都))과 손감(孫堪 : 자가 자치(子稚))을 가리킨다.

18 삼명(三明) : 삼명은 자(字)에 '명(明)' 자가 있는 후한시대의 세 사람을 말한다. 자가 기명(紀明)인 단경(段熲), 자가 위명(威明)인 황보규(皇甫規), 자가 연명(然明)인 장환(張奐)을 가리킨다.

19 문정공(文靖公) : 흉노 휴도왕(休屠王)의 태자로 한 무제를 보좌해 큰 공을 세웠던 금일

을 다 드러냈다고 했다.

滕元發甫「賀正獻公拜相啓」云:“玉璜釣瀨, 家傳渭水之符. 金鼎調元, 代出山東之相.” 又云:“寰區大抃, 盡還仁祖之風. 朝野一辭, 復見申公之政.” 當時稱誦之.

원발元發 등보滕甫는 「하정헌공배상계賀正獻公拜相啓」에서 “굽은 옥(璜)으로 여울에서 낚시하며, 위수渭水의 부결符訣[20]이 가전돼 오고, 황금 정鼎에서 맛을 조리하며, 산동의 재상[21]으로 대신 나간다[玉璜釣瀨, 家傳渭水之符. 金鼎調元, 代出山東之相]”라고 하고 “온 누리가 크게 손뼉 쳐, 인조仁祖의 기풍을 모두 되돌리고, 조야가 한결같이 찬사를 보내, 신공申公[22]의 정치를 다시 보겠네[寰區大抃, 盡還仁祖之風. 朝野一辭, 復見申公之政]”라고 했다. 당시 많은 이들이 이를 높이 평가했다.

劉師川, 莘老丞相幼子, 力學有文, 嘗「贈舍弟」詩云:“大阮平生余所愛, 小阮相逢亦傾蓋. 濟陰未識情更親, 信手新詩落珠貝. 楊氏作公誰

제(金日磾)의 시호이다.

20 위수(渭水)의 부결(符訣): 위수에 전해오는 비결이라는 말로, 『태공병법(太公兵法)』을 가리킨다. 강태공(姜太公) 여상(呂尙)이 위수의 반계(磻溪)에서 낚시질하다가 주 문왕(周文王)을 처음 만나 사부(師傅)로 추대되었고, 뒤에 문왕의 아들 무왕(武王)을 도와 은(殷)을 멸망시키고 천하를 평정하였다.

21 산동의 재상: 『한서(漢書)』 「조충국전(趙充國傳)」에서 인용된 속어인 “산 동쪽에는 정승이 나고 산 서쪽에는 장수가 난다[山東出相 山西出將]”를 인용한 것이다. 여기서의 산은 화산(華山)을 기준으로 한다.

22 신공(申公): 노나라 사람으로 배(培)이다. 제자들을 가르치며 두문불출하고 빈객도 만나지 않다가 한 무제의 부름에 응했다. 치란을 묻는 한 무제의 질문에 “다스리는 일은 말을 많이 하는 데 달려 있지 않고 힘써 행하는 것을 어떻게 하느냐에 달려 있습니다”라고 대답하였다. 『한서(漢書)』 권88(卷88) 「유림전(儒林傳)」 「신공(申公)」.

料理, 臧孫有後誠可喜. 長亭水落風雨多, 無酒飮君如別何." 余時爲濟陰縣主簿, 大阮謂知止也.

유사천劉師川은 승상 유지劉摯의 아들이며 학문에 힘써 글을 잘 지었다. 일찍이 지은 「증사제贈舍弟」에서 "대완大阮은 평생 내가 사랑하는 이이고, 소완(小阮 : 呂本中)은 만나면 반갑게 이야기 나눈다. 제음濟陰은 몰라도 정이 더욱 가까워, 손닿는 대로 쓴 새 시는 구슬방울이 구른다. 양씨楊氏가 공무 맡을 줄 누가 알았으랴, 장손臧孫[23]에 후손이 있음은 참으로 기쁜 일이다. 긴 정자에 물이 지고 비바람 몰아치는데, 술 한 잔도 없이 떠나보낸 그대를 어찌해야겠는가(大阮平生余所愛, 小阮相逢亦傾蓋. 濟陰未識情更親, 信手新詩落珠貝. 楊氏作公誰料理, 臧孫有後誠可喜. 長亭水落風雨多, 無酒飮君如別何)"라고 했다. 나는 당시 제음현濟陰縣 주부主簿였으며, 대완은 여지지呂知止를 이른다.

曾子固舍人爲太平州司戶時, 張伯玉瑑作守, 歐公·王荊公諸人, 皆與伯玉書, 以子固屬之, 伯玉殊不爲禮. 一日, 就設廳召子固, 作大排, 唯賓主二人, 亦不交一談也. 旣而召子固於書室, 謂子固曰: "人謂公爲曾夫子, 必無所不學也." 子固辭避而退. 一日, 請子固作「六經閣記」, 子固屢作, 終不可其意, 乃爲子固曰: "吾試爲之." 卽令子固書曰: "六經閣者, 諸子百家皆在焉, 不書, 尊經也." 其下文不能具載. 又令子固問書傳中隱晦事, 其應答如流, 子固大服, 始有意廣讀異書矣.

사인舍人 증공이 태평주 사호太平州司戶였을 때 백옥伯玉 장조張瑑가 태수였다. 구양수, 왕안석 등이 모두 장조에게 편지를 보내 증공을 부탁

23 장손(臧孫) : 춘추시대 노 효공(魯孝公)의 후예인 장손진(臧孫辰)을 가리키며, 흔히 장문중(臧文仲)이라 일컫는다. 문중은 그의 시호이다.

했지만 장조는 특별히 예우하지 않았다. 어느 날 장조가 자리를 마련해 증공을 불렀는데, 넓은 자리였으나 오직 손님과 주인 두 사람뿐이었고 서로 한마디도 나누지 않았다. 얼마 뒤 장조는 증공을 서실로 불러 "사람들이 공을 증부자曾夫子라 하니 필경 배우지 않은 것이 없겠습니다"라고 하였다. 이에 증공은 손사래를 치며 물러나왔다. 하루는 또 그가 증공에게 「육경각기六經閣記」를 지어달라고 부탁을 해, 증공이 여러 번 지었으나 끝내 마음에 들어 하지 않았다. 그래서 "내가 한 번 지어보겠다"고 하고 증공에게 받아 적게 했다. "육경각六經閣이란 제자諸子와 백가百家가 모두 들어있으니 이에 대해 쓰지 않는 것은 경經을 존중해서다 ……." 그다음 문장은 모두 실을 수 없다. 또 증공에게 『서전書傳』 가운데 어려운 내용들을 묻게 하고 물 흐르듯 대답하였다. 증공은 대단히 탄복했고 비로소 다른 책들을 넓게 읽으려는 생각을 가졌다.

晁丈以道言:"劉斯立跂初登科,① 以賢稱. 就亳州見劉貢父, 所稱引皆劉所未知, 於是始有意讀書." 以道又言:"少年讀書時, 嘗鄙薄蔭補得官, 以蔭補得官不是作官. 後從李德操遊, 德操更輕賤科名, 議論高遠, 方有意於爲學矣."

① '跂', 原作'跋', 據『宋史』「劉摯列傳」改.

조이도 어른이 말씀하시길 "사립斯立 유기劉跂가 처음 과거에 급제했을 때 현자라는 평을 들었다. 박주亳州로 가 유반을 찾아뵈었을 때 유반이 인용한 것은 모두 유기가 모르는 것이었다. 이에 유기는 자극을 받아 비로소 책을 읽으려는 마음을 먹었다"라고 하셨다. 조이도 어른께서 또 말씀하시길 "소년시절 공부를 할 때는 음보蔭補로 관직 얻는 것을 무시하여 그렇게 관직을 얻는 사람은 관리 될 자격이 없다고 여겼다. 뒤에 이덕조李德操를 따랐는데, 이덕조가 더욱더 과거를 천시하고 고상하고 심원한 논의를 전개하여 비로소 학문에 뜻을 가졌다"라고 하셨다.

① '跂'는 본래 '跋'로 되어 있었는데 『송사宋史』 「유지열전劉摯列傳」에 의거하여 고쳤다.

叔祖待制公嘗與賓客飮酒, 時大有尙幼, 侍側. 叔祖令大有作四聲, 大有應聲云 : "微雨變雪."

숙조叔祖 대제공(待制公 : 여희순)이 일찍이 손님들과 술잔을 나누었다. 당시 아직 어렸던 여대유呂大有가 옆에서 모시고 있었다. 숙조가 사성(四聲 : 시)을 지어보라고 하자, 여대유는 "가랑비가 눈으로 변했다[微雨變雪]"라고 했다.

元祐中, 諸阮族人居楡林, 甚盛. 嘗一日, 同遊西池, 有士子方遊觀, 歎曰 : "紈袴不餓死, 儒冠多誤身." 從叔叔巽應聲問曰 : "秀才, 汝'讀書破萬卷, 下筆如有神'也未?" 士子甚驚歎.

원우 연간에 완씨阮氏 집안 사람들이 유림楡林에 살았는데 매우 융성했다. 어느 날 함께 서지西池를 유람하던 중에 마침 관광하던 사자士子가 한숨을 쉬며 "비단 바지 입은 이는 굶어 죽지 않으니, 유생의 관冠은 몸을 그르치는 예가 많다[紈褲不餓死, 儒冠多誤身]"라고 했다. 그러자 종숙從叔 여숙손呂叔巽이 바로 묻기를 "수재秀才 그대는 '만 권 책을 독파하여, 글을 쓸 때 신이 들린 듯해[讀書破萬卷, 下筆如有神]' 보았는가?"라고 하여 사자가 깜짝 놀라며 탄복했다.

東萊公嘗與羣從出城，至村寺中，寺僧設冷淘，止具酢，無他物. 令衆對"入寺冷淘惟有酢"，叔巽應聲對云："出門蒸餅便無鹽." 衆服其敏.

동래공(東萊公 : 여조겸呂祖謙)이 일찍이 여러 종제들과 함께 성 밖을 나서 시골 절에 이르렀는데, 절의 승려가 준비한 것이 매우 썰렁해서 식초만 준비하고 다른 것이 없었다. 종제들로 하여금 말하게 하기를 "절에 들자 썰렁해 식초만 있네[入寺冷淘惟有酢]"라고 했다. 그러자 여숙손이 바로 대꾸하기를 "문을 나서자 찐 떡에는 소금이 없네[出門蒸餅便無鹽]"라고 하였다. 종제들이 그 민첩함에 탄복했다.

崇寧初，晁以道居登封，滎陽公嘗寄詩云："將謂淸風全掃地，世間今復有盧鴻." 以道和詩云："渭濱人老釣綸中，晩達那知有早窮.① 顧我巖棲終作底，謾將病目送飛鴻."

① '達'，原作'歲'，據『百川』本改.

숭녕(崇寧 : 1102~1106) 초에 조이도는 등봉登封에 살았다. 일찍이 형양공이 보낸 시에서 "맑은 바람 땅을 깨끗이 쓸리라 생각했는데, 세상에는 지금 다시 노홍盧鴻[24]이 있네[將謂淸風全掃地，世間今復有盧鴻]"라고 하니, 그는 화답하는 시에서 "위수渭水에 사는 이는 낚시 드리우며 늙었으니, 만년에 고위에 오를 때 곤궁했던 시절을 어찌 기억하랴. 바위 아래 깃든 날 돌아보면 결국 하찮은 모습이어서, 그저 병든 눈으로 날아가는 기러기를 보낼 뿐이다[渭濱人老釣綸中，晩達那知有早窮. 顧我岩棲終作

24 노홍(盧鴻) : 당나라 현종 때 관직을 하사받은 사람. 자는 호연(顥然)이고 낙양 사람이다. 한편으로는 이름이 홍일(鴻一)이고 자는 호연(浩然)이라고도 한다. 숭산(嵩山)에 은거했다. 서화에 능했는데 주(籀)·전(篆)·예(隷)·해(楷)를 모두 잘 썼다. 개원 12년(724)에 일찍이 『당보적선사비(唐普寂禪師碑)』를 편찬했다.

底, 謾將病目送飛鴻"라고 했다.

① '達'은 본래 '歲'로 되어 있었는데 『백천학해』본에 의거하여 고쳤다.

崇寧末, 東萊公迎侍滎陽公, 居眞州船場, 晁以道赴官明州, 來訪公, 留連數日而去. 別後, 以詩寄公云: "鳳老不行食, 子復將衆雛. 一門三世行, 名數文章俱.① 自可不富貴, 天德公已餘. 公乎默終日, 誰言得親疏. 人間亦何事, 前賢重作書. 公豈不窮愁, 聊爲筆墨娛. 掩卷長歎息, 曷不巖廊與. 却慚小人計, 不當君子居. 可恨空江水,② 潮生明月初. 捩柁讐北客, 別去敢踟躕. 回首望丹穴, 涕泣日漣如."

① '數', 『百川』本作'教.'

② '空', 『百川』本作'只.'

숭녕 말에 동래공이 형양공을 맞이해 모시며 진주眞州 선장船場에서 머물렀다. 이때 조이도가 명주明州로 부임하는 길에 공을 방문하여 며칠을 머물다 갔다. 떠나고 나서 그가 공에게 시를 보냈다. "봉황이 늙어 먹이를 마련하지 않으니, 그 새끼가 뭇 어린새끼를 거느린다. 한 집안에 삼대가, 저마다 문장을 갖추었다. 스스로 부귀를 누리지 않아도 되는 것은, 타고난 덕을 공은 넉넉히 갖춰서다. 공은 종일 잠자코 있으니, 누가 친소를 말할 수 있으랴. 삶이 뭐라고, 지난 현자들은 거듭 글을 쓴 것인가. 공이라 해도 어찌 곤궁을 걱정하지 않으랴만, 애오라지 필묵을 즐길 뿐이다. 책을 덮고 긴 탄식을 하는 것은, 어찌 조정 때문이 아니랴. 부끄러운 건 소인의 계책을, 군자는 가질 수 없다는 것이다. 안타까운 건 텅 빈 강물에, 막 달이 솟을 때 조수가 이는 것이다. 키를 돌려 북쪽 나그네를 놀라게 했거니와, 헤어지며 감히 발길을 머뭇거린다. 뒤돌아 단혈(丹穴 : 수양하는 곳)을 바라보며, 날마다 눈물을 주르륵 흘린다[鳳老不行食, 子復將衆雛. 一門三世行, 名數文章俱. 自可不富貴, 天德公已

餘. 公乎默終日, 誰言得親疏. 人間亦何事, 前賢重作書. 公豈不窮愁, 聊爲筆墨娛. 掩卷長歎息, 曷不岩廊與. 却慚小人計, 不當君子居. 可恨空江水, 潮生明月初. 捩柁謦北客, 別去敢踟躕. 回首望丹穴, 涕泣日漣如]"라고 했다.

① '數'는 『백천학해』본에 '敎'로 되어 있다.

② '空'은 『백천학해』본에 '只'로 되어 있다.

曾元嗣續政和間嘗作十友詩, 蓋謂顔平仲岐・關止叔沼・饒德操節・高秀實茂華・韓子蒼駒及余諸人共十人也. 其稱余詩云: "呂家三相盛天朝, 流澤於今有鳳毛. 世業中微誰料理, 却收才具入風騷."

원사元嗣 증속曾續이 정화 연간에 십우시十友詩를 지었다, 평중平仲 안기顔岐, 지숙止叔 관소關沼, 덕조德操 요절, 수실秀實 고화高華, 자창子蒼 한급韓及과 나 등 열 사람을 두고 평한 것이다. 나에 대해서는 이렇게 썼다. "여씨 집안 세 재상은 조정에 융성하여, 오늘날까지 그 혜택 이어져 봉황의 털이 남아 있다. 가업이 중간에 미약할 줄 누가 예상했으랴, 문득 재능을 거두어 풍소(風騷: 문학)로 들어갔다[呂家三相盛天朝, 流澤於今有鳳毛. 世業中微誰料理? 却收才具入風騷]"라고 했다.

崇寧初, 滎陽公守曹州, 陳無己以詩寄公云: "往時三呂共修途, 擬上青雲近玉除. 中道勒回奔電足, 今年還値逦英廬. 縱談尚記華嚴夜, 枉道難隨刺史車. 遣興寛爲七字句, 逢人聊代一行書."① 紹聖初, 滎陽公罷經筵, 出舍城東華嚴寺, 無己與晁伯禹載之・唐季實之問皆來訪公. 每晨興, 公未起, 三人者皆揖於門外. 及寢, 公就枕, 三人者皆揖於門外, 如親弟子云.

① '一行', 『百川』本作'八行.'

숭녕 초에 형양공이 조주태수曹州太守로 있을 때 진사도가 보낸 시에서 "지난날 세 여씨가 함께 길을 닦아, 청운을 타고 옥계단(궁궐)에 가까이 가려 했다. 중간에 번개처럼 길을 돌렸지만, 올해 다시 이영려邇英廬[25]를 만났다. 맘껏 나누는 이야기에서 화엄華嚴의 밤이 기억나거니와, 정도를 굽혀 자사刺史의 수레를 따르기 어렵다. 흥에 맞춰 넉넉하게 일곱 자 시를 지었고, 사람을 만나 애오라지 편지를 대신한다[往時三呂共修途, 擬上青雲近玉除. 中道勒回奔電足, 今年還値邇英廬. 縱談尙記華嚴夜, 枉道難隨刺史車. 遣興寬爲七字句, 逢人聊代一行書]"라고 했다. 소성 초에 형양공이 경연經筵을 그만두고 성 동쪽 화엄사華嚴寺에서 머물고 있을 때, 진사도가 백우伯禹 조재지晁載之, 계실季實 당지문唐之問와 함께 공을 내방했다. 새벽이라 공이 아직 일어나지 않았을 때도 세 사람은 모두 문밖에서 읍을 하고 있었다. 밤에 잠을 잘 때도, 공이 취침할 즈음에 세 사람은 모두 친제자처럼 문밖에서 읍을 했다.

① '一行'은 『백천학해』본에 '八行'으로 되어 있다.

崇寧初, 滎陽公自曹州與相州太守劉壽臣唐老學士兩易會於滑州. 滑守陳伯修師錫, 殿院也, 坐中有詩云 : "金馬舊遊三學士, 玉麟交政兩諸侯." 蓋記當時事也.

숭녕 초에 형양공이 조주에서 상주태수相州太守 수신壽臣 유당로劉唐老 학사學士와 양역兩易[26]으로 인해 활주滑州에서 만났다. 활주태수 백수伯修 진사석陳師錫이 전원殿院[27]이었는데, 함께 앉은 자리에서 지은 시에서

25 이영려(邇英廬) : 송나라 때 금원(禁苑)의 궁전인 이영각(邇英閣)으로, 그 명칭은 영재(英才)를 가까이한다는 뜻을 담고 있다. 주로 홍문관(弘文館)을 뜻한다.

26 양역(兩易) : 송나라의 제도. 관원이 혐의를 피하거나 벌을 받는 등의 정황으로 인해 공사(公事)에 장애가 있으면 다른 사람과 관직을 서로 바꿀 수 있는데, 이를 양역이라 했다. 대이(對移)라고도 한다.

"황금 말 타고 놀던 세 학사이고, 옥린각玉麟閣[28]으로 정책을 교류하던 두 제후이다[金馬舊遊三學士, 玉麟交政兩諸侯]"라고 했으니 당시의 이야기를 서술한 것이다.

楊廿三丈道孚克一, 呂氏重甥, 張公文潛之甥也. 少有才思, 爲舅所知. 年十五時, 在鄂渚作詩云: "洞庭無風時, 上下皆明月. 微波不敢興, 甚靜蛟蜃穴."

양이십삼(楊二十三: 항렬) 도부道孚 양극일楊克一 어른은 여씨呂氏의 중생(重甥: 외생外甥의 아들)이고 장뢰의 생질이다. 어려서부터 재능이 있어 외삼촌으로부터 기대를 받았다. 열다섯 살 때 악저鄂渚에서 지은 시에서 "동정에 바람 없을 때는, 상하가 밝은 달뿐이다. 희미한 물결조차 감히 일지 못하고, 교룡과 이무기의 집이 매우 조용하다[洞庭無風時, 上下皆明月. 微波不敢興, 其靜蛟蜃穴]"라고 했다.

元符初, 滎陽公謫居歷陽, 道孚爲州法曹掾. 嘗從公出遊, 以職事遽歸, 遺公詩云: "雨綠霜紅郭外田, 山濃水澹欲寒天. 參軍抱病陪清賞, 一檄呼歸亦可憐." 公甚稱之.

원부(元符: 1098~1100) 초에 형양공이 역양에 좌천되어 있을 때, 양극

27 전원(殿院): 당·송 양대에 어사대(禦史台)가 있었는데, 그 밑에 대원(台院)·전원(殿院)·찰원[和察院]을 설치했으며 주관하는 관리는 각각 시어사(侍禦史)·전중시어사(殿中侍禦史)·감찰어사(監察禦史)였다.

28 옥린각(玉麟閣): 기린각(麒麟閣). 한나라 선제(宣帝)가 일찍이 곽광(霍光), 장안세(張安世), 소무(蘇武) 등 공신 십일 인의 초상을 그려서 걸게 했던 전각 이름. 기린각의 공명이란 곧 국가에 큰 공훈을 세워 공신으로 책록된 것을 이른다.

일은 주州의 법조연法曹掾이었다. 양극일은 일찍이 공을 추종했는데, 관직 때문에 갑자기 돌아가게 되었다. 그때 공에게 전한 시에서 "비에 푸르고 서리에 붉은 성곽 밖 밭들, 산은 짙고 물은 맑아 추워 오려는 하늘이다. 병 앓는 참군參軍이 청정한 가르침에 젖었거늘, 갑작스런 부름에 돌아가려니 가련할 뿐이다[雨綠霜紅郭外田, 山濃水澹欲寒天. 參軍抱病陪清賞, 一檄呼歸亦可憐]"라고 하였고 공이 매우 칭찬했다.

李方叔廌嘗作「寒食」詩:"千株蜜炬出嚴闉, 走馬天街賜近臣. 我亦茅簷自鑽燧, 煨針燒艾檢銅人." 又嘗「贈汝州太守」詩云:"安得吾皇四百州, 皆如此邦二千石."

방숙方叔 이치李廌는 일찍이 지은 「한식寒食」에서 "천 그루 밀랍 촛불이 장엄한 궁궐을 나서, 서울 길 말을 달려 근신에게 하사한다. 나는 초가에서 나무를 비벼 불을 내, 침을 달구고 쑥을 태워 동인銅人[29]을 살핀다[千株蜜炬出嚴闉, 走馬天街賜近臣. 我亦茅簷自鑽燧, 煨針燒艾檢銅人]"라고 했다. 또 「증여주태수贈汝州太守」에서"어찌하면 우리 황제 사백 주州가, 모두 이천 석이 되게 할 수 있을까[安得吾皇四百州, 皆如此邦二千石]"라고 했다.

方叔「祭東坡文」云:"皇天后土, 實表平生忠義之心. 名山大川, 復收自古英靈之氣."

29 동인(銅人): 동인경(銅人經)의 준말이다. 송나라 왕유일(王惟一)이 천성(天聖) 5년(1027)에 조칙을 받고 동(銅)으로 만든 인체 모형에 침구의 경혈(經穴)을 그려 넣어 해설한 것에서 시작되었다.

이치는 「제동파문祭東坡文」에서 "황천과 후토[30]는, 실로 평생의 충성과 의로운 마음을 표창하고. 명산과 대천은, 다시 예로부터 전해오는 영령의 기를 거둔다[皇天后土, 實表平生忠義之心. 名山大川, 復收自古英靈之氣]"라고 했다.

滎陽公紹聖中謫居歷陽, 閉戶却掃, 不交人物. 嘗有詩云 : "老讀文書興易闌, 須知養病不如閒. 竹床瓦枕虛堂上, 臥看江南雨外山."

형양공은 소성 연간에 역양에 좌천돼 머무를 때, 문을 닫고 손님을 사절한 채 사람들을 만나지 않았다. 일찍이 지은 시에서 "늙어 글 읽노라니 흥취가 쉽게 가셔, 병든 몸 요양하는 것은 한적함뿐이란 걸 새삼 안다. 대나무 평상 기와 베개 텅 빈 집에서, 누워서 강남 비 너머 산을 바라본다[老讀文書興易闌, 須知養病不如閑. 竹床瓦枕虛堂上, 臥看江南雨外山]"라고 했다.

滎陽公元符末起知單州, 「登城樓」詩云 : "斷霞孤鶩欲寒天, 無復青山礙目前. 世路崎嶇飽經歷, 始知平地是神仙."

형양공은 원부 말에 세상에 나와 단주태수單州太守로 있을 때 지은 「등성루登城樓」에서 "노을 진 싸늘한 하늘에 외따오기 날고, 시야를 가리는 청산은 다시 없다. 기구한 세상일을 실컷 겪고 나니, 평지가 신선 세계임을 비로소 알겠다[斷霞孤鶩欲寒天, 無復青山礙目前. 世路崎嶇飽經曆, 始知平地是神仙]"라고 했다.

30 황천과 후토 : 하늘의 신과 땅의 신을 가리킨다.

東萊公元祐中「西池」詩云:“遊人初避熱, 多傍柳陰行.” 崇寧中閑居符離, 嘗步至村寺, 作詩贈僧云:“柳外陰中檐鐸鳴, 老僧拄杖出門行. 自言老病難看讀, 只坐蒲團到五更.”

동래공은 원우 연간에 지은 「서지西池」에서 “유람 나온 사람들이 더위를 피해, 버드나무 그림자 곁을 걷는다[遊人初避熱, 多傍柳陰行]”라고 했다. 숭녕 연간에 그가 부리符離에서 한적하게 지낼 때, 일찍이 마을 절에 갔다가 시를 지어 승려에게 주었다. “버드나무 넘어 그늘 속에서 첨탁(簷鐸: 풍경)이 들리고, 노승은 지팡이 짚고 문밖을 나선다. 스스로 늙고 병들어 책을 보기 어렵다 하며, 오경에 이르도록 부들자리에 앉아있다.[柳外陰中簷鐸鳴, 老僧拄杖出門行. 自言老病難看讀, 只坐蒲團到五更.]”

饒德操初見潘邠老「和山谷中興碑」詩, 讀至“天下寧知再有唐, 皇帝紫袍迎上皇”, 歎曰:“潘十後來做詩, 直至此地位耶.”

요절은 반대림의 「화산곡중흥비和山谷中興碑」를 처음 보고 “천하에 다시 당唐이 출현할 줄 어찌 알았으랴, 황제가 붉은 곤룡포로 상황上皇을 맞이한다[天下寧知再有唐, 皇帝紫袍迎上皇]”에 이르러 “반십(潘十: 반대림)이 훗날 지은 시가 이 경지에 이르렀단 말인가[潘十後來做詩, 直至此地位耶]”라고 찬탄했다.

邠老「送山谷貶宜州」詩:“可是中州著不得, 江南已遠更宜州.” 山谷極稱賞之.

반대림은 「송산곡폄의주送山谷貶宜州」에서 “중주(中州: 중앙)에 머무를 수 없다 해도, 강남도 아닌 의주임에랴[可是中州著不得, 江南已遠更宜州]" 라고 했다. 황정견이 이를 대단히 호평했다.

何斯擧頡嘗和余詩云 : "秋水因君話河伯, 接籬持酒對山公." 斯擧卽無己詩所謂"黃塵投老得何郞, 准擬明年共我長"者也, 然斯擧與余初不相識.

사거斯擧 하힐何頡이 일찍이 내게 화답한 시에서 "가을 물은 그대로 인해 하백河伯[31]을 이야기하고, 울타리 가까워 술을 들고 산공山公을 마주한다[秋水因君話河伯, 接籬持酒對山公]"라고 했다. 하힐은 바로 진사도가 시에서 "먼지 속에 늙은 몸을 던져 하랑(何郞 : 하힐)을 얻었으니, 반드시 내년에 나와 함께 성장할 것이다[黃塵投老得何郞, 准擬明年共我長]"라고 한 사람이다. 하지만 하힐은 애초에 나와 알던 사이가 아니다.

晁叔用嘗作「廷珪墨」詩, 脫去世俗畦畛, 高秀實深稱之. 其詩云 : "我聞江南墨官有諸奚,① 老超尙不如廷珪, 後來承晏頗秀出, 喧然父子名相齊. 百年相傳紋破碎, 彷彿尙見蛟龍背. 電光屬天星斗昏, 雨痕倒海風雷晦. 却憶當年淸暑殿, 黃門侍立才人見. 銀鉤洒落桃花牋, 牙牀磨試紅絲硯. 同時書畫三萬軸, 二徐小篆徐熙竹. 御題四絶海內傳, 秘府毫芒惜如玉. 君不見, 建隆天子開國初, 曹公受詔行掃除. 王侯舊物人今得, 更寫西天貝葉書."

① '我聞', 『百川』本作'君不見.'

31 하백(河伯) : 물귀신. 하백이 하수에 있으면서 자기가 있는 물이 많음을 한껏 뽐내다가 바다를 한 번 보고는 기가 질렸다고 한다.

조충지가 일찍이 지은 「정규묵廷珪墨」은 세속의 굴레를 벗어나 있어서 고무화가 높게 평가했다. 시의 내용은 다음과 같다. "듣자니 강남 묵관墨官으로 해奚씨가 있다는데, 노숙하고 월등하기로는 정규廷珪만 못하다. 후대의 승안承晏이 아주 우수해서, 부자父子의 명성이 동등하게 퍼졌다. 백 년을 전해오는 문양이 부서져도, 아직 교룡蛟龍의 등짝을 보는듯하다. 전광電光이 하늘에 닿을 때 별빛도 어둡고, 비 흔적 바다에 내리칠 때 바람과 우레도 잠잠하다. 문득 당시 청서전淸暑殿에서 황문黃門에 서있던 재인才人이 기억난다. 은빛 갈고리는 도화전桃花箋 위에 살포시 닿고, 상아 연상에 홍사연紅絲硯을 시험 삼아 간다. 같은 시대 삼만 축의 서화는, 두 서씨(徐氏 : 서현徐鉉·서개徐鍇)의 소전小篆과 서희徐熙의 대나무다. 황제께서 쓰신 네 절구는 세상에 전해져, 비부秘府에서 옥처럼 귀히 여긴다. 그대는 보지 못하였는가, 건륭(建隆 : 906~963) 천자(天子 : 북송 태조 조광윤)가 처음 개국할 때, 조공(曹公 : 조광실曹光實)이 조칙을 받아 말끔히 정돈한 것을. 왕후의 옛 물건을 지금 얻어, 다시 서역의 패엽貝葉 글씨를 쓴다.[我聞江南墨官有諸奚, 老超尙不如廷珪, 後來承晏頗秀出, 喧然父子名相齊. 百年相傳紋破碎, 彷彿尙見蛟龍背. 電光屬天星斗昏, 雨痕倒海風雷晦. 却憶當年淸暑殿, 黃門侍立才人見. 銀鉤洒落桃花牋, 牙牀磨試紅絲硯. 同時書畫三萬軸, 二徐小篆徐熙竹. 御題四絶海內傳, 秘府毫芒惜如玉. 君不見, 建隆天子開國初, 曹公受詔行掃除. 王侯舊物人今得, 更寫西天貝葉書.]"

① '我聞'은 『백천학해』본에 '君不見'으로 되어 있다.

東萊公嘗言, 少時作詩, 未有以異於衆人, 後得李義山詩, 熟讀規摹之, 始覺有異.

동래공이 일찍이 말하기를 "어렸을 때 지은 시는 여느 사람들과 차이가 없었는데, 후에 이상은의 시를 보고 충분히 읽고서 규범으로 삼고 나서야 비로소 남들과의 차이를 느꼈다"라고 했다.

東萊公深愛義山"一春夢雨常飄瓦, 盡日靈風不滿旗"之句, 以爲有不盡之意.

동래공은 이상은의 "봄날 꿈속 비는 언제나 기왓장에 나부끼고, 온종일 신령스러운 바람은 깃발에 가득하지 않다[一春夢雨常飄瓦, 盡日靈風不滿旗]"라는 구절을 아주 사랑하여, 끝없는 함의가 담겨 있다고 하였다.

楊道孚深愛義山"嫦娥應悔偸靈藥, 碧海靑天夜夜心", 以爲作詩當如此學.

양극일은 이상은의 "항아嫦娥는 명약 훔친 것을 뉘우칠 터,[32] 푸른 바다 푸른 하늘에 밤마다의 마음이다[嫦娥應悔偸靈藥, 碧海靑天夜夜心]"를 매우 사랑하여 시를 지을 때는 마땅히 이를 기준으로 삼아야 한다고 하였다.

仲姑淸源君嘗言"前身當是陶淵明, 愛酒不入遠公社", 故流轉至今耳.①

① '耳', 原作'耶', 據『百川』本改.

중고仲姑 청원군淸源君이 일찍이 "전신前身이 분명 도연명이어서, 술을 사랑해 원공遠公의 결사結社[33]에 들지 못했다[前身當是陶淵明, 愛酒不入

32 항아(嫦娥) …… 뉘우칠 터 : 중국의 옛 전설에 유궁후(有窮后) 예(羿)가 불사약(不死藥)을 구해 두었더니 그의 처 항아가 그 약을 훔쳐 먹고 달 가운데로 도망가서 살고 있다 한다.

遠公社]"라고 했으므로, 지금까지 유전되어 온 것이다.

① '耳'는 원래 '耶'로 되어 있었는데 『백천학해』본에 의거하여 고쳤다.

吳正憲夫人最能文,① 嘗雪夜作詩云:"夜深人在水晶宮." 吳正憲夫人知識過人, 見元祐初諸公進用人才之盛, 歎曰:"先公作相, 要進用一個好人, 費盡無限氣力, 如今日用人, 可謂無遺才矣." 吳正憲作相時, 蓋元豐間也.

① '憲', 原作'獻', 據『百川』本·『宋史』「吳充傳」改, 下同.

오충吳充의 부인은 문장에 아주 능했다. 일찍이 눈 내리는 밤에 지은 시에서 "깊은 밤 수정궁에 있네[夜深人在水晶宮]"라고 했다. 그녀는 식견이 남들보다 워낙 뛰어나서 원우 초에 제공들이 인재를 등용하는 성대한 모습을 보고는 "선공이 재상이 돼 한 사람의 좋은 인재를 등용하려 할 때 무한한 기력을 썼었는데, 지금 사람의 등용은 인재를 버리는 일이 없다고 할 만하다"라고 감탄했다. 오정헌이 재상으로 있었던 시기는 원풍 연간이다.

① '憲'은 원래 '獻'으로 되어 있었는데 『백천학해』본과 『송사宋史』「오충전吳充傳」에 의거하여 고쳤다. 아래도 같다.

孔毅甫平仲學士, 建中靖國間作吳正憲夫人輓詩云:"贊夫成相業, 聽子得忠言." 其子蓋傳正安詩舍人也. 傳正有賢行, 紹聖初, 以左史權中書舍人, 欲論事而懼其親老未敢. 夫人聞之, 屢促其子論列時事, 傳正由

33 원공(遠公)의 결사(結社): 원공은 중국 동진의 고승 혜원(惠遠)이다. 정토종의 창시자다. 태원(太元) 연간에 여산(廬山)에 정사(精舍)를 세워서 혜영(慧永)·종병(宗炳) 등과 백련사(白蓮社)를 결사(結社)하여 십팔 현이라 지목되었다. 혜원은 그중 첫 번째 인물이다.

此遂貶, 夫人不以爲恨也.【輓詩乃蘇子由作】

의보毅甫 공평중 학사가 건중정국(建中靖國 : 1101) 연간에 지은 오충 부인의 만시挽詩에서 "부군의 정승의 업의 완성을 돕고, 충언을 하도록 자식의 뜻을 들어주었다[贊夫成相業, 聽子得忠言]"라고 했다. 그녀의 아들은 전정傳正 오안시吳安詩 사인舍人이다. 오안시는 현자의 모습을 보였으며 소성 초에 좌사左史로서 중서사인中書舍人을 대임하여 주요 문제를 거론하려다가 부친이 연로한 것을 우려해 감히 실행하지 못했다. 부인이 이 말을 듣고 누차 아들을 재촉하여 문제를 거론하도록 했고, 오안시는 그로 인해 결국 좌천되었다. 하지만 부인은 그것을 회한으로 여기지 않았다【만시는 소철이 지은 것이다】.

紹聖初, 蘇子由罷門下侍郎知汝州, 吳傳正當制, 行詞云 : "薄責尚期改過, 原情本出愛君."

소성 초에 소철이 문하시랑門下侍郎에서 물러나 여주태수汝州太守로 나갈 때 오안시가 조칙詔勅을 담당했다. 그 초고에서 "중하지 않은 책무에도 잘못을 고치려 노력했고, 그 내용을 헤아려보면 본디 임금을 사랑하는 데에서 나왔다[薄責尙期改過, 原情本出愛君]"라고 했다.

李恖去言, 公擇尚書猶子, 少能文詞, 年十七八時作詩云 : "去國春城桃李花, 楓林葉病尚天涯. 今年九日風前帽, 北客南舟雨後沙."① 忘下四句. 汪信民甚稱之, 以爲有過其伾商老處. 然商老詩文富贍宏博, 非後生容易可到. 方臘之亂, 去言有詩 : "蒼黃避地小兒女, 漂泊連牀老弟兄." 亦佳句也.

① '南', 原作'李', 據『百川』本改.

거언去言 이부李忟는 상서尙書 이상의 조카이다. 어려서부터 문장에 능하여 17~18세 때 지은 시에서 "봄철 성 위 복사꽃 도화꽃 핀 곳을 떠나서 온 곳은, 단풍 숲 잎이 병든 하늘 끝이다. 올해 구일 바람 앞에 모자 쓰고, 북쪽 나그네가 남쪽 배 타고 비온 뒤의 백사장에 도착했다[去國春城桃李花, 楓林葉病尙天涯. 今年九日風前帽, 北客南舟雨後沙]"라고 했다. 다음 네 구절은 기억나지 않는다. 왕혁汪革은 이 작품을 매우 높이 평가하며 자신의 조카 왕상로汪商老보다 훨씬 뛰어나다고 했다. 하지만 왕상로의 시문은 풍요롭고 드넓어서 후학들이 쉽게 도달할 수 있는 것이 아니다. 방랍方臘[34]의 난리 때 이부는 "경황없이 몸을 피한 어린 아녀자, 이리저리 떠돌며 한 평상에 앉은 늙은 형제[蒼黃避地小兒女, 漂泊連牀老弟兄]"라고 했다. 이것 역시 훌륭한 구절이다.

① '南'은 원래 '李'로 되어 있었는데 『백천학해』본에 의거하여 고쳤다.

夏均父稱張彦實詩出江西諸人. 彦實「送均父作江守」詩云: "平時袞袞向諸公, 投老猶推作郡公. 未覺朝廷疏汲黯, 極知州郡要文翁." 均父每諷誦之.

하예가, 장언실張彦實의 시는 강서파에서 나왔다고 평했다. 장언실이 「송균부작강수送均父作江守」에서 "평시에도 연이어 제공들을 따르더니, 노년에도 여전히 군수가 되시었네. 조정에서 급암汲黯[35]을 소홀히 한

---

34 방랍(方臘): 송나라의 난적(亂賊). 마니교도(摩尼敎徒)로서 정부를 원망하는 백성을 모아 반란을 일으켜 스스로 성공(聖公)이라 호칭하고 여러 주현(州縣)을 함락하였다. 뒤에 관군에게 토벌되었다.

35 급암(汲黯): 자는 장유(長孺). 조정에서 기개를 굽히지 않고 강직하게 바른 소리를 서슴없이 하였으므로, 한 무제가 그를 꺼려하면서도 사직지신(社稷之臣)이라고 일컬었던

줄 모르고, 주군州郡에서 문옹文翁[36]을 요구한 줄만 알았네[平時袞袞向諸公, 投老猶推作郡公. 未覺朝廷疏汲黯, 極知州郡要文翁]"라고 했는데, 하예는 매번 이 시를 되뇌었다.

張子厚先生紹聖中蘇・常道中題余授讀書卷後云: "一水帝鄕路, 片雲師子山." 不知此何人詩也.

장재 선생이 소성 연간에 소주와 상주常州 길 위에서 나의 「수독서권授讀書卷」 뒤에 글을 쓰며 "물길은 제향(帝鄕 : 저승, 천당)의 길이고, 조각구름은 사자산師子山이다[一水帝鄕路, 片雲師子山]"라고 했다. 이 시가 누구의 시인지는 모르겠다.

正憲公自同知樞密院出知定州, 謝上表有云: "特以百年舊族, 荷累朝不貲之恩, 一介微軀, 辱上主非常之遇." 又云: "謂臣世服近僚, 有均休共戚之義, 察臣旁無厚援, 絶背公死黨之嫌." 又云: "進不敢希功而生事, 退不敢弛備以曠官."

오충은 동지추밀원同知樞密院에서 나가 정주태수定州太守로 있을 때 올린 표문表文에서 "특별히 백 년의 구족으로서, 여러 조정으로부터 이루 갚을 수 없는 은혜를 입었고, 일개 미약한 몸은, 성상의 일상적이지 않은 대우를 받았다[特以百年舊族, 荷累朝不貲之恩, 一介微軀, 辱上主非常之遇]"라고 하였다. 또 "신은 대대로 가까이 모시는 관료의 자리에 있으

인물이다.

36 문옹(文翁) : 서한 경제 때 인물로, 촉(蜀)의 군수가 되어 교화를 펼치고 학교를 일으켜 문풍을 크게 떨쳤다. 이를 계기로 무제는 온 천하에 학교를 설립하게 하였다.

며, 기쁨과 슬픔을 함께하는 의리가 있으니, 신이 주변에서 후하게 응원함이 없더라도 살피셔서, 공公을 배반하고 당黨의 목숨을 거는 혐의를 끊으소서[謂臣世服近僚, 有均休共戚之義, 察臣旁無厚援, 絶背公死黨之嫌]"라고 하고, "나아가서는 감히 공을 기대하여 사건을 만들지 않고, 물러나서는 감히 대비를 느슨히 하여 관직을 소홀히 하지 않는다[進不敢希功而生事, 退不敢弛備以曠官]"라고 했다.

正憲公自中司罷後, 數年起知河陽, 謝上表云 : "三學士之職, 嘗忝兼榮. 中執法之司, 亦蒙眞授." 蓋公嘗爲翰林學士, 兼侍讀學士·寶文閣學士, 官至侍郎, 拜中丞, 銜內不帶權字. 公爲中丞時, 官已至侍郎, 故云"亦蒙眞授"也.

오충이 중사中司를 그만두고 몇 년이 지나 다시 하양태수河陽太守로 재직할 때 올린 표문에서 "세 학사의 직책은, 외람되게 영화를 겸하였고, 중앙에서 법을 집행하는 관직은, 진정으로 제수를 받은 것이다[三學士之職, 嘗忝兼榮. 中執法之司, 亦蒙眞授]"라고 했다. 오충은 일찍이 한림학사로 있으며 시독학사侍讀學士와 보문각학사寶文閣學士를 겸하였고, 시랑侍郎에 이른 뒤에 중승中丞에 임명되어 직함 안에 권자(權字 : 대임)를 갖고 있지는 않았다. 오충이 중승이었을 때 관직이 이미 시랑에 이르렀으므로 "진정으로 제수를 받은 것이다"라고 말한 것이다.

正憲公知揚州, 「賀景靈宮成表」有云 : "卽上都之福地, 再廣眞庭, 會列聖之晬容, 益嚴昭薦." 又云 : "回廊曼衍, 圖拱極之近僚, 秘殿重深,① 列儀坤之正位."

① '秘'字, 原缺, 據『百川』本補.

오충은 양주태수로 있을 때 지은 「하경령궁성표賀景靈宮成表」에서 "상도上都의 복된 땅에, 참 정원을 넓히고, 열성(列聖 : 역대 황제)의 훤칠한 모습을 모아, 분명한 소천昭薦[37]이 더욱 엄숙하다[卽上都之福地, 再廣眞庭. 會列聖之晬容, 益嚴昭薦]"라고 했다. 또 "늘어선 회랑에, 황극(皇極 : 황제)을 둘러싼 근신을 그려놓고, 비전秘殿의 깊은 곳에, 의곤(儀坤 : 황후)의 정위正位가 나열되었다[回廊曼衍, 圖拱極之近僚. 秘殿重深, 列儀坤之正位]"라고 했다.

① '秘'는 원래 유실되어 있었는데 『백천학해』본에 의거하여 보완했다.

正憲公守河陽, 范蜀公·司馬溫公往訪, 公具燕設口號, 有云 : "玉堂金馬, 三朝侍從之臣, 淸洛洪河, 千古圖書之奧."

오충이 하양태수河陽太守로 있을 때 범진과 사마광이 찾아갔다. 오충은 연회를 베풀고 구호口號[38]를 마련했는데, 그 가운데 "옥당玉堂과 금마金馬[39]에는, 삼조三朝에서 임금 모셨던 신하들이고, 맑은 낙수洛水와 드넓은 하수河水에는, 천고 하도河圖 낙서洛書의 심오함이 담겼다[玉堂金馬, 三朝侍從之臣, 淸洛洪河, 千古圖書之奧]"[40]라고 했다.

---

37 소천(昭薦) : 명천(明荐)과 같은 말로 제례를 거행할 때 제물을 올리는 것이다.

38 구호(口號) : 고시(古詩)의 표제용어(標題用語). 입에서 나오는 대로 완성하는 것을 말한다. '구점(口占)'과 유사하다.

39 옥당(玉堂)과 금마(金馬) : 옥당은 한대(漢代)의 궁전이름이고 금마는 한대의 궁문이름인데 황제의 조칙(詔勅)을 받는 한림원(翰林院)의 대칭으로 쓰이며, 널리 임금을 모시는 신하들이 모이는 곳을 지칭한다.

40 맑은 …… 담겼다 : 하도는 복희씨(伏羲氏)가 황하(黃河)에서 나온 용마(龍馬)의 등에 일부터 십까지의 무늬가 있는 것을 보고 『주역』의 육십사 괘(卦)를 그린 것이고, 낙서는 우왕(禹王) 때에 낙수(洛水)에서 나온 거북의 등에 일부터 구까지의 점이 있는 것으로, 『서경』의 홍범구주(洪範九疇)는 바로 이것을 밝힌 내용이다.

夏英公「賀文靖公兼樞密使啓」云："三公之尊, 古無不統, 五代多故, 政乃有歸." 又云："部分諸將, 獨出于禁中, 制決奇謀, 不關于公府." 又云："當清明之盛旦, 布焜煌之冊書."【啓事乃宋子京作】

하송은 「하문정공겸추밀사계賀文靖公兼樞密使啓」에서 "삼공三公의 존엄함은, 예로부터 계통이 없지 않고, 오대五代의 많은 사고에도, 정치가 하나로 귀의되었다[三公之尊, 古無不統, 五代多故, 政乃有歸]"라고 하고 "제장들을 부서로 나누며, 홀로 금중(禁中 : 궁중)에서 뛰어나고, 기묘한 계책을 내고 결정할 때는, 공부公府와 관계치 않았다[部分諸將, 獨出於禁中, 制決奇謀, 不關於公府]"라고 했다. 또 "청명의 성대한 아침을 맞아, 찬란한 책서冊書를 반포했다[當淸明之盛旦, 布焜煌之冊書]"라고 했다【계문啓文은 송기가 지은 것이다】.

孫廣伯衍「謝東萊公擧改官啓」云①："淸朝薦士, 寒門蒙座主特達之知, 絳帳傳經, 賤子辱侍講非常之遇." 蓋孫公華老受知正獻公, 廣伯嘗從滎陽公學也.②

① '衍', 原作'術', 據『百川』本改.

② '公', 原脫, 據『百川』本補.

광백廣伯 손연孫衍은 「사동래공거개관계謝東萊公擧改官啓」에서 "청정한 조정에서 인사를 추천하여, 한미한 가문이 좌주座主의 특별한 추천을 입고, 강장絳帳[41]에서 경학을 전수받아, 미천한 자가 비상한 대우를 받

---

41 강장(絳帳) : 붉은 비단으로 만든 장막이라는 뜻으로 스승의 대칭으로 쓰인다. 진(晉)나라 위영(韋逞)의 모친 송씨(宋氏)가 아무도 모르는 주관(周官)의 의례(儀禮)에 밝았기 때문에 나라에서 그녀의 집에 학당을 세우고 강장 너머로 가르치게 했다는 고사에서 유래한다. 『열녀전』.

았다[淸朝薦士, 寒門蒙座主特達之知, 絳帳傳經, 賤子辱侍講非常之遇]"라고 했다. 손신로孫莘老는 정헌공 오충으로부터 인정을 받았고 손연은 일찍이 형양공 여희철에게서 배웠다.

① '衍'은 원래 '術'로 되어 있었는데 『백천학해』본에 의거하여 고쳤다.

② '公'은 원래 없었으나 『백천학해』본에 의거하여 보충했다.

朱巽子權, 荊門人, 崇寧初嘗客余家, 未有聞也. 其後赴擧, 滎陽公送之以詩. 子權後見胡康侯給事, 康侯問: "朱子久從呂公, 亦嘗聞呂公議論乎?" 朱曰: "未也, 獨記公有送行詩卒章云: '他日稍成毛義志,① 再求師友究淵源.'" 康侯曰: "是乃呂公深敎子, 以子學問爲未至,② 故勉子再求師友爾." 子權由是發憤爲學, 與兄震子發俱從師請問焉.

① '稍', 原作'稱', 據『百川』本改.

② '學問', 原作'問學', 據『百川』本改.

자권子權 주손朱巽은 형문荊門 출신이며 숭녕 초에 우리 집에 손님으로 있었다. 그때는 아직 명성이 드러나지 않았다. 그 뒤 과거시험을 보러 떠날 때 형양공이 시를 지어 전송했다. 주손이 훗날 급사給事 강후康侯 호안국胡安國을 만났는데, 호안국이 "주선생께서는 오랫동안 여공(呂公: 형양공 여희철)을 모셨는데, 일찍이 여공의 의론을 들으셨습니까?"라고 물었다. 주손은 "그렇지 않습니다. 오직 기억나는 건 여공이 저를 전송하며 지은 시의 마지막 장에서 '훗날 모의毛義[42]의 뜻을 조금이나마 이루고 나면, 다시 스승을 찾아 연원을 궁구할지어다[他日稍成毛義志,

42 모의(毛義): 후한의 효자. 집이 가난하고 어머니가 연로하였는데, 그를 수령으로 삼는다는 격서가 오자 매우 기뻐하며 벼슬에 나아가니 사람들이 모두 천하게 여겼다. 그 후 어머니가 세상을 떠난 뒤 효렴(孝廉)으로 천거되었는데도 나아가지 않자, 비로소 사람들은 그가 벼슬길에 나아간 것이 어머니를 위해서였음을 알았다고 한다.

再求師友究淵源]'뿐입니다"라고 답했다. 호안국은 "그것은 여공께서 당신을 깊이 가르치신 것이니, 당신의 학문이 아직 미진하다고 여겼으므로 당신이 재차 스승을 구하도록 권유한 것입니다"라고 했다. 주손은 이 말을 듣고 발분해서 학문에 임하고 형인 자발子發 주진朱震과 함께 스승을 찾아가 가르침을 청했다.

① '稍'는 원래 '稱'으로 되어 있었는데 『백천학해』본에 의거해 고쳤다.

② '學問'은 원래 '問學'으로 되어 있었는데 『백천학해』본에 의거해 고쳤다.

叔祖待制, 尊德樂道, 以父師禮事滎陽公, 嘗寄公詩, 有"久矣摳衣闕過庭"之句.

대제待制이신 숙조叔祖께서는 덕을 존중하고 도를 즐기시어 부사父師의 예절로 형양공을 모셨다. 일찍이 형양공에게 보낸 시에 "오랫동안 옷깃 살며시 들고 뜰 앞 지나는 것[43]을 멈췄다[久矣摳衣闕過庭]"라는 구절이 있다.

汪信民嘗和余「欲晴」詩云: "釜星晩雜出, 雨脚晨可歇." 又嘗和余「春日」絶句云: "晏坐黌堂一事無, 居官蕭散似相如. 偶違濁酒風前約, 不見繁英雨後疏."

왕혁이 일찍이 나의 「욕청欲晴」에 화답한 시에서 "부성釜星 저물녘에 뒤섞여 나오니, 빗줄기가 새벽에 갤 만하다[釜星晩雜出, 雨脚晨可歇]"라

43 뜰 앞 지나는 것 : 과정(過庭). 부친으로부터 가르침을 받는 것을 뜻한다. 공자의 아들 백어(伯魚)가 뜰을 가로질러 갈 때, 공자가 그를 불러 세우고 시(詩)와 예(禮)를 공부하라고 가르침을 내렸던 고사에서 나온 것이다. 『논어』 「계씨(季氏)」.

고 하고, 또 일찍이 나의 「춘일春日」 절구에 화답한 시에서는 "행당(黌堂 : 학당)에 조용히 앉아 있으니 아무 일 없고, 관직 생활 스산함은 상여(相如 : 사마상여)와 같다. 우연히 바람 쏘이며 탁주 마시자는 약속을 어기고, 화려한 꽃이 비온 뒤에 성긴 것을 보지 못한다[晏坐黌堂一事無, 居官蕭散似相如. 偶違濁酒風前約, 不見繁英雨後疏]"라고 했다.

張丈文潛大觀中歸陳州, 至南京, 答余書云: "到宋冒雨, 時見數花淒寒, 重裘附火端坐, 略不類季春氣候也."

장뢰 어른이 대관(大觀 : 1107~1110) 연간에 진주陳州로 돌아갈 때, 남경에 도착해 내게 보낸 답신에서 "송宋에 이르러 비를 만났는데, 때마침 꽃들이 추위에 떠는 모습을 보았고, 갖옷을 겹쳐 입고 불을 가까이 두고서 가만히 앉아 있으니, 전혀 늦봄의 기후 같지 않다[到宋冒雨, 時見數花淒寒, 重裘附火端坐, 略不類季春氣候也]"라고 했다.

顔夷仲岐, 舊嘗從滎陽公問學. 余爲濟陰主簿, 夷仲適在曹南, 嘗贈余詩: "念昔從學日, 同升夫子堂." 夫子蓋謂滎陽公也. 余罷官歸, 作詩留別夷仲云: "昔者同升夫子堂, 如今俱是鬢蒼浪." 蓋用其語也.

이중夷仲 안기顔岐는 일찍이 형양공으로부터 가르침을 받았다. 내가 제음주부濟陰主簿로 있을 때 안기가 마침 조남曹南에 있었는데, 내게 보낸 시에서 "지난날 스승을 모시고 배우던 날, 함께 부자(夫子 : 스승)의 당에 올랐었다[念昔從學日, 同升夫子堂]"라고 했다. 여기서 부자는 형양공을 뜻한다. 내가 관직을 그만두고 돌아갈 때 안기와 이별하며 지은 시에서 "지난날 함께 부자의 당에 올랐는데, 지금은 모두 창랑(滄浪 : 산림,

재야)에서 늙고 있네[昔者同升夫子堂, 如今俱是鬢蒼浪]"라고 했는데, 바로 그 시어를 인용한 것이다.

饒德操作僧後, 有「送別外弟蔡伯世」詩云: "要做仲尼眞弟子, 須參達磨的兒孫." 時諸說禪者不一, 故德操專及之.

요절은 승려가 되고 나서 지은 「송별외제채백세送別外弟蔡伯世」에서 "공자의 참 제자가 되려 한다면, 모름지기 달마의 아손兒孫을 참구해야 하리[要做仲尼眞弟子, 須參達磨的兒孫]"라고 했다. 당시 선禪을 이야기하던 자가 한둘이 아니었으므로 요절이 이를 지적해 언급한 것이다.

未改科已前, 有吳儔賢良爲廬州教授, 嘗誨諸生, 作文須用倒語, 如 "名重燕然之勒"之類, 則文勢自然有力. 廬州士子遂作賦嘲之云: "教授於廬, 名儔姓吳. 大段意頭之沒, 全然巴鼻之無."

과거제도가 개정되기 이전에 현량賢良이었던 오주吳儔는, 노주교수廬州教授로 있을 때 일찍이 제생들에게 문장을 지으려면 반드시 도어倒語[44]를 사용해야 한다고 했다. 예컨대 "명성이 드높아 연연燕然[45]에 새겨지다[名重燕然之勒]" 같은 경우는 문장의 흐름이 자연적으로 힘이 있다고 했다. 이에 노주의 사자士子가 부賦를 지어 조롱하기를 "노주의 교수는, 이름이 주儔이고 성은 오吳이다. 대단한 내용이 없으며, 전연 파비巴鼻[46]

44 도어(倒語) : 구(句) 중에서 사어(詞語)의 순서를 전도함으로써 어의를 강조하는 것을 말한다.

45 연연(燕然) : 길산(吉山)의 이름으로, 지금의 몽고 경내(境內)의 항애산(杭愛山)이다. 동한 영원(永元) 원년에 거기장군(車騎將軍) 두헌(竇憲)이 병사를 내어 북흉노를 대파하고는 연연산에 올라 공을 돌에 새기고 한나라의 위엄을 기록했다 한다. 『후한서』「두헌전」.

가 없다[敎授於廬, 名儔姓吳. 大段意頭之沒, 全然巴鼻之無]"라고 했다.

前輩有士人登科作太原職官, 能文輕脫, 嘲侮同官, 爲衆所怨. 太原帥戒之,① 因作啓事謝云: "才非一鶚, 難居累百之先, 智異衆狙, 遂起朝三之怒." 副總管武人嘗戱之, 使對句云: "快咬鹽虀窮措大." 其人應聲對曰: "善餐倉米老衙官." 雖云輕佻, 然自改科後, 士人亦不能爲此語矣.

① '太原帥', 原作'太師', 據『百川』本改.

선대 학자 가운데 과거에 급제하여 태원太原의 관직을 역임한 사람이 있었다. 그는 문장에는 능하지만 가벼워서 동료들을 조롱하거나 무시하여 원성을 샀다. 태원의 통수統帥가 이를 경계하자, 그는 계사啓事[47]를 지어 답하기를 "재능이 수리가 아니어서, 뭇 무리의 선두를 차지하기 어렵고, 지능이 뭇 원숭이들과 달라, 마침내 조삼朝三의 노여움을 불러 일으켰다[才非一鶚, 難居累百之先, 智異衆狙, 遂起朝三之怒]"라고 했다. 부총관副總管인 무인武人이 일찍이 그를 농하며 다음 구절에 대구對句를 짓게 했다. "소금 절인 회를 빨리 먹는 곤궁한 조대措大[48]여.[快咬鹽虀窮措大.]" 이에 그가 바로 답했다. "창고 쌀로 밥을 잘 짓는 늙은 아관衙官이여.[善餐倉米老衙官.]" 비록 그는 가볍고 방정맞긴 했지만 과거제도가 바뀐 후로 사인士人들은 이런 표현을 만들어내지 못한다.

① '太原帥'는 원래 '太師'로 되어 있었는데 『백천학해』본에 의거하여 고쳤다.

---

46 파비(巴鼻): 파는 자루이고 비는 꼭지인데 파악(把握)이 없다는 것을 말한다.

47 계사(啓事): 진(晉)의 산도(山濤)가 이부상서(吏部尙書)가 되어 인물을 선발할 때 각각 품평사(品評辭)를 붙여 주달하였으므로 그때 사람들이 그것을 산공계사(山公啓事)라 했다. 『진서(晉書)』「산도전(山濤傳)」.

48 조대(措大): 청빈한 선비를 말한다.

李尚書公擇, 向見秦少遊上正憲公投卷詩云①: "雨砌墮危芳, 風軒納飛絮." 再三稱賞云: "謝家兄弟得意詩, 只如此也."

① '上', 原作'予', 據『百川』本改.

상서尚書 이상이, 지난날 진관이 정헌공 오충에게 투권投卷[49]을 올리며 지은 시에서 "비 내리는 섬돌에 위태로운 꽃이 떨어지고, 바람 부는 누대에 나는 버들개지가 들어온다[雨砌墮危芳, 風軒納飛絮]"를 읽고 재삼 찬탄하였다. 그러면서 "사씨謝氏[50] 집안 형제의 득의의 작품이 이러하다"고 했다.

① '上'은 원래 '予'로 되어 있었는데 『백천학해』본에 의거하여 고쳤다.

余舊藏秦少遊上正憲公投卷, 張丈文潛題其後云: "余見少遊投卷多矣, 「黃樓賦」·「哀鏄鍾文」, 卷卷有之, 豈其得意之文歟? 少遊平生爲文不多, 而一一精好可傳, 在嶺外亦時爲文. 此卷是投正憲公者, 今藏居仁處. 居仁好其文, 出以示余, 覽之令人愴恨. 時大觀改元二月也."

내가 예전부터 진관이 정헌공 오충에게 올린 투권投卷을 소장하고 있었는데, 장뢰 어른이 투권 뒤에 다음과 같은 글을 남겼다. "내가 진관의 투권을 본 것이 많아 「황루부黃樓賦」와 「애박종문哀鏄鍾文」 등이 있으니, 혹시 득의의 문장인 것인가? 진관은 평생 지은 문장이 많지는 않지만, 하나하나가 정밀하고 훌륭하여 전할 만하며 영외嶺外에 있을 때에도 문장을 짓곤 했다. 이 투권은 정헌공에게 전한 것으로, 지금 거인

49 투권(投卷): 과거 응시자가 시험 보기 전에 자신이 지은 문장을 관계(官界)의 요로(要路)에 있는 실력자에게 보이는 일. 처음 투고하는 것을 행권(行卷)이라 하고 재차 투고하는 것을 온권(溫卷)이라 한다.

50 사씨(謝氏): 남조(南朝) 송나라의 시인 사령운의 집안을 가리킨다. 조카 사혜련 등과 함께 명문가로서 큰 명성을 얻었다.

居仁 여본중의 집에 소장되어 있다. 여본중이 그의 글을 좋아하여 이것을 꺼내 내게 보여 주었는데, 보고나니 가슴이 뭉클하다. 때는 대관大觀 개원(1107) 2월이다."

文潛嘗爲其甥楊道孚作「眞贊」云:"其氣揚以善動, 其神驁以思用. 盍觀老氏之言乎, 君子行不離輜重." 蓋規之也.

장뢰가 일찍이 자신의 생질 양극일을 위해 지은 「진찬眞贊」에서 "기운은 드날려 잘 움직여야 하고, 정신은 내달려 활용을 생각해야 한다. 어찌 노씨(노자)의 말을 살피지 않으랴, 군자는 몸가짐에 있어 치중(輜重: 중후함)을 떠나지 아니한다[其氣揚以善動, 其神驁以思用. 盍觀老氏之言乎, 君子行不離輜重]"라고 했으니, 권면의 뜻이 담겼다.

楊十七學士應之國賓力行苦節, 學問贍博, 而弘致遠識, 特異流俗. 嘗題所居壁云:"有竹百竿, 有香一爐, 有書千卷, 有酒一壺, 如是足矣." 伊川正叔先生嘗以爲交遊中惟楊應之有些英氣.

양십칠楊十七 응지應之 국빈國賓 학사學士는 힘써 실행하고 고단하게 절의를 지키며 학문이 넓고 원대한 식견을 갖춰서 여느 사람들과 아주 달랐다. 일찍이 살고 있는 집 벽에 쓴 글에서 "백 칸의 대나무가 있고, 한 화로의 향기가 있으며, 천 권의 책이 있고, 한 병의 술이 있으니, 이 정도면 족하다[有竹百竿, 有香一爐, 有書千卷, 有酒一壺, 如是足矣]"라고 했다. 정숙正叔 정이程頤 선생은 일찍이 자기가 교유하던 사람 가운데 오직 양응지만이 영기英氣가 좀 있다고 하였다.

邢和叔尚書嘗以丹遺伊川先生, 先生以詩謝之云: "至神通化藥通神, 遠寄衰翁救病身. 我亦有丹君信否? 用時還解壽斯民."

상서尚書 형서邢恕가 일찍이 단약을 정이 선생에게 보냈다. 선생은 시를 지어 사례하기를 "지극한 신은 조화에 통하고 단약은 신에 통하거늘, 멀리 노쇠한 늙은이에게 보내 병든 몸을 구제하네. 나 또한 단약이 있음을 그대는 믿겠는가? 이것을 사용하면 이 백성을 장수케 할 것이네[至神通化藥通神, 遠寄衰翁救病身. 我亦有丹君信否? 用時還解壽斯民]"라고 했다.

司馬溫公旣辭樞密副使, 名重天下. 韓魏公元臣舊德, 倍加欽慕, 在北門與溫公書云: "多病寖劇, 闕於修問. 但聞執事以宗社生靈爲意, 屢以直言正論, 開悟上聽, 懇辭樞弼, 必冀感動, 大忠大義, 充塞天地, 橫絶古今, 固與天下之人歎服歸仰之不暇, 非於紙筆一二可言也." 又書云: "音問罕逢, 闕于致問. 但與天下之人欽企高誼, 同有執鞭忻慕之意,① 未嘗少忘也." 又書云: "伏承被命, 再領西臺, 在於高識, 固有優遊之樂, 其如蒼生之望何. 此中外之所以鬱鬱也."

① '同', 原作'間', 據『百川』本改.

사마광이 추밀부사를 사임하고 나서 명성이 천하에 자자했다. 원로대신이자 명망이 높은 한기는 남들보다 훨씬 그를 흠모하여, 북문北門에서 그에게 보낸 편지에서 "많은 병이 파고들어 안부의 글을 올리지 못했습니다. 다만 집사께서 종사宗社와 생령에 마음을 두시어 누차 직언과 정론으로 성상을 일깨우고 추밀樞密의 보필직을 간절히 사양하여 필경 감동을 자아내게 했으니, 위대한 충성과 의리가 천지에 가득차고 고금을 가로질러 참으로 이 세상 모든 이가 탄복하고 추앙해 마지않는 바, 이를 종이 위에 한두 마디로 다 적을 수 있는 것이 아닙니다"라고 했다. 또 다른 편지에서는 "소식을 접하기가 드물어 문안의 글을 올리지 못했습니다. 다만 이 세상 모든 이와 고상하신 의의를 우러러 받들고, 함께 채찍을 들고 흠모하는 마음을 잠시도 잊을 수 없습니다"라고 했다. 또 다른 편지에서는 "삼가 명령을 받들어 재차 서대西臺[51]를 담당하시니, 고상한 식견을 가진 분에게는 참으로 여유롭게 지내는 즐거움이 있으실 것이나, 창생의 기대에 대해서는 어찌하겠습니까. 이것은 온 누리가 모두 답답해하는 바입니다"라고 했다.

① '同'은 원래 '間'으로 되어 있었는데 『백천학해』본에 의거하여 고쳤다.

王荊公嘗寄正憲公書云："備官京師二年, 鄙吝積於心, 每不自勝. 一詣長者, 卽廢然而反. 夫所謂德人之容, 使人之意消者, 於晦叔得之矣. 以安石之不肖, 不得久從左右, 以求其放心, 而稍近于道. 猥以私養竊祿, 所以重貪汙之罪, 惓惓企望, 何以勝懷. 因書見敎, 千萬之望."

왕안석은 일찍이 오충에게 보낸 편지에서 "서울에서 관직 생활을 하는 이 년 동안 비굴함과 인색함이 마음에 쌓여 언제나 스스로 감내하지 못했는데, 한 번 장자長者를 찾아뵙고 나서 바로 모든 것을 잊고 돌아왔습니다. 이른바 덕을 지닌 이의 모습은 사람의 생각을 사라지게 한다는 것을 회숙(晦叔 : 오충)에게서 얻은 것입니다. 저처럼 불초한 사람이 오랫동안 옆에 모시며 내팽개친 마음을 구하여 조금이나마 도에 가까울 수 있었습니다. 외람되게 사적인 것을 기르고 국록을 훔친, 탐욕과 오욕을 가진 죄인으로서 간절히 기대하는 마음 어찌 이루 다 감내하겠습니까. 편지를 통해서라도 가르침을 주시기를 간절히 앙망합니다"라고 했다.

51 서대(西臺) : 관청의 이름으로, 어사대(御史臺)의 통칭이다.

崇寧初, 楊丈道孚見寄數絶, 有云 : "東平佳公子, 好學到此郎. 別去今幾日, 結交皆老蒼." 又一絶云 : "不知更事多, 但覺拜人少." 其餘忘之.

숭녕 초에 양극일 어른이 몇 수의 절구를 보내오셨는데, "동평東平의 훌륭한 공자公子가, 학문을 좋아해 여기까지 이르렀네. 헤어진 지 이제 얼마인가? 사귄 이들은 모두 원로들이네[東平佳公子, 好學到此郎. 別去今幾日, 結交皆老蒼]"라고 했고, 또한 "일이 얼마쯤이나 되는가, 사람들에게 절하는 일이 적다는 생각만 드네[不知更事多, 但覺拜人少]"라고 했다. 나머지는 잊었다.

張子厚先生嘗遊山寺, 詩有"凍僕堆堆依竈燎, 山僧草草具盤飧. 井丹已厭嘗蔥葉, 庾亮何勞惜薤根"之句, 蓋寺僧具食極疏略也.

장재 선생이 일찍이 산사를 유람하다가 지은 시에 "추위에 떠는 종들은 부엌 아궁이에 옹기종기 모여 있고, 산사의 중은 조촐하게 밥상을 차렸다. 정단井丹에서 이미 실컷 파 잎을 맛보았거늘, 유량庾亮[52]은 어찌 굳이 부추를 아끼는가[凍僕堆堆依灶燎, 山僧草草具盤飧. 井丹已厭嘗蔥葉, 庾亮何勞惜薤根]"라는 구절이 있다. 산사의 승려가 준비한 음식이 매우 간단했던 것이다.

晁丈以道嘗以所爲『易解』示謝丈顯道. 他日, 顯道還其書, 因批其後

52 유량(庾亮) : 진나라 장수로, 자는 원규(元規)이다. 태위(太尉)가 되어 무창(武昌)에 있을 때, 속관(屬官)들이 가을밤의 맑은 흥취를 억누르지 못해 남루(南樓)에 올라가 음영(吟詠)을 즐기고 있었다. 이때 여기를 찾아온 유량을 피하기 위해 모두 자리에서 일어나자, 유량이 이들을 만류하며 함께 흔쾌히 노닐었다는 고사가 있다.

云 : "事忙不及相難."

조이도 어른이 일찍이 저서 『역해易解』를 사량좌謝良佐 어른에게 보였다. 훗날 사량좌 어른께서 그 책을 돌려주며 쓴 글에서 "일이 많아 미처 논평하지 못했다[事忙不及相難]"라고 했다.

以道嘗令子弟門人學『易』, 先治李鼎祚『集解』. 或以語楊丈中立. 中立問其故, 其人曰 : "以其集衆說." 楊丈笑曰 : "集衆說不好者."

조이도가 일찍이 자제와 문인들에게 『역易』을 배우게 하면서 먼저 이정조李鼎祚의 『주역집해周易集解』를 공부하게 했다. 누가 이를 양시楊時 어른에게 이야기해, 양시 어른이 조이도에게 까닭을 묻자 "여러 학설을 모아놓았기 때문이다"라고 했다. 양시 어른은 웃으며 "좋지 않은 학설들만 모아놓았다"라고 했다.

潘邠老「哭東坡絶句十二首」, 其最盛傳者 : "元祐絲綸兩漢前, 典刑意得寵光宣. 裕陵聖德如天大, 誰道微臣敢議天." "公與文忠總遇讒, 讒人有口直須緘. 聲名百世誰常在, 公與文忠北斗南."

반대림의 「곡동파절구십이수哭東坡絶句十二首」는 가장 많이 회자된다. "원우 연간의 사륜(絲綸 : 조칙)은 양한兩漢 이전의 것으로, 전형을 갖춰 총애의 광채가 선사되었다. 유릉(裕陵 : 송나라 신종)의 성스러운 덕은 하늘처럼 위대한데, 미약한 신하가 감히 하늘을 논한다고 누가 말하는가[元祐絲綸兩漢前, 典刑意得寵光宣. 裕陵聖德如天大, 誰道微臣敢議天]", "공(소식)은 문충(구양수)과 함께 참소를 당했으니, 참소한 사람의 입은 곧장 봉해야 한다. 누가 백대에 명성이 영원할까, 공과 문충은 북두성과 남두성이다.[公與文忠總遇讒, 讒人有口直須緘. 聲名百世誰常在? 公與文忠北斗南.]"

歐陽季默嘗問東坡: "魯直詩何處是好?" 東坡不答, 但極口稱重黃詩. 季默云: "如'臥聽疏疏還密密, 曉看整整復斜斜' 豈是佳邪?" 東坡云: "正是佳處."

구양계묵歐陽季默이 일찍이 소식에게 "노직(황정견)의 시는 어떤 점이 좋습니까?"라고 물었다. 소식은 대답하지 않고 황정견의 시를 극구 칭찬했다. 계묵이 "'누워 들으니 성기다가 다시 조밀하고, 새벽에 보니 정돈되어 있다 다시 비껴있네[臥聽疏疏還密密, 曉看整整復斜斜]'가 어찌 좋습니까"라고 하자, 소식은 "그것이 좋은 점이다"라고 했다.

山谷贈晁無咎詩云: "執持荊山玉, 要我琱琢之." 蓋無咎初從山谷理會作詩, 故無咎舊詩往往似山谷.

황정견은 조보지晁補之에게 보낸 시에서 "형산荊山의 옥을 갖고 와, 내게 조탁을 요구했다[執持荊山玉, 要我琱琢之]"라고 했다. 조보지는 처음 황정견에게 시 짓는 법을 배웠으므로 그의 지난 시는 종종 황정견과 유사하다.

僧守訥, 圓照師門人, 本衣冠家子弟, 後從圓照師祝發, 辯博能文. 元符末, 上皇踐阼, 遠近稱頌新政, 守訥以詩寄滎陽公: "野夫生長仁皇世, 再見仁皇御太平." 是時天下稱上皇爲小仁宗云.

승려 수눌守訥은 원조대사圓照大師의 문인이다. 원래 의관을 갖춘 집안의 자제였지만 후에 원조대사를 따라 삭발을 했으며 변론이 뛰어나고 해박하며 문장에 능하였다. 원부 말에 상황上皇이 즉위하자 원근에서 새로운 조정을 칭송했다. 수눌은 형양공에게 보낸 시에서 "시골 사람이 인황仁皇의 세상에 나서 자랐는데, 인황이 태평세계 거느리는 모습을 다시 보겠네[野夫生長仁皇世, 再見仁皇御太平]"라고 했다. 당시에 상황을 일컬어 작은 인종仁宗이라 했다.

劉跂斯立, 莘老丞相長子, 賢而能文. 建中靖國間, 丞相追復, 斯立以啓謝諸公云: "晩歲離騷, 旋招魂於異域, 平生精爽, 猶見夢於故人."

유기는 승상 유지劉摯의 장자로, 현자이면서 문장에 능했다. 건중정국建中靖國(1101) 연간에 승상이 사후 복위되자, 유기는 계啓를 지어 제공들에게 사례했다. "만년의 『이소』는, 이역에서 넋을 부르고, 생전의 정령을, 아직 고인에게서 찾을 수 있네.[晩歲離騷, 旋招魂於異域, 平生精爽, 猶見夢於故人.]"

李光祖元亮, 野夫學士之孫, 少有俊聲, 與蔡嶷同學舍. 嶷旣貴, 元亮猶蹉跎場屋. 嶷在金陵, 以同舍故, 先謁之, 元亮以啓事謝之云: "跣足而見長者, 古猶非之, 輕身以先匹夫, 今無是也."

광조光祖 이원량李元亮은 야부野夫 이신李莘 학사의 손자로서 어려서부터 뛰어난 명성이 있었고 채의蔡嶷와 같은 학사에서 공부를 했다. 채의가 높은 관직에 오를 때 이원량은 여전히 과거장을 헤매고 있었다. 채의가 금릉金陵에 있을 때 같은 학사에서 공부했다는 이유로 먼저 찾아가자, 원량이 계사啓事[53]로 사례하기를 "맨발로 윗사람을 찾아뵙는 것은, 옛날에도 흔치 않았고, 몸을 가볍게 해 필부를 먼저 보러오는 것은, 오늘날에 없는 일입니다[跣足而見長者, 古猶非之, 輕身以先匹夫, 今無是也]"라고 했다.

知止叔少時, 嘗作「初涼」詩云: "西風吹木葉, 庭戶乍涼時. 夜有愁人歎, 寒先病骨知." 余每喜誦此句. 邇來少年能爲此詩者蓋少矣.

여지지呂知止 숙부는 일찍이 소년시절에 지은 「초량初涼」에서 "서풍이 나뭇잎에 불자, 뜨락 문이 잠시 서늘하다. 한밤에 시름겨워 탄식하는데, 추위를 병자의 뼛속이 먼저 안다[西風吹木葉, 庭戶乍涼時. 夜有愁人歎, 寒先病骨知]"라고 했다. 나는 이 구절을 되뇌기를 좋아한다. 근래의 소년들 가운데 이 정도의 시를 지을 수 있는 사람은 흔치 않다.

范正平子夷, 丞相忠宣公長子, 少有高節, 專務靜退. 紹聖中, 欽聖向后爲其家作功德寺, 爲屋數百間. 百姓訴其地民間地也, 朝廷下其事開封府, 府尹王震・戶部尙書蔡京皆定以爲官地. 民訴不已, 再委開封尉覈實. 時子夷適爲開封尉, 驗治實民間地. 哲宗問正平何人家, 執政對曰: "純仁子也." 上曰: "名家." 有手詔改寺城外. 王震・蔡京各贖金, 用事者怒之. 開封縣有兩尉, 一尉治內, 一尉治外. 子夷, 治外尉也, 治內尉失囚被譴, 遂並子夷衝替, 子夷不恤也. 常以爲好事到手難得, 豈可不做, 做而被罪, 其庸多矣. 後益連蹇不進, 恬如也. 常乘一馬卑小, 謝公定贈詩云: "一官如馬小, 衆眼似衫靑."

---

53 계사(啓事): 신하가 임금에게 어떤 내용을 보고하는 것이다.

정평正平 범자이范子夷는 승상 범순인范純仁의 장자이다. 소년시절부터 고상한 절의가 있었고 한발 물러서 조용히 지내는 것에 힘썼다. 소성 연간에 흠성헌숙황후欽聖獻肅皇后가 그 집안을 위해 공덕사功德寺를 지었는데, 규모가 수백 칸이었다. 이에 백성들이 소訴를 제기해 조정에서 개봉부에 사건을 내려 보내자, 부윤府尹 왕진王震과 호부상서戶部尙書 채경蔡京이 모두 관官의 땅이라고 확정했다. 이에 백성의 호소가 그치지 않자 재차 개봉위開封尉에게 사실을 조사하도록 했다. 당시 개봉위였던 범자이는 사실을 증명하여 그 땅이 민간의 땅임을 확인했다. 이에 철종哲宗이 그가 누구 집안사람이냐고 물어 어느 대신이 "범순인의 아들이다"라고 했다. 철종은 "명문가다"라고 하고 손수 조서를 내려 성 밖에 절을 다시 짓도록 했다. 그런데 왕진과 채경이 각기 보석금을 내고 사면을 받자 담당자가 노여워했다. 개봉현에는 두 사람의 위尉가 있는데 한 사람은 성 안을 다스리고 한 사람은 성 밖을 다스린다. 범자이는 성 밖을 다스리는 위였다. 하지만 성 안을 다스리는 위가 죄수를 놓쳐 축출을 당하면서 마침내 그도 함께 충체(衝替 : 관직의 강등)되었다. 하지만 범자이는 아랑곳하지 않았다. 언제나 "좋은 일이 다가오는 것은 얻기 어려운 기회인데 어찌 일을 하지 않을 수 있겠는가. 일을 하다 죄를 당해도 쓸모가 많은 것이다"라고 했다. 후에 연이어 좌절하고 승진하지 못해도 마음이 편안했다. 그는 언제나 키 작은 말을 타고 다녀서 사공정謝公定이 그에게 써준 시에서 "관직이 말처럼 작지만, 뭇 눈은 소매처럼 푸르다[一官如馬小, 衆眼似衫靑]"라고 했다.

崇寧間, 談命術者多言叔祖待制子進與曾內翰子開, 皆宰相命也. 或有以吉凶占於紫姑神者, 代書村童卽書於紙云 : "待曾呂相方發." 人皆以二公可必相也, 然皆不驗. 豈鬼神亦但聞人所說, 而遂以爲然乎. 叔祖有詩云 : "夢寐西山結草廬,① 逝將臨水詠遊魚. 何人見卯求時夜, 更著聞言問紫姑."

① '寐', 原作'寢', 據『百川』本改.

숭녕 연간에 운명을 논하는 자들이 숙조叔祖 대제待制 여희순과 내한內翰 증조는 모두 재상의 운명을 타고났다고 했다. 누가 자고신紫姑神[54]에게 길흉을 점치자, 대서代書하는 촌동이 종이에 쓰기를 "증會과 여呂가 바야흐로 정승이 될 것이다[待曾呂相方發]"라고 하여 사람들이 모두 둘은 반드시 정승이 되리라 했지만, 결과적으로는 사실이 아니었다. 혹시 귀신이 사람이 하는 말을 듣고 그렇게 여겨버린 것일까? 숙조께서 지으신 시에서 "꿈속에서도 서산에 초가를 짓고, 물을 굽어보며 노는 물고기를 읊으려 했다. 누가 달걀을 보고 닭을 찾느라, 부질없는 말로 자고신에게나 묻는가[夢寐西山結草廬, 逝將臨水詠遊魚. 何人見卵求時夜, 更著閑言問紫姑]"라고 하였다.

① '寐'는 원래 '寢'으로 되어 있었는데 『백천학해』본에 의거하여 고쳤다.

崇寧初, 叔祖待制自瀛帥改知潁州, 過曹南, 省滎陽公, 見學院諸生作詩, 因和之: "騏驥方騰踏, 蚊蝱敢撲緣. 明年小期集, 請看十廬鞭." 紹聖間, 調知歸州, 過太平州, 亦和諸生詩, 其末句有"何處孤城號秭歸"之句.

숭녕 초에 숙조께서 영수瀛帥에서 영주태수潁州太守로 자리를 옮겼는데, 조남曹南을 들러 형양공을 찾아뵙고 학원學院의 제생들이 지은 시를 보고 화답했다. "천리마가 이제 막 길을 나서려는데, 모기와 등에가 감히 달라붙는다. 내년에 기약을 해 만날 때는, 열 집들이 채찍을 볼지어다[騏驥方騰踏, 蚊虻敢撲緣. 明年小期集, 請看十廬鞭]"라고 했다. 소성 연간

54 자고신(紫姑神) : 변소 귀신. 옛날 어떤 사람의 첩이 정궁(正宮)에서 투기를 당해 늘 변소 청소만 맡아 하다가 정월 보름날 분에 북받쳐 죽은 뒤에 변소 귀신이 되었다고 한다.

에 귀주태수歸州太守에 임명돼 태평주太平州를 지날 때 제생의 시에 화답했는데, 그 마지막 구절에서 "어느 곳 외딴 성에서 자귀(秭歸 : 자규子規, 두견새)가 우짖는가[何處孤城號秭歸]"라고 했다.

역대시화 3 | 인명 찾아보기

| 육일시화

ㄱ

가도賈島 21~23, 28
공손대랑公孫大娘 26
구양수歐陽修 13

ㄷ

당 고조唐高祖 26
도곡陶穀 27
두보杜甫 19, 21, 24, 32

ㅁ

매요신梅堯臣 16~18, 22~25, 29, 37
맹교孟郊 21
맹창孟昶 14
맹호연孟浩然 29
묘합姚合 23
미가영米嘉榮 26

ㅂ

반악潘岳 33
배도裵度 31
백거이白居易 14, 19, 35
범중엄范仲淹 16

ㅅ

사백초謝伯初 32, 33
석만경石曼卿 34, 35
소순원蘇舜元 29
소순흠蘇舜欽 29
소식蘇軾 16, 17, 24
송기宋祁 38

ㅇ

안수晏殊 29
안진경顔眞卿 34

안홍점安鴻漸 17
양억楊億 19, 30
엄유嚴維 23
여몽정呂蒙正 25
온정균溫庭筠 23
왕건王建 26, 35
왕원숙王原叔 27
왕유王維 32
원영元嬰 26
유공권柳公權 34
유균劉均 19, 30
유우석劉禹錫 33
유원보劉原父 18
유창劉鋹 14
이방李昉 14
이백李白 21, 27
이욱李煜 14, 34
인종仁宗 14

ㅈ

장강張康 20
장제현張齊賢 31
전유연錢惟演 30~32
정곡鄭谷 17, 18
정문보鄭文寶 31, 32
조강曹剛 26
조사민趙師民 36
주박周朴 22
진시황秦始皇 17
진종이陳從易 19

ㅊ

찬영贊寧 17

ㅎ

한유韓愈 29, 37
허동許洞 20, 31
혜숭惠崇 20
호단胡旦 25

온공속시화

ㄱ

간장簡長 63
경선지耿仙芝 64
구양수歐陽修 44, 62
구준寇準 51, 53

ㄷ

당 현종唐玄宗 65
두보杜甫 56, 65
등보滕甫 48

ㅁ

매요신梅堯臣 46, 47
문조文兆 63
민교여閔交如 63

ㅂ

반랑潘閬 45
방적龐籍 54
방진方鎭 66
백거이白居易 51
범진范鎭 48, 63, 64
보섬保暹 63
부필富弼 57

ㅅ

사공서司空曙 45
서견徐堅 65
석만경石曼卿 55, 56
설영薛映 49
송선宋選 46
심구沈遘 46

ㅇ

양박楊朴 59
양악楊諤 47
왕건王建 62
왕단王旦 51
왕지환王之渙 58
우소宇昭 63
원진元稹 66
위야魏野 50~52
유개劉概 57
유균劉均 60, 65
유봉惟鳳 63
유장경劉長卿 45
유풍劉諷 64
이대림李大臨 63
이하李賀 56
인종仁宗 55, 61
임수충任守忠 61
임포林逋 49

ㅈ

장헌태후章獻太后 55, 60
적송자赤松子 51
정문보鄭文寶 47, 66
정언丁偃 48
정위丁謂 52

조원호趙元昊 61
종곤宗袞 65
종정從政 60
주공작朱公綽 64
진아陳亞 58, 59
진요좌陳堯佐 53
진종眞宗 51
진충陳充 63

ㅊ

창당暢當 58
창제暢諸 58
채양蔡襄 59
최환崔渙 65

ㅌ

태종太宗 59

ㅍ

포당鮑當 49
필사안畢士安 59

ㅎ

하송夏竦 60
한기韓琦 61
한옥韓偓 66
한종언韓宗彥 46, 48
한퇴韓退 54
행조行肇 63
혜숭惠崇 45, 46, 63
회고懷古 63
희주希晝 63

ㄱ

강휴江休 117, 118
계녀桂女 112
관자管子 88
광리왕廣利王 120
광무제光武帝 109
구양수歐陽修 77, 78, 84, 99, 103

ㄴ

노동盧仝 77

ㄷ

달록수간達祿須干 73
당 태종唐太宗 105
도곡陶穀 103
도연명陶淵明 112, 118
두보杜甫 75, 76, 84, 86, 88, 93, 109, 113
등보滕甫 115
등우鄧禹 109

ㅁ

마급사馬給事 111
마전摩氈 94
마찬馬瓚 103
매순梅詢 74, 81, 119
매요신梅堯臣 76, 78, 94, 100, 107
매지梅摯 112
맹교孟郊 85
모수毛遂 94
무구검毌丘儉 109

ㅂ

반랑潘閬 78, 79
방예옹放霓翁 109
배여회裴如晦 96
백거이白居易 86, 112, 113, 115
복희씨伏羲氏 96

ㅅ

사경온謝景溫 107
사공서司空曙 75
사마광司馬光 95
상관필上官佖 100
석만경石曼卿 107, 108
석영石瑛 103
석중립石中立 100, 117
소국노蘇國老 96
소순흠蘇舜欽 75, 94, 117
소하蕭何 109
손근孫僅 79
송기宋祁 93
송민구宋敏求 110
송선헌宋宣獻 73
송중도宋中道 94
승가대사僧伽大師 96

ㅇ

안수晏殊 83, 84, 98
양악楊諤 115
양안국楊安國 96
양억楊億 83, 84, 104
양주한梁周翰 104
엄유嚴維 76
여동빈呂洞賓 82
여이간呂夷簡 114
여정余靖 104, 105
영호초令狐楚 82
완적阮籍 118
왕건王建 92
왕규王珪 111
왕백汪白 98
왕선정王宣政 94
왕소王詔 111
왕승상王丞相 91, 92
왕승지王勝之 79, 80
왕심부王深父 100
왕원숙王原叔 93
왕원지王元之 75
왕윤王綸 89
왕자소王子韶 111
왕증王曾 114
왕지흥王智興 79
왕평보王平父 92
왕향王向 101
왕회王回 85
원호元昊 74
유균劉筠 73, 83, 84
유도료喩都料 96
유도원劉道原 101, 109
유붕有朋 91
유삼柳三 90
유장경劉長卿 75, 78, 87
유하혜柳下惠 73
유항劉沆 105
육기陸機 97
육랑陸郞 107
이각李恪 106
이고李翶 85, 99, 100
이백李白 84, 106
이사녕李士寧 120
이상은李商隱 82, 83, 84
이소군李少君 119, 120
이헌신李獻臣 94
이현李絢 80
인종仁宗 72, 105

ㅈ

자장子張 73
장개張介 114
장군진章君陳 111
장단張湍 113
장무몽張無夢 119
장방평張方平 112
장안륙張安陸 99
장열張說 106
장염張掞 79
장적張籍 85, 87
전유연錢惟演 83
정곡鄭谷 93
정진공丁晉公 88
제갈탄諸葛誕 109
조경趙炅 72
조경순刁景純 93, 94
조변趙抃 108

조참曹參 109
주아보周亞父 74
주앙朱昂 104
진군장陳君章 111
진아陳亞 100
진요좌陳堯佐 116, 117
진자앙陳子昂 109
진종眞宗 88
진효좌陳堯佐 102

ㅊ

최공도崔公度 111
최도崔度 111

ㅌ

태종太宗 79

ㅍ

풍연사馮延巳 98
피일휴皮日休 90

ㅎ

하선고何仙姑 111
하송夏竦 112, 114
하정공夏鄭公 74
한고韓皐 109
한신韓信 74
한유韓愈 77, 78, 84, 85, 87, 96, 99~101, 115, 116
향민중向敏中 95
혜강嵇康 118
혜숭惠崇 75
호원胡瑗 106
화예부인花蕊夫人 92
황각黃覺 81, 82
황보식皇甫湜 87, 100, 102
황소黃巢 112

후산시화

ㄱ

가애경賈愛卿 163
강도絳桃 134
고황顧況 129
곽거병霍去病 153
곽랑郭郞 135
곽자의郭子儀 153
구승九僧 132
구양수歐陽修 130, 138, 144~146, 150, 151, 158, 159
굴원屈原 149, 160

ㄴ

노다손盧多遜 163
뇌대사雷大使 150

ㄷ

당 고종唐高宗 161
당언겸唐彥謙 143
도연명陶淵明 133, 160
두목杜牧 143
두보杜甫 128, 130, 132~135, 137, 139, 143, 144, 148, 156, 161, 166, 167
두빈杜彬 144, 145
두심언杜審言 132, 143

ㅁ

매요신梅堯臣 165
맹가孟嘉 128
맹호연孟浩然 132, 147
무산신녀巫山神女 136
무재인武才人 136
무후武后 137
문언박文彥博 152

ㅂ

반대림潘大臨 156
방몽方蒙 155, 156
방적龐籍 167
배설裴說 158, 159
배형裴鉶 154
백거이白居易 131~134
번종사樊宗師 150
범중엄范仲淹 153
범진范鎭 140, 152

ㅅ

사경초謝景初 143
사령운謝靈運 140
사마광司馬光 141
사마상여司馬相如 150
사마천司馬遷 130, 150
사조謝朓 140, 166
서현徐鉉 127, 128
설거薛據 134
소순蘇洵 159
소식蘇軾 130, 133, 139, 141, 146~148, 150, 153, 159, 161, 166, 168
손각孫覺 148
송옥宋玉 136

순자荀子 149

ㅇ

안진경顔眞卿 133, 148
양반楊蟠 131
양억楊億 135, 151
양웅揚雄 149
왕건王建 130
왕규王珪 165
왕령王令 153
왕부인王夫人 148
왕안국王安國 168
왕안석王安石 134, 139~141, 145, 151
왕유王維 135, 160, 168
왕존王存 143
왕평보王平甫 131
왕희지王羲之 157, 160
용정龍靚 164, 165
위 문제魏文帝 155
위응물韋應物 157, 160
유기柳枝 134
유방劉邦 145
유신庾信 132
유영柳永 154
유우석劉禹錫 129, 141
유잠劉潛 145
유종원柳宗元 160
윤수尹洙 153
이관李冠 145
이백李白 141, 158
이사중李師中 163, 167
이우李于 134
이욱李煜 127, 168
인종仁宗 154

ㅈ

자부子婦 146
장선張先 145, 164, 165
장자莊子 149
장적張籍 134
전숙錢俶 136
정령위丁令威 164
제 무제齊武帝 167
조비曹丕 155
조욱趙頊 136, 161
조위曹瑋 162
조재지晁載之 148
좌구명左丘明 148
좌사左思 137
주반룡周盤龍 167
증공曾鞏 150, 159
증공량曾公亮 139
진관秦觀 148, 168
진관秦關 149, 150, 159
진역陳繹 138

ㅊ

초양왕楚襄王 136
촉 후주後主 130

ㅌ

태조太祖 127, 128, 130, 136, 163

ㅍ

팽조彭祖 152
포조鮑照 135, 160

ㅎ

한기韓琦 148, 163

한유韓愈 131~134, 137, 146, 148~151, 160

항우項羽 145

호초胡楚 164, 165

홍붕洪朋 156

화예부인花蕊夫人 130

황개黃介 158

황대림黃大臨 144

황대수黃大受 156

황상黃裳 138

황서黃庶 143

황숙달黃叔達 129

황정견黃庭堅 129, 130, 132, 137, 139~144, 146, 147, 150, 155, 159

ㄱ

가도賈島 180, 199
가의賈誼 198
각범覺範 195
갈원葛源 217
갈홍葛洪 227
경생經生 226
경제景帝 198
곽자의郭子儀 177
구양수歐陽修 189, 191, 206~208, 210, 211, 214, 215, 219, 223, 227
구준寇準 192, 205

ㄴ

노동盧仝 183

ㄷ

달기妲己 194, 195
당차唐次 181
도곡陶穀 219
도연명陶淵明 204
두목杜牧 177, 188, 197, 198
두묵杜默 205, 206
두보杜甫 177, 178, 182, 185, 194~196, 200, 222
두순학杜荀鶴 189

ㅁ

마고麻姑 227
마준馬遵 229, 230
매요신梅堯臣 189, 202, 203, 219, 224, 230
맹교孟郊 186
맹호연孟浩然 195, 196
명비明妃 177
묘진苗振 221
무원형武元衡 200
문영文瑩 227

ㅂ

반고班固 185
반자진潘子眞 211
방규方圭 229
방해方楷 226
배도裴度 211
백거이白居易 181, 188, 194, 200, 202, 223
범경문范景文 214, 215
범중엄范仲淹 209, 216
범풍范諷 192
봉래현군蓬萊縣君 222

ㅅ

사백초謝伯初 223
서응徐凝 200
서현徐鉉 189
석개石介 206
석만경石曼卿 206
석연년石延年 202
석홍石洪 184

설도형薛道衡　223
설문통薛文通　224
설직薛稷　200
소송蘇頌　204
소순흠蘇舜欽　202, 203, 224
송상宋庠　229
송지문宋之問　185, 186
숙종肅宗　196
순종順宗　196
신종神宗　175
심괄沈括　190, 191
심안沈顏　182, 183
심전기沈佺期　185

ㅇ

안록산安祿山　194
안수晏殊　210, 211
안진경顏眞卿　219
양귀비楊貴妃　194, 195
양억楊億　207, 228
양찰楊察　212
양형楊衡　199
여길보呂吉父　190, 191
여사융呂士隆　220
여온呂溫　188
오국부인吳國夫人　222
오규吳奎　216
온성황후溫成皇后　214
온조溫造　184
완일阮逸　213
왕건王建　188, 200
왕규王珪　214, 215, 221
왕방평王方平　227
왕수王洙　219
왕안국王安國　193
왕안석王安石　190~192, 203, 209, 221, 222
왕역王繹　204
왕영영王英英　219
왕우칭王禹偁　208, 225
왕유王維　195, 231
왕자소王子韶　221
왕존王存　190, 191
왕주王胄　223
왕평보王平甫　204, 222
왕항王沆　193
원결元結　200
원세필袁世弼　193
원진元稹　182, 185, 188
원척袁陟　193
위관衛綰　198
위순韋淳　181, 186
위야魏野　205
위응물韋應物　200
위태魏泰　181, 195, 215
유균劉昀　207
유반劉攽　178
유신庾信　178
유외劉隗　224
유우석劉禹錫　186, 194, 198, 199, 201
유인섬劉仁贍　193
유정劉楨　185
유천보劉天保　222
유희이劉希夷　186
유힐劉頡　228
육경陸經　210
육기陸機　225
음갱陰鏗　178
이고李固　184
이광필李光弼　177
이구李覯　227
이길보李吉甫　181
이덕유李德裕　200

이발李渤 184
이백李白 178, 182
이상李常 191
이소李愬 199
이숙李淑 212
이순李詢 197
이옹李邕 200
이익李益 200
이적李迪 205, 225
이정李定 224
이조李肇 182, 183
이화李華 207
이훈李訓 224

ㅈ

장규張奎 222
장사웅張師雄 218
장사정張師正 228
장소章疏 207
장순章惇 205
장안현군長安縣君 222
장적張籍 180, 188, 200
장주張鑄 217
장철張徹 183
장타자張駝子 225
장항張亢 218
장호張祜 188
정위丁謂 192
정재鄭載 225
정전鄭畋 195
정해鄭獬 227
조감강趙瞰江 181
조식曹植 177, 185
조한曹翰 228
주 목왕周穆王 175
주 유왕幽王 195
주박周朴 189
주엄朱嚴 225
주월周越 203
주자朱子 185
진국대장공주秦國大長公主 175
진도陳陶 207
진술고陳述古 213

ㅊ

채경蔡經 227
채양蔡襄 211, 219, 220

ㅍ

포사褒似 194, 195
포조鮑照 178

ㅎ

하송夏竦 196
하후영夏侯嬰 204
한 무제漢武帝 175
한 문제漢文帝 198
한유韓愈 179~186, 196, 198, 207, 211, 226
헌종憲宗 196, 199
현종玄宗 194, 195, 196
혜숭惠崇 227
호자胡仔 179
호회胡恢 229
황보식皇甫湜 200
황정견黃庭堅 201

죽파시화

ㄱ

갈도인葛道人 267
강유안强幼安 275
고력사高力士 279
공평중孔平仲 243
곽상정郭祥正 248, 249, 269
곽서선郭恕先 262
관자동關子東 273
구양수歐陽修 265

ㄴ

나공숙羅共叔 255, 267

ㄷ

당 문종唐文宗 257
당경唐庚 275
대량戴良 240
도연명陶淵明 246, 247, 251, 276, 290
두목杜牧 271, 274, 279
두보杜甫 239, 247, 248, 251, 253, 254, 260, 263, 270, 272, 273, 275, 288, 295
두종무杜宗武 247
등원발滕元發 267

ㅁ

매요신梅堯臣 264
맹교孟郊 276
모용암경慕容巖卿 282
문종文宗 257
미불米芾 245, 271

ㅂ

반장관潘長官 284
배연유裴延裕 259
백거이白居易 253, 263

ㅅ

사마천司馬遷 263
사인백謝仁伯 261
서릉徐陵 252
석수전釋守詮 274
설창서薛倉舒 239
소식蘇軾 240, 241, 243, 244, 249, 258, 262, 263, 265, 268, 274~277, 284, 285, 288, 289
소운蕭耘 262
소철蘇轍 289
송기宋祁 272
송원노인松園老人 240
수 문제隋文帝 239
숙종肅宗 292
심언술沈彥述 255

ㅇ

안우顏寓 262
양 태조梁太祖 259
양간楊侃 271
양걸楊傑 271

양억楊億 250
양웅揚雄 292, 293
여동빈呂洞賓 262, 283
여사인呂舍人 289
완병조阮兵曹 247
완적阮籍 275
왕건王建 279
왕관王觀 285
왕방헌王邦憲 242
왕안국王安國 255
왕안석王安石 242, 248, 255, 258, 259
왕안중王安中 240
왕언장汪彥章 294
왕유王維 270
왕조운王朝雲 289
왕홍주王興周 262
요계姚垍 259
원진元稹 288
위도보魏道輔 288
위응물韋應物 290
유강劉剛 248
유계손劉季孫 280
유공권柳公權 257
유원소劉元素 268, 269
유종원柳宗元 293, 294
육구몽陸龜蒙 240
이가우李嘉祐 270
이갑李甲 262
이단숙李端叔 256, 260, 270
이백李白 250, 271, 286, 288
이석李石 257
이실李實 283
이옹李邕 262
이지의李之儀 257
임수성任隨成 280
임영소林靈素 278
임자중林子中 271
임포林逋 264, 265

ㅈ

장뢰張耒 265, 279, 287, 288, 292
장숙야張叔夜 252
장윤張奫 239
장적張籍 285~287
정곡鄭谷 249
조덕린趙德麟 239
조이도晁以道 272
주자지周紫芝 256
주희진朱希眞 290
중희重喜 273
증곤曾袞 265
증공曾鞏 289
증기曾幾 294
진 문공晉文公 280
진관秦觀 248
진사도陳師道 289
진숙이陳叔易 260
진언재陳彥才 244
진여의陳與義 292

ㅊ

채백세蔡伯世 245
채조蔡肇 259
청순淸順 244
총문복聰聞復 240, 241
최언崔鷗 291
최정웅崔正熊 252

ㅍ

풍균주馮均州　282

ㅎ

하수재何秀才　284
하주賀鑄　248, 249
한구韓駒　294
한유韓愈　250, 251, 253, 265, 266, 272, 273, 276, 288
허정許靖　240
현종玄宗　292
혜강嵇康　275
혜원慧遠　276
호분胡份　265
홍염보洪炎父　261
화예부인花蕊夫人　258
황문약黃文若　277
황사시黃師是　288, 289
황승黃升　277
황정견黃庭堅　256, 257, 259, 260, 264, 273, 279
황충蝗蟲　245
황헌黃憲　240

❙ 자미시화

ㄱ

고무화高茂華 305, 310
고화高華 322
공자公子 341
공평중孔平仲 332
관소關沼 322
구양계묵歐陽季默 349
구양수歐陽修 317, 348
군경君卿 308
급암汲黯 333

ㄴ

노홍盧鴻 320

ㄷ

달마達磨 341
당지문唐之問 323
덕조德操 308
도연명陶淵明 308, 330
두보杜甫 310
두여杜輿 310
등보滕甫 316

ㅁ

문옹文翁 334
문정공文靖公 315

ㅂ

반대림潘大臨 314, 315, 327, 348
방랍方臘 333
범수范睢 309
범순인范純仁 352
범자이范子夷 352
범중온范仲溫 308
범진范鎭 336

ㅅ

사공정謝公定 352
사량좌 348
사량좌謝良佐 348
사마광司馬光 336, 345
사씨謝氏 343
사일謝逸 306, 314
사천師川 311
소식蘇軾 348, 349
소철蘇轍 332
손신로孫莘老 338
손연孫衍 337, 338
송기宋祁 337
송옥宋玉 312
수눌守訥 350
숙조叔祖 339
신공申公 316

ㅇ

안기顔岐 322, 340
양극일楊克一 324, 325, 330, 344, 347

양시楊時 348
양왕襄王 312
양응지楊應之 344
여대유呂大有 309, 319
여본중呂本中 317, 344
여숙손呂叔巽 319, 320
여조겸呂祖謙 320
여지지呂知止 308, 317, 351
여희순呂希純 312, 313, 319, 353
여희철呂希哲 313, 338
오안시吳安詩 332
오육吳育 315
오정헌吳正憲 331
오주吳儔 341
오충吳充 331, 332, 334~336, 338, 343, 346
왕상로汪商老 333
왕안석王安石 309, 317, 346
왕직방王直方 311
왕진王震 352
왕혁汪革 306, 313, 333, 339
요절饒節 306, 311, 314, 315, 322, 327, 341
원공遠公 330
원조대사圓照大師 350
위염魏冉 309
유기劉跂 318, 350
유당로劉唐老 323
유량庾亮 347
유반劉攽 318
유방劉邦 304
유비劉備 311
유사천劉師川 317
유종원柳宗元 309
유지劉摯 317, 350
유현덕 311
이덕조李德操 318
이보夷甫 308
이부李怤 333
이상李尙 333, 343
이상은李商隱 329, 330
이신李莘 350
이원량李元亮 350
이정조李鼎祚 348
이치李廌 325, 326
인조仁祖 316
인종仁宗 350
임민공林敏功 307

ㅈ

자고신紫姑神 353
장뢰張耒 340, 343, 344
장손臧孫 317
장순張巡 311
장언실張彦實 333
장재張載 312, 334, 347
장조張璪 317, 318
정이程頤 344, 345
조관지晁貫之 310
조보지晁補之 349
조설지晁說之 309
조영지晁詠之 305
조이도晁以道 318, 320, 321, 348
조재중趙才仲 309
조재지晁載之 304, 323
조충지晁沖之 310, 311
주손朱巽 338, 339
주진朱震 339
증공曾鞏 317, 318

증속曾續 322
증조曾肇 309, 353
진관秦觀 343
진사도陳師道 323, 328
진사석陳師錫 323

ㅊ

채경蔡京 352
채의蔡嶷 350
채택蔡澤 309
철종哲宗 352
청원군淸源君 330

ㅎ

하송夏竦 337
하예夏倪 307, 310, 311, 315, 333, 334
하힐何頡 328
한급韓及 322
한기韓琦 345
허원許遠 311
형서邢恕 345
호안국胡安國 338, 339
홍붕洪朋 307
황정견黃庭堅 308, 310, 328, 349
흠성헌숙황후欽聖獻肅皇后 352